西方非正统经济学译丛

作为一个权力体系的经济

（第2版·全面修订）

〔美〕马克·R. 图尔　沃伦·J. 塞缪尔斯　主编

张荐华　邓　铭　译

商务印书馆
创于1897　The Commercial Press

2012年·北京

Edited by
Marc R. Tool and Warren J. Samuels
THE ECONOMY AS A SYSTEM OF POWER

本书根据交易出版社 1989 年版译出

《西方非正统经济学译丛》

总　序

在西方正统经济学大行其道的今天，我们翻译出版非正统经济学著作，似乎显得不合时宜。而我们认为，对非正统经济学著作的译介，有助于中国经济学界完整地了解西方经济学，认识西方正统经济学的缺陷。经过多年的筹备和努力，《西方非正统经济学译丛》终于面世。希望这套丛书能够丰富我们的经济学思想库，丰富中国经济学人的思想。

"非正统"(heterodoxy)一词常译为"异端"。我们在这里选用中性词义的"非正统"一词，[①]而不用略带贬义的"异端"一词，表明我们并未将本套丛书收录的著作视为"邪说"。相反，这些著作都是一个学派的经典，其中不乏真知灼见。

我们把西方经济学中的"正统"与"非正统"理解为对待现存经济体制及其意识形态的不同态度。自从资本主义制度建立以来，那些维护这个体制的经济学说便是正统学说，古典经济学、新古典经济学、凯恩斯主义经济学等就是正统经济学的代表。反之，那些对资本主义制度持批评态度的学说，就属于非正统经济学。由于非正统经

---

① 我们本打算使用"反正统"一词。感谢高鸿业教授的建议，他认为丛书所含著作的理论并未与西方正统经济学完全对立，因而用"非正统"更为恰当。

济学对资本主义制度持批评态度,因而也成为正统经济学的反对派。德国历史学派、美国制度主义、激进政治经济学、后凯恩斯主义经济学就属于非正统经济学。与"正统"和"非正统"相联系的,还有"主流"和"非主流"这两个词。我们认为后者是一个时间概念。在一定时期,非正统经济学可能成为某个国家的主流经济学,比如20世纪前30年的美国制度主义。同样,正统学说也不一定是主流,比如奥地利学派。

非正统经济学的两个特点是我们翻译这套丛书的主要动因。第一,非正统经济学对现存资本主义体制持批评态度,从而对作为这个体制的意识形态的西方正统经济学同样持批评态度。非正统经济学对正统经济学的批评大多集中于其方法和范围,针对根本,针针见血。这对于我们更深入地认识西方正统经济学的缺陷提供了有益的参考。非正统经济学令人信服的批评,有助于消除中国经济学界目前盛行的盲从西方正统经济学的这一不良倾向。第二,非正统经济学大多能够紧密联系当时当地的经济现实,从剖析现实的角度而不是从维护某种理论的角度阐述理论。今日中国尤其需要适应国情的经济学说。西方非正统经济学这种学术态度值得我们借鉴。

近年来,西方正统经济学译著比比皆是,对非正统经济学的译介显得势单力薄,而且缺乏系统性。我们翻译这套丛书的目的,就是希图通过对重要文献的系统介绍,将非正统经济学的全貌和最新研究成果展示给国人,为更多人参与西方非正统经济学研究打好文献基础。我们首先呈现给读者的是制度主义(institutionalism)这一最重要的非正统经济学派在不同时期的代表性著作。条件成熟后,我们还将系统译介其他非正统学派的文献。

制度主义发端于美国,是美国原生的经济学派。国内学界对制度主义的了解大多停留在其创始阶段,对其在 20 世纪 60 年代后的发展比较陌生。

制度主义在20世纪前30年曾风靡美国，对美国的经济学和经济政策都产生过重要的影响。经过几十年的沉寂后，制度主义于20世纪60年代开始复兴，并形成了以凡勃伦-艾尔斯传统（Veblen-Ayres tradition）为理论主体的"新制度主义"（neoinstitutionalism）。新制度主义者于1965年组建了自己的学术组织"进化经济学会"（Association for Evolutionary Economics），并于1967年创办了《经济问题杂志》（*Journal of Economic Issues*），在J.法格·福斯特（J. Fagg Foster）、马克·图尔（Marc Tool）、保罗·布什（Paul Bush）、威廉·达格尔（William Dugger）等人的努力下，以凡勃伦（Thorstein Veblen）和艾尔斯（Clarence Ayres）的理论为基础，形成了相对成熟和完整的理论体系，成为今天活跃在欧美经济学界的一支不可忽视的学术力量。在自身发展的同时，制度主义还为其他学派提供了有力的理论支持。比如激进政治经济学在诸多理论问题上从制度主义的学说中吸收了营养，近年来兴起的演化经济学也将制度主义视为自己的源泉之一。遗憾的是，国内学界对制度主义这一重要的非正统学派的了解远远不够，甚至对它产生了诸多误解。① 本套丛书汇集了制度主义各时期的代表作，力图反映制度主义的全貌及其新发展。

这套丛书得以面世，得到了各方面的大力支持和帮助。我们首先要感谢北京大学胡代光教授、中国人民大学高鸿业教授②、吴易风教授，他们对丛书的选题和翻译提供了许多宝贵意见和无私的帮助。

---

① 其中一个普遍的误解就是几乎把加尔布雷思（John K. Galbraith）视为新制度主义的惟一代表。

② 正当丛书即将面世之时，噩耗传来：高鸿业先生不幸逝世。就用这套丛书来表达我们对高先生的深切怀念吧。

是他们的支持和鼓励才使我们有勇气和条件完成这套丛书的翻译工作。丛书的翻译工作主要由云南大学经济学院和发展研究院的教师承担,我们也要感谢两个学院提供的大力支持。商务印书馆的张胜纪先生为丛书的出版付出了艰辛的努力,他认真的工作态度和过人的翻译水平令我们肃然起敬,在此表示诚挚的谢意。最后,我们要对商务印书馆在扶持学术"冷门"、关注西方非正统经济学研究方面表现出的远见卓识表示崇高的敬意。

丛书编委会

2007 年 6 月

目　录

本书介绍……………………………………………………………… 1

第一部分:作为一个权力体系的经济

第一部分导言:作为一个权力体系的经济 ………………………… 9
1.经济学:配置还是评价?(菲利普·A.克莱因) ……………… 16
2.权力与市场幻觉:制度和技术(托马斯·R.德格利戈里) …… 47
3.经济学对技术的影响(西摩·梅尔曼) ………………………… 61
4.直面经济学中的权力:一个实用主义的评价(菲利普·A.克莱因)……………………………………………………………… 77
5.权力与经济绩效(华莱士·C.彼得森) ……………………… 107
6.权力:一个制度分析框架(威廉·M.达格尔) ……………… 158

第二部分:公司体系

第二部分导言:公司体系 …………………………………………… 173
7.集体资本主义的问题和前景(加德纳·C.米恩斯) ………… 185
8.公司国家在美国的兴起(丹尼尔·R.富斯菲尔德) ………… 205
9.组织结构、技术进步和政府的新任务(罗伯特·A.索洛) … 234
10.公司权力的制度分析(威廉·M.达格尔) ………………… 253
11.社会价值理论、公司权力和政治精英:评林德布卢姆的《政治和市场》(里克·蒂尔曼) ………………………………… 293

12. 大公司中控制权的转移：1905－1919 年（戴维·邦廷、马克·S. 米兹拉什） …… 315
13. 私人部门集中计划：一个制度主义者对当今美国经济的看法（约翰·R. 芒克斯） …… 340
14. 私人部门集中计划的政治和政策含义（约翰·芒克斯、迈克尔·艾尔斯） …… 381
15. 寡头合作：市场结构演化的概念和经验证据（约翰·R. 芒克斯、詹姆斯·I. 斯特金） …… 401
16. 理想主义和现实主义：受管制公用事业中公司权力的一种制度主义观（戴维·S. 施瓦茨） …… 428
17. 公司权力与经济破坏活动（沃尔特·亚当斯、詹姆斯·W. 布洛克） …… 456
18. 公司规模与援助因素（沃尔特·亚当斯、詹姆斯·W. 布洛克） …… 482

本书介绍

这本由选自《经济问题杂志》(*Journal of Economic Issues*)的论文编撰而成的探讨作为权力体系的经济的论文集,是进行了重大修改的第2版,保留了同样由交流出版社(Transaction Publishers)出版的第1版的书名。① 第1版达成的普遍共识,即经济学家必须考虑经济权力的存在及其运用,在这一版再次得到有力的重申。这本论文集把新的理论洞见、哲学上的深思、分析上的精练以及最近的大量证据材料,增添到了制度主义所分析的考虑权力的判断及其结果的文献中。

制度经济学家历来将权力看做是所有社会秩序中固有的、基本的因素。权力被视为行使凌驾于组织社会生活的规则之上的任意决定权的能力和机会,在这种情况下,显然,反映了权力的运用的看法,组织着社会进程,决定着社会秩序的制度结构如何被确定、修改或替换。反映了权力的看法决定着实际收入和货币收入的水平、特征和分配;这些看法明确说明了在任何文化中公共政策的制定和实施是怎样完成的。先前的反映权力的看法确定了现存的经济、政治和社会秩序总体的制度结构。制度是相互关联的行为和态度的规定性或者禁止性模式。这种规定和禁止是由自主的行为人——有权力的

① 沃伦·J.塞缪尔斯(Warren J. Samuels)编:《作为一个权力体系的经济》(*The Economy as a System of Power*)(新泽西新布伦瑞克:Transaction Publishers,1979年)。

人——作出的。总之，权力意味着凌驾于他人之上的任意决定权。规定性和禁止性的判断，以考虑行为人的优先权和目的的各种方式限制着行为：他们可以或者不可以考虑诉诸选择的民主标准。

在各种文化中，无论过去和现在，权力都被用于确定什么是"适当的"行为。很多行为都是遵奉常规的，但并非所有行为必定如此。人们一贯地遵守法律，遵循习惯性的行为方式，遵守交通信号，尊重产权，接受游戏规则，有秩序地生活。但是，当人们不断有有效的机会去分享对法律、行为方式、交通信号和他们所遵守的规则的自主决定权时，他们就掌握了经济和政治权力的某些手段：他们就可以成为不遵奉常规的人。建立民主政府这种制度，是为了便于施行不遵奉常规的任意决定权。因此，当赋予社会的所有成年成员制定政策的任意决定权——也就是说，当规定和禁止相互关联行为的规则有效地、不断地得到自愿接受——进行选择的权力就民主地得以形成，并民主地受到控制。当这些规则是由各种个体或者社会的少数人（独裁者、寡头政治的执政者、富豪、精英）所制定时，权力的占有和运用就是不民主的。

因此，这本论文集所探究的对象，就是决定经济制度的权力之所在和运用，及其运行和效果。经济是一个权力体系。这些论文的观点表明，有可能通过探究去确定是谁掌握着经济权力；去解释权力怎样运用；去观察和评价权力运用的后果；去明确这种权力在多大程度上被或者可以被负责任地掌握。受经济权力的施行所影响的人在多大程度上有权利和能力去使权力行使者负责任？他们是否可以在一定程度上采取行动，要求修改规则？拉尔夫·纳德（Ralph Nader）指出，如果所施行的权力实际上是应负有责任的，那么，它就必然是不可靠的。如果对权力的民主控制得以实现，那么，必然不断有可供利用的机会去改变决策者和/或者决策。因此，问题不在于有没有如此掌握的权力;权力的存在和施行是任何政治经济的实质。问题在于,谁拥有实质性地影响经济的权力?权力所依赖的是什么?为谁的利益而运用权力?行使权力的结果可以规范地加以接受吗?已拥有的权力可以负责任地行使吗?正如菲利普·克莱因(Philip Klein)所说的那样,为了公共利益或者为了实现“应为集体尽的义务”,必要时可以对权力进行重新分配或者重新构成吗?这正是这本文集的作者们要回答的问题。

相比之下,对于传统的新古典经济学家来说,对权力的研究是一种对异常情况的探讨:经济权力的存在本质上相当于一种经济病症。似乎谴责权力的存在,就消除了它的威胁。因为正统经济学家一直规范性地使用竞争模型,[①]在其中,不受束缚的市场在一种不存在权力的环境下寻求均衡,简单存在的经济权力(掌握在公司、劳动者或者政府手中的权力)提供了反市场的或者超市场的决策,仅凭此,这就是系统性的非自然、非正常甚至寄生性的现象。简而言之,正统理论缺少一种可信的经济权力理论。即便是新古典经济学对反托拉斯、垄断和寡头的探究,也是在认为应该是一个不存在权力的市场这种背景下进行的。他们的理论表明,无论在什么情况下,政策都应该把现存那种被病态地限定了的权力结构,转变为最接近于一种竞争的、不存在权力的市场模型。(在一个竞争市场中,任何参与者都无法通过自身的努力影响价格。)当然,这种模型的制度假设包括自由的私人企业、无约束的市场、价格竞争、利润最大化以及一个被动的政府。

---

① 图尔认为,宣扬“实证”分析的正统经济学,实际上是把竞争市场作为经济体制的唯一判断标准,从而是对竞争市场模型的一种规范性的使用。见马克·R.图尔:“向制度分析的强制转变”,载《经济问题杂志》第15卷,第3期(1981年9月号):第569—592页。——译者

在近一个世纪之后，新古典主义者仍然没有向公司革命所带来的那些观念让步。无论是本世纪初爱德华·张伯伦(Edward Chamberlin)提出的垄断竞争理论，还是琼·罗宾逊(Joan Robinson)提出的不完全竞争理论的追随者，还是现在分析企业涉及的交易成本的新古典制度主义者[①](neoclassical institutionalist)，都不愿或者不能恰当地直面社会中存在公司权力以及它的运用这一事实。后一种研究纲领对现存的公司权力体系实际上是一种辩护。相比较于正统经济学，这本文集中的论文大大拓展了对经济权力的一种大规模的、具有重要意义的探究的理论分析，为其提供了证据基础，大大超越了过去和现在的大多数新古典分析家所允许或鼓励的范围。

此外，正如这些论文表明的那样，对作为权力体系的经济的探究必然是跨学科的。从经济学方面要考虑的是去理解谁决定着生产的特征；产权是如何赋予了任意决定权和享有的权利；价格管理是如何实现的；谁来设定经济制度的目标；由谁根据什么来决定应该如何分配实际收入的份额。在政治学方面要考虑的是去理解经济制度据以设计和建立的政治协商过程是怎样的；私人经济权力如何能够在政治上负责任；政治力量如何对经济过程产生影响(政治经济周期?)；怎样避免由于管制者变成被管制者而使经济管制的努力被转向以及被收买；对“应对集体尽的义务”的规范考虑如何能在政治上得到支持和贯彻。

在社会学方面要考虑的是，比如去理解组织内部的权力关系是如何形成和保持的；官僚机构如何得以建立、维持和替代；各种权力

① 这是新制度主义者将自己与科斯、诺斯等制度经济学家区分开来的一个用词，他们也把后者倡导的学说称为“新古典制度经济学”(neoclassical institutional economics)。——译者

观念的文化互渗是如何发生，如何被更改的；什么样的对经济的社会控制模式在各种文化中是地方性的，对演变中的新模式存在什么样的约束；以及文化中对公司霸权（corporate hegemony）[①]的寻求在多大程度上渗入和腐蚀了教育制度、家庭制度和政治制度，以实现公司自己的目标。在心理学方面要考虑的是去理解自我涉连（ego involvement）的心理学，以及权力培养的关系；对自我认同的追求如何逐渐与对他人行为的控制相联系；权力地位本身如何成为了随后为使这种权力长盛不衰而采取的行为的一个主要调节器；一个权力获得者在一个经济中是如何"受敬重"并保持的；对于经济权力的获得者来说，"利润动机"在多大程度上是一个重要的后天习得的目标。最后，在哲学方面要考虑的是去理解诸如把获得权力当做个人行为和社会行为的规范标准这样的论题；在民主约束下的权力如何能够促进"应对集体尽的义务"的实现；把获得和保持权力当做一个社会价值标准的危险和局限；新古典的帕累托最优标准或者金钱上的成本—收益分析，在评价权力运用的恰当性方面的局限和/或者不相关；在评价经济权力的使用和滥用时，采用工具价值理论的意义。由此看来，对经济权力进行制度主义分析的探究议题既广泛又复杂。在这些论文以及其他文献里，制度主义者非常希望跨越学科界限，更丰富、更可信地理解权力和行为。

本文集中的论文并未涉及上面提出和关注的所有问题；但大量问题都得到了阐述。论文集由两大部分组成：第一部分题为"作为一个权力体系的经济"，包括6篇论文，广泛地关注和集中论述经济权力问题。这些论文包含了对正统立场观点的批判，更为重要的是，把

① 本文集作者之一威廉·达格尔（William M. Dugger）用来形容大公司支配着当代资本主义经济这种状况的一个术语。——译者

制度主义的经济权力观确立在一个恰当的(如果不是一般性的话)分析背景下。这些论文关注的问题是配置与评价,权力和市场幻觉,经济中的技术的权力含义,制度主义的经济权力观,权力和经济绩效,以及权力分析的一个制度主义框架。

第二部分题为"公司体系",包括12篇论文,阐述了公司体系成熟之后(尤其是在美国)表现出来的特征和特殊性。这些论文分别描述了公司革命及其总体含义;考察了这种制度实施的各种控制;解释了近来出现的"私人部门集中计划"及其政治和政策含义;提供了寡头合作的证据;评价了在受管制行业对经济权力进行约束的努力;对近几十年来运用经济权力而产生的"经济破坏活动"进行了考察和评论。

在这本论文集中,两位编者主要关注的是为读者呈现那些启发探究,并保持这种探究的论文。我们没有对这些论文的立场或结论作出最终的综合性阐述以"盖棺定论"。然而我们坚信,对那些不熟悉这一领域文献的读者来说,这本论文集在理解经济权力的核心何在,以及在现存经济权力下美国经济实际如何运行这些方面,将会有一个重大的飞跃。此外,这些论文也为评价经济权力在美国经济和其他经济中的运用,提供了一些适宜的、合理的方法。对每篇论文的介绍见每一部分的开头。

《经济问题杂志》将继续发表这些文章里提出的关于经济权力的长期、重大问题的论文。热忱欢迎读者通过以后出版的《经济问题杂志》,继续参与由这些论文引发的问题的对话。

马克·R.图尔

沃伦·J.塞缪尔斯

第一部分

作为一个权力体系的经济

第一部分导言：
作为一个权力体系的经济

来自菲利普·A.克莱因的开篇论文指出，政治经济学还没有、但是必须更加彻底地变成一种对评价的分析，而不是一种对配置的分析。要有效地考察经济权力的性质和运用，必须对这种重要的转变有清醒的认识。通过对新古典微观理论的广泛批评，克莱因表明，不受约束的市场的运行反映了个人的选择，这将加总成为引导经济的一种社会选择，这种传统论点实在是不成立的。通过价格体系进行的配置，只不过是经济分析的一个"小角落"。传统新古典分析一直试图忽略有不断作出的非市场选择这一事实，忽略这种选择的重要性。实际上，最初所表现出来的简单的市场选择，通常也要考虑借助市场的影响或者权力。例如，公司决策者在很多情况下是基于价值方面的考虑而控制着消费者需求的形成和特征。在公共部门，基于价值的判断决定着经济和社会的优先选择，决定着军费预算。在消费者需求的性质、外部性，与健康、福利和进步有关的社会优先选择这些进入正统学说研究纲领和思想智慧的所有领域，都作出了、而且必然要作出考虑评价的选择。权力掌握在公司手中，掌握在其他私人机构手中，掌握在政府手中。关于公共部门的配置，克莱因说道："虽然资源的配置与其价格有关，但从根本上看，资源并非由价格来配置，而是通过命令来配置的。这种命令源于各类官员以税收决策和支出决策的形式表现出来的政治经济学。"[①]在这些情况下，那些拥有任意决定权和权力的人作出了考虑价值立场的选择，对经济产生了影响。总之，"只有当经济理论集中关注这种政治经济学的含义——价值问题——的时候，我们才能评价……当前的配置的适当性，这种配置……是为了实现经济中的参与者目前为之努力的各种变化中的目的。……因此，这种政治经济学的前沿在于发展一些标准，根据它们成功表达自然形成的社会价值的能力来对经济进行判断"。

菲利普·A.克莱因在这篇文章的后面部分，以政治经济学中对经济权力的处理为基础，扩展了他的分析。最初的安东尼·唐斯(Anthony Downs)以及最近的公共选择理论家，"试图运用[新古典]经济学逻辑和方法论去剖析政治体系的运行"。克莱因却是把这种考察关系颠倒过来，将政治学的元素应用于经济权力的研究。"权力"，克莱因认为，"可以最简要地定义为对决策过程的不均匀的控制"，"权力集中和没有权力这两种状况的分布……制约着经济运转的方式"。据此，如果经济学家就像政治学家所做的那样，直面经济权力这一事实，那么，他们将会得到重要的现实主义的、适宜的态度。政治学家将政府的职能看做是"对价值观进行有约束力的(有权力的)配置"。"政治体系既影响了它的参与者的价值观(优先次序)，又受到参与者的价值观的影响，或者由其所塑造；政治体系有权迫使这个体系中不同角色的所有参与者，去遵守共同持有的自然形成的价值观。"克莱因有效使用的一种论证手段，是展示了三种范式的详细特征——主流观点、制度主义的观点以及政治学观点。他发现："在假设、视角、态度和推测的结论方面，制度主义和政治学有着惊人的相似。"它们把"权力在经济和政治中的分布看做事实——而不是看

① 导言部分的所有引言均出自各位作者在本文集中的论文。

做人们所希望的状态”。这样的分布表明：“事实上，所有经济决策都受到财富和权力集中的影响，这种影响要么是直接的，要么是间接的，或者既是直接的，又是间接的。”但在克莱因看来，制度主义者“并不赞成把来自独裁者（Big Brothers）①的规范性价值观强加给社会其他成员的那样一种体制。他们赞成的是发展一种体制，在其中，信息流是开放的，讨论是自由的、坦率的，人们可以有选择，并且了解这种选择，决策渠道能够考虑到所有这些商讨的结果。这将产生代议民主制在经济中的对应物”。

由克莱因引入的论点在托马斯·R.德格利戈里（Thomas R. De Gregori）的论文中得到了强化和扩展。他写道：“本文的观点是，在当前我们这种使政府的有效经济和社会政策遭受挫折的意识形态混乱中，对市场行为的规范解释是一个重要因素。”近年来无法成功解决重大的经济问题，这可能在很大程度上要归咎于传统经济学家，他们“迷恋市场”，坚持认为市场有能力产生“不受妨碍的价格信号，引导资源流向有问题的领域”——能源、贫困和发展——因此，他们坚持认为，无论是什么问题，遵从市场判断是最好的政策姿态。这些经济学家认为“市场具有因果性的或者创造性的特性”，假设价格衡量了价值，从而市场判断就是道德的，于是表明“严重的收入分配不公平”就是合理的。但是，“这些要我们几乎完全依赖市场决策的人，忽视了权力在塑造市场行为中发挥的作用”。经济权力不仅来自收入水平的差异，而且来自“地位、威望和偏见”。因此，所谓价格理论的“中性”是一种假象。私人权力被用于限定人的“需要”，被用于决定公共议题的性质。“如果公共决策是为了促进有权力的人的经济利益的话……我们就不会去注意它。”德格利戈里吸收了克莱伦斯·艾

① Big Brother（“老大哥”）是英国作家奥威尔的小说《1984》中的独裁者。——译者

尔斯(Clarence Ayres)的理论,确立了一种替代性的制度主义观念,探讨如何超越正统经济学无穷尽的欲望—稀缺含义的格言,以及从中派生出来的对市场判断的遵从。德格利戈里发现,艾尔斯的“作为对增长过程的一种解释的技术变迁理论”才是最有前途的理论。采用这种理论,德格利戈里就可以重新解释经济进步的技术和文化源泉,人的需要的性质,丰裕的可能,以及“炫耀性浪费”的威胁。他的结论是:“既得利益者的权力以及它带来的经济学家忽视权力这种必然结果,正在减缓……我们所面临的经济问题的进步。”需要重新思考“基本问题”,这应该从艾尔斯的理论出发。

在下一篇论文中,西摩·梅尔曼(Seymour Melman)既反对“技术有一种自发的动力和趋势”这样的信念,也含蓄地反对可以把技术视为给定的这种传统经济学的假设。他把技术的引入理解为有辨别能力的人对经济权力的一种运用。他说明了“特殊的设计以及对可供选择的各种技术的挑选,是如何由工业经理、私人和政府根据他们在技术的研究、开发和生产中的利益而明确加以控制”。通过把技术定义为“为服务于某些社会需要而对科学和发明的应用”,梅尔曼认为“是经济决策者决定着什么样的技术对他们的商业利益是最有用的”。他通过阐述汽车工业对生产的组织方式,详细说明了他对技术决定的分析。例如,他否认了汽车生产中“剥夺人性的、使人异化的工作条件是使用大规模生产机器的固有特征”。这些条件并非不可避免的;它们反映了“经济决策者的选择,从而受到决策的特定标准和方式的变化的影响”。工业经理们“面对的问题是,从可用于完成特定任务的众多可供选择的工具、设备和机器中进行选择”。通常运用的决策标准是成本最小化。因为工资水平的提高比机器价格的上涨更快,运用这个标准就会导致以机器替代工人。因此,是“资本主义经济准则”支配着这样的决策。即便是劳动分工也反映了对组织的选择,以及工人在生产过程中的融合。梅尔曼认为,工人中异化的消极态度源于“工人缺乏对他们的工作的决策权”。综上所述,人和社会都没有“变成机器的产物”。如果想要改变技术,“就要从社会结构中……去寻找机会,……尤其是决定技术的人所遵从的经济规则”。

华莱士·C.彼得森(Wallace C. Peterson)的论文把关注的焦点从工业经理们的技术决策权,转向了公司权力问题及其对经济寻求稳定和取得令人满意的绩效的影响。彼得森公开主张的是:“权力是存在的,而且是普遍的,就像竞争一样,它对于我们的经济秩序来说是一种‘自然’现象。”他的考察目标是去解释“权力是如何进入经济过程的,是如何影响这个过程的”。他的特殊贡献是表明了“经济增长、收入分配与运用于市场中的权力之间关键的相互作用……一直是经济绩效不令人满意的主要原因”。在一定程度上以凯恩斯主义理论为基础,通过对美国自第二次世界大战以来经济增长的程度和特征的广泛分析,彼得森追溯了增长近视症的出现,这种近视症认为在一个高强度的市场社会中,大规模生产足以解决所有其他经济问题。对高消费生活方式的仿效受到鼓励;“需求的决定因素是生产,……而不是其他因素”;“欲望比产出增长得更快”,导致了一种人为的、持续的稀缺。其结果是有充分的证据表明,第二次世界大战以来的收入分配模式一直严重地偏向不公平。结果,出现了一个“愿望缺口”,人们感觉到他们的相对收入与公平地分享扩大的增长带来的成果相比,并不够高,在面对歧视性地陈列的物品的时候尤其如此。这反过来又向人们施加了压力,让他们为了扩大自己的份额而去获得对收入水平更大的控制权。对权力的追求在很大程度上是“人们和企业借以获得对其自身收入的控制”。然后,彼得森转向广泛地分析如何获得经济权力。通过吸收阿道夫·伯利(Adolph Berle)、加德纳·米恩斯(Gardiner Means)和约翰·肯尼斯·加尔布雷思(John Kenneth Galbraith)的思想,他说明了公司如何通过管理定价、目标收益定价和其他手段,实质性地控制了自己的收入流。该文的结论部分考察了在对无通货膨胀的增长的追求中,权力的现实含义。

这一部分的最后一篇论文来自威廉·M.达格尔(William M. Dugger)。本文既代表了前面的论文所达到的一个顶点,也是本书下一部分的一个引言。他提供了"分析权力的一个整体论的(制度的)框架"。"权力",他认为,"是指告诉别人去做什么,并在一定程度上肯定别人会照做的能力。当行使权力的人必需强迫其他人的时候,权力就是脆弱而明显的。当不需要强迫的时候,权力就是牢固的、不为人注意的。在20世纪的美国,强迫是极少的"。人们有"个人选择和意志自由"的幻觉。实际情况是,经济制度支配着文化,规定了角色,实施积极的和消极的制裁,并使人们习惯于接受这种支配。在经济制度的运行中,现代公司拥有几乎无可匹敌的霸权。"公司……将其他制度用做实现自己目的的手段。"为追求自己的价值和目标,它渗入了教育制度、军事制度、家庭制度、政治制度和宗教制度。现代公司的霸权不是靠阴谋诡计,而是靠四种"社会机制"来取得和保持支配地位:"歪曲(subreption)、感染(contamination)、仿效(emulation)和蒙蔽(mystification)。""歪曲将所有的制度连结在一起,以至于非公司制度被用做实现公司目的的手段。感染把公司角色的动机放到非公司角色中。仿效使得公司领导得到非公司角色的领导的接受,甚至是尊崇。蒙蔽则用最有价值的美国象征这件防护罩……掩盖了公司霸权。"因此,公司权力的源泉是"在制度上的地位",而不是"个人的力量、欲望或者狡诈"。"有权力的个人""在走上高位的过程中"并非"独立于他们在制度中充当的角色而实现自己的目的”。事实上,“他们的权力的目的和手段都是由制度决定的”。简而言之,“他们保持(公司制度霸权)的权力过程和结构,是由一种制度分析框架而不是通过个体分析框架来揭示的”。如果要将已获得的权力民主化,就必须通过改变“创造和保持它的制度和过程”来实现。

1. 经济学:配置还是评价?[1]

菲利普·A.克莱因

“不论经济学是否继续是一种价格科学,它都必然是一种价值科学。”

克莱伦斯·E.艾尔斯

《经济进步理论》

在社会科学中,经济学长期受到一种优越感的折磨。经济学家一直把他这个领域看成一门缜密而精确的学科,有一种先进而实用的方法论引领着一个高度发达的理论结构。所有这些都使得政治学家、社会学家、人类学家和历史学家不精确的、含糊的理论上的努力远远落在了背后。

经济学的分析使其成为可能的希望之乡是所谓的均衡。[2] 不论是社会学家、政治学家还是人类学家,他们能提供任何一点点分析工具可以在完美程度、精确性和逻辑性上与之相媲美吗?的确,心理学家坚持认为,传统经济理论的行为假设——最大化行为、快乐主义、理性——都是经济学家为方便起见而总是依赖的“经济人”的所有特

---

① 原载《经济问题杂志》,第8卷,第4期(1974年12月),第785—811页。

② 均衡观念中存在一些不可否认的问题,它们被简单地忽略掉了。比如:“均衡经济学描述了一个没有经济问题的社会,因为只要社会对个人产生了影响,每个人就知道其他任何人会如何表现。”T. W. 哈奇森(T. W. Hutchison):《经济理论的意义和基本假设》(*The Significance and Basic Postulates of Economic Theory*)(1938年)(纽约:奥古斯塔斯 M.凯利,1965年),第164页。

征,是过于简单化了。但经济学家在大多数情况下都不理会心理学家的不满(心理学家毕竟也有他们自己的问题)。然而,心理学家只不过是很想但又害怕跟随经济学家走上数量分析这条通往黄泉的享乐之路。两个学科都曾为它们古老的哲学根源而烦恼,从来都不能完全摆脱恼人的怀疑,那就是既要各自扮演百分之百的纯科学,可又怎么也无法完全消除主观评价。最后,它们都把数学奉为真正的方法论救世主。① 经济学家和心理学家都去度量明显可以量化的变量,为所有问题建立模型,通过使用电子计算机对各种可能性冥思苦想,达到了智力上的兴奋高潮。通过把量化奉为神圣,他们相信自己已经确立了一个科学上出类拔萃的标准,足以领先其他落后的社会科学,让他们实际上能够继续无限期地对社会学或者历史学这些卑微的本我,扮演着超我的角色。

我并不想以任何方式去贬低在关键领域中推进知识发展的数量方法所取得的真正成就,我想要表明的是,至少在经济学中,一直以来总是潜伏着人格分裂,并且总是只通过清扫诸多重要问题下面的小毛毯来解决问题,这块小毛毯越来越频繁地偷偷溜出来弄脏经济学家和计量经济学家干净的世界。在越来越多的模型中,我们可以处理无论多少个变量,但我们却不能处理这个体系的方向和含义、目标和目的这些根本问题。过分专注于最多只是经济学冰山一角的那些用来解决问题的工具,总是需要让人们相信这些工具解决了经济学的核心问题,这长期以来都是这一学科的特征。勇敢地面对这一困局,需要回答经济学是一种配置科学还是一种评价科学这一根本

---

① 关于这一点,看看马尔萨斯在 1819 年首次表达的观点是有益的:"有人曾说过,或许也是对的,政治经济学的结论与人类知识的其他分支相比,多了几分较严密的科学的确定性。……政治经济学的众多一般原理确实如此,……但我们不得不承认,政治经济学这门科学更加接近于道德科学和政治学,而不是数学。"T. R. 马尔萨斯:《政治经济学原理》(东京:国际经济学协会,1936 年),第 1 页。

性的问题。现有的大多数经济学都设法同等对待配置和评价，有一条漫长而堆积了大量文献的道路，致力于把经济学确立为一种“价格科学”，由此来处理它自身需要合理地关注的所有价值问题。

作为一种配置科学的经济学

经济学理论——至少是微观经济理论——的核心，由亚当·斯密阐明，并由著名的19世纪主流经济学家们详细说明，经由阿尔弗雷德·马歇尔的重述而达到了顶点，他并非毫无意义地把这个学科的名称从政治经济学改成了经济学。过去80年的深刻变化显然开辟了马歇尔所定义的经济学未涉及的领域，他把经济学定义为“对人类日常生活事务的研究；它研究个人和社会活动中与获取和使用物质福利必需品最密切相关的那一部分”。[①] 马歇尔补充说，经济学“主要是研究在人的日常生活事务方面最有力、最牢固地影响人类行为的那些动机”。[②] 后者是一种更为狭窄的视角，更为接近马歇尔在《经济学原理》中实际处理的问题。这是对作为配置科学的经济学与作为评价科学的经济学之间始终存在的混乱的一种强化。

马歇尔对物质主义的强调后来遭到质疑，比如莱昂内尔·罗宾斯(Lionel Robbins)就提出这样的疑问，一种专门关注实物问题的科学如何能够确定歌剧明星或者交响乐团指挥的工资率，与挖掘工、木匠和其他无数在经济劳动场所辛勤工作的人更为具体的实物产出相比，很难看出他们的生产力何在。罗宾斯得出的结论是，马歇尔的物质主义是一种“伪物质主义”，[③]认为经济学的真正核心并非物质

---

① 阿尔弗雷德·马歇尔：《经济学原理》，第8版(纽约：麦克米伦公司，1949年)，第1页。

② 同上，第14页。

③ 莱昂内尔·罗宾斯：《论经济科学的性质和意义》(*An Essay on the Nature and Significance of Economic Science*)(伦敦：麦克米伦公司，1946年)，第43页。

主义,而是配置。然后,罗宾斯给出了今天通常采用的经济学的定义:“经济学是把人类行为当做目的与具有各种不同用途的稀缺手段之间的一种关系来研究的科学。”[①]这种表述使经济学家摆脱了物质主义的泥潭;通过把这一点添加到那个迷惑性的简单假设之中——假设配置过程是通过用市场价格来安排正确的经济学研究所要包括的所有目的和稀缺手段——经济学家就认为他们稳操胜券了。[②] 价格形成过程被想象为经济体系表达经济学家优先考虑的所有配置问题的工具。因此,价格(并非一直如此)变成了经济学必须关注的价值的唯一尺度。

罗宾斯自己毫不含糊地得出上述结论,认为经济科学的意义在于“当我们面对着在两极之间作出的一个选择时,它能使我们在充分认识到所选对象的含义的情况下作出选择”。但他非常谨慎地补充说,“不可能对不同目的的希求进行裁决。这与伦理学有着根本的区别。”[③]但是,即便我们接受对经济学和伦理学的这种区分,经济学也必须提供(如果它可以让我们在“充分认识到我们所作的选择的含义”的情况下进行选择的话)据以作出这种有“充分认识”的选择的机制。在现代工业经济中,单单靠市场是无法符合这一要求的。配置和评价确实不同,仅仅关注配置的学科永远不可能让我们“充分认识”所作的选择。

那些把经济学看做配置科学的人们,一直习惯性地认为经济过程的所有参与者从各种可能的渠道获得他们的“价值”,认为事实上

---

① 罗宾斯:《论经济科学的性质和意义》,第 16 页。(译文引自该书商务印书馆中译本,朱泱译,第 20 页。——译者)这样,罗宾斯就明确地按照艾尔斯的“手段—目的的连续统一体”观念所反对的方式把“手段和目的”联系起来了。这一点将在后面讨论。

② 我并不认为罗宾斯爵士自己假设他的定义因此处理了所有的手段—目的问题,而只是这个专业习惯性地使他的定义产生了这些问题。

③ 同上,第 152 页。

经济学家是不考虑社会价值的。因此，所有经济学家需要做的就是傲慢武断地说："如果一个人选择将他的收入用于 A 用途，那么他必须放弃 B 用途。""如果要实现某些目标，那么，这就是社会实现这些目标的最有效方法，这就是这个过程中必须先做的事。"结果，一代又一代的经济学学生接受的教导是，经济学不关心"应该是什么"的问题，只关心"是什么"的问题。作为一门科学的经济学不是规范的，而是实证的。① 因此，经济学被视为社会选择的管理者，负责计算成本和预测结果，在这个过程中不带有任何规范评价。经济学家以经济学家的身份发挥着一种作用，在其中，从定义上看的规范判断毫无余地。只有在经济学家作为公民身份的时候，才被允许有最少量的那种纯粹的凡人心中的激情、偏见和"主观评价"。

这种经济学观念有一些带来便利的效果。举例来说，它使经济学理论可以无视在以追求科学的方法、严密性、精确性为幌子的时候，所作出的(在之前暗示的)隐含的主观评价。因而它使经济学可以仿效物理学，从而使得均衡在经济学中被加冕为规范性的"好的"状态，因为在物理学中，只要达到均衡，它就是"自然的"。即便凯恩斯的非充分就业均衡严重地动摇了这种观念，它在微观经济学中仍然存在，因为均衡价格导致市场出清，按定义来看，这就是好的。最后，均衡本身可以被看做一个目的，因为经济学一直假设，如果实际市场上形成的价格几乎不受任何限制，亚当·斯密的"看不见的手"(是为原子式的竞争而发展起来的观念)就可以恰当地消除对经济学家如何处理价值问题的任何潜在怀疑。个人的自私的性质被完全改变，进入到一个使社会福利最优化的过程，市场价格就确实以经济学家唯一需要的那种方式表示了社会价值。

---

① 比如，这种观点在保罗·萨缪尔森广为使用的教材的大多数版本中都能找到，但在最近的版本里已经不见了。

作为一种评价科学的经济学

所有经济学家都熟悉的古典经济学的简单世界是有序而诱人的,但即便是与他们自己那个时代的多数经济现实也没有关联。经济学史已经表明有一种坚持那个世界的明显趋势,仅仅是在多种不可阻挡的力量推动下才加以校正。即便在古典经济学时代,随着英国工业革命而发展起来的古典价格理论,以及斯密提出的看不见的手,其背景都是这样一种现实世界,在其中充满着非人的工厂条件、童工、普遍的贫困、财产和收入分配的巨大不公、大量的贫民区和城市贫民窟,以及大大限制了劳动力流动和经济机会的一个严格的、无情的阶级体系。简而言之,这是一个有一大堆问题有待社会去解决的世界,从中产生的斯密的经济学与它是分离的。

值得注意的是,基于对物理学的仿效的这种经济学观点,在我们的时代已经看到了物理学对规范与实证之间的严格区分的质疑。技术的力量如此强大,以至于到了20世纪40年代,物理学家已经开始认识到,单是指出我们所了解的摧毁世界的最有效方式是什么,并不能让他们彻底摆脱对此应该承担的最终责任。[①] 这就是经济学选择模仿的模式。

经济学随后正视了它的价值问题(作为配置问题的对立面),在这方面引入了人们熟知的帕累托最优概念,这个概念与看不见的手

---

① 这一观点中隐含的极大危险,在汤姆·莱勒(Tom Lehrer)关于魏伯纳·冯·布劳恩(Wernher von Braun)(德国出生的美国火箭工程师,领导了V2火箭的研究,二战后移居美国,成为美国太空计划的奠基人。——译者)的伦理学的一首歌里,得到了恰当的概括:"一旦火箭上天,谁知道它在何处下落?'这不是我的错',布劳恩如是说。"这种可怕技术的发展给人带来的不安不能归咎于"社会",物理学一直没那么精确和确定,更多的是派系分野,历来如此。

观念最为吻合。帕累托最优(无论怎样陈述)从来就是一个被非常谨慎地限制了的说法:给定偏好、技术和资源,资源的任何再配置都不可能在不减少他人满意程度的条件下,提高社会任何成员的满意程度。即使撇开过去关于衡量满意程度的争论,这一观点也无法与传统看法相一致,因为它没有回答现有的满足程度是如何分配的,没有回答寻求满足过程中的游戏规则是什么等等。作为支持看不见的手的一种情况,帕累托最优是在相当狭义的条件下去定义经济学中的价值问题的一种尝试,以使其与通过价格在市场上进行的配置相一致。

鉴于传统理论把其焦点转向了分析与完全竞争相对的不完全竞争,下面的结论似乎与经济学如何处理它的价值问题这一我们关注的核心问题有关。制度主义过去攻击传统理论对"竞争"的运用,但没有说明竞争市场上不管什么样的均衡的含义,它的含义在不完全市场上多少有些不同。因此,制度主义者容易被指责为炒冷饭。但是,认为传统经济学继续过分强调竞争模型,因为这种模型简洁、精确、确定,而不完全市场模型不具备这些特征,这种指责或许是公平的。经济学家对竞争模型的偏爱,在一定程度上至少就像把孩子放在防护罩里,通过各种方式在学术课程中加以强调,使其合理化。这里面包含了足够的真理,避免了对这个理论的广泛攻击,认为这些攻击都不相关,但其中也包含了大量的谬误,妨碍了经济学家以一种现实主义的、坦率的、直接的方式,更容易地去说明现实世界。[①]

---

① 我本人在多年前强烈地认为制度主义对经济学产生太多影响,因为它攻击价格理论,好像认为这个理论从马歇尔以来在结构上就没有发生变化似的(对比 P.A.克莱因:"对当代制度主义的一个批评",载《经济学和商业评论季刊》(*Quarterly Review of Economics and Business*),第1期(1961年5月号))。尽管我没有改变对这种指责的有效性的看法,但我改变了它的重要性的看法,正如本文中表明的那样。

经济学家显然一直不关心他们如何把自己的时间和精力花在价格理论所具有的配置含义上。这里,用只有经济学家才能理解的话来说,制度主义者的观点是:价格理论把经济学家的太多资源用到了竞争理论上去,用到更加普遍适用于现实世界的理论上的资源太少。对许多经济学家来说,价格理论无疑具有吸引力,(重要的是)它使得价格体系的机制得以细化。但即便是在市场价格仍然发挥作用的经济部门中,价格理论也留下了很多没有涉及的问题。尽管像克莱伦斯·艾尔斯这样的制度主义者未能认识到非竞争模型的发展,但制度主义者在对价格理论的批评中仍然是有地位的。不过,这无论如何都不是他们一直在表明的主要意思。

经济学的边界:市场中的评价

正如我相信的那样,如果经济学是,而且一直主要是一种评价科学而不只是一种配置科学的话,那么,价格就不是唯一合适的价值尺度,即便在价格体系仍然作为唯一的或者主要的配置机制发挥作用的领域也是如此。在价格确实发挥着配置作用的领域,有许多传统经济学应该去解决的问题,但很多经济学家还是宁愿忽略这些问题。例如,现在已很清楚的是,消费者的欲望是"给定"的这种假设,假设掉了与"价格体系的含义"有关的许多关键问题。大公司无论选择什么样的产品进行生产,然后说服消费者(通过做广告,让消费者产生优越感或者高尚感,或者其他方法),这也是他们所需要的产品,在这样一个体系中,可以最有把握地说,市场价格的规范含义并不是另一种体系中的含义,在那种体系中,价格反映了企业努力去适应"消费者主权"下表现出来的消费者愿望。当然,在消费者的欲望不是由追求利润的企业本身所创造,而是由外界所提供的任何地方,情况都是这样。从托尔斯坦·凡勃伦开始，包括今天的J.K.加尔布雷思，制度主义者一直对价格理论作如上批评。加尔布雷思把对需求的操纵称为“被修改的顺序”，认为“这种被修改的顺序把消费者支出的均衡反映了消费者的满足最大化这种观念，放到了落后于时代的思想的博物馆里去了”。①

正如一些人指责的那样，或许加尔布雷思夸大了需求操纵的程度，但任何人都不会同意，消费者和企业是在接近对等的条件下发生相互作用。近年来对拉尔夫·纳德②的关注，是由于在我们的经济中，消费主义是如此之新以及不成熟。消费主义的兴起是基于这样的认识，即公司对消费者的操纵远远超过了有组织的、精明的消费者对企业的影响，这一事实大大改变了市场价格的规范含义。只有在作为配置科学的经济学中，人们才可以认为：“一件物品的作用或者价值，完全是由一个人愿意为之支付的价钱来决定的。”③这里对这一点无需多言，用约翰·甘布斯④(John Gambs)的话来说，只需要指出“超越需求”的是作为评价科学的经济学的主要部分，而且一直如此。

经济学家对市场如何运行的分析存在的第二个缺陷与第一点密切相关，而且再度涉及现代公司权力的高度集中。作为配置科学的经济学一直没有高度关注经济权力本身，只是关注“不完全市场如何

① 约翰·肯尼斯·加尔布雷思：《新工业国》(纽约：新美国图书馆，1967年)，第223页。

② 拉尔夫·纳德是20世纪60年代美国著名的消费者权益维护者。——译者

③ 这句话来自E.J.米杉(E.J. Mishan)的《成本—收益分析》(*Cost-Benefit Analysis*)(伦敦：乔治·艾伦和昂温出版公司，1973年)，第31页，表明了他对传统的“规范经济学”的描述，并非他同意这种定义。

④ 新制度主义早期的代表人物之一，也是新制度主义的学术组织“进化经济学会”的创始人之一。——译者

影响资源的配置”。作为评价科学的经济学可以作出的则不是这种便利的划分。现在有大量文献研究现代公司的兴起,它的大量财富基础,它剥夺不断发展的技术进步成果这种独一无二的能力的原因,以及这些因素所导致的权力集中(包括经济权力,也包括政治权力和社会权力)。无疑,主流经济学家较少关注权力集中对于运行中的价格体系的含义的影响。阿道夫·伯利和加德纳·米恩斯在20世纪30年代曾警告过所有权和控制权的分离。[①] 几年后,在对德怀特·艾森豪威尔的告别演说中所警告的军工混合体对民主政治的固有威胁的评论中,R. A. 布雷迪警告了公司权力集中对社会政治结构以及经济体的影响所具有的含义。[②] 尽管在努力发展不完全竞争模型,但作为配置科学的经济学永远摆脱不了这样的困境:一边是技术的力量同时摧毁了斯密式的竞争世界,以及看不见的手这个为便利起见作出的假设,另一边是实际运行中的体系在效率和生产力方面都取得了巨大的增长(但也有“统治”这个体系的危险)。

把公司经济权力这一现实结合到传统经济学中这种要求,即便没起作用,也是历史悠久的了。甚至可能是一种陈词滥调了,但就像许多陈词滥调一样,它表明了一种明显的必要性,因为这种要求在经

---

① 阿道夫·A. 伯利和加德纳·C. 米恩斯:《现代公司与私有财产》(*The Modern Corporation and Private Property*)(纽约:麦克米伦公司,1932年)。

② 罗伯特·A. 布雷迪:《作为一个权力体系的商业》(*Business as a System of Power*)(纽约:哥伦比亚大学出版社,1943年)。与作为配置科学的经济学始终不能恰当地把握集中化的市场上的价格的价值含义相关的观点,可以引用罗伯特·S. 林德(Robert S. Lynde)为布雷迪的书所作的序言加以说明:“绝大部分当代社会科学家仍然认为,变化中的经济世界鼓励的是阿尔弗雷德·马歇尔的道德乐观主义。至关重要的经济学的材料来自一个不考虑‘权力’,而是考虑诸如市场的自动平衡这些索然无味的过程的假设和观念,社会科学家对此无动于衷”(第xvi页)。经济学家不会说出这种简单的话,免得自己被认为是头脑简单的人,但这种指责不仅在1942年写下这些话的时候具有震撼力,而且在1974年同样会让某些人气馁。

济理论中一直未能实现。最近最为明显的主张来自加尔布雷思。[①] 因此,如果说制度主义者的错误是没有认识到不完全竞争理论对"均衡"的规范含义的影响,那么,在他们觉察到的市场价格对资源的配置中存在的问题面前,这只是一个小错误。权力集中的现实,基于在财富和收入分配的极度不公平中发挥作用的"一美元一票"这种分配机制的含义,集中对信息流和被视为给定的"欲望"所产生的普遍影响的程度——所有这些以及经济的相关方面,对经济学家来说都是未知的,甚至在这个专业探讨经济理论的定义中就被忽略掉了。结果,即便是在通过价格进行的市场配置这个已知范围内,经济学家们也无法真正有效地解决价值问题。而最大的缺陷是经济学家对这个领域严重关注不足,从而忽视了作为评价科学的经济学的丰富含义。

制度经济学与评价过程

价格体系的意义仅仅是经济进步策略的一部分,而经济进步是作为评价科学的经济学的中心。当然,正是这一观点具有了制度主义的特征偏好,尤其是艾尔斯试图把分离的思路结合在一起,对旨在发展一种进步策略的这种作为评价科学的经济作一完整的阐述。得益于凡勃伦,艾尔斯对制度的力量(经济的和非经济的)在主导优先顺序中的影响具有高度的敏感性,认为欲望是给定的这种假定是无

---

① 在他 1972 年 12 月发表的题为"权力和有用的经济学家"的美国经济学会主席演讲中,加尔布雷思重申了这一论题:现代公司控制了美国一半的经济产出,并在这个过程中获得了如此巨大的一个控制网络,以至于可以合理地把这个结果称为一种"权力或计划体系"。《美国经济评论》(*American Economic Review*),第 63 卷,第 1 期(1973 年),第 4 页。

效的,因为欲望是由经济塑造的。得益于物理学中的争论,艾尔斯坚信,对于经济学来说,牛顿主义对均衡的强调,比达尔文主义对冲突、过程和变化的强调,其意义要小得多。得益于约翰·杜威,艾尔斯提出了工具价值理论,它持续地产生一种动力,经济学从中可以分析评价过程。

在我看来,艾尔斯比其他人高明的地方在于,经济学家关注的问题不应该是市场如何通过价格来配置资源,而应该关注更大、更复杂的问题,那就是:无论是在一个给定的时期还是在整个时间过程中,经济如何塑造、同时也引导着人类的选择?什么样的机制既能发展价值,也能表现价值?当肯尼斯·阿罗关注福利经济学研究时,他一直把经济视为一个表达外部决定的“价值”的转换机制——因而他的著作名为《社会选择与个体价值》。但是更有意义的标题应该是《个体选择与社会价值》,这才表现了这种“经济”。我敢说,著作中的错误绝不会比经济学家温和的假设中的错误更大,他们假设经济是一个充分有效的机制,可以使个体价值加总为社会价值。个体价值和社会价值之间显然是一种复杂的相互关系,但经济引导这种相互关系的方式是非常不清晰的,更不用说必然是令人满意的了(这里的“令人满意”或许仅仅可以解释为,如果“恰当地”进行加总的话,就可以确定这个体系实现了每一个参与者想要实现的东西)。

因此,经济学的重要边界甚至不能被限制为市场评价,而在于更开阔的视野。

政治经济学的边界:个体选择与社会评价

也许,甚至艾尔斯所持的也是一种过于狭隘的看法,因为经济学最终所关注的不只是价格体系的含义,而是出现的整个配置模式的含义。[1] 越来越清楚的是，作为评价科学的经济学不能回避非价格现象。各方面积累的证据都表明，经济学的老观点（主要是关于市场如何在严格的假定下通过价格配置资源）日益被面对许多关键的评价问题的必要性推向了一旁。

但是这种必要性只不过是扩大了经济学的人格分裂。在经济学课程中，突然间时髦地开始提到城市衰败、空气和水污染、环境保护、能源危机、人口爆炸、种族和性别歧视甚至于"生活质量"。我们的初级教科书很好地展示了这些成果。它们增加了关于这些问题的章节，每一个问题都以一种非常小心的方式推进职业意识，以至于不能忽略，但这些章节总是被嫁接在教科书的末尾，放在第 37 章左右。讨论市场运行的核心章节原封不动，而这一领域解决评价问题的理论框架的缺陷则被掩饰了。价格理论，特别是竞争理论，是我们的念珠；为经济评价这一关键领域单独列一章，那是我们的忏悔。宗教则是原封不动的。[2]

因此，冈纳·缪尔达尔（Gunnar Myrdal）最近指出："现代占主流地位的经济学家一直保留着来自最早的新古典作家的福利理论，但却尽力去隐藏或者忘却它所依据的特有的、现在已过时的道德

---

① 关于这一点，艾伦·格鲁奇（Allan Gruchy）把艾尔斯的观点的特征概括如下："他把注意力的中心从进行选择的个体，转向了经济这个发展中的过程，在其中，个体是一个集体单位或者整体，寻求解决稀缺资源的利用问题，以服务于由文化所决定的欲望或者需要。"《当代经济思想》（*Contemporary Economic Thought*）（纽约：麦克米伦公司，1972 年），第 95 页。本文的观点是，个体与社会之间的关系不能被概括为按各自方向行驶的单行道，而是一种始终不变的相互作用。

② 关于这一点，艾尔斯写道："事实是，经济学不可能否认价值理论的伦理含义，或者去除隐含着这些伦理含义的术语，因为经济学目前、并且一直以来主要关心的是价格模式的含义。"《经济进步理论》（查贝尔山：北卡罗来纳大学出版社，1944 年），第 82 页。如果"价格模式"意味着一个经济中总体的配置模式的话，那么艾尔斯的观点与本文的观点就是一致的。

哲学。”①

要促使人们相信这种观点,最好的证据就是考察过去几十年来农业部门的历史。这方面的仔细研究表明,价格和价值绝不是一回事。这种研究将会表明,福利经济学——即使是传统类型的——也不能把配置问题完全从分配福利问题中分离出来,虽然它习惯于努力去这样做。这种研究将支持这样一种观念,作为评价科学的经济学,不能轻易地把传统上认为更容易处理的以效用为基础的福利经济学,与被认为过于复杂而不能进行经济分析的以伦理为基础的福利经济学相分离,而且农业部门决定资源配置和分配的事实明确地涉及了这一点。这种研究强调了无论是一美元一票的决策,还是一人一票的决策中的基本配置机制的基础,阐明了基本社会价值观的揭示和形成过程中的操纵。最后,在个体价值的起源和传播与社会价值的起源和传播之间的相互关系这一关键领域,这种研究提醒我们注意如何让每一个初学者去证实合成的谬误(fallacy of composition)。这种研究认识到,经济分析表明,单个农民试图通过降低他的价格来增加收入的结果,可能是降低了所有农民的价格和收入。既然如此,要说服那些并非初学者的经济学家,他们不能随便地假设不涉及价值观的个人选择,通过简单的相加就必然能转换为不涉及价值观的社会选择,这为什么那么困难呢?在绝非原子式竞争的现代市场导向的经济中,“看不见的手”会成为合成的谬误的牺牲品,这是不可能的吗?我们至少要努力去发展一种分析框架,也就是一种现实的政治经济学理论来探讨这些问题,难道这是不应该的吗?

事实上,我们越来越相信这样一种努力的必要性。经济学传统

---

① 冈纳·缪尔达尔:《反潮流,经济学批判文集》(*Against the Wind, Critical Essays on Economics*)(伦敦:麦克米伦公司,1974 年),第 vi 页。

分析工具关注的核心，与它们需要去结合的经济所关注的核心之间的鸿沟，迫使人们认识到政治经济学是一种评价科学。虽然在没完没了地对其进行详尽阐述，但福利经济学与帕累托最优观念从来都没能兼容，因为一方面，帕累托最优始终未能令人满意地处理被马歇尔乏味地称为外部性的潘多拉之盒；另一方面，它只能在价值的所有决定因素都被给定这种受到高度限制的情况下，去解决通过价格来配置资源涉及的福利问题。下面马上要讨论的整个公共部门，是说明帕累托最优的局限性的典型。通常需要作出的——以及实际上作出的——关键的资源配置决策，是很难以一种可衡量的市场价格计算法为中心的。如果一个人必须考虑(比如在所有的税收问题中)那些赋税增加的人的福利水平的下降，以及把税收花在另外一些人身上给他们带来的福利水平的提高，那么，如果任何社会成员社会福利的提高都没有使别人"自我感觉恶化"，这就是改进，帕累托的这个格言已经是不适当的了。

于是，就像经济学与心理学已经密切关联一样，作为评价科学的政治经济学与政治学也是密切关联的。总体的配置既是由货币选票，也是由人的选票来作出的。[①] 关于如何衡量个体选择的传统观点，必须要加上个体如何影响彼此的选择的问题。[②] 更重要的是个体选择和社会选择如何相关联的问题。我们缺少一套连贯发展的理

---

① T. W. 哈奇森在很多年前就注意到了这一点。"政治经济问题的政治方面，有时表现为政治家的软弱，他们不是实行必需的措施，而是不得人心的，或者'僵化的'，或者导致冲突的措施。这些困难根本不用去面对；它只是意味着这些困难根本不应该存在。"《经济理论的意义和基本假设》，第165页。我们只是认为，在哈奇森写下以上文字之后近40年，这个问题仍然没有得到更直接的面对，因为我们仍然缺乏把经济学视为评价科学的一种政治经济学的清晰的理论。

② 博弈论倾向于成为机械论导向的，而不是价值导向的方法，倾向于忽略先前提到的生产者—消费者的相互作用。

论来作静态分析,更不用说能够处理经济进步观念的动态理论了。现在我们就来讨论这些问题。

评价过程与公共部门

如前述,显然,作为评价工具的政治经济学要优于作为配置科学的经济学的范围。一个明显的证据是,所有发达的工业化经济中公共部门庞大的规模,即便是市场化程度最高的经济——我们自己——也是如此(1972 年,美国 GDP 中的 20% 以上来自公共部门)。①

在公共部门,价格被用于货物和服务的购买,但除非无关紧要,我们并不允许价格体系发挥配置作用。事实上,之所以存在公共部门,是因为我们在这里选择了通过法令来配置资源以表达我们的价值观。典型的例子就是国防支出。任何一种类型的集体消费都反映了内含在这种政治经济学中的价值过程。我们的体系的运行方式是,在把税收用于社会支出时,与社会福利支出(注意这个词)相比,军费支出最有可能获得高度的优先,而不必顾及是否会引起通货膨胀,或是被人指责为"财政上的不负责任"。社会福利支出会受到更加强烈的反对。初级宏观经济理论认为,政府优先支出的 1 美元的价值所造成的通货膨胀倾向,要大于政府支出的其他 1 美元的价值。因此,这里使用的术语只是掩盖了人们所定义的"必要的政府支出"之间的差异。实际上我们得到的结论是,我们"需要"国家安全,"不

---

① 对 11 个市场经济国家 20 世纪 60 年代公共部门的作用的比较,见 P.A. 克莱因:《市场经济的管理:一个比较的观点》(*The Management of Market-Oriented Economies: A Comparative Perspective*)(加利福尼亚贝尔蒙:沃兹沃思出版公司,1973 年),表 8—2,第 179 页。

管是什么样的价格”——这就是一种主观价值判断。我们对我们所定义的“需要”进行了较严格的控制和限制，也是一种价值判断，以及一种根本的非价格决策。可以用查尔斯·舒尔茨(Charles Schultze)的评论来说明这一点。1969年，美国国防部的财政拨款为780亿美元，只包括50个拨款项目，其中一项(采购与研发)即达220亿美元，而且只用了一页纸来说明其合理性。与之相比较，医疗、教育和福利预算(非信托基金部分)仅为145亿美元，却包括了大约100个项目。这三项的预算只是国防预算的1/5，但项目数比其多一倍。① 可以列出太多的比较性说明来证明同样的价值取向。这里的观点既不是批评，也不是赞同对待所涉及的资源配置的任何特定态度。我们只是想要强调，由于它与资源配置有关，毫无疑问就是经济的本质：它涉及了作为评价科学的政治经济学，我们作为政治经济学家，对这种分析根本没有作出任何贡献。

资源配置是通过实际上存在的价值进行的，这种价值塑造了经济，也为经济所塑造，但却不是必需的部分，因为经济学选择将其作为给定的。按照定义来说，一个混合经济就意味着部分是市场，部分是命令，但绝大多数把价值问题带入经济学的努力(制度主义除外)，都把价值的核心看成是市场上的配置。帕累托最优的福利概念是这

---

① 查尔斯·舒尔茨：《公共支出的政治学和经济学》(*The Politics and Economics of Public Spending*)(华盛顿特区：布鲁金斯研究院，1968年)，第4页。

这种价值观对于形成通过公共部门进行的配置来说，一直是关键性的。因此，布鲁金斯研究院的一项研究分析了1974年的预算提案，得到的结论是，政府的预算提案“尽管没有改变联邦税收结构和当前的国防态势，但……建议大幅削减联邦政府的国内开支，包括删除和极大压缩了一些项目”。爱德华·H.蒂特斯(Edward H. Teeters)、艾利丝·M.里夫林(Alice M. Rivlin)、查尔斯·L.舒尔茨和南斯·H.蒂特斯(Nancy H. Teeters)：《确立国家的优先顺序，1974年的预算》(*Setting National Priorities, The 1974 Budget*)(华盛顿特区：布鲁金斯研究院，1973年)，第vii页。这并非弗里德曼的经由市场的“比例代表制”(见后文)，而是伪装成只是“财政正统”的作为评价科学的经济学。

样(如前述),柏格森—阿罗传统的福利经济学也是这样。[①] 阿罗非常明确地指出了这一点:“在目前的研究中我们将假定,个体价值被视为事实,不可能被决策过程本生的性质所改变。这是……经济理论的标准看法。”[②]

简而言之,实际上所有人都会同意,现代福利经济学一直是慎重地限制这种兴趣,而只是在个体价值是给定的事实,在社会福利被看做这些个体价值的加总这种情况下,才极大地限制了社会福利的定义和衡量问题。“福利”问题被限定为如何表达和传达个体价值,如何将它们加总,以及如何解释其结果。即便是这样来看待的个体价值,是否能把集体消费包括在内,还是根本不清楚的问题。“社会利益”肯定会被谨慎地避开。这把我们引入了当前关心的所谓成本—收益分析。从表面上看,这是向解决价值问题可能跨出的一步,或许确实能跨出这一步。但至关重要的是,成本—收益分析习惯上被看做福利经济学的一种应用,而“社会改善”是根据“一种潜在的帕累托改进”来评判的。简言之,社会改善无法与给定的个体价值的加总和变形相分离,这又把我们带回到前述的合成的谬误。[③]

---

① 几年前,阿罗指出了艾布拉姆·伯格森(Abram Bergson)的观点与他自己的观点的区别:“伯格森寻求把社会价值放到个人的福利判断中,我却喜欢把它们放到社会通过其规则作出社会决策的行动中。”《社会选择和个体价值》,第2版(纽约:约翰·威利和森斯出版公司,1963年),第106页。因此,阿罗似乎比伯格森更加接近于避免前面提到过的看不见的手受到的合成的谬误的折磨。阿罗更加清楚地认识到,经济学中的真实价值问题是需要面对的,但在他发展的福利经济学中,他似乎普遍地假定,价值问题已经通过某种方式克服了(见本文),从而把注意力集中在通过在各种环境和假设下的经济进行传播的机制问题上。

② 阿罗:《社会选择与个体价值》,第7页。阿罗继续指出,这种标准看法一直被凡勃伦、弗兰克·奈特、J.M.克拉克和其他人攻击为缺乏现实意义。

③ 最近关于成本—收益分析及其对社会改善的思考的文献,见米杉:《成本—收益分析》,尤其是第8页。

下面这个典型的评论或许表明,发展应用福利经济学这种努力,过于限制了需要经济

E.J.米杉认为，帕累托福利改进观念不是非常适当的，除非经济学家决定是把他们的福利经济学建立在效用的基础上，还是建立在伦理学的基础上。[①]这似乎使问题多少有些模糊，因为人们肯定可以把效用归入伦理学，这里需要的是比市场更完备的某种计算法，以表达经济决策中基本的价值体系。这不只是成本—收益分析一直声称的那种计算法。

因此，对公共部门的考察表明了这个问题的重要性。在所有市场导向的经济中，公共部门都是人力和非人力资源总体配置的一个规模很大的部分。我们已指出，虽然如此配置的资源都与价格有关，但它们根本上并不是通过价格来配置的，而是通过法令。法令来自表现为税收和开支决策形式的政治经济学，这些决策是由通过多种方式选择的官员(大多是通过选举，在许多重要部门，也可以通过任命，比如管理和预算部)作出的，是通过被组织到政治单位中的消费者和生产者作出的。我认为，正如需求理论的心理学基础是考察单个消费者行为的关键那样，理解和评价政治经济学的关键，是经济发展、表达、影响和作用于社会价值的方式和程度。但是，经济学至少偶尔会为它的心理学假设而烦恼，无论是关于需求理论的假设，还是关于企业理论的假设(这是传统经济学"价值"理论所包含的单位)，这些假设很少涉及去表现政治体系的假定和特征，通过政治体系，个

学的范围扩展到作为评价的科学这种观点："这本书里的分析始终关注的是详细阐述最大化产出或者消费这一个国家目标的含义。在这之前我们可以考察一下这个目标是如何实现的，它首先需要的是用一系列市场价格的滞后行为函数来描述这个经济的实际运行。"伯吉斯·卡梅伦(Burgess Cameron)：《投入—产出分析与资源配置》(*Input-Output Analysis and Resource Allocation*)(剑桥：剑桥大学出版社，1968年)，第94—95页。作为评价科学的经济学，从来不会在没有某种框架去表明反映价值体系的极大值的特征的情况下，去阐述一个最大化目标，也从来不会只是集中于市场价格，即便它表现为一系列最简洁的滞后行为函数。

① 同上，第311页。

体价值和社会价值以相当复杂而又非常关键的方式缠绕在一起。在这里，美元选票的重要性通常是由权力方面的考虑来衡量的，而且在任何情况下都要与个人的选票相结合，以表现总的配置机制——也就是政治经济学。经济学传统上把“市场”看做唯一需要关注的连接个人和社会的渠道。但是，尽管它关注个体的看法，对渠道另一端的个体的特征却是相对忽视的。

对于有意义地评价经济解决它的价值问题的绩效，这种分析是一种必需的前提。这里强调的是，本文的立场不同于激进派、开明派和保守派的立场，他们所有人都倡导用自己的价值取代他们在这个体系中感觉到的价值。激进派的不同意见，很多都是传统经济理论所习惯的考察范围之外的东西（比如权力的总体分配）。鉴于这里的观点是，如果要理解这个经济的含义的话，政治经济学家必须集中关注总体配置体系，关注政治经济如何塑造以及反映已有的社会价值，所以我们的观点与激进派相近，比经济理论习惯上的范围要宽得多。鉴于激进派的批评是基于他们厌恶他们所感觉到的来自这个体系的那些结果，基于那些我们可能同意、也可能不同意的判断，所以我们这里的观点不同于激进派的异议。①

受“私人的丰裕和公共的贫困”所困扰的加尔布雷思这样的开明派，反对正在发挥作用的公共部门。但他像激进派和保守派一样，最后还是认为，在他所看到的来自政治经济学的价值观中，他还是更喜欢自己的价值观。他的影响最终依靠的还是他的说服力。但是，对

① 1971 年，约翰·格利（John Gurley）和罗伯特·索洛（Robert Solow）发生了一个激进经济学家和一个主流经济学家之间有趣而富有启发的交流。格利认为主流范式强调数据和分析技巧，忽略了诸如权力和冲突这些因素，从而忽略了“相当大一部分的现实”。索洛的反驳指出，“分析技巧的知识和数据的取得”确实把经济学家和其他人区分开来。见《美国经济评论》（1971 年 5 月号），尤其是第 54 和 65 页。

于政治经济学这一科学来说，采纳任何参与者的价值观，并不是对发展中的分析技术的替代，这些分析技术保证了经济按照一种与自己的价值观相一致的方式运动，无论个体参与者怎样去看待它。顺便说一句，这种作为评价科学的政治经济学理论，可以为所有派别提出适当的分析技术，对他们的市场评价思想产生影响。[①]

同样的判断在实质上也适用于保守派的批评。例如，米尔顿·弗里德曼无疑会认为他的"实证经济学"避免了主观评价。实际上，他一直试图把市场配置本身提升为一种价值前提，在他看来，以此为基础的结果是最有效的，或者说，如果不是最有效的话，根据他对经济应该如何表现的看法，这些结果比任何其他配置机制的结果都更可靠。他认为人们应该"相信市场"，因为不论市场有什么缺陷，它总是比非市场机制表现得更好。比如弗里德曼说道："市场的作用……是它允许在不一致中达成一致；它是一个有效的比例代表制体系。"[②]"有效"一词掩盖了我们前面提到的许多问题（消费者的实际主权，权力使用的集中对市场配置的影响等等），而且与集体消费毫不相关。市场不可能"按比例"或者以其他方式来配置国防。然而，弗里德曼确实发现了政治配置的一种作用（人的选票）。但他认为："用投票箱很难（如果不是不可能的话）解决基本价值观的根本差异。"[③]把这种信念放到配置经济的自由放任市场中，以及放到把个体价值转变为社会政策的民主过程中，似乎都是不一致的。

最后，依靠市场即使比依靠任何个体更可靠，也不会替代作为评

---

① 艾尔斯无疑提出了一种分析技术，用来检验现有的社会价值与发展中的技术价值之间的一致程度。在艾尔斯看来，二者迟早要一致。

② 米尔顿·弗里德曼："政府在一个自由社会中的作用"，载《资本主义与自由》（芝加哥：芝加哥大学出版社，1962年），第23页。

③ 同上，第24页。

价科学的政治经济学理论。必要的集体消费仍然将由政治或者行政法令来配置。社会保障对于加尔布雷思来说是“必要的”，但对弗里德曼来说则不是。国防对他们来说都是“必要的”（但需要多少？如何决策？）。什么是确定“必要”的标准？这里的观点是，对这些关键的经济问题，经济学家仍然保持沉默，没有哪个个人的价值观足以成为这些配置决策的可接受的标准，唯一的解决办法是面对那些塑造和引导经济命运的、固有的所有与价值有关的问题。

这里需要补充的是，艾尔斯对制度价值和技术价值的区分，与这一点正好有关：福利观念永远不可能通过被迫接受单个人或者集团的“价值体系”来恰当地解决，（他认为）甚至也不可能由某个社会的“价值体系”来解决。他的缺陷在于，假设通过强调消除了手段和目的这个老问题的过程，就可以彻底解决价值问题。他认为：“总体福利不是一种状态，而是一个过程。”[①]尽管他关于这种情况下的价值变化的观点肯定是正确的，但他低估了发展一种用来辨明政治经济中出现的价值的分析技术的实际作用。一种恰当的理论应建立一种机制，通过这种机制可以识别、传播和反映运行中的经济的已有价值。更重要的是，经济学家从而可以判断这种表达社会中正在出现的价值的政治经济学的适当性和敏感性，以及它如何与任何其他预想的“标准”相一致。这就是这里一直强调需要有一种更完善的作为评价科学的政治经济学理论的原因。

制度主义者对过程的强调是合适的，因为我们可以假设就像在技术中的那种进步发展，按照定义来看将构成经济进步。但这种强调还不能把增长和进步完全区分开来，除非我们假设社会及时地作

---

① C.E.艾尔斯：《工业经济》（*The Industrial Economy*）（纽约：霍顿·米夫林出版公司，1952年），第315页。

出了"正确的"(也就是"技术的")选择(当然,艾尔斯确实认识到技术选择最终是不可避免的。通过强调这个"连续统一体",他认为他已经解决了内在于一种目的观念["最终价值"]中的价值问题)。①

如果说当前政治经济学不能令人满意的处理价值问题的方式,已经通过它在评价公共部门时的缺陷得以阐明的话,那么,可以通过考察经济进步观念来表明它看待时间进程中的政治经济所存在的缺陷。

动态评价的边界:政治经济学与进步的含义

我们拾级而上,现在登上了最后一级台阶。我们已经表明,集中于福利理论的经济学把个体价值假设为不变,认为福利水平在市场中是可以通过价格来衡量的。限于这个框架下对价格的含义的考察,认为制度主义者对传统的均衡总是意味着竞争均衡这种观念的指责(但也仅仅是这种指责),可以部分得到反驳。我们也指出,作为一个总体配置机制的经济,应该是经济学家关注的恰当焦点,如此的话,经济学家必须又是一个政治经济学家,去解决总体配置的含义问题——也就是价值问题。在这里,公共部门的问题是最有启发性的。

最后,如果再加上时间因素,如果考虑的是污染、环境保护和发展之类的问题,那么即便是一种简单的帕累托最优也必然会变得非常复杂。我们是否可以试图把"帕累托最优动态化",认为"一种动态

① 他把我们的问题与医疗问题进行了对比,在那里,"健康"是唯一需要的标准,好和坏或多或少都是根据这个价值标准来判断的。人们可能会想知道,他对流产和安乐死这两个当前激烈争论的价值命题的看法。如他所说,如果"在制度价值体系和技术价值体系之间,技术价值已经有了定论的话"(艾尔斯:《工业经济》,第314页),那么,这场争论中的技术价值一方是什么?我们足以通过这个"连续统一体"来回答吗?

的帕累托最优意味着增加下一代至少一个成员的福利,而不会减少现在一代人单个成员的福利,这种变化就被定义为真正的经济进步”?如果 X 策略增加了下一代人的福利,也增加了现在这一代人的福利,但却损害了 $n+1$ 一代人的福利(“极端的例子”是将来几代人之后的种族灭绝),又会如何呢?即使是在相对简单的帕累托世界,代际权衡也是相当复杂的,因为至少把偏好、技术和资源视为动态给定的。①

正如帕累托最优不能在单个时期为政治经济学中的所有价值问题提供恰当的指导一样,它也不能对进步提供恰当的指导。重要的是要注意,传统上对经济动态学的强调关注的是增长,而不是进步,这与传统上对经济静态学的强调关注的是配置而不是评价,完全出于同样的原因。进步涉及跨时期的评价问题,而增长只是涉及经济发生的无论什么样的增加。② 例如,保罗·萨缪尔森试图在他的原

---

① 制度主义者总是反对偏好“给定”这个假设。艾尔斯强调了技术固有的动态作用,接受了埃里克·W. 齐默曼(Erich W. Zimmerman)多年前在《世界的资源和工业》(*World Resources and Industries*)中强调的观点(虽然被经济学家普遍贬低和/或忽视),对经济学家来说,资源是唯一有意义的对象这样一种根本性的资源动态观念。是技术过程把能源等转变为资源。

如齐默曼所说:“资源是动态的,不仅反映为知识的增进、技术的改进、科学的扩展,还反映在个人欲望和社会目标的变化上。”E. W. 齐默曼:《世界的资源和工业》,修订版(纽约:哈珀和罗出版公司,1951 年)。简言之,经济学一直在其中取得进展的所有领域,本质上都是动态的,只有在冒险不去发展最有意义的、最为切实可行的方法的情况下,经济学才能把它们视为固定的。

② 现在引起关注的这种区别,可见安德鲁·温特劳布(Andrew Weintraub)、伊莱·施瓦茨(Eli Schwartz)和 J. 理查德·阿伦森(J. Richard Aronson)编:《经济增长争论》(*The Economic Growth Controversy*)(纽约:麦克米伦,国际艺术与科学出版社,1973 年)。比如在第 2 章“增长和反增长”,E.J. 米杉写道:“职业经济学家对人类市场选择的解释,或者对反映他们关于什么引导着他们的幸福的相互判断的一般经济判断的解释,是如此令人吃惊的简单化。但我希望经济学家不至于那么愚蠢,去相信这种解释。”(第 22 页)争论的核心问题是:职业经济学家对于完善这个机制能够做点什么?通过这个机制由个人和社会集体作出的关于资源配置的市场和非市场选择,可以被导向社会希望实现的任何有意义的观念。

理教科书的第9版表明，我们所关注的是进步而不是增长，但他的方法是介绍了诺德豪斯—托宾(Nordhaus-Tobin)衡量经济福利的办法。[①] 萨缪尔森认为，“人均经济净福利”的增长比人均GDP的增长要慢。诺德豪斯—托宾指出的增长带来的需要考虑的“麻烦”这种观点是有建设性的。但是，区分增长和进步的分析技术远没有发展起来，更不用说衡量进步的分析技术了。[②]

简言之，经济进步策略清楚地表明了作为评价科学的政治经济学的首位地位。其焦点是随时间变化的全球人力和非人力资源的存量，它们与变化中的技术的关系，以及人类据以创造政治和经济的过程。这个过程因而是一种机制，通过这个机制，由个人和社会评价过程的相互作用来决定目标。通过明确地理解在一个总体配置理论中的这种机制，政治经济学家从而使参与者能够把所有资源引导向已有的目标，使他们能够依据个人可能选择运用的任何外部标准，来评价这些目标。无论是在制度主义者一直感兴趣的发展中经济体，还是在发达经济体，都在争论当前对进步而不是增长的强调。

艾尔斯是最早(如今仍然是少数人之一)关注经济进步而非经济增长的经济学家之一。[③] 与艾尔斯在30年前概括他的经济进步理

① 对比P.A.萨缪尔森:《经济学》,第9版(纽约:麦格劳·希尔出版公司,1973年),第195—196页。

② “麻烦”是对马歇尔外部性概念的少许扩大。鉴于在经济学中对外部性观念的尊敬,以及它在影响经济理论方面的失败,我们对近来正在转变经济分析和方法的人均净福利观念不能抱太大的希望。见W.诺德豪斯和J.托宾:“增长是障碍吗?”,载NBER:《50周年纪念讨论会》(*50th Anniversary Colloquium*),第5卷(纽约:哥伦比亚大学出版社,1972年)。

③ 人们一直认为包括艾尔斯在内的制度主义者没有以足够精确的形式发展他们的思想,以得到经济学家的普遍接受。比如萨缪尔森曾这样评价制度主义:“对这一学派的大部分人来说,他们都不能成功地自我繁殖,今天似乎已经差不多绝种了。”P.A.萨缪尔森:《保罗·A.萨缪尔森科学论文选集》(*Collected Scientific Papers of Paul A. Samuelson*),第2卷,第125篇(麻省剑桥:MIT出版社,1966年),第1736页(引自一篇1963年发

论的时候相比,技术进步如此迅猛,以至于我们现在可以在更多地了解替代性策略的充分含义的基础上,去谈论未来的可能性。① 经济学家不断认识到了增长和进步的区别。作为动态评价科学的政治经济学关注的是经济被带领着走向何方。开始的一些基本观念正是广义上的配置:地球上的人类所得到的是大量人力和非人力投入,发展中的技术把它们转化为潜在的资源(在齐默曼意义上的资源);经济作为一种传导和协调机制而存在,既帮助决定和转换个体价值和社会价值,也为分析者提供了研究经济在实现其参与者预期的目标方面的成败的分析技术。政治经济学将发展出一些标准来作出这些判断,同时将揭示用来显露这些标准的分析技术,从而使经济的不同目标(即对什么是经济进步的不同看法)的倡导者,能更好地理解作为评价机制的经济,以及他们自己关于变迁的看法。②

表的题为"经济思想与新工业主义"的论文)。尽管我们在最近的文献中看不到对艾尔斯著作的大量引用,但相当明显的是,他的思想已频繁进入到当前的经济学争论中。关于同意这一点的一位经济学家的观点,见约瑟夫·多尔夫曼(Joseph Dorfman)和其他人主编的《制度经济学》(*Institutional Economics*)(伯克利:加利福尼亚大学出版社,1963 年)中罗伯特·A. 戈登(Robert A. Gordon)的论文。

艾尔斯关于他的进步观点方面的一个不幸的缺陷如下:"人类的进步在于发现如何行事,发现如何更多地行事,发现如何把所有事情做得更好。"《经济进步理论》(纽约:Schocken Books,1962 年),第 v 页,艾尔斯自己写的新版序言。这种腔调更像是增长。不考虑这一点,不考虑人类可以做的所有事情,他们应该集中自己相对稀缺的资源(也就是时间),这几乎不能被看做对进步的一种有用的描述。

① 艾尔斯经济进步理论的关键部分是围绕着动力而展开的,他从中推导出了自己的工具价值理论,与杜威的手段—目的连续统一体密切相关。这与来自一种发展中的政治经济学的评价中的进步观念密切相关,正如查尔斯·舒尔茨所说:"只有在考察特定的选择项目的过程中,我们才能发现我们的目标,以及我们希望实现这种目标的强烈程度。我们清楚地表达目的,正是我们表明的手段。"《公共开支》,第 38 页。舒尔茨直观地指出,经济学根本上来说是一种价值科学。

② 这是分析经济理论中已经出现的创新的最为可能的视角,利奥·罗金写道:"[经济思想的]新体系最初出现于社会改革背景下隐藏着的观点。"《经济理论的含义和有效性》(*The Meaning and Validity of Economic Theory*)(纽约:Harper and Brothers,1956 年),第 xiii 页。

这里隐含的最终是一个非经济的价值前提——作为动态评价的经济进步将从这个体系内部产生，而不是由精英或者专制机构所强加的。不同的进步策略的倡导者所需要的是能够合理精确地剖析已有的策略，以了解他们的问题是否是去改善反映现有价值观的现存经济的运行方式，或者问题是否是改变价值观，以找到通往未来的不同路径。①

应该指出，在倡导作为动态评价科学的政治经济学必然面对进步这一有意义的观念的时候，我们并不是说经济学家和哲学家在讨论价值问题的时候，并没有自然的劳动分工。这似乎与当前的看法相一致，这种看法认为，比如在影响到关于什么是好生活的争论时，经济学家可以继续把哲学家的价值争论中那些更为深奥的因素搁在一边。不过，如果我们接受资源配置是经济学的核心的话，那么，经济学家就需要面对与这个核心问题直接相关的所有价值问题。如此说来，经济学从来就不"只是与配置有关"的，也就是说，只关注通过市场价格进行资源配置。

结　　论

我们可以通过几个命题来概括本文的基本论点。

1.经济学一直都承认它强调的是在世界上作出选择的必要。这个世界最近的能源危机提醒我们，必须用丰裕来取代稀缺，作为人类历史的一种基本的改良剂。

2.因此，尽管经济学无疑是以配置为中心的科学，但它是一种卓

---

① 用艾尔斯的话来说，一种不同的路径只不过是现在根据已有的技术价值来确立的路径。

越的评价科学。这就相当于说,经济学的研究对象比哲学家更宽泛地关注的人类最终命运更加特殊,但却比例如莱昂内尔·罗宾斯所定义的经济学的含义更加宽泛。那种考虑了市场不安全,但却把价值假设为给定的经济理论,即便只是冠以“基准理论”之名,对于解决经济问题来说也不是恰当的理论。[①]

3. 艾尔斯关于现代市场均衡的观点可能是错误的,但他认为经济学关注的核心不是市场如何配置资源,而是总体的配置如何使经济被理解、决定、评论、转换和随时间的流逝而改变,这种观点绝对是正确的。

4. 因此,经济学长期以来一直屈服于一种趋势,把一个本质上很复杂的价值问题,转换为一个相对简单、常常是机械论的配置问题,因为后者的优势在于发展精确而严密的模型。但是,这种努力导致了比以往更为严重的人格分裂。人们已经认识到,经济学过多地关注那些集中于过分简化的配置的理论工具,而经济本身却是不断在评价之中挣扎。仔细阅读任何基础教科书,都可以发现它们强调的是我们用于处理“市场”的工具的复杂性,与用于处理价值(静态条件下)或者进步(动态条件下)的工具的不足之间的差异。

5. 只有当经济理论集中关注政治经济的含义——价值问题——的时候,我们才能够评价我们当前的配置(市场内部的和外部的)是否实现了经济参与者当前所确立的那些发展中的目的。然后我们才能评论经济的实际运行,以及它的参与者以有效的方式作出的预期。

6. 如果我们接受古典和新古典经济学家假设的消费者主权是经济配置中的重要因素,那么,我们面临的挑战就是,根据可以表现出

① 这是萨缪尔森所用的一个词。“在为评价一个经济体系的效率而提供一种基准这方面,竞争模型是极为重要的。”《经济学》,第9版(纽约:McGraw Hill,1973年),第631页。

来的社会发展中的总体配置的推动力，发展一种作为评价科学的政治经济学的理论，去把他们的假定转变为现实。在这种情况下，可以根据最终明确了的唯一标准来判断经济的绩效：这个体系如何有效地、准确地反映了现有的选择？①

7. 因此，政治经济学的边界，在于去提供发展中的标准，根据它们成功表达社会已有价值的能力，去对经济作出评判。在动态条件下，这些标准可以提供一种途径，用来判断经济在时间进程中是否体现了它的参与者不断变化的价值观，也就是经济进步。只有这样，我们才能够有意义地评论当前的经济结构是构成了通向奴役之路、通向乌托邦之路或者是半途而废之路，以及是否是不管什么样的道路，无论对错，这都是它的参与者的选择。

参考文献

Arrow, Kenneth J. *Social Choice and Individual Values*. 2d ed. New York: John Wiley and Sons, 1963.

Ayres, Clarence E. *The Industrial Economy*. New York: Houghton Mifflin Company, 1952.

——. *The Theory of Economic Progress*. Chapel Hill: The University of North Carolina Press, 1944.

Berle, Adolf A., and Means, Gardiner C. *The Modern Corporation and Private Property*. New York: Macmillan, 1932.

Brady, Robert A. *Business as a System of Power*. New York: Columbia University Press, 1943.

Cameron, Burgess. *Input-Output Analysis and Resource Allocation*. Cambridge: the University Press, 1968.

Freed, Edward R.; Rivlin, Alice M.; Schultze, Charles L.; and Teeters,

① 一个隐含的假定是，这些现有的选择能够体现艾尔斯的“技术价值”。无论如何体现，它最终是唯一可维护的体系，不存在任何专制主义的强制。

Nancy H. *Setting National Priorities*, *The 1974 Budget*. Washington, D.C.: The Brookings Institution, 1973.

Friedman, Milton. "The Role of Government in a Free Society." In *Capitalism and Freedom*. Chicago: University of Chicago Press, 1962.

Galbraith, John Kenneth. *The New Industrial State*. New York: New American Library, 1967.

——. "Power and the Useful Economists." *American Economic Review* 63, no. 1 (March 1973).

Gordon, Robert A. In *Institutional Economics*, Joseph Dorfman and others. Berkeley: University of California Press, 1963.

Gruchy, Allan. *Contemporary Economic Thought*. New York: Macmillan, 1972.

Gurley, John. "The State of Economics." *American Economic Review* 62, no. 2 (May 1972): 53—62.

Hutchison, T. W. *The Significance and Basic Postulates of Economic Theory*. New York: Augustus M. Kelley, 1965.

Klein, Philip A. "A Critique of Contemporary Institutionalism." *Quarterly Review of Economics and Business* 1, no. 2 (May 1961).

——. *The Management of Market-Oriented Economies*: *A Comparative Perspective*. Belmont, Calif.: Wadsworth Publishing Company, 1973.

Marshall, Alfred. *Principles of Economics*. 8th ed. New York: Macmillan, 1949.

Mishan, E. J. *Cost-Benefit Analysis*. London: George Allen and Unwin, Ltd., 1971.

Myrdal, Gunnar. *Against the Wind*: *Critical Essays on Economics*. London: Macmillan, 1974.

Nordhaus, W., and Tobin, J. "Is Growth Obsolete?" In National Bureau of Economic Research, Inc., *Fiftieth Anniversary Colloquium*, volume 5. New York: Columbia University Press, 1972.

Robbins, Lionel. *An Essay on the Nature and Significance of Economic Science*. London: Macmillan, 1946.

Rogin, Leo. *The Meaning and Validity of Economic Theory*. New York: Harper and Brothers, 1956.

Samuelson, Paul A. "Economic Thought and the New Industrialism." Reprinted in *Collected Scientific Papers of Paul A. Samuelson*, volume 2, no. 125. Cambridge, Mass.: M.I.T. Press, 1966.

——. *Economics*. 9th ed. New York: McGraw Hill Book Company, 1973.

Schultze, Charles. *The Politics and Economics of Public Spending*. Washington, D.C.: The Brookings Institution, 1968.

Weintraub, Andrew; Schwartz, Eli; and Aronson, J. Richard, eds. *The Economic Growth Controversy*. New York: Macmillan, International Arts and Science Press, 1973.

Zimmerman, Erich W. *World Resources and Industries*. Rev. ed. New York: Harper and Row, 1951.

2.权力与市场幻觉:制度和技术①

托马斯·R.德格利戈里

在著作和讲课中,C.E.艾尔斯经常引用凡勃伦关于"愚蠢制度的胜利"的警言。② 我们的时代似乎遍布危机——环境危机、能源危机等等。在美国,曾因其效力和准确性而为人称颂的国内经济和经济政策工具,显然正在失效。政府经济学家建议不要对通货膨胀和失业采取行动,因为就像他们承认的那样,他们并未完全了解问题的原因何在。我们应对危机沿用的多是艾尔斯告诫过的那些方式。导致我们陷入危机的这个观念体系,为很多人坚定地持有,将其作为我们的所有问题的解决办法,没有认识到需要进行修订和反思。没有哪个地方会有如此明确的信念,相信市场和不受妨碍的价格信号把资源引导向存在问题的领域的能力,也没有哪个地方像艾尔斯那样对价格体系的神秘性作出如此有说服力的责难。

在平装本的《经济进步理论》的前言中,艾尔斯唤起了人们注意他在开篇一章对传统经济学的"市场迷恋"的批判。③ 对艾尔斯而

---

① 原载《经济问题杂志》,第8卷,第4期(1974年12月),第759—770页。

② 比如,C.E.艾尔斯在《经济进步理论》(1944年)(纽约:Schocken Books,1962年),第x页,第176页引用道:"历史所记录的多是那些频繁发生的、关于愚蠢制度战胜生活和文化的壮观事例,而不是那些……关于将自己从一种极为不安全的制度形势中(比如基督教世界现在所面临的情形)拯救出来的人的事例。"托尔斯坦·B.凡勃伦:《劳作本能》(*The Instinct of Workmanship*)(1914年)(纽约:Norton Library,1964年),第25页。

③ 艾尔斯:《经济进步理论》,第xiii、xiv页。

言，迷恋市场这种状况使注意力偏离了技术过程，隐含着买卖和经济福利之间的一种因果关系。显然，在一个市场经济中的个人，必须进入市场关系，这些关系是他们的个人财富的主要决定因素。市场分析关注个人经济活动的这一方面，却几乎完全忽视了比如机械师、医生或者农民这些个体的活动的技能方面。如艾尔斯所言："无疑，农民对市场进行研究的话，对自己无疑是有益处的，任何一个娴熟掌握了相关市场运作技巧的农民如果彻底弃农从商，成为一名经纪人也许真的会做得更好。但一个全民皆成为经纪人的国家就种不出粮食了。"[①]艾尔斯的强调很清楚：能够带来个人财富的一种活动，不能被推而广之，视为能给社会带来财富的主要活动。

艾尔斯对把动力和创造力归于市场的一个主要异议是，这样做所隐含的因果关系是为了使收入分配的总体不平等合理化。把市场权力赋予某些个人的所有制度因素（声望、财富等等），都可以归结为一个解释因素：生产力。在艾尔斯看来，这样一种理论无法通过科学理论的第一步检验，实际上是一种"集体表象"（埃米尔·涂尔干(Émile Durkheim)的用语），因为它"更完整地概括了商业主义，并且在商业社会为证明自身的合理性而采取的合理化过程中，没有其他哪种观点比它更重要"。[②] 他的观点在约翰·肯尼斯·加尔布雷思那篇卓越的美国经济学会主席演讲中引起了共鸣。加尔布雷思指出，经济理论忽略了权力概念，认为这种理论"并不是中性的。它是那些对顺从的公众行使权力的人有影响的、不可或缺的同盟"。[③] 如果那些相信价格理论和市场是经济分析的逻辑中心的人保证过什么

---

① 艾尔斯：《经济进步理论》，第 15 页。

② 同上，第 39 页。艾尔斯在这里特别谈到了资本的概念。

③ 约翰·肯尼斯·加尔布雷思："权力与有用的经济学家"，载《美国经济评论》，第 63 卷（1973 年 3 月号），第 10—11 页。

的话，那就是保证他们的考察的中性。从约瑟夫·熊彼特到莱昂内尔·罗宾斯，在维护正统理论不受制度主义者批评的时候，总是强调经济学考察的工具可以为社会主义者所用，也可以为自由企业的倡导者所用。

关于价格理论是中性还是非中性的观点，或者关于技术在经济变迁中的作用的观点，一直是传统经济学家和制度经济学家之间争论的主要内容。艾尔斯对传统经济学的批评，不仅指责市场隐含的因果效力，而且也指责在市场中发现的道德价值观。"因此，价格在中世纪思想中第一次具备了一种社会原则的作用，在其中，社会把'商人'的意愿提高到教会的一种教义的水平。"[①]今天的大多数经济学家都会否认他们赋予了市场一个道德目的，然而，实际上所有经济学家都会规范性地使用市场和价格，有一些经济学流派把市场价格提升为资源配置的唯一工具，以及衡量经济绩效和福利的唯一指标。"显示偏好"思想意味着我们的现代经济社会，正如事物本应有的状况，是自由的个人选择的总和。是否正在被破坏的环境，是否缺乏住房和医疗同时却有丰富的除臭剂和发胶，是否产品的不安全，都是因为人们"需要"这些东西？[②]

本文的论点是，在我们当前妨碍了政府对经济和社会的有效管理的意识形态混乱中，对市场行为的规范性解释是一个重要元素。此外，这种规范性解释从根本上说是错误的，因为除了其他困难之

---

① 艾尔斯：《经济进步理论》，第 26 页。

② 大量的公共选择理论家是极端地相信市场的道德目标的这种表现。市场上的行动反映了自由选择；投票间里的活动进行了强迫。越来越多的著名的长篇大论中的观点反对政府对以下领域的干预：(1)产品安全(让消费者有自我保险的选择)，(2)医生执照，或者(3)消除歧视。对这些文献的综述和批评，见我的论文"一经售出概不退换：对新兴的公共选择范式的批评"，载《公共事务管理与社会》(*Administration and Society*)，第 6 卷(1974 年 8 月号)，即将出版。

外，它忽视了现代经济生活的实际。最后，C.E.艾尔斯不仅正确地指出了这种困难，而且对关键的经济和社会政策问题提供了知识指导。让我们分别来考察这些论点。

如前述，那些让我们几乎完全依赖市场决策的人，忽略了权力在塑造市场行为中的作用。市场理论的自由选择神话让我们去宽恕的市场活动，在其他地方却是要受到谴责的。[①] 如艾尔斯所言："毒死某人的妻子是一种道德上的罪孽，而销售掺假食品或者药品从而毒害成千上万的人，则不过是一种商业上的意外事故。"[②]除了一些人比其他人有更多的美元选票这一事实之外，所有经济学家都承认的一个事实是，有各种需要考虑的来自地位、声望和成见的权力方面的因素。传统经济学的市场上的经济人，是一个不考虑文化的个体，从而是不存在的。正如艾尔斯评论的那样，这种经济人的偏好，只不过是 18 世纪的哲学家描述的自然人的固有偏好在 20 世纪的变种。[③]

许多经济理论家可以对通过市场来解决问题提出看似有理的和/或合乎逻辑的观点，其中一个原因是他们赋予问题一个纯粹的市场定义。需要是由市场定义的，结果是，市场可以提供这些需要。在最近的汽油短缺中，有人告诉我们，只要我们把价格提得足够高，就不会有短缺。"不会有长期的'能源危机'，这只是个短期问题。经济

---

① 见前引拙文的阐述。

② C.E.艾尔斯：《通向合理社会：工业文明的价值观》(*Toward a Reasonable Society: The Values of Industrial Civilization*)(奥斯汀：德克萨斯大学出版社，1961 年)，第 265 页。

③ 同上，第 26 页。这是凡勃伦认为经济学还是前达尔文主义的、非进化的原因中的一个。见托尔斯坦·B.凡勃伦："为什么经济学还不是一门进化科学？"载托尔斯坦·B.凡勃伦：《科学在现代文明中的地位及其他论文》(1919 年)(纽约：Russell and Russell，1961 年)，第 56—81 页。

科学教导我们，自由市场上不可能存在短缺。为了消除短缺，在自由市场上价格会提高。‘危机’是由市场受到破坏而导致的稀缺的对立面；而唯一有能力去破坏一个巨大市场的社会部门就是政府。”①这就是传统理论最终的反证法，而笔者以上引文并非唯一的公开声明。人类的需要只存在于市场中。提高价格从而可以减少人类的需要。

带着对市场的迷恋的价格理论中缺少一种用来定义人类需要的价值理论。事实上，要从这种理论结构中得到一个非同义反复的价值概念是不可能的，因为它把价格和价值视为同一。② 今天可能没有哪个词比需要这个词被更多地滥用了。1980 年，我们被告知我们将“需要”X 桶石油。我们不断被告诫，我们将如何需要各种各样的东西，我们将不得不如何调整我们的经济，或者引导大量的科学和技术努力，去满足这种“需要”。但即便是通过粗略的考察也可以发现，我们未来的“需要”，只不过是过去和现在的消费在未来的一种投映。需要的意思原来是人们愿意而且能够去消费一定量的产品。

对需要这个词的如此误用对于传统经济学来说是很容易的事，正如加尔布雷思指出的那样，因为经济学从业者已经“使经济学脱离了对它所关注的任何物品的判断。物品必需或是不必需，重要或是不重要，这些观念都完全被排除在主题之外了。……在经济学中，如果一个人去评判对更多食物的愿望是否合理，或者对更加精巧的汽车的愿望是否有意义，那么就能迅速地认定他是一个没有经过充分

① 德克萨斯 A&M 大学的经济学教授 W. 菲利浦·格拉姆（W. Philip Gramm）在 1973 年 11 月 30 日的《华尔街日报》（*Wall Street Journal*）发表的观点。关于市场定义人类需要的其他例子，可见拙文“一经售出概不退换”。

② 艾尔斯对制度经济学的最大贡献或许在于他的深刻的、有说服力的价值理论，这构成了他对经济和社会的理论阐述的基本结构。遗憾的是，我们只能讨论其中与本文相关的很小一部分。

的经济学训练的人”。①

经济理论与任何实质性的需要或者价值理论的脱离，使得经济学家关于需要的声明非常空洞，也就是毫无意义。需要理论中很多重要的组成部分从而被忽略了。首先，正如加尔布雷思有说服力地分析过的那样，需要或者欲望是不能与生产过程相分离的。当然，加尔布雷思承认有一些基本的需要是独立于社会而存在的，比如对食品、保暖等的需要，但即便是在这种情况下，是否去满足这些基本需要，也是由文化来决定的。给定加尔布雷思所称的“依赖效应”，“假设消费者的欲望是由使它们得以满足的那个过程所创造的”，那么，就不能再说欲望“是独立于被决定的愿望的”，也不能再把道德目的归于市场决策。② 如果我们在20世纪80年代有应急方案以满足能源或者其他“需要”，那么，很可能我们的预言自然会实现，因为我们将消费那些能源。但这并不意味着是道德强制我们去这样做。现在，我们为数十亿美元的大规模政府开支用于满足我们未来的能源需求而兴奋，这可以使个人能够在自由竞争市场上自由选择，消费他们本希望在1980年所需要的能源。如果说把大规模的政府开支用于履行假设的自由市场履行的职责是具有讽刺意味的话，那么，这一点一直没有得到广泛的讨论。

凡勃伦有一个能够很好地对加尔布雷思加以补充的需要概念：“发明是需要之母。”③像加尔布雷思的概念一样，凡勃伦认为生产过程满足了基本需要，也创造了未来的需要。除此之外，在凡勃伦的框

① 约翰·肯尼斯·加尔布雷思：《丰裕社会》(波士顿：霍顿·米夫林出版公司，1958年)，第147页。

② 同上，第155、260页。

③ 托尔斯坦·凡勃伦：《劳作本能与生产技术水平》(*The Instinct of Workmanship and the State of Industrial Arts*)(1914年)(纽约：W. W. 诺顿出版公司，1964年)，第314页。“当前，一如往常，无论在什么地方，发明是需要之母”。

架中,我们调整生活以适应新技术,而且在一定限度内我们依赖于新技术。因此,如果我们继续向城郊扩展,修建高速公路,增加汽车,实际上没有公共交通,那么,我们在1980年将比现在"需要"(在其基本意义上)更多的能源。我们也"需要"能源来实现许多当前处于不利地位的人的合理预期,他们期望能够使用很多目前没有资格使用的消耗能源的设施。但是,这些"需要"不是起因于市场的道德目的,而是来自过去作出的、以及现在正在作出的公共和私人决策。所以,我们可以通过改变我们的决策模型(绝不是拒绝穷人改善生活的预期)来改变我们的能源"需要"。不知为何,我们的政府和产业的大多数能源专家都假定,如果事情不发生变化,我们将不会(或者不能)改变我们的选择(他们不是像这样说),规划我们的"需要"将是什么,然后计算出我们可以作出的最小变化以弥补不足。艾尔斯所说的市场迷恋在这种似是而非的推理得以盛行的过程中,并不是一个微不足道的原因。

我们可以据此得出的结论是,当前的市场决策是在一个由过去和现在的公共和私人决策构成的背景下作出的。因此,传统理论往往把过去经验的影响视为给定的,就像把文化经验、权力和声望视为给定一样。但在许多情况下,使决策背景得以形成的公共活动,在塑造已有的社会和经济模式方面,可以是占主导地位的因素。如果公共决策往往促进了有权力的人的经济利益的话,我们往往就不会去注意它,但同时我们又允许任意控制平民对身份地位的追求。在这一点上,我们历史上关于汽车的决策就是一个例子。交通工具(公共的和私人的)应该让人们有能力容易地、安全地、舒适地、不过度花费成本和时间,从他们所在的地方到达他们希望或者需要到达的地方。在许多方面,私人汽车已经,并且一直会出色地完成这一任务。但是,鉴于现代城市中心的拥堵,使得远距离上下班往返的人来说,容易、舒适和时间这些因素几乎得不到满足。日益提高的驾车、修理和保险成本，使得汽车不再是一种便宜的交通工具。当然，还有巨大的社会成本，比如汽车的污染，以及修建高速公路和停车场而把城市挖得乱七八糟。市场理论家和汽车产业的维护者认为，我们现在之所以处于这种状况，是因为我们的“欲望”就是如此。

我们现有的交通方式事实上只是私人的、个人的市场选择的结果吗？显然不是！当在公共交通系统方面曾引起国际关注的洛杉矶准许轿车在电车道路上行驶时，对公共交通的排挤就开始了。第二次世界大战后的高速公路建设是对汽车提供的补贴，继续了公共交通衰落的过程；由于服务减少、成本提高，使得本已减少的乘车人进一步减少。政府在所有方面都继续支持发展汽车。对政府而言，显然，如果没有道路，车会较少，汽油的买卖也会很少。今天，数百万市民并没有有效地选择长途往返上下班或者到其他目的地。虽然日益受到关注，对公共大众交通也采取了一些措施，但我们却受到将现状奉为神明的市场神话的妨碍。创造了现状的过去的政府行动被忽略；现在的政府行动被怀疑，被视为比“市场自由选择”更糟。当消费者把美元选票投到市场上的时候，他们总是有主权的，但当他们在政治过程中投票的时候，却引起了恐惧。虽然不平等有其他的原因，但至少在投票的时候，每人都会与他的邻居有大致相同的表决权。[①]

---

① 市场神话的一部分一直是自由与市场行为的结合。在 18 世纪，与王权政府形式下的政治追求相比，中产阶级在经济追求方面无疑有更多的自由。此外，一部分经济干预有利于政府，却不利于促进公共福利。今天，在美国和其他国家，我们接近于一种民主政治。经济干预可以是一种服务公共利益的工具。通常，在干预有害的地方，那是因为那些已经拥有市场权力，并寻求使用政府权力来强化市场权力的人过度使用了政治权力。按艾尔斯的观点，我们拥有科学和技术手段去解决食物、住房、医疗（和清洁空气）这些基本的经济问题；只是我们对自由市场意识形态的无条件顺从，妨碍了我们这样做。如果艾尔斯是对的，而且我认为他是对的，那么我们对自由市场的保证就妨碍了我们的公民的真正自由，而不是促进了自由。

对传统经济学来说,可能没有比稀缺性更基本的概念了。我们的欲望是无限的,但满足欲望的手段是稀缺的,因此,经济学关注的是稀缺(有限)资源在不同用途之间的配置。艾尔斯和加尔布雷思对欲望的传统概念的批评,使这一基本的假设前提出现了问题。加尔布雷思把无限欲望这一假设前提的一个逻辑推论称做"经济学家的使命",即"毫不怀疑地去寻求满足这些欲望的手段"。[①] 在这个问题上,艾尔斯比加尔布雷思稍微更接近正统学说。艾尔斯(以及他作为重要成员的制度主义者的)著作的整个要点,就是导向一种能够解释增长过程的技术变革理论。而且,这个技术变革过程(意味着它所促进的经济增长)是没有终点的。关于丰裕问题,艾尔斯坚持认为:"工业经济产生的物品和服务远比人类过去所知道的要多得多,这是明显的、不容置疑的事实。丰裕不仅是事实,而且是现代生活中最为明显的事实。此外,从整个社会的角度来理解,这是西方文明、特别是美国文明最引以为傲的。"[②]这是艾尔斯在论丰裕的一章开篇的一句话,在这一章里,他清楚地发现了"从整个社会的角度来理解"本质上是正确的。他用下面这段话作为这一章的结尾:

> 从主要的、直接的意义上来说,丰裕是好事,这"仅仅是"因为它来自技术过程。技术过程本身并非总是令人不快,由于带来了丰裕,技术过程是好事。二者都是好事,因为它们是不可分开的——彼此分不开,与其他所有实际物品也分不开。在一定程度上,丰裕是所有物品及服务的总和,它的"好"是因为所有物

① 加尔布雷思:《丰裕社会》,第 157 页。20 世纪 60 年代末,当增长的极限理论享誉天下的时候,许多人已经忘记了加尔布雷思在十年前的先驱性贡献,他讨论了这个问题的关键元素:消费。在根本没有人认识到这个问题的时候,他就在寻找解决办法了,所以对他的任何赞誉都不夸张。

② 艾尔斯:《通向合理社会》,第 229 页。

> 品和服务都是“好”的。而从同样合乎逻辑的意义上来说，所有物品的“好”都是来自丰裕，因为“好”指的是我们拥有更多的任何东西。因此，丰裕把我们带回到所有人类经验中的相互关系，从这种关系中产生了“好”的含义，同样表现在产生丰裕的技术过程中的正是这种关系。①

当然，艾尔斯在这里更接近于微观经济学的多比少好这个基本假定。然而，其中的区别也是很重要的。传统微观经济学的定义完全来自市场活动：更多就是市场上更大的数量。艾尔斯寻求从整个人类经验中来得到他的“好”的定义。物品或者“价值的含义在很大程度上……源于人类的经历本身，来自于对知识以及越来越多的知识的追求，来自将自然力量驯服为人类所用的永无休止的努力”。②那些“因为拥有更多而使我们更富裕”的物品，不一定是在市场上买卖的经济物品。③ 于是，艾尔斯就有了一个与增长的极限相一致的价值和“好”的概念。在艾尔斯看来，经济增长和人类进步互为对方的一部分，但是，有了丰裕，就有可能不需要经济增长而实现人类的持续进步。

增长的极限理论家、环境保护论者以及其他人对现代经济学提出了严峻的挑战。艾尔斯的制度理论为这些挑战提供了有用的洞见。因为，如果我们要限制增长或者作出保护环境的决策，那么作为作出选择的一个基础，我们不仅需要有一个关于什么是经济上的“好”的理论，而且还需要知道什么是经济上的“坏”。在他的“炫耀性

① 艾尔斯：《通向合理社会》，第246页。

② 同上，第6页。这里引用的这句话是一个问句，但显然，从上下文来看，这个问题主要是一种修辞，艾尔斯作出了肯定的回答。

③ 这里当然有应用于所有“好”的关于经济的一些定义。

浪费”概念中，在他对绝对财富和相对财富的分析中，艾尔斯提供了这样一种理论。如果总是需要限制增长的话，我们必须理解驱使人们积累物品的文化力量，必须理解这些多余的东西是服务于人们什么样的心理和社会目的。

艾尔斯的“炫耀性浪费”概念直接来自凡勃伦，凡勃伦说道：

> 在严格准确的意义上说，除了那些引起一种歧视性的金钱比较的开支之外，没有什么可以归于炫耀性浪费这个名称之下。……但是，这些按照已经形成的习惯和传统是不可缺少的东西，在浪费这个词的技术含义上，很难说把哪些开支归为浪费，哪些开支归为不浪费。对所有这些开支的检验，必须努力去确定的一点是这个问题，即它是否用于直接强化整个人类生命——是否促进了客观地表现出来的生命过程。①

我们浪费物品的能力似乎是无限的。或许在这个意义上，我们的欲望是无限的。但同样明显的是，就“炫耀性浪费”这个因素而言，“满足”这些欲望的这个过程几乎没有对个人或集体福利增添什么。事实上，可能是使其减少了。就像凡勃伦发现的那样，因为“炫耀性浪费”的目的是歧视性的，它是为了通过拥有一个其他人没有的对象而试图获得身份地位。加尔布雷思将它比做“一个踩动轮子的松鼠，老想跟上轮子转动的速度”。②

---

① 托尔斯坦·B. 凡勃伦：《有闲阶级论：制度的经济研究》(*The Theory of the Leisure Class: An Economic Study of Institutions*)(1899 年)(纽约：现代图书馆，兰登书屋，1934 年)，第 99 页。凡勃伦进一步指出：“显然没有必要为了归入炫耀性浪费这个范畴而认为某个特定的开支对象就是浪费性的。一个物品既可能是有用的，也可能是浪费的，它对消费者的效用来说可能有一部分是有用的，有一部分是浪费的。”(第 100 页)

② 加尔布雷思：《丰裕社会》，第 154 页。

J.M.凯恩斯在加尔布雷思曾引用过的一段话里，阐述了无力满足炫耀性浪费的欲望这种相同的基本思想。

> 确实，人类的需要可能是无法满足的。但是可以把需要划分为两类——绝对需要，是不管我们周围的人境况如何，我们都能感觉到的需要；相对需要，是只有在提升了我们的地位，使我们感到优于周围的人的时候，才会感觉到的需要。满足了对优越性的渴望的第二类需要，可能确实是无法满足的：因为总体水平越高，这种需要也会越高。但绝对需要就不是这样——满足很快就会达到，或许比我们想象的还要快，当我们宁愿把自己额外的精力用于非经济目的的时候，这类需要被得到了满足。[1]

当我们为今后几年和未来几十年计划经济政策的时候，决定我们的能源"需要"、储备"需要"、医疗卫生"需要"等等的时候，必须有一种价值理论为我们的不同需要分类，确定除了市场的对象之外的项目的优先次序。因为我们的不同需要的源泉既限定了愿望，也限定了满足愿望的能力。在这点上，在这个经济悲观主义的时代，重要的是要记住艾尔斯在经济乐观主义时代作出的预言：丰裕对所有人都是可能的，但可能会受到社会的其他倾向的危害。

---

① 约翰·梅纳德·凯恩斯："我们孙辈的经济可能性"，载《劝说集》(*Essays in Persuasion*)(1931年)(纽约：W.W.诺顿出版公司，1963年)，第365页。凯恩斯在《通论》中表达了类似的思想，他认为资本的稀缺性可以由一代人"在装备了现代技术资源的恰当运行的社会中"来消除。J.M.凯恩斯：《就业、利息和货币通论》(1936年)(伦敦：麦克米伦出版公司，1947年)，第32—33页。财富是相对的这种思想，在经济学中可以追溯到大卫·李嘉图，但过去的经济学家都没有像凯恩斯、加尔布雷思和艾尔斯那样得到结论，认为绝对需要是可以满足的。

> 即便如此,作为一种思想或一种状况,丰裕最终是有限度的。有可能使美国每一个家庭都适当地吃好、穿好、住好——无论如何,比他们过去好得多。但却不可能让每一个家庭都比他们的邻居更好。简而言之,势利开始的地方,丰裕也就结束了。势利可能与我们的生产能力增长得一样快,或者更快吗?如果是这样的话,最好就放弃所有对未来的丰裕的希望吧。工业产品的数量无论有多大,总是有限量的,但浪费的能力却是无限的。凡勃伦所描述的"炫耀性浪费"可能会令人信服地越来越明显,结果是,我们所有的丰裕,不管数量有多大,可能都会像叮当作响的钟钹一样,毫无质的意义。①

在考察艾尔斯的制度经济理论的一些方面的时候,我们已经讨论过思想塑造经济政策的力量。艾尔斯所批评的那些思想是从传统中获得其约束力,而且仍然坚持着误导公共政策的能力。今天的许多公共经济政策声名狼藉。正如艾尔斯所预期的那样,面对当前的一些困难,他们要求更加死板地坚持教条,就像原始部落把狩猎失败归咎于仪式履行得不正确一样。但对其他人来说,这个时代似乎有利于变革,其环境可能类似于凯恩斯在一代人以前所描述的那种情况。他说:"人们非常期待一个更基本的诊断;尤其愿意去接受;即便似是而非,也渴望去尝试。"②

---

① 艾尔斯:《通向合理社会》,第 239 页。

② 凯恩斯:《通论》,第 383 页。在对讨论思想的力量的讨论中,再没有什么说法比这里引用的这句话接下来的内容,以及《通论》的结尾部分更加恰当的了。"即使撇开这种当代情绪不谈,经济学家以及政治哲学家之思想,其力量之大,往往出乎常人意料。事实上统治世界者,就只是这些思想而已。许多实行家自以为不受任何学理之影响,却往往当了某个已故经济学家之奴隶。狂人执政,自以为得天启示,实则其狂想之来,乃得自若干年以前的某个学人。……然而早些晚些,不论是好是坏,危险的倒不是既得利益,而是思想"(第 383—384 页)。(译文引自商务印书馆 1983 年中译本,第 330 页。——译者)

无疑，既得利益者的权力及其必然结果，也就是经济学家对权力的忽视，正在减缓我们面临的经济问题的进步。但是，既得利益者和制造神话的经济理论之所以能生存，是因为它们与继承下来的制度信念和惯例相一致。他们的权力不能脱离幻觉而存在，这些幻觉认可了思想的创造者，并且在民主制度下认可了人们感情的脆弱和宽容。艾尔斯区分了因为正确而存在的思想的力量，以及来自社会已确立的意识形态的一部分的思想的力量。[①] 对于许多观察者认为，经济的运动没有方向。我们宣称对环境有责任，但却很少有所作为。我们试图去解决一个问题，例如一些产业的失业问题，措施是刺激汽车生产，但却进一步产生了其他问题，比如污染，大众交通的匮乏，能源短缺。我们面对汽油短缺寻求解决办法，但这些办法中根本没有对保护环境做点什么。情况一直如此。我们总是会有问题，今天的解决办法将成为明天的问题的一部分。但是，当今天的办法没有解决今天的问题，使明天更糟的时候，那么，就是拨开意识形态和幻觉的迷雾，反思基本问题的时候了。为了找到促进人类努力和改善生活经历的思想，再没有比克莱伦斯·埃德温·艾尔斯的著作更好的探究起点了。

---

① 艾尔斯：《经济进步理论》，第286—290页。

3. 经济学对技术的影响[①]

西摩·梅尔曼

在经济学家和其他社会科学家中，机器技术的特征被视为一种与人类行为有关的自发地确定的条件。在讨论社会与技术的文献中，典型的处理是探讨"技术对社会的影响"。实际上，技术史学家已经注意到事实上并没有"社会对技术的影响"为题的著述。[②] 社会科学家曾经有一种普遍的意见，认为技术自身有一个发展方向和势头，并据此认为它设定了对社会可能产生控制效应的一些限制。在一本题为《技术社会》(*The Technological Society*)的书中，雅克·埃鲁尔(Jacques Ellul)简洁地表达了这样的观点："资本主义并没有创造我们的世界；是机器创造了我们的世界。"[③]

本文保持上述假定。我不想对显而易见的事实进行争论，即技术一旦形成和被利用，对经济和社会结果就会产生广泛的影响。我要谈的问题是基于这样的信念：技术有一种自主的动力和方向。技术是人创造的。它的应用要与那些在社会中拥有经济决策权的人所运用的特定标准相一致。我在这里的建议要表明的是，在各种技术中作出的特定设计和选择，如何受到私人的和政府的产业经理的决

---

① 原载《经济问题杂志》，第9卷，第1期(1975年3月)，第59—72页。

② 见乔治·H.丹尼尔斯(George H. Daniels)的评论文章"美国技术史中的大问题"，载《技术和文化》(*Technology and Culture*)(1970年1月)，以及其后的论文。

③ 雅克·埃鲁尔：《技术社会》(纽约：Vintage Books，1964年)。

定性控制，他们根据自己的利益来研究、发展和生产技术。在这种表述中，与自发的技术动力这个假设相反的一个含义是，技术受到用于决定技术的经济和社会标准的变化而导致的重大更替的约束。

对科学、发明和技术加以区分，对我们的讨论是有益的。科学是知识的整体，以及发现天地万物的特征的过程。发明是把科学应用于人造物以及执行操作的方法；它也指的是据以产生新的人造物和程序的研究与开发过程。我对技术的定义是，服务于某些社会需要的科学和发明的应用。后一种区分是关键的，因为全世界的技术博物馆和工程文献中，充满了从来没有实际应用过的发明。关于世界万物的新知识和自由的发明增加了选择，可以以技术的形式而令人信服地加以利用：产品、生产资料或者组织方法。这里的讨论关注的是技术，而不是科学或者发明过程。

为说明技术的特征，我们以美国和其他国家的汽车产业为例。不论哪一类汽车，其大规模利用都会对人口的分布以及与之相联系的城郊生活方式产生深远的影响。无论大的小的、昂贵的便宜的、耗油的省油的、安全的不安全的，所有机动车辆都曾导致了这些结果。不用说，公路、郊区和汽车本身对人类和社会带来了大量破坏性的特征和效应。其中包括不安全的汽车和公路；非常昂贵的、低效率的、污染空气的车辆；没有汽车就到不了、就不可能使用的郊区；以及把公共资本从都市中心撤走。所有这些结果都不是自发地来自机器技术。所有这些特征和效应，都是由在每一种情况下决定什么样的技术对他们的商业利益最为有用的那些经济决策者进行选择的结果。

作为一种批量生产的产品，在它的整个历史上，美国汽车的设计从而操作特征一直都打上了主要汽车企业直接管理人员的要求的烙印。他们一直在追求最大化其决策权的范围，这种决策权由利润、资本投资、市场份额和对工人的控制这些标准来衡量。然而，实现这些目的所运用的策略是变化的，经营策略的变化已经反映在汽车产品的技术方面，也反映在作为一个生产体系的产业的技术方面。首先我们来看汽车这种产品。

汽　车

大萧条以前，汽车产业一直由福特汽车公司所支配，大量生产的轿车是一种简化的、标准化的、实用的产品。第二次世界大战结束时，汽车产业已由通用汽车公司所支配，其经营策略与原来的福特公司不同，偏爱的是一种装饰日趋华丽的产品技术，一种梯级价格的生产线，以及强调大量可供选择的外观和非常规创新的每年的车型变化。生产标准化的重要性降低了，有利于推销单个年度不同以及连年不同的产品。生产的标准化被削弱了，汽车简单化的理念实际上被抛弃了。

重要的是，在 1919 到 1929 年间，美国生产的汽车平均价格实际上从每辆 830 美元降到了 630 美元。与之相比较，1949—1971 年美国生产的轿车平均价格从每辆 1 300 美元提高到 2 500 美元。[①]

产品（和价格）的这些变化，在任何意义上都并非代表技术自身在方向和动力上的变化。汽车设计方面的变化，都是精心发展的管理策略的结果。尾翼，无意义的装饰，在任何公路上行驶都不需要的大马力，容易失效的机械装置，以及限制零部件和汽车使用寿命的质量控制，所有这些都是高层管理者为寻求利润和扩大决策权的一部分措施。对于汽车尾翼，一位主要汽车公司的前总裁曾向我作出特

---

① 埃玛·罗思柴尔德（Emma Rothschild）：《失乐园：汽车工业时代的黄昏》（*Paradise Lost：The Decline of the Auto-Industrial Age*）（纽约：兰登书屋，1973 年）。

别直率的解释：消费者需要它。

1973年，汽车业三巨头之一在其“低成本”产品线上有43种型号。用户的汽车运输成本由于车身加大、发动机、变速器、座椅调节以及内部设施的多种选择而提高，由此产生的一种情况是，一个主要的汽车装配厂完成一年的生产任务，也不会生产两种同样的车型。这种多样性使得曾经一直是美国汽车产业的标志的相对低成本的大规模以及稳定的设计，所有具有的优势都丧失殆尽。

值得注意的是，一些生产技术特征在过去几十年消失了。汽车的经济性要优先于对较高价格和昂贵的维修费用的偏爱。对安全的考虑至少会比以前降低一半的交通死亡。不断加大的马力牺牲了燃油的经济性。对风格样式的考虑放弃了传统尺寸的汽车。对“长而低”的外观以及非正常风格的偏爱，对座椅、顶部空间、伸腿空间这些影响乘坐者的舒适度的因素漠不关心。

如果生产技术有其自身的方向和动力的话，那么，产品设计就不可能表现出这样的特征，服务于特定的商业策略，而不是服务于汽车用户。不可逃避的事实是，生产技术并非合理发展的结果。它是人为选择的、受到操纵的、被安排的。

在产品设计的决定中，选择标准发挥着关键的作用。标准决定着产业经理和他们的工程师代理人从可供利用的众多技术中选择（或者避免）什么样的技术。1972年，美国投入使用的轿车有9 700万辆，83%的美国家庭要依赖他们的汽车。他们自己支付的用车成本是平均每英里15美分，每辆汽车每年的平均使用成本约1 500美元，每年的公路死亡人数是5.6万人，受伤485万人。[①] 汽车空气污染造成的医疗和环境成本情况不清，但肯定是很大的。如果使用以

① 美国统计局：《美国统计摘要，1974年》，第550—553页。

设计更便宜、更安全、污染更小的轿车为工作任务的工程师们设计的传统汽车，所有这些成本都可以大大降低。

可以设想有一些工程师，每人按照一个不同的主要标准来设计一种汽油发动机汽车。第一位工程师遵守的标准是最低货币成本。第二位工程师被要求强调驾驶者的安全。第三位工程师则被要求主要强调机械的可靠性，比如规定一个 15 年的使用年限。对第四位工程师的要求是考虑最低油耗。对第五位的要求是使汽车对空气的污染最小化，等等。这些任务的主要标准不同，将使每一位工程师设计出不同于他人设计的汽车。同样的道理，改变汽车所履行的功能的标准，你就会改变熟悉的汽车。

1973 年 9 月，德国保时捷(Porsche)公司展示了一辆样车，设计为可持续使用 20 年，行使 18 万英里。这种汽车一开始会多出约 30%的成本，但在整个 12 年中预期可以降低 15%的总使用成本。参与设计的一位工程师说，这种汽车并非基于新奇的技术。"其零部件要么已经有现成的，要么几年内就可以制造出来。"车身将用铝、不锈钢或者可循环使用的塑料制造。将使用的零部件比正常的要大，发动机是有成熟的机械部件和电子部件的适中的 75 马力。①

显然，这种汽车的生产与美国汽车产业长期保持的生产和营销完全相反。但是，一旦一个对目前汽车的无效率加以限制的较大团体作出一种强迫性的决定，它就反映出了技术上的可行性。事实是，工程文献中包括了大量完全不同于传统产品的汽车局部或者整体设计，从电动车到蒸汽动力车。无论如何，保时捷的设计表明，决定汽车设计的是管理决策，并非技术上的必然性。

总之，各方面的证据都指向了这样的结论，汽车产品并非自发地

---

① 《商业周刊》，1973 年 9 月 15 日。

起源或者消亡。汽车产业的经理们命令他们的工程师去设计与企业总体经营策略相一致的产品。与经营策略不一致的产品设计,会被埋没在办公室档案中,专利局的图纸上,工程学会论文里,或者成为博物馆的模型。所有这些意味着产品技术刻下的是管理人员经营策略的印记,而不是自发的技术发展。在汽车产业生产技术的形成过程中,类似的模式也是显而易见的。

汽车生产

认为技术是自发地被决定的这种信念,通常包括了这样的假定,即工作条件的非人化和异化在生产机器的使用中是固有的。这种信念假设,生产劳动本质上总是单调的、肮脏的、危险的,必须把人类变成机器的附属物。无疑,美国汽车产业的当代条件似乎与这种信念是一致的。但这些条件是汽车生产技术的必然结果吗?或者,它们是否也主要取决于经济决策者的选择,从而服从于给定的决策标准和决策方式?

管理人员传统上把这个产业的工人看做是一种可替代的、活生生的、用于特定目的的机器,他们并没有特别关注工厂的物质条件对工人的影响。结果是,工作环境通常是危险、嘈杂、肮脏或者缺少通风设备,或过热过冷,或以上情况都有。长期处于这种环境中使工人一定有一种人格受辱的感觉,在对比管理机构现代的、有空调设备、装饰时髦的奢侈条件的时候尤其如此。想象一下整天在那种条件下工作的工人,在工作时间不得不高声喊叫才能相互交谈,或者一天工作之后满脸尽是油污灰尘。

比如工伤责任这些来自外部的压力,迫使经理比如去降低工厂的噪音,为此他们持续地在关注新技术的发展。确实,在某些地方一定受到限制。铁厂肯定是肮脏的，因为不断要处理大量的细砂。大型冲床周围的噪声和震动肯定很大。一组自动车床会发出可怕的噪音。即使是作出了相当的努力，这样的工厂中仍然肯定会残留大量的灰尘、震动和噪音。即便作出最大的努力，这些工厂也绝不会有像图书馆那样的工作环境。

然而，通过重新设计，以及最终通过用机器来替代目前由人工完成的工作，在减少单调乏味甚至许多产业千篇一律的工作方面，可以做很多事情。在汽车产业，如果减少对每年变化车型以及毫无意义的产品多样性的迷恋，从而增加在若干年内实现标准化的零部件的年产量，那么，让许多千篇一律的工作实现机械化，在经济上就是有正当理由的。

有一位美国参观者在瑞典的萨博—斯堪的亚(Sabb-Scandia)汽车厂，曾对经 4 年努力建成的一个以小组工作为基础的汽车生产线发表过看法。例如，发动机的装配是由 3 个工人组成的小组来完成。他进一步发现："机器的噪音远低于美国机器的分贝。……与美国同类工厂的噪音和卫生条件相比，你不得不感到震惊。"[①]

汽车产业的生产技术可以合理地分为两类来考虑：物质生产手段，以及组和整合生产操作的技术。事实上，生产技术的这两个方面是相互联系的，只是在分析时才把它们区分开。不过，就工程设计的目的和目前讨论的目的而言，对此加以区分是有用的。首先我们来考察生产手段。

生 产 手 段

想要完成特定工作的产业经理实际上面临选择，他要从可供完

---

① 《纽约时报》，1974 年 7 月 3 日。

成特定任务所用的许多工具、设备和机器中进行选择。许多方法之所以可利用，是因为源于科学和发明的积累，以及过去对技术的应用。

假设有一个很简单的任务，例如在1英寸厚的木板上打一个特定形状和大小的孔。你马上会发现有很多方法可以使用。你可以用一个简单的工具如刀具，或用先进一些的手工钻或电钻。此外，可以把工具放在桌上，或放在地板上。可供选择的对象还可以扩展到选择钻孔的地点和方式，选择测量方法，改换材料以及钻孔后的堆放等。

确实，产业经理和工程师们经常希望以新的方式完成一项特定的任务：例如，用机器替代人力。长期以来，检查特定产品的尺寸都是手工操作，但可用的知识和先前的技术使产品检验可以用机器来完成。因此，这种新型机器被设计和建造出来，用于检测一个物品的尺寸，并把符合尺寸要求的部分分拣出来。完成生产任务的新技术的发展，扩大了完成某项任务可选择的设备的范围。对工程师和经理来说，典型的问题是：选择什么样的设备最适合特定工作的要求？

这个问题的解决通常是应用一个特定的选择标准。通常，一个偏好成本最小化的经理会估计用任何机器来完成这项工作的成本。在这种估计中，关于机器制造操作有两个关键因素：机器的价格和管理人员的每小时劳动成本（在制造业中是原材料对机器成本的比率）。使用这些标准，人们通常就可以根据所涉及的劳动成本和机器成本的组合，对可供选择的机器排列顺序，也就是从使用最多劳动和最少机器成本来完成工作，排列到使用最多机器和最少劳动成本来完成工作。对于既定量的工作来说，组合成本最低的机器将由现行的工资模式和机器价格来决定。

在20世纪的大部分时间，对美国的管理人员来说，劳动和机器成本一直有一种常规发展模式。劳动工资的上涨一般来说要快于机器价格的上涨。劳动成本和机器成本的取舍方面发生的这种上涨，其结果是追求成本最小化的经理更加偏爱密集使用机器的工作。[①]每个工人每工时的产出普遍增长一直是这个过程的直接结果。事实上，这个标准已经被很多国家用于说明劳动生产率的巨大变化。

如果技术确实有其自身的一种发展方向和趋势，那么，就可以合理地预期整个世界都将采用同样的生产方法和设备。毕竟，生产机器的市场早已是国际化的市场，科学训练在每个国家都是类似的，工程文献在任何地方都可以得到（除了涉及军事秘密的那一类文献）。实际上，机器制造方法在各个经济体中却是大为不同，这不是什么秘密。我可以从我对国际生产力的比较研究中列出一些数据来阐明这种发展模式。

福特汽车公司是在不同的国家拥有和经营工厂的许多公司之一。20 世纪 50 年代，我考察了福特公司在密歇根的底特律和英格兰的达格南（Dagenham）的工厂的生产管理。[②] 我发现这两个工厂明显不同。在底特律的工厂，每个工人使用更多的动力设备。伦敦郊外的达格南的工厂生产类似的产品，但其工作方法需要更多的人力。换句话说，底特律的工厂比英格兰的工厂的工作有更高的机械化密度。这些工厂的类似之处包括：同样的产品类型，相同的公司，两个地方有相同的基础科学知识，有同样丰富的工程技术人员以及丰富的可获得的技术知识，两个地方有同样丰富的资本，可用于设计和经营生产设备。这样，机械化程度的不同就是有待解释的问题。

我发现，在机械化上的差异，可以用两个国家与之相伴随的劳动

---

① 西摩・梅尔曼：《工业生产力中的动态因素》（*Dynamic Factors in Industrial Productivity*）（牛津：巴兹尔・布莱克韦尔；纽约：约翰・韦利，1956 年）。

② 同上。

对机器的相对成本差异来说明。这样，1950 年，在美国，一个雇主雇用一个工人一小时的工钱，可以买到 157 千瓦时的电力。而在英格兰，同样一小时的工钱仅可以买到 37 千瓦时的电力。因此，对降低完成特定工作的货币总成本感兴趣的雇主，在底特律会购买较多的电力和较少的人力，而在达格南则购买较少的电力和较多的人力。[①] 同样可以比较的是劳动对机器工时成本的比率。

在作出通常的经营成本计算之后，福特汽车公司的经理以及它在其他企业的管理者实际上会作出类似的决策：在英格兰的机械化程度要小于底特律。这就是最小化企业生产成本的努力的结果。这里没有证据可以表明生产技术方法有其自己的生命。无论是在同一个国家的不同时期，还是在不同国家的同一时期，都不需要求助于自行的机器过程这种神秘的东西，去说明我们所看到的生产手段的差异。技术选择的实际模式完全可以直接加以解释。产业经理和他们的工程代理人选择（或发展）的那些生产手段，最好地满足了经营企业所遵循的资本主义经济标准。类似的考察可以应用于生产技术的其他重要部分——生产工作的组织和整合。

生产的组织和整合

劳动分工是汽车生产必不可少的一个特征。不可想象，一个人可以建造和装配一辆汽车的所有主要材料和功能部件。但是，在这样的限制下，在组织和整合特定工作的方式上，在整合劳动分工所需要的决策过程上，劳动分工可以有很多种可能的选择。要考察这一问题，首先需要克服一种很大的知识偏见，即假设已经具有汽车工业特征的劳动分工及相应的决策过程，是对任何一种机器技术的利用

---

① 梅尔曼：《工业生产力中的动态因素》。

的一部分，而且是其实质。对每个人来说，劳动分工的主要元素是待完成的任务，完成任务所需的物质手段，完成工作过程中可能的变化，完成的频率，以及把每个人的工作与其他人的工作联系起来的方式。在汽车工业（也包括通常的机械制造业），最具特点的劳动分工模式包括三个元素。第一是工作的简单化，这意味着总是较小的工作任务和有更细微的限制的工作方法。第二是更规范，这减少了完成工作任务过程中的可变性。第三是最大地消除了生产工人把他的工作与其他人的工作整合起来的时候的责任和权力。大规模生产和流水线这些词，就是对这一系列状况的习惯性全面描述。

选择性采用，并在美国汽车产业中执行了许多年的劳动分工技术，特别适合于那些指挥着工业生产的经理的主要目标。因此，由亨利·福特首先采用的不变的工作任务的细微差异，通过提高资本和劳动的生产率而降低了生产成本。此外，福特通过这些方法就能够雇用和快速地培训根本没有汽车产业工作经验的工人。一种新的职业类别被发明出来："半熟练工人"。这些受到严格控制的、技能有限的工人完成了工作，破坏了技术熟练工人和这个行业的同业公会的决策权力。经理人员对这个日新月异的产业取得了至高无上的、不可挑战的控制权（直到 20 世纪 30 年代美国产业工会联合会的成立）。与此同时，福特公司被拥戴为一个工业慈善家，它支付的工资最高，它大规模生产的汽车改变了美国的生活方式。

长期以来，美国汽车产业的经理们都可以从美国北部和南部的农村，利用大量的、新的、没有工业经验的劳动力。当劳动力的增长来自受过更多教育的人口时，很可能的是经理们将面临工人越来越多地对他们的传统工作模式的反对，这种模式就是简单化加机械化，加上工作强化，加上一些由不断增加的监督人员执行的工作纪律政策。近来，在俄亥俄州洛兹敦（Lordstown）的通用汽车公司的工厂，就表现出了工人反抗这些管理政策的新形式和强烈程度。自1972年以来,那里的一些年轻的、通常受过良好教育的劳动力就开始反抗经理。

工作简单化以及与之相联系的实践在这个产业中是如此的普遍,在产业工厂文献中也是如此突出,以至于它们通常被认为是工业主义的必然成分。事实绝非如此。工作任务日益受到限制(工作简单化),及工人重复同样的任务,只是许多可供选择的劳动分工方式中的两种。工作任务的内容可以不同。工作任务的分配在每个工人的不同时间也可以不同。工作任务可以设计为单个工人来完成,也可以由小组或大组工人来完成。工作方法可以随使用的特定技术而不同。工人在整合他们的工作任务的时候可以是决策者(包括指派不同的工作)。工作简单化和任务的重复,已经成为决意实现低生产成本和对产业工人的最大控制的汽车产业经理们偏爱的策略。但是,这里没有证据可以证明,有一种自发的技术强制在规定着劳动分工中的这些选择。

这里也不能保证受经理人员控制的工作简单化策略,已经实现了工业生产率的最优化。在现有的机械化密集度的限制下,人们几乎不注意劳动分工和生产决策的另一些可行方式。

决策的核心

汽车产业盛行的产业决策方式,与产品或者产品的自豪感几乎没有联系,或者没有任何有意义的联系,导致了与经理人员和工作场所的异化。“自豪?”一位汽车工人最近说道,“不再有人对任何东西感到自豪了。这只是个工作,他们到这里工作,是因为没有人付给他们更多钱。”他继续说道:“我认为,所有蓝领工人都被认为是理所当然的。事实上,我想大多数工人都想找到更好的工作,都想为他们的工作感到自豪,如果把他们视为理所当然的蓝领,这会伤害了他们。如果一辆汽车造得好,那是因为'通用汽车如何如何',但如果什么地方出了问题,那就总是工人的错。"①

技术决定主义者不断抱怨,这种工人态度源于大规模生产过程。目前分析的要点是,区分生产方法和控制着这些方法的特征和运用的决策过程。来自工人在产业决策中实质性发言权的领域和产业的状况表明,异化的事实和附属感并非源于生产中对动力设备的使用,也并非源于劳动分工。相反,异化起源于工人对他们的工作没有决策权。

工业产品或者生产过程的特征并没有授予管理层对生产决策权的控制。分工和对工作的组织有很多可行方式这种思想,反映在为《在美国工作》(*Work in America*)一书寻找新选择的那些日益增多的文献中。② 越来越多的产业顾问已经开始重点关注扩展和改变工作任务(工作丰富化)的可行性和效果。有太多的证据表明,工人对他们自己的工作的共同决策和民主决策是可行的,而不是由不同的管理层通过专制的等级制来控制工人。

20 世纪 50 年代,我考察和报告了英国考文垂标准汽车公司(Standard Motor Company)的工厂中,工人和经理的内部决策过程的一些细节。这些工厂雇用了数千名工人,大规模生产轿车和拖拉机。有创新精神的高层经理和当地工会,以书面形式在他们的集体谈判协议中规定了工厂生产组织的一种"小组体制"。在这种体制下,产出是由一组工人而不是单个工人负责。薪水随小组而不是个

① 《波士顿环球时报》(*Boston Globe*),1972 年 7 月 16 日。

② 《在美国工作:给卫生、教育和福利部长的一项特别任务报告》(*Work in America: Report of a Special Task Force to Secretary of Health, Education, and Welfare*)(麻省剑桥:MIT 出版社,1973 年)。

人的产出而变化。在标准汽车公司所实践的这种小组体制下，具体工作任务的大小可以由工人小组来调整。对于能够提高劳动和资本生产率的工具改良、减低劳动强度以及提高机械化程度，管理层总是赞成的。管理层大大减少了对工人的监督；事实上，这些工厂并没有监工。

所有这些安排都是在所生产的每台拖拉机或者每辆汽车的协议"价格"框架下发挥作用。这种价格表示为工厂中完成每辆汽车生产的工时量。因此，比如在周末时，如果相对于协议工时，每单位产出提高了50%，那么，所有参加谈判协议的工人及其他雇员都能得到50%的奖金。这不但使工人得到更多的工资，而且在对他们的工作的具体分配和管理上也有了充分的发言权。管理层赞成这种做法，其回报是伴随着生产组织的这种小组体制的劳动和资本生产率的提高，以及管理费用的降低。①

这些工厂在这种状况下的成功运行，对由专制管理控制所强化的工作简单化是汽车大规模生产的一个必要条件这个假设提出了质疑。最近，瑞典的沃尔沃和萨博公司的管理层已经转移了对工作简化的兴趣，开始在一部分汽车流水线上采用小组责任制，这种责任制的基础，不再是传统上那种沿着一条流水线执行的强制管理的、简单化的、重复的工作。

上述关于工作组织发生的重要变化的例子，已经发生在这个框架之内，发生在管理资本主义对企业的控制的旁边。但值得注意的是，有证据表明，那些对企业的最终管辖权与生产工作的执行并未正式分离的工业企业，仍然有生存能力。在有200多个工厂的以色列

---

① 西摩·梅尔曼：《决策与生产力》(*Decision-Making and Productivity*)(牛津：巴兹尔·布莱克韦尔；纽约：约翰·韦利，1958年)。

集体农场，其演变中的产业发展表明，对劳动分工和整合方式的控制权，最终赋予了产业工人自己。此外，对这些企业的相对效率的一项调查显示，从劳动和资本生产率来看，它们与传统的资本主义企业一样好，或者更好。[①] 寻常智慧认为只有在工作简单化的情况下才能执行这些机械化的作业，或者只可能由管理控制者才能组织和整合劳动分工，这并不能解释较大产业和较小产业中的企业的这些经验。

结　论

从20世纪大规模生产的典型产业的情况入手，我试图对技术的神秘性作出反应，这种神秘性不仅认为社会受到技术的强有力影响，而且人和社会都成了机器的产物。幸运的是，事实是，我们的机器可以由机器设计者和建造者赋予不同的特征。[②] 在自然所设定的限制下，技术是人造的，从而是有序变化的。如果想要改变我们的技术，那么着眼点不在于分子结构，而在于社会结构，不在于材料化学，而在于人的规则，尤其是那些决定着技术的人的经济规则。

人的社会——尤其是经济——关系在技术上打上了烙印。技术的产生没有其他途径，只能从人类的选择中提取，从而只能从社会中

---

① 西摩·梅尔曼："以色列的管理决策对合作决策"，载《国际发展比较研究》(*Studies in Comparative International Development*)，第6卷，1970—1971年，第3期(新泽西新布伦斯维克：拉特格斯大学出版社，1971年)。

② 关于根据使用的标准进行设计的可变性的大量阐述，可见维克多·帕普尼克(Victor Papanek)：《为真实世界而设计》(*Design for the Real World*)(纽约：Pantheon Books，1971年)。关于经济因素在决定设计时发挥的详细作用的阐述，可见下面的博士论文：约翰·E.厄尔曼(John E. Ullmann)：《机器设计标准的变化》(*Criteria of Change in Machinery Design*)，哥伦比亚大学，1959年；以及乔治·E.沃特金斯(George E. Watkins)：《制炼厂设计的成本决定因素——总厂锅炉》(*Cost Determinants of Process Plant Design - Central Station Boilers*)，哥伦比亚大学，1957年。

提取。由于我们关于自然的知识是多样化的，所以必须作出选择，选择的标准来自人类，而非来自自然。因此，汽车产业的产品和生产技术，成为了这个产业的决策者所偏好的经济标准的一部分。

因此，一个合理的结论是，技术并不是、而且实际上也不可能由其自身来决定。物质的物理和化学特征并不能使它们突然进入人类制造的物品的形状之中。事实上，只是人类才设计和形成了每一种特定的技术。特定技术一旦被创造出来并投入使用，对人类的生活就会产生重要的影响。但是，在什么场合、按照什么样的方向来使用我们关于自然的知识，这种决策来自特定的社会体系中盛行的权力关系和价值观。

4. 直面经济学中的权力：一个实用主义的评价[①]

菲利普·A. 克莱因

所有社会科学关于人类的相互作用都有其先入之见。主流经济学传统上喜欢假设这种相互作用实质上是和谐的，这至少是因为他们服从看不见的手的引导，如果不和谐，那是由于人类的固有天性。一般来说，制度主义者遵循查尔斯·达尔文的思想，总是假定人类的相互作用实质上是以冲突为基础的；因而必然总是假设经济参与者会追求权力——压倒他人的能力。因此，任何社会科学都要把解决这种追求作为一个重要的内容。[②]

主流经济学在理论和应用两方面面对着权力集中的后果。多年以前，主流理论在形式上得以修订，把寡头作为一种市场结构加入到竞争和垄断之间。这一努力为经济理论注入了"现实性"并保持至今，我们将会看到，这是传统理论稍微令人满意的一个方面。在应用

---

① 原载《经济问题杂志》，第 14 卷，第 4 期(1980 年 12 月)：第 871—896 页。

② 许多年前，约翰·甘布斯指出，主流经济学把强迫和剥夺视为"非典型的"。他补充说："当强迫或者侵犯替代了竞争，成为经济学的主导性主题的时候，经济理论的整个基础都被改变了。"(《超越供求》(*Beyond Supply and Demand*)(纽约：哥伦比亚大学出版社，1946 年)，第 13 页)大约在同时，克莱伦斯·艾尔斯写下了"经济权力的危险事实"。(《资本神权》(*The Divine Right of Capital*)(波士顿：霍顿·米夫林出版公司，1946 年)，第 172 页)在更早的时候，R.A. 布雷迪写的一本书的标题就叫做《作为一个权力体系的经济》。(纽约：哥伦比亚大学出版社，1943 年)

经济学中，众所周知的产业组织这一领域，曾试图衡量集中度，并探讨它对通过市场进行的资源配置的影响。这导致了各种可能有价值的洞见的产生——可行的竞争，产品之间的竞争，以及更有名的抗衡力量——并最终都使现状合理化。

在主流经济学之外，激进经济学家曾试图以一个以阶级为基础的经济的各种新马克思主义模型面对权力。不论这些努力成果如何，他们通常都未能直接关注对资源的配置——以什么标准，产生什么样的结果——如何以一种非常恰当的方式来评价经济绩效，或者面对经济必须面对的经济政策问题。

本文将从制度或者进化经济学的视角，切入对权力及其经济影响的分析。考察经济对社会价值的塑造，以及社会价值对经济的塑造，实际上要把安东尼·唐斯的《民主的经济理论》颠倒过来。[①] 该书试图用经济逻辑和经济学方法论去剖析政治体系的运行。我们将会指出，在研究权力对现代市场导向的经济的影响时，政治学的视角和方法或许是富有成效的。

其他社会科学也发展了一种视角和词汇来考察权力对人类相互作用的影响。我们将会看到，只有主流经济学发展了一种视角和词汇以及一种方法论，来回避对这个问题的考察。因此，尽管几乎任何社会科学都似乎采取了比经济学更现实的方法来研究权力，但政治学的经验似乎特别中肯，而且受到的关注比例如心理学要少。

这里的方法涉及一种实用主义的评价，因为初始的假定是，对任何理论的判断，都必须根据它在面对意识到的公共问题时提出的政策的有用性来进行。我们将要指出，在当代主流经济分析中，没有哪一种分析权力的方法明显地提高了我们制定经济政策的能力。经济

① 纽约：哈珀和罗出版公司，1957 年。

学一直不断地回避现有权力体系的挑战。不像政治学中的民主理论家，他们认识到，权力集中对于符合民主理念的政治的运行是一种明显的危险，经济理论家要么把经济权力对竞争理念带来的危险合理化，要么经常简单地把问题假设掉。本文将探讨这种情形的后果，将考察改进经济分析的一些可能的方法。

定义经济权力

可以最简单地把权力定义为对决策过程的不均匀的控制。因此，“有权力的”参与者在一个相互作用的过程中，施行了比按他们的人数来看更多的控制，而“无权力的”参与者则相反。正如我们已经指出的那样，其他大多数社会科学都是以权力的这种不均匀分布产生的无数复杂的结果为中心展开研究。

因此，集中的权力和无权力两种状况的分布，制约着经济运行的方式。主流经济学通常回避考虑权力的含义，因为它假设收入分配是给定的。因为参与者通过使用“美元选票”来行使权力，所以家庭和企业是通过他们所控制的美元来行使权力的。通过一种全然不同的方式，标准理论可以更加现实，那就是去考察家庭和企业内部的权力关系。经济学对家庭成员内部的相互关系从来没有浓厚的兴趣，标准理论也通常忽略企业内部的大多数关系。产业组织这一领域尽管断断续续，但已经考虑了所有权与控制权的分离的后果。如果说应用经济学从来没有搞清楚要设计什么样的公共政策的话，那在一定程度上可能是因为它是源于纯理论的，随着帕累托最优观念替代了看不见的手给人带来的安慰，这种理论就已经停步不前了。无论是哪种方法中，权力都不是问题，因为对私利的追求被便利地改变为最优的行动过程，即便社会并不和谐。

许多心理学家和社会学家主要关注的是，为什么个人和集团不能和谐相处，他们如何运用权力去实现自己的目标。这些目标可能是社会的，或者是非社会的——这两个学科都动用了大量的资源去定义这些参数。与此相类似，政治学特别关注的是权力如何影响政治舞台上的演员们相互作用的结果。一部词典将权力定义为“行动的能力”，这种能力尽管可能是平等分配的，但从所有社会科学的观点来看，其明显特征是在现实世界社会参与者的相互作用中，它的分配显然是不平等的。我们反复重申，这种分配实际上是除经济学之外的所有社会科学主要关注的焦点。经济学对此的有意回避，已经把现实打磨、擦亮、润色为一件精美的艺术品。它把这样处理过的现实奉为神圣，将其合理化为“一个自然的、合乎逻辑的起点”，合理化为“规范”，离开这个“规范”，标准理论的巨大推力就几乎不可能成功地运动。[①]

经济学家的一个政治学观点

进化经济学对政治经济学的看法，与标准的政治学对政策分析的看法具有共同特征。这里要探讨的一个重要论题是，如果标准经济学采用了政治学中占支配地位的群体的一般看法，那么，结果之一就不仅是更大的现实主义，而且会特别关注权力事实上在经济运行中所发挥的作用。[②]

---

① 这些术语可见任何一本传统微观经济学教科书，但这里引自理查德·莱夫特威奇(Richard Leftwich)：《价格体系与资源配置》(*The Price System and Resource Allocation*)，第7版(伊利诺斯海因斯代尔：德赖登出版公司，1979年)，第31页。

② 我提及政治学中“占支配地位”的群体，因为这一领域在方法论上和意识形态上都不比其他任何学科更加统一。这一点将在下面详述。

人们不可能不被政治学关于权力的先入之见所吸引。一位在政治学中的地位大致相当于保罗·萨缪尔森在基础教科书这一领域的地位的著名政治学家，在他的著作的开篇一章使用的标题就是“作为权力的政治学”。[①] 最近，一本政治学基础教科书在前言中说道：“这是一本关于政治学和权力的书。本书将帮助读者理解政治和政府的基本性质，以及权力在政治过程中的作用。”[②]

是否有一本经济学基础教科书这样开头：“这是一本关于经济学和权力的书。本书将帮助读者理解经济学的基本性质，以及权力在经济过程中的作用”？刚才引用过其著作的政治学家尤金·J.科尔布(Eugene J. Kolb)，遵循的是由大卫·伊斯顿(David Easton)发展起来并与他相联系的基本方法，他认为，政治分析本质上是关于相互作用的研究。“此外，把政治相互作用从所有其他类型的社会相互作用中区分开来的，是它们明显地被引向了由权威来配置一个社会的价值。”[③]那么，政治学家所说的“价值”的含义是什么？科尔布把价值定义为“人们渴望的一种目标，人类追求的某些东西，以及不同程度地努力去得到的某种东西”。[④] 它们可以是“以自我为中心渴望得到的价值”(财富、权力、尊重、影响力)，也可以是“道德价值”(正义、福利等等)。这种观点与约翰·杜威的工具价值理论一脉相承，制度主义也吸收了这种理论。它表明，价值是指社会过程的参与者从制

---

① V.O.基(V.O.Key)：《政治学、政党与压力集团》(*Politics, Parties, and Pressure Groups*)，第4版(纽约：托马斯·Y.克罗韦尔出版公司，1962年)，第4页。

② 尤金·J.科尔布：《政治分析框架》(*A Framework for Political Analysis*)(新泽西恩格尔伍德·克里夫斯：普伦蒂斯—霍尔出版公司，1978年)，第x页。

③ 大卫·伊斯顿：《政治分析框架》(*A Framework for Political Analysis*)(新泽西恩格尔伍德·克里夫斯：普伦蒂斯—霍尔出版公司，1965年)，第50页。

④ 同上，第3页。

度结构中得到的态度。价值(包括科尔布所说的两类价值)显然是关于"个人和集团所珍视的东西"。① 因此,这种关于政治体制或者政府的观点,其含义是政府的基本功能在于"约束(权威的)价值的配置"。② 这一观点似乎表明,政治体制受到它的参与者的价值观(优先顺序)的影响,同时也影响或塑造了这种价值观,而且有一种权威通过共同持有的现有价值观,去迫使这个体制的所有参与者安于他们的角色。权力体系必须反映这种价值体系。因此,政治体系是根据它反映现行价值体系的好坏来评判的,随着时间的推移,又是根据它反映变化中的价值的能力来评判的。这个体系是参与者在这个过程中发生明显的价值变化的体系。

几年前在美国,我们经常听到的"水门事件",证明了这一体系在发挥着作用。这或许意味着一直没有取得社会合法性的价值得以发展(或者至少在关于它们的合法性上存在争议),意味着政治过程按照否认它们的合法性的方式而运行(行政特权或许就是一个例子)。

政治学的这种观点如今很普遍,与进化经济学的观点非常类似。例如,尤金·米汉(Eugene Meehan)认为,"现实与价值形成一个整体,只是在分析上才把它们分开",而且"在用于解释的工具与用于进行价值判断或者选择的工具之间,有明显的相似性"。③ 此外,他否

---

① 约翰·杜威:"评价理论",载《国际统一科学百科全书》(*International Encyclopedia of Unified Science*)(芝加哥:芝加哥大学出版社,1939 年),第 2 卷,第 4 部,第 58 页。

② 这一断同样引自大卫·伊斯顿的著作,他的观点将在下面讨论。

③ 尤金·J. 米汉:《政治学的经验和规范基础》(*The Foundations of Political Science, Empirical and Normative*)(伊利诺斯霍姆伍德:多尔西出版公司,1971 年),第 144 页。伊斯顿的观点与此只有少许不同:"道德评价和经验解释只是为了明确起见,才应该在分析上加以区分的两类不同命题。但一个政治行为的研究者可以分别地、或者结合起来坚持这些命题,只要他不会把一种命题误认为是另一种。"(《框架》,第 7 页)

认了用合乎逻辑的论点来维护价值判断的可能性，认为这会导致他所称的“规范的‘不可知论’”。[①] 这是对“实证经济学”的努力所作的非常合理的描述。[②] 事实上，如果正如克莱伦斯·艾尔斯一直坚持的那样，经济学是一种“价值科学”的话，那么，米汉的政治学观点本质上与艾尔斯的经济学观点是一致的。

简而言之，这是一种具有讽刺意味的状况。大多数政治学家对标准政治学的看法，至少是要努力去现实地对待权力，因为同许多其他社会科学一样，政治学并没有像标准经济学那样有严格的“规范—实证”二分法。结果，这一门尤其在精确性上自鸣得意的学科，在其“实证的”伪装下，根本不能去处理现实世界。制度主义者像政治学家一样，比主流经济学家更加明确地努力去面对包括权力在内的现实世界（我们并不是说主流政治学已经取得了惊人的进步。目前它的诸多要点确实看起来是粗糙的。我们的意思是政治学似乎在探寻大量恰当的问题，这是必需的第一步）。

---

① 米汉：《政治学的经验和规范基础》，第145页。

② 对规范与实证经济学的经典划分，来自莱昂内尔·罗宾斯：“经济学处理的是可确定的事实；伦理学处理的是评价和义务。……包括‘应该’这个词的命题，是与包括‘是’这个词的命题相区别的另一种类型。”（《经济科学的性质和意义》（伦敦：麦克米伦出版公司，1946年重印版），第148—149页）

最近，米尔顿·弗里德曼《实证经济学论文集》（*Essays in Positive Economics*）一书中表达了这样的经济学观点，坚持在“是什么”与“应该是什么”之间作出严格的区分。他的结论是：“我不记得在什么时候政策问题对我来说不是两难选择，我不得不跳到正式理论之外去寻找方向，即便如此，要取得进展也是非常艰难的。”（重印于H.C.哈伦（H.C. Harlan）编《经济学和政治学读本》（*Readings in Economics and Politics*）（纽约：牛津大学出版社，1966年），第772页）近年来，弗里德曼通过对他过去提出的大量政策主张的判断，似乎找到了不那么艰难的方向。

米汉的经济学观点可以与制度观点相比较。比如见我的论文“经济学：配置还是评价？”载《经济问题杂志》，第8卷（1974年12月号），第789—811页。

定义政治学

确实，政治学家并没有像主流经济学家那样明确地，或者接近于全体一致地定义他们的领域。例如，最近的一个定义指出："政治科学是对人与权力的关系的研究。换句话说，是研究谁说明了问题是什么，对这些问题做了什么，以及由谁去做。"①另一个定义指出，政治学研究的是政治体制，并把政治体制定义为"人类相互关系的任何模式，在很大程度上包括控制、影响、权力或权威"。② 这些定义以及其他各种定义，都不足以同比如保罗·萨缪尔森对经济学的著名定义那样的特征相比。③

我非政治学家，斗胆建议，政治学可以像经济学一样有一个常规定义。政治学关注的是在变化中的政治价值的决定和引导中涉及的相互作用，关注一个社会单位中发挥作用的游戏规则的界定过程中，所确定的收益、成本和约束力的分配。政治体制是由其实现这些目标的能力来评判的。在一个民主体制中，这是通过管理体系对政治参与者的集体价值观的反映有多么令人满意、多么敏感来表现的。与此类似，一个专制体制是由这个体制对权威价值观的反映有多么敏感来评判。

---

① D.A.斯特里克兰(D.A.Strickland)、L.L.韦德(L.L.Wade)和R.P.E.约翰斯顿(R.P.E.Johnston)：《政治分析入门》(*A Primer of Political Analysis*)(芝加哥：马卡姆出版公司，无出版时间)，第1页。

② 罗伯特·A.达尔(Robert A.Dahl)：《现代政治分析》(*Modern Political Analysis*)，第3版(新泽西恩格尔伍德·克里夫斯：普伦蒂斯—霍尔出版公司，1976年)，第3页。

③ "经济学研究的是人和社会如何使用或者不使用货币来完成选择，如何运用可以有不同用途的稀缺生产资源，去生产各种商品，以及为现在或者未来的消费而在社会不同个人和集团之间分配这些商品。它分析的是改善资源配置模式的成本和收益。"保罗·M.萨缪尔森：《经济学》，第11版(纽约：麦格劳·希尔出版公司，1980年)，第4页。

这样一种政治学观点，似乎反映了当前政治学中的行为主义者的观点。当然，还有其他的观点。正如其他所有社会科学一样，政治学也分保守派、“实证主义派”、新左派等等。[①] 显然，定义“集体意志”或者公共利益是困难的，甚至是不可能的。[②] 但是，当代大多数政治学家所表达的政治学观点，至少迫使这个学科开始精确地分析政治的一些方面，这些方面是经济学家在他们的领域里假设掉的内容。尽管支持“一人一票”的民主制度，但政治学家似乎知道权力并不是平均分配的。他们知道选民没有完全知识，即便选民对可供选择的候选人的了解，可能（至少在一段时期）比一个消费者对可供选择的商品的了解更加完全一些。即便公共利益难以界定，但据我所

---

① 保守的政治学家追随利奥·斯特劳斯（Leo Strauss）的足迹，他指责“太多自由主义者”似乎“相信我们没有能力获得关于什么是本质上的善和对的真实知识，迫使我们去宽容每一种关于善和对的意见，或者去承认所有的偏好或所有的‘文明’都是值得尊敬的”。他自己偏爱的是“自然权利”。（《自然权利和历史》（*Natural Rights and History*）（芝加哥：芝加哥大学出版社，1953 年），第 5 页）

另一个极端是艾伦·沃尔夫（Alan Wolfe）这样的新左派政治学家，他写了一本论美国的压制的书，书中指责“作为其所谓的客观性的一部分，传统社会科学忽视了这个问题，这表明对这种现象的一个更加准确的评价，只能通过实质性的政治变革来完成”。（《民主政治的阴暗面：美国的压制》（*The Seamy Side of Democracy: Repression in America*）（纽约：戴维·麦凯出版公司，1973 年），第 23 页）

也有一些实证主义者，但不像经济学中的比如罗宾斯。比如赫伯特·A. 西蒙斯（Herbert A. Simons）写道：“真实的命题是那些关于观察得到的世界，以及它在其中运行的方式的陈述。……这种研究的基本前提是，伦理关系不是对真实关系的完全的简化。……伦理学的任务是去选择义务——应该是什么；如果只是把‘好’定义为表明了实际的存在，那么这种任务就是不可能完成的。”（《管理行为》（*Administrative Behavior*）第 3 版（纽约：自由出版社，1976 年），第 45—47 页）

显然，在政治学中有不同的学派，但在本文中提到的这种观点今天似乎处于支配地位。

② 有一些政治学家认为，公共利益“是如此含糊的一个词，以至于实际上是无用的”，认为应该抛弃这个概念。比如见弗兰克·J. 索劳夫（Frank J. Sorauf）：“概念混淆”，载卡尔·J. 弗里德里希（Carl J. Friedrich）编《Nomos 第五辑：公共利益》（*Nomos V, The Public Interest*）（纽约：阿瑟顿出版公司，1962 年），第 183—204 页。

知,政治学家从来没有宣称有任何机制能够自动地把自我利益转变为公共利益。他们假定,从一开始,权力集团就会阻碍政治体制去实现它公开声称的目标,不论是什么样的目标。

我想,没有哪个政治学家会一来就宣称:政治学家认为,给定存在一人一票以及投票主权原则——认为个人应该按自己的意愿投票的原则——公开竞选发挥的作用就会使政治中的价值得到最有效的配置。[①] 我怀疑,政治学家会在不询问什么是"价值配置的效率"的情况下就提出这种观点,这将引起对发展中的社会目标的一些考虑。事实上,按照前述战后政治学界流行的观点——大卫·伊斯顿的观点——他认为政治学关注的是对价值的权威配置。但是,伊斯顿没有假设政治是按照任何先入为主的、或者预先确定的有效方式来进行这种配置,他似乎相信政治学研究的恰当重心是,政治实际上是如何完成这种配置,以至于现有价值可以对政治结构和/或其功能作出任何参与者认为合适的变动。

与经济学家的给定的收入分配这个传统假定相比,即便是政治学家的一人一票这个假定在规范性上的麻烦也要少一些(选票的分配大概比收入分配更平等);此外,标准政治学比标准经济学更加接近目标。正如制度主义者多次谈到的那样,"给定收入分配"的假定使得帕累托最优在规范性上毫无结果。米汉对此有深刻的理解:"帕累托最优,也就是对现有的物品分配的任何改变或修正,都将增加或者创造社会的不平等,只不过是一种数学理念,不是可观察到的社会

---

① 这是对理查德·A.马斯格雷夫(Richard A. Musgrave)的经济学观点的复述:"经济学家认为,给定收入分配状况以及消费者主权原则——认为个人应该按自己的意愿自由使用收入的规则——自由竞争发挥的作用就会使资源的使用得到最有效的配置。"("创造和保持物质财富中的公共利益效率",载卡尔·J.弗里德里希编《Nomos 第五辑:公共利益》,第107页)

现实。只有当社会可以对满足所有人口的基本需要所需的所有资源进行安排的时候，这个假定才是恰当的。”①

简而言之，现代政治学似乎承认它是一种“价值科学”——它的主要作用是分析价值在政治中如何决定，以及在现实中如何配置。我们已经指出，这一领域并没有得到明确地定义——没有得到标准经济学那样的准确定义——也没有可以与令人羡慕地称为主流经济理论的范式相比拟的一整套干净利落的假设和逻辑命题。但它却能解答更加现实的问题。它面对着(但却是并不完美地)由政治的实际运行强加给它的重大问题和挑战。它尤其面对着权力给这个体系的运行造成的后果这一问题。

不久前我谈道：“作为评价科学的政治经济学……从根本上说与政治学的密切联系，就像经济学与心理学一直以来的联系那样。总体配置是由美元选票和人的选票来进行的。”②这表明，如果制度主义者的考察更接近于政治学家理解演变中的政治的方法，那么，一种替代性的范式就可能出现，这种范式对于标准经济学家来说已经耳熟能详了，因为总有人感到主流经济理论不足以解决经济问题，从而要求有这样一种范式。

作为科学家的社会科学家

我们有必要暂停下来，问一问为什么主流经济学家始终不能把在我们经济中施行的权力，纳入他们对经济问题的正式思考中去。主流模型一直没有受到有力挑战，因为经济学家认为，任何内在严密

① 米汉：《政治学的经验和规范基础》，第234页。
② 克莱因：“经济学：配置还是评价”，第795页。

性不如他们的模型都是站不住脚的。但是,以政治学为典型的其他社会科学,用不是很严密的模型分析它们的问题时,也设法取得了一些进展。在这方面,多数现代政治学比经济学更接近于其他社会科学。而且,大多数社会科学似乎都比"实证经济学"更清楚、更一致地承认:"社会科学家对所考察的问题最初作出的选择,往往都是带有价值倾向的。"①例如在人类学中,一本新出版的广为使用的教科书写道:"当马林诺夫斯基在1938年提倡人类学应成为一门应用科学的时候,他引发了一场仍在持续的关于人类学的伦理学的争论,争论的中心围绕着两个基本问题:客观性和相关性。……越来越多的'行动人类学家'[认为]拒绝卷入争论,就等于支持现状。"②

社会学中似乎也正在展开关于客观性、相关性和价值判断的类似争论。最近一本教科书谈道:"用社会学去解决社会问题的努力,与这个学科本身一样古老,但最近时代的社会危机赋予这样的努力一种新的迫切性。"③社会学中这种新的迫切性的产生,要远远早于主流经济学中的流行立场。这几位作者引用了现代社会学的一位奠基人莱斯特·弗兰克·沃德(Lester Frank Ward)在70年前写下的警告:"在所有科学中对人类最为有益的社会学,面临着沦为上流社会的消遣或者僵死科学的危险。"④哪个主流经济学家会把竞争模型

---

① 这句话引自尼古拉斯·霍布斯(Nicholas Hobbs):"社会科学中的伦理学",载《社会科学百科全书》(*Encyclopedia of the Social Sciences*),第10卷,第160—161页,是爱德华·希尔斯(Edward Shils)的观点。

② 弗雷德·普洛格(Fred Plog)和丹尼尔·G.巴托斯(Daniel G. Batos):《文化人类学》(*Cultural Anthropology*)(纽约:阿尔弗雷德A.克诺夫出版公司,1976年),第70—71页。

③ 梅尔文·L.德弗鲁尔(Melvin L. DeFleur)、威廉·V.德安东尼奥(William V. D'Antonio)和路易斯·德弗鲁尔(Lois DeFleur):《社会学:人类社会》(*Sociology: Human Society*),第2版(伊利诺斯格伦威尔:斯科特,福尔斯特,1976年),第21页。

④ 莱斯特·弗兰克·沃德:《动态社会学》(*Dynamic Sociology*),第2版(纽约:阿普尔顿出版公司,1911年),第1卷,第xxvii页,转引自上引书第17页。

称为“上流社会的消遣”呢?

简而言之,其他的社会科学家并非没有把规范与实证相区分,并非没有尽可能地坚持严密的科学程序,或者作出适当的努力去把事实与观念分开。相反,他们承认流行的社会价值是他们所面临的问题的一部分。这些价值不只是纯粹的资料——它们进入了分析过程。因此,从这个意义上说,政治学家米汉的观点或许代表了大多数社会科学家的意见,他写道:“社会科学必须……直接讨论社会所接受的价值,寻求可以被解决或者消除的差异和矛盾,检验为现有标准而提出的正当理由,收集为应对特定问题而接受的特定标准所带来的结果的相关证据。系统性地评判和纠正运用中的规范结构是一项基本的、无止境的任务。”①

经济学家会部分地接受这种观点,但肯定不会接受这样的结论,即对规范结构的系统关注无论如何都是他们的一部分责任。在这里,主流经济学家仍然紧跟着莱昂内尔·罗宾斯:“经济分析的基本概念是相对评价的思想;而且……当我们假设不同物品在不同的边际上有不同价值的时候,我们并不把它作为解释这些评价为什么会存在这个问题的一部分。我们将其作为数据资料来处理。”②正是这种作为“实证科学”的经济学观点,使得经济分析不能正视现实世界中的权力。这里讨论的问题,不只是坚持认为经济分析应该从一个被当做基准的简化模型的演绎来进行。在收入分配的分析中,没有人反对使用洛伦茨曲线;这条 45°线服务于一个目的。这是一个基准,而且通常被视为没有规范的含义。但是,如果分析者把他 80% 的注意力放在这条 45°线上,几乎从不去说明这条曲线,那么,人们

① 米汉:《政治学的经验和规范基础》,第 208 页。
② 罗宾斯:《论经济科学的性质和意义》,第 94—95 页。

就完全可以断言这种讨论是不相干的、乏味的。主流经济学家们过于关注这个基准,对现实的关注太少,这是一个合理的制度主义的指责。他们对权力的处理——他们省略了这个问题,这是最客气的说法了——就是一个典型的例子。

这其中的很多缺陷在主流经济学对公共部门的分析所面临的困难中暴露出来,这一领域,理论几乎没有提供任何基准。公共部门的巨大规模,使得经济学家越发难以忽视公共产品,但他们没有与私人部门的价格假设的规范含义类似的简洁标准,去评判来自公共部门的结果。①

问题在于范式

长期以来对制度主义者的指责是未能建立一个较好的范式。范式这个词原本的含义是"包含了一个特定元素的一系列形式",简言之,就是经济学家建立模型的爱好。经济学家建立的所有模型中,竞争模型是最基本的。我们对政治学方法的考察得到了一个清晰的结

---

① 应该指出,一些分析者考察了公共部门以及选择公共物品的过程。其中一个重要人物是我们已经提到过的安东尼·唐斯,他在《民主的经济理论》中试图把经济理论的逻辑应用到公共部门的决策中(成本和收益的合计——更可取的是边际概念)。这种方法被兰德尔·巴特莱特在《政治权力的经济基础》(纽约:自由出版社,1973年,第16页)中称为一种"实证"而非"规范"的政府行动观。唐斯试图把经济学逻辑应用到公共部门的政治决策中。我们的建议是,从政治学的视角来考察资源配置,对于政治经济学来说也许是一种有价值的方法。

最近对公共部门资源配置进行评价的努力包括:理查德·马斯格雷夫:《公共财政理论》(*The Theory of Public Finance*)(纽约:麦格劳—希尔出版公司,1959年);詹姆斯·布坎南和戈登·塔洛克:《同意的计算》(*The Calculus of Consent*)(安阿伯尔:密歇根大学出版社,1962年);詹姆斯·布坎南:《民主过程中的公共财政》(*Public Finance in the Democratic Process*)(查贝尔山:北卡罗来纳大学出版社,1967年)。尽管几乎所有这些文献都自认为是实证而非规范的,但都常常得出结论(规范地),认为政府的作用是"有限的"。

论。而经济学中,如表1试图表明的那样,范式并非问题的解决办法,而是问题本身。因为权力与权力分布与这种范式并不相容,经济学家就把他们分析的重心放在经济的功能上,就好像权力烟消云散了;事实上完全不是那么回事。

经济学一直陷入这种困境,因为不像其他社会科学那样直接把重心放在它们的问题和范围上,逐渐得到它们的解决办法,经济学家喜欢坚持的范式,反映的是容易处理的经济形式。他们不是分析实际的经济,而是操控这个范式中的变量,去近似地处理实际经济问题。因为权力并不能很好地与这个范式相容,大多数经济学家通常就简单地忽略了它。

政治学要是建立了一个理想地运行的民主体系范式的话,那么,这个范式无疑会建立在一系列假定基础之上,这些假定会理想地把这个体系作出的反应与它的参与者的集体意愿结合在一起,就像自由投票(参与者一人一票)那样,并有一些技巧用来确保在每一个问题上的集体和现有专家意见能达成一致。如果多数人都是错的,就没有理想的民主！这样,政治学家就可以通过操控他们的范式中的变量来模拟“实际政治问题”。显然,他们没有这样做。比如说,如果他们要考察公司或工会的权力通过选举或者通过国会活动对决策的影响,那么,他们会去收集这种权力过去如何操纵决策过程的证据。政治学的学生们不会被要求忘掉院外活动,忘掉贿赂等等,在一个学期四分之三的时间里,认真地思考“理想的民主政治”。

如果经济学家直面他们的问题,很多传统分析就有发展空间。U形成本曲线、规模经济以及大量类似的传统概念,在分析经济如何运行的时候就是有价值的。这些工具将被用于分析现实问题,而不是用于理想世界,在这个世界里,所有的不完善都被清扫到其他条件不变这块小毛毯下面隐藏起来。

三个范式的故事

如前述，因为制度主义者如果不喜欢主流经济学的传统范式的话，就总是受到勉励去“建立一个新范式”，我尝试去满足这个请求。表1列举了三种范式——主流经济学的、制度主义的和政治学的范式。我们已经考察了从表1中引出的一些含义。其主旨是清楚的，结论是明显的。首先，如果比较一下主流微观经济理论、制度主义和主流政治学的结构，就可以发现后两者之间在假定、看法、态度和假设的结果方面，有许多明显的相似之处。其次，不论如何接受现实，传统经济理论家也从来没有摆脱作为基准的心理学理论，这种理论妨碍了经济学直面经济权力这个重要现实。第三，不论制度主义和现代政治学有什么错误和缺陷，它们都在尝试直面这个现实世界。显然，这意味着它们的出发点是理解权力在现实的经济和政治中的运用——不是人们希望它如何运用。

本文余下的部分考察的是经济学中面对的权力问题，继续探讨政治学范式对于政治经济学同样是一种好的范式这种观念。

市场出清价格的规范含义

如果说经济学习惯上把权力的绝大多数含义都假设掉的话，那么，主流政治学则一开始就假定，权力的分配是政治体系如何运行的重要调节器。权力是使特定市场价格得以产生的绝大多数决策的主要决定因素。权力和财富是相互支持的。用其中之一去获得更多的另一者。它们共同渗入大多数形成我们的态度的制度中，而且在这个过程中，可能影响着消费者需要的是什么，影响着生产者是否，以

表 1　三种社会科学范式

	政治经济学		政治学
	主流经济学	制度主义	
基本观点	(1)看不见的手(有不完全) (2)和谐	(1)带有技术动力的文化条件作用 (2)冲突	(1)文化条件作用 (2)冲突
体系的基本功能	配置稀缺资源	通过配置决策表达参与者浮现的价值观	命令式地分派价值观
基本机制	市场价格	相互作用的价值体系	相互作用的价值体系
假设：	(1)主要是竞争的相互作用 (2)自动性	(1)权力扭曲了价值体系 (2)价值来自体系和参与者的相互作用	(1)权力扭曲了价值体系 (2)价值来自体系和参与者的相互作用
动机	自利	观察到的自利	观察到的自利
假设的决策权分配	一元一票	控制有美元选票的群体，反映了财富和权力的集中	控制一人一票的群体，反映了财富和权力的集中
体系的目标	结果：市场均衡(所有市场出清)	计划的结果：与现有共同体价值相一致的经济进步	计划的结果：与现有共同体价值相一致的政治进步
"理想"体系	完全竞争	能够对经济过程中参与者不断变化的看法及时作出反应的决策过程	能够对政治过程中参与者不断变化的看法及时作出反应的决策过程

（续表）

实际体系的最终裁决者	消费者主权加上技术进步	受到集中化的权力和大生产者主权限制的技术变革	集中化的权力和大单位的主权
结果：	通过生产者默许的效率和进步	受到操纵的消费者	受到操纵的选民
体系中的基本单位	家庭、厂商	个人	个人
推论：	家庭和厂商通过具有最优技术生产率的价格表达需求（欲望）和供给（成本）	家庭和厂商的决策都是个人的权力运用的结果	所有政治单位的决策都是个人的权力运用的结果
结果：	社会理想的资源配置	X 无效率（x -inefficiency）；X 无效用（x -disutility）理想体系（上述）的腐败结果	实际价值观的分派偏离理想体系（上述）
障碍：	家庭和厂商的不完全知识	蓄意扭曲信息流的权力集团	蓄意扭曲信息流的权力集团
解决办法：	假设掉	增进向个人的信息流	增进向个人的信息流
福利假设	竞争市场均衡定义了社会福利（服从帕累托最优的约束）	社会福利是一个无法定义的“目的”。通向更大的社会福利的手段在这个过程中是可以辨明的	政治利益是一个无法定义的“目的”。通向更大的政治利益的手段在这个过程中是可以辨明的
		有一个手段—目的连续统一体，可以使政治或者经济沿着这个连续统一体而进步，尽管没有一个可定义的绝对目的	

及在多大程度上会有效地生产,影响着产品为谁而生产。有权力的群体决定着通过所有传播媒介流动的信息。是权力限定了经济参与者关于什么应被视为“需要”的看法——什么是“不惜代价”必须获得的,等等。

说“市场”决定着资源配置显然是一种误导,因为权力群已经事先限制了市场,决定了它将显示出的选择的方式。这种显示方式常常决定了所作出的选择。

经济学总是认为市场出清价格的规范含义非常重要。比如国防这样的领域被隔离在“市场试验”之外,这几乎是一种陈词滥调了。近来,已经很清楚的是,关于能源的争论是不能“在市场上通过价格”来解决的。公共部门的配置是由一个复杂的政治和经济过程来决定的。但是,这一过程的特征是集中化的权力在其中发挥着明显的作用。国防和能源只不过是两个鲜明的例证,表明我们习惯上赋予市场出清的那些评判存在根本上的规范性失效。或者说,如果市场提供了评判,那么也只是没有价值的评判。“市场”给消费者带来的问题本质上是被垄断的市场。总之,是经济权力的分配确定了市场的限制性特征——这些特征决定着市场将如何构造提供给消费者的选择。

至少就我的理解而言,政治学试图去面对政治理论中描述的政治的功能缺陷。政治学家集中关注的恰好是经济学家通常假设掉的那些事物——选民的无知,既得利益对竞选的影响,贿赂和腐败的可能性等等。经济学家公开声称并不以“经济学家的身份”去关注这些问题在经济方面的对应物。为什么消费者和生产者要去投票,他们是怎样作出决策的,所有这些关于消费者(或者生产者)决策的问题,都是经济学家宁愿假设掉或者忽略的方面。然而,对于“这个体系”中所有可辨认的缺陷,政治学家都被迫(或者是非常喜欢)在类似的情况下，以考察恰好是经济学家所回避的问题作为出发点。

所有这些并不是说非市场的配置决策有任何天生的规范上的优势。应该说，由苏联国家计划委员会进行的配置，与由“市场”进行的配置同样是令人担忧的。两者都不需要对一种民主政治或者经济的理想有灵敏的反应。政治学家并不仅仅因为政治竞争中的赢家取得了成功而对他们赞赏有加。为什么经济学家却要为市场上的赢家欢呼呢？在这两种情况下，人们都希望知道赢家如何彻底地坚持了一种不可靠的理想——消息灵通的选择者的集体判断，在选择过程中他们所有人都能有恰当的、有意义的声音。理解这种声音，对于系统阐述福利经济学以及判断市场配置资源的结果，都是重大的挑战。

直面经济学中的权力：另外两种方法

很明显，正是主流经济学用来解决它的问题的范式，阻碍了它现实地去应对集中化的权力对于经济运行的含义。因此，毫不奇怪，在产业组织这一或许考虑了权力问题的经济学的主要应用领域，几乎从一开始就陷入了争论的泥潭。[①] 一个试图运用不明不白的理论的

① 几年前写到这种情况的时候，卡尔·凯森（Carl Kaysen）和唐纳德·F.特纳（Donald F. Turner）评论道：“经济学家和经济理论对法院几乎没有提供什么指导。关于寡头，几乎没有什么系统性的思考。”（《反托拉斯政策、经济和法律分析》（*Antitrust Policy, An Economic and Legal Analysis*）（麻省剑桥：哈佛大学出版社，1959 年），第 240 页）

最近的一个评论代表了中级微观经济理论教科书中的观点：“对寡头模型的解决办法（也就是均衡价格和产出）主要依赖于经济学家所作的关于竞争的企业家之间相互作用的假定。因为可以作出而且已经作出了许多不同假定，就可以得到而且已经得到了很多不同的解决办法。因此，相对于竞争或者垄断理论这个意义上来说，并不存在‘寡头理论’。”（C.E.弗格森（C.E. Ferguson）和 S.查尔斯·莫里斯（S. Charles Maurice）：《经济分析：理论和应用》（*Economic Analysis: Theory and Application*），第 3 版（伊利诺斯州霍姆伍德：理查德 D.欧文出版公司，1978 年），第 397—398 页）

应用领域不会有什么改善——它也会带来含糊。谢尔曼法案的意图是什么？大就不好吗？与市场有关的规模（即集中）与效率之间有不可避免的冲突吗？人们可以满足于一个基于绩效的“可行的竞争”的经济，并忘记所有那些带来困扰的问题吗？

这些以及大量相关问题，不仅使即便令人信服地包含在传统经济推理（比如寡头理论）中的权力的含义变得含糊不清，而且完全忽略了它们对于或许可以称做经济的核心配置目标的重要含义。产业组织作为一个领域并不担忧对经济产生影响的权力的政治含义。①它并没有考虑J.K.加尔布雷思的“修订的顺序”或者对于主流经济学来说，它确实没有考虑小人物掌权的无数方式中的任何一种。如果制度主义者关于现有价值观制约着经济履行其核心功能的方式的看法是正确的话，那么，人们就肯定不能避开集中化的权力对于塑造和重新塑造现有价值观的含义。

除了制度主义之外，另一种对主流经济学持异议的经济学方法是激进经济学。激进经济学家关于集中化的经济权力的观点，在很大程度上与制度主义者的观点是重叠的，这不足为奇。他们通常把这种权力称做垄断资本（在美国，更准确的称呼应该是寡头权力，但这可能是吹毛求疵了）。这里我们无法详细考察激进经济学家与制度主义者之间的差异。从一开始，这两个群体就走上了不同的道路，尽管偶有平行。托尔斯坦·凡勃伦不是马克思主义者。他可能认为马克思主义理论的特征是不当的目的论——至少是这样，而马克思

---

① 约翰·肯尼斯·加尔布雷思反复指出这一点，比如：“源于当前的工业体系的价格形成观的公共政策，包含了与这个理论以及大致类似的解决办法同样的矛盾。垄断是非法的。与寡头或者企业数量较少相联系的市场权力，原则上被假设产生了不同的结果。这是值得怀疑的。但是因为它非常适用，就不需要再对它做些什么。于是，这种遁词就被大量无关紧要的诉讼所掩盖，就被为模糊这个问题的任何学术讨论的明确倾向所掩盖。”（《新工业国》（波士顿：霍顿·米夫林出版公司，1967年），第194页）

比凡勃伦更加确定地指出了资本主义将走向何方，以及资本主义之后的社会将会是什么。①

今天，激进经济学家与制度主义者的主要差异，表现为他们对待我们现有的体系及其可能的变化的态度的明显不同。激进经济学家斩钉截铁地公开指责这个体系，希望推翻它，想要代之以一种社会主义体系。制度主义者指出了现行体系、特别是它的权力群阻碍了对它的所有参与者在一个更自由的经济中可以发展起来的价值作出敏感的或者准确的反映的方式。制度主义者一直没有断言必然要替代资本主义的将是什么，而是宁愿致力于探讨开放信息、通讯和影响经济的各种渠道的方式，从而按照现代政治学的方法，探讨可以实现更加接近于作为一种决策体系的经济民主的方式。

权力和经济体系：最后的看法

我们已经讨论了主流经济学家习惯上用于分析权力的行使及其对经济运行的影响的方法。完全竞争几乎是不存在的，但完全竞争理论却为实际的市场上发生的事情提供了基准。对跨行业的企业兼并以及其他一些新的元素的附带关注虽是相对次要的补充，但争论的状态——无论是理论上还是实践中——在许多年来似乎并未在根本上发生变化。这种状况并未比罗伯特·布雷迪在 1943 年的表述

① 正如艾伦·格鲁奇所说："不像卡尔·马克思，艾尔斯发现并不存在会导致资本主义必然灭亡以及向社会主义转变的资本主义发展的各种法则。凡勃伦和艾尔斯都没有重复马克思在资本主义发展的法则方面的兴趣……他们代之以一种非目的论性质的资本主义发展的逻辑。凡勃伦断言资本主义的灭亡是不可避免的，但资本主义之后将会是什么，这并非必然的。可能是法西斯主义，也可能是社会主义。[对]艾尔斯而言，资本主义发展的下一个阶段是不确定的。"（《当代经济思想》（新泽西克里夫顿：奥古斯塔斯 M. 凯利，1972 年），第 123 页）

更有说服力、更明确:“民主制度忽略了确实存在的日益增大的经济权力对它的挑战。”[①]布雷迪注意到,“垄断导向的集团”一直在寻求通过更多的共谋而不是竞争来强化其影响。它们用政治和经济手段去取得更大的支配权。他还指出,早期的正统经济学家(那时候还叫做“政治经济学”)懂得所有这些,但在约翰·斯图尔特·穆勒的“蹩脚的综合”之后,“经济学和政治学的分离,成为了像政教分离一样重要的问题”。[②]

我相信布雷迪是完全正确的,但他的论题和结论都没有产生特别的影响。两个主要的例外是德怀特·艾森豪威尔的告别演说,他警告了“军工混合体”固有的危险,[③]以及加尔布雷思的著作。就艾森豪威尔而论,他的话很快就表现出圣经般的光环,人们认为意义重大,可很少去阅读,更不用说是去深思或者行动了。加尔布雷思更复杂。他在 1973 年美国经济学会的主席演讲中提出了除市场体系之外,权力——他称为“计划体系”——关键性的重要意义。加尔布雷思声称,“经济学中最大的争论”,即关于国家的作用的争论,由于“计划体系的权力”而成为必需。这一立场与他近来的大量著作中所持的立场是一致的,但留下了较早时候的加尔布雷思式的断言中提出的一个未得到解答的问题。他所援引的、就我们所知道的这个体系(包括集中化的权力)所激发的看法而言,至少是委婉的贬义词的“寻常智慧”,[④]已经回避了我们如何把“真实”智慧与“寻常”智慧相区别

① 罗伯特·A. 布雷迪:《作为一个权力体系的经济》(纽约:哥伦比亚大学出版社,1943 年),第 ix 页。

② 同上,第 298 页。

③ 据悉,这篇演讲稿出自一位政治学家之手。

④ 加尔布雷思把正统经济学说称为“寻常智慧”(conventional wisdom)。这个词通常被译为“传统智慧”,这是不准确的,因为不能反映出加尔布雷思对正统经济学说的轻视。——译者

这个问题。这个有争议的问题是个老问题，艾尔斯通过把技术连续统一体（用它固有的区分进步和倒退或者停滞的指针）的普遍性与仪式相区分而解决了这个问题，尽管这种区分仍然存在争议。加尔布雷思没有这样的解决办法，留下的是不大好的感觉，似乎只有加尔布雷思才能区分寻常智慧和真实智慧。当然，加尔布雷思自己大概是不会受到寻常智慧对分析上的扭曲的影响的。

剩下的要消除疑虑的问题是，社会价值是从哪里合理地产生的？它们如何变化？如何才能追溯它们的进化？大量作者讨论过这些问题，[①]但根本的一点是权力的行使起着非常重要的作用。在理解公司和国家在构造现代社会价值中的作用时，权力肯定是一个关键因素。关于这一点，加尔布雷思的很多观点肯定是正确的，他写道："当我们使权力以及政治成为我们体系的一部分，我们再也不能逃避或者掩盖现代政府矛盾的特征了。政府是经济权力的首要目标。它被俘虏了。但就我所提到的所有问题而言——对资源过度使用的限制，抵消不适当的资源使用的组织，控制，纠正系统性不平等的行动，环境保护，保护消费者——采取矫正措施是政府的责任。"[②]

没有得到普遍承认的，是在几乎每一个方面都影响着经济运行的事物的这种状态的充分含义。不是说只有大公司才能无视竞争规范而限制产出、提高价格。确实，这里还必须加上规模经济，才能使竞争规范毫无意义（在许多或者大多数情况下，无视竞争规范的是一个低效率的小单位，至少在制造业部门是这样）。

当权力成为家庭分析的因素时，也会产生同样的扭曲。我们已经说明，厂商和家庭中的权力，也会导致哈维·莱本斯坦（Harvey

① 见克莱因："经济学：配置还是评价？"

② J.K.加尔布雷思："权力和有用的经济学家"，载《美国经济评论》第63卷（1973年3月号），第10页。

Leibenstein)所称的"X 无效率",或许还可以加上"X 无效用"。[①]在这方面,权力可以扭曲主流理论所关注的那个世界的结果。

经济学家所关注的权力,一般来说一直是各种企业中的不同权力。当进化经济学家质疑传统理论中的消费者主权假定时,他们所考虑的一个因素是,企业不同的权力对由家庭表现出来的需求形成的影响不能被清楚地预测。但很显然,企业—家庭的相互作用,并非以市场相互作用中两个假设的平等的行为人各自独立的自我利益为基础。市场出清价格的规范含义从而肯定是受到影响的。在家庭内部,个体成员也拥有不成比例的权力("X 无效用"),这一点对于市场上存在的价格的规范分析的影响,从来没有得到经济学家的明确考虑。在美国的家庭中是谁掌管钱包?生活方式的变化,就像在非家庭户中那样,如何改变了在家庭中运用的权力?这些变化如何影响了经济的运行或者它的现有价值观?

情况很复杂。行为人在我们的经济中所行使的权力,不仅影响到企业的生产和家庭的需求,而且影响着政府与经济必然发生的相互作用的方式。例如,经常有人断言政府管制部门本身被它们据信可以监督的私人单位所控制。简言之,从根本上说,所有经济决策都受到集中化的财富和权力直接或者/和间接的影响。

如果基准概念几乎是没有用的,那么剩下的还有什么呢?我们必须发展出评价经济的现有价值的工具,以便可以把经济绩效与这些价值相比较。这并非一个像表面上看起来那样难以完成的任务。政治学家不会把时间完全花在选举机制的研究上。他们主要关注的是(在我看来是这样)根据一个或许是模糊的、但绝对不只是"实证

---

① 哈维·莱本斯坦:《超越经济人》(*Beyond Economic Man*)(麻省剑桥:哈佛大学出版社,1976 年)。也见前面的表 1。

的"标准——代议制民主标准——来分析我们当前的政治体系。他们关注的是权力集中对作为代议制民主的一个组成部分的一人一票这种假设的平等，到底产生了什么影响。他们知道政治竞争（自由选举）并不能自动实现代议制民主的理想，因为控制着各种集团的选民的权力使得"代议制"本身就是一个复杂的标准。

政治学和政治经济学所面临的挑战，既有重要的区别，也有相似之处。一个重要的相似之处是，正如难以定义社会福利一样，也很难定义公共利益。不过，大多数政治学家并没有假设从政治过程中产生的东西，按照定义来说就是公共利益。他们集中关注的是代议制民主的缺陷，无论这个概念可能有多么的靠不住。在评价选择机制的实际功能时，政治学家至少可以从假设平等的选票分配入手。使得经济学中的福利分析复杂化的一个明显因素，是美元选票分配的不平等。

进化经济学家传统上不仅关注经济正在生产的是什么，而且还关注经济正在走向何方，或者至少是它的方向何在。如果我们可以实现主流经济学家和进化经济学家都视为"理想"的稳定、充分就业的增长率，那么进化经济学家还会走得更远，会询问充分就业的经济被带向何处——是谁在发号施令，有什么样的结果？在这里，他们的思考与现代政治学家对民主被带向何方的思考是一样的。

任何给定时期的任何经济都是按照现有的方式运行，这是因为有大量的决策网络。这是平常不过的事，这使得主流经济学家认为，关于价格如何决定的知识对所有经济学家来说都是有用的，因为即使在非市场经济中，一个中央计划委员会也会使用价格来实现它的目标。但这样一个计划委员会的目标是——或者可以被——明确地表达出来的，而且这种经济中产生的结果是可以与这一系列目标相比较的。这里有具体的办法来评判经济的绩效。在现代市场经济中，根本不存在这样一个标准，我们仍然坚持认为“竞争理想”可以作为一个基准，以此来把水搅浑。正如我们已在这里强调过的那样，实际上没有什么样的决策是在真正的竞争经济所暗示的那种情况下作出的，所有决策都受到经济中的权力分配的影响，主流经济学家没有办法知道真正“代表性的”经济是什么样子。谁能说清楚什么样的物品和服务有需求？在什么样的价格上有需求？未来的物品和服务的成本是多少？什么样的配置决策是不受约束地来自参与者的？他们中一些人是否比其他人更有影响力？反过来看问题也许更容易些；没有权力的人的分布——不可否认是非常普遍的——至少可以像我们经济的运行中权力的分配一样反映现实。

总之，我认为进化经济学家不会赞成一个由规范性的独裁者们把价值观强加给社会其他成员的体系。他们赞成的是建立这样一种体系，在其中信息流是开放的，讨论是自由而坦率的，存在可供选择的方案，而且是已知的，作出决策的渠道可以反映所有这些商议的结果。这就会产生代议制民主在经济上的等价物。在这样一种体系中，政治经济学家将会采取政治学家的立场，因为他们会集中关注这个过程也许仍然反映出来的扭曲，他们可以分析现有体系的特性。

结　　论

我们被告知，水门事件表明了我们的政治体系有效“工作”的能力。很难找出类似的证据，表明经济体系有效工作的能力，因为经济学家倾向于接受表明这个体系“正在工作”的证据。确实，可以举出偶尔的反托拉斯的例子，但是经济学家一般来说不会去问一问，运行中的经济是否按照它的参与者所希望的那样在运行，所有参与者是否得到许可在任何“代议制”的意义上去影响运行的结果。

经济本身及其提供给它的参与者的选择都受到权力集中的影响。此外,整个选择体系部分是经济的(美元选票),部分是政治的(票箱投票),而且这两部分的运行都不同于不存在权力和财富集中时的情况。不恰当地把注意力集中在"自由市场"上,好像市场真是自由的(顺带对"不完全"作一些评论),就好比把注意力集中在"自由选举"上,顺带对民主过程的"不完善"作一些评论。经济学家把注意力集中在自由市场,而政治学家并不专注于"代议制民主";他们的注意力集中在它的不完善上。事实上,看起来政治经济学和政治学的进步,可以由关注这种不完善的理论家和"应用型专家"来实现。一位作者发现,作出决策的基础,是把个人投票和集中化的财富与权力带来的变化相结合,他认为我们最好把这个体系称为一种"金权民主制"(plutodemocracy),这个名称表明了个人和"财神"(plutos)或者财富的作用。①

我相信,如果政治经济学恰当的研究对象是我们实际拥有的经济,那么政治学的视角可能会为许多经济学家所做的重新定位的工作指明道路。安东尼·唐斯已经表明经济学逻辑可以为政治学所用;让政治学逻辑为经济学所用,其潜力可能更大。

参考文献

Bartlett, Randall. *Economic Foundations of Political Power*. New York: Free Press, 1973.

Brady, Robert A. *Business as a System of Power*. New York: Columbia University Press, 1943.

---

① 莫里斯·迪韦尔热(Maurice Duverger):《现代民主政治:经济权力对政治权力》(*Modern Democracies: Economic Power versus Political Power*)(伊利诺斯州兴斯代尔:德赖登出版社,1974年),第5页。

Buchannan, James. *Public Finance in the Democratic Process*. Chapel Hill: University of North Carolina Press, 1967.

—— and Gordon Tullock. *The Calculus of Consent*. Ann Arbor: University of Michigan Press, 1962.

Dahl, Robert A. *Modern Political Analysis*, 3d ed. Englewood Cliffs, N.J.: Prentice-Hall, 1976.

DeFleur, Melvin L.; William V. D'Antonio; and Lois DeFleur. *Sociology: Human Society*, 2d ed. Glenview, Ill.: Scott, Foresman, 1976.

Dewey, John. "Theory of Valuation." In *International Encyclopedia of Unified Science*. Chicago, Ill.: University of Chicago Press, 1939. Vol. 2, no. 4.

Downs, Anthony. *An Economic Theory of Democracy*. New York: Harper and Row, 1957.

Duverger, Maurice. *Modern Democracies: Economic Power versus Political Power*. Hinsdale, Ill.: Dryden Press, 1974.

Easton, David. *A Framework for Political Analysis*. Englewood Cliffs, N.J.: Prentice-Hall, 1965.

Ferguson, C.E., and S. Charles Maurice. *Economic Analysis, Theory and Application*. 3d ed. Homewood, Ill.: Richard D. Irwin, 1978.

Friedman, Milton. *Essays in Positive Economics*. Chicago: University of Chicago Press, 1953.

Friedrich, Carl J. *Nomos V, The Public Interest*. New York: Atherton Press, 1966.

Galbraith, John Kenneth. *The New Industrial State*. Boston: Houghton Mifflin, 1967.

——. "Power and Its Uses." *American Economic Review* 63 (March 1973): 1—11.

Gambs, John S. *Beyond Supply and Demand*. New York: Columbia University Press, 1946.

Gruchy, Alan G. *Contemporary Economic Thought*. Clifton, N.J.: Augustus M. Kelley, 1972.

Hobbs, Nicholas. "Ethics in the Social Sciences." In *International Encyclopedia of the Social Sciences*. Chicago: Crowell Collier and Macmillan, 1968. Vol. 10, pp. 161—166.

Key, V.O. *Politics, Parties, and Pressure Groups*, 4th ed. New York: Thomas Y.Crowell, 1962.

Klein, Philip A. "Economics: Allocation or Valuation?" *Journal of Economic Issues* 8 (December 1974): 785—811.

Kolb, Eugene J. *A Framework for Political Analysis*. Englewood Cliffs, N.J.: Prentice-Hall, 1978.

Leftwich, Richard H. *The Price System and Resource Allocation*. 7th ed. Hinsdale, Ill.: Dryden Press, 1979.

Leibenstein, Harvey. *Beyond Economic Man*. Cambridge, Mass.: Harvard University Press, 1976.

Meehan, Eugene J. *The Foundations of Political Science, Empirical and Normative*. Homewood, Ill.: Dorsey Press, 1971.

Musgrave, Richard. *The Theory of Public Finance*. New York: McGraw-Hill, 1959.

Plog, Fred, and Daniel G. Batos. *Cultural Anthropology*. New York: Alfred A.Knopf, 1976.

Robbins, Lionel. *An Essay on the Nature and Significance of Economic Science*. London: Macmillan, 1946.

Samuelson, Paul M. *Economics*, 11th ed. New York: McGraw-Hill, 1980.

Strickland, D.A.; L.L.Wade; and R.P.E.Johnston. *A Primer of Political Analysis*. Chicago: Markham, n.d.

Ward, Lester Frank. *Dynamic Sociology*, 2d ed. New York: Appleton, 1911.

5. 权力与经济绩效[①]

华莱士·C. 彼得森

传统经济分析中严重忽略了权力与经济的问题，原因是古典遗产的画卷中抽象掉了权力。在竞争占支配地位时，权力似乎只是一种偶尔的偏离正轨，不是什么值得严肃地长期研究的问题。本文的观点与此不同。本文的观点是，权力是存在的、是普遍的，对我们的经济秩序来说是像竞争一样“自然”的一种现象。此外，本文认为在第二次世界大战后美国经济秩序的形成中，权力是远比竞争更为重要的一个因素。因此，如果我们想要知道经济如何运行，就必须理解权力如何进入经济过程，以及如何影响这个过程。另外，除非我们搞清楚经济权力及其运用，否则无法弄清当代市场资本主义的危机的根源——表现为持续且同时发生的严重的通货膨胀和失业的一场危机。

权力并非存在于真空中。只有将其放在过去 30 年来塑造了经济体系的其他重要因素这个背景下，才能理解什么是权力以及它如何发挥作用。这些其他因素中，最重要的两个是经济增长和不断发展中的收入分配上的斗争。增长和收入分配的性质和相互作用，为分析权力及其如何在经济中发挥作用提供了基本的背景。这一观点也决定了本文的组织是从第二次世界大战后的经济增长全景开始的。然后通过把收入分配与增长相联系，为表明权力如何进入这个

---

① 原载《经济问题杂志》，第 14 卷，第 4 期（1980 年 12 月），第 827—869 页。

过程，以及它如何影响经济绩效，确立必要的先决条件。十多年来经济并不令人满意的绩效的重要原因，在于经济增长、收入分配以及在经济的市场这一方面运用的权力之间关键的相互作用。这是本文的基本主题。

“凯恩斯时代”的经济增长

1945—1970 年这个约翰·希克斯爵士所称的“凯恩斯时代”，代表着美国经济的一个超常增长和繁荣的时期，在这一时期，似乎美国经济可以实现无限的物质上的丰裕。早晚有一天，每个人都可以实现美国梦——在郊区的一座房子，车库里有两辆或者更多的汽车，孩子进入大学受教育，度假，以及有大量的闲暇时间享受划船、高尔夫、网球或者喜爱的任何活动。

我们对物质丰裕是如此的习惯，以至于很难充分评价在四分之一世纪的时间里实际上没有中断的增长给美国人的生活带来的巨大变化。第二次世界大战结束时，只有一半美国家庭拥有汽车；现在90%以上的家庭有汽车，有两三辆汽车的家庭不再是新鲜事。所有其他耐用消费品也是这样，成为美国生活方式中普通的必需品，这种生活方式为全球普遍仿效。1945 年实际上还没有电视机，而现在已有 97%的美国家庭有电视机，其中 61%是彩电。在战争结束时，家庭拥有的洗衣机、空调、洗碗机还微不足道，而今天有三分之一到二分之一的家庭拥有这些电器。现在几乎每个家庭都有冰箱，而在1945 年只有一半家庭有这种电器。由于半导体收音机的发明，无线电广播已遍及各地。①

---

① 这里采用的是 1974 年的数据，来自《美国统计摘要》(*Statistical Abstract of the United States*)(华盛顿特区：美国政府出版署，1979 年)。

除了改变了美国家庭的耐用品激增之外，战后的丰裕还为我们的生活方式带来了另外的巨大变化。第二次世界大战结束时闻所未闻的超高速公路和喷气式飞机，给我们带来了一个“移动中的社会”，它到了这种程度，以至于从孩提时代一直到长大成人和结婚，都居住在出生的社区这种情况，成了例外而不是规律。对于中等收入家庭和工人阶级家庭来说，花两三个星期到欧洲或更远的地方去度假旅游并非不可能的事，而在第二次世界大战前，只有富人才敢计划这种旅行。喷气式飞机结束了在海外旅行靠海轮、在国内旅行靠火车的历史。随着耐用品的激增而来的是高等教育的迅速扩大，其动力部分来自战后的“生育高峰”，部分来自一种日益强烈的信念，人们认为大学是一把魔匙，能打开好工作、好收入和好生活的大门。20 世纪 50 年代和 60 年代，对于大学毕业生来说似乎有无限的工作机会，特别是工程师、医生、律师、行政人员，甚至是教师的职位。随着高等教育的繁荣在 20 世纪 70 年代的崩溃，大学教育的经济价值遭到了抨击。[①] 尽管如此，由四分之一个世纪的繁荣带来的工作和闲暇两方面的巨大变化已是既成事实，即便它们面临着由市场资本主义当前的危机带来的巨大改变。

毫无疑问，凯恩斯时代持续的经济增长是一个重要的经济事实。或许较不好理解的是，它也是一个重要的心理事实。也就是说，人们不仅相信，作为一个社会，我们可能实现几乎无限的增长，而且我们必定能实现这种增长。这种思想已经深深植根于国民的意识中。正如发展消费者调查技术的一位领军人物乔治・卡托纳(George Ka-

---

① 比如见理查德・弗里曼(Richard Freeman)和 J. 赫伯特・霍洛尔曼(J. Herbert Hollorman):“高等教育贬值”，载《挑战》，第 7 卷(1975 年 9 月号)，第 24—31 页；以及詹姆斯・奥图尔(James O'Toole):“失业的后备军”，载《挑战》第 7 卷(1975 年 5—6 月号)，第 26—33 页。

tona)谈到的那样:“在第二次世界大战后的25年里,持续的增长和我们生活水平的稳步改善,被看做是自然的事情。在那些年里,成千上万的人向我们的调查人员报告,他们的生活水平高于父辈和祖辈,而且他们表现出对他们以及他们的下一代将继续改善的信心。”[①]完全可能的是,改变我们对增长的心理事实的信心,比之调整影响增长的实际基础的不断增加的能源和物质短缺,是一个更为困难的问题。

那么多的问题在20世纪70年代涌现出来之前,似乎没有理由去质疑人类无限的物质进步的教条,在美国肯定如此。物质进步是一个持续的过程这种思想产生于启蒙运动时期,在19世纪根深蒂固,在20世纪60年代达到了极点。在不断应用到生产中的科学和技术的推动下,更多的产出以及每个人不断提高的物质生活水平似乎是有保证的。经济学家们以他们的声望加强了大众的信心,认为不断争取更多的生产和更多的消费,是必需的、可能的、有益的。1967年沃尔特·海勒(Walter Heller)说,他看不到任何理由,表明经济在今后十年不会保持年均4%—4.5%的增长率,这个数字远高于历史上的长期实际经济增长率。[②] 他错了。

第二次世界大战后的时代出现的增长的心理事实,它的一个重要后果是,增长在所有现代工业化国家的政策议程中都占据了突出的地位,尤其在美国。正如增长对社会和环境都并非有益这一观点的主要倡导者英国经济学家E.J.米杉指出的那样,战后时代的增长不是大量社会政策目标中恰当的一个。但它成为了首要目标,成为

---

① 乔治·卡托纳和伯克哈特·斯特伦贝尔(Burkhard Strumpel):《新经济时代》(*A New Economic Era*)(纽约:埃尔斯维尔出版公司,1978年),第46页,着重号为原文所加。

② 沃尔特·W.海勒:《政治经济学的新领域》(*New Dimensions of Political Economy*)(纽约:W.W.诺顿出版公司,1967年),第105页。

所有其他目标都必须附属于它的目标。[①] 失业、国民收入分配、国际收支平衡甚至通货膨胀这些问题，都必须在它们对经济增长速度的影响这个背景下来解决，增长被当做社会的长期首要目标。

经过20世纪60年代初的兴高采烈之后，令人不安的迹象日益频繁地表现出来，这些迹象使人们开始怀疑持续的物质增长的可能性。虽然受到主流经济学家的蔑视，但罗马俱乐部的两份报告还是认为，保持战后时代增长率的努力注定要失败，这要么是由于物质资源的有限供给的障碍，或是由于无法控制的环境污染。在经济学家中，米杉一直在努力说服那些执着于“多就是好”这种伦理标准的同行，指出对经济增长的普遍追求，对物质环境、生态环境和社会环境都有严重的负面效应。[②] 也有观点指出，第二次世界大战后长期的高速增长是一个特殊事件，是各种条件的一种特殊结合的结果。其中包括有大量的廉价能源可供利用，以及战争中留下的一个技术“仓库”。[③]

无论什么原因，经济增长的发动机在20世纪70年代开始放慢，不仅在美国，全球都是如此。在美国，最令人焦虑的是生产率增长率的急剧下降。从1970年到1979年，平均每工时的产出年均增长率仅为1.4%，而这一数据在20世纪60年代是3.0%，在20世纪50年代是3.1%。生产率下降的原因一直是令人困惑的，没有人知道

---

① E.J.米杉：《经济增长争论：一个评价》(*The Economic Growth Debate: An Assessment*)(伦敦：乔治·艾伦&昂温出版公司，1977年)，第26页。

② 正如米杉指出的那样，问题不是、而且从来都不是作为个体的人是否可以通过占有更多物质世界的物品从而更加富有，是否非贫困就比贫困要好。根本的问题是，对增长的普遍追求是否导致了对环境的损害，使社会成本超过了收益。

③ 见弗雷德·C.奥尔文(Fred C. Allvine)和小弗雷德·A.塔普利(Fred A. Tarpley, Jr.)：《经济的新状态》(*The New State of the Economy*)(麻省剑桥：温斯罗普出版社，1977年)。

这是否长期的下降趋势。[①] 如果这种下降反映的是初级产品日益短缺和廉价能源的消失，那么，物质增长的前景就很暗淡。有很多令人担忧的迹象表明，增长的这些源泉已经大不如前，尽管美国人仍然相信技术最终将把我们从困境中拯救出来。[②]

虽然有许多令人不安的迹象，但人们特别是国家政策的制定者，仍然对增长保持着牢固的信心，认为它是我们面临的包括通货膨胀在内的所有问题的最终解决办法。这一点比如就表现在《1979年总统经济报告》和国会联合经济委员会对报告的反应中。20年来，联合经济委员会的多数派和少数派成员在他们对《经济报告》的反应，以及他们自己关于经济形势的结论上达成一致，这还是头一遭。能够达成这种不多见的共识，是因为委员会成员相信，"现代经济学家重新发现了经济模型的供给方面。"[③]其实践中的含义是，我们面临的问题的最终解决办法，在于扩大生产能力，为消费者提供更多的物品。[④] 怎样去做呢？委员会给出的是传统的答案：如果投资率得以增加，那么生产率的下降是可以逆转的；如果商界的利润预期得以改善，那么，这一目标就是易于实现的。联合经济委员会的分析是对是错并非这里探讨的主要问题。[⑤] 他们的态度所表明的是增长的心理

---

① 见《总统经济报告》(华盛顿特区：美国政府出版署，1980年)，第247页。也见爱德华·F.丹尼森(Edward F. Denison)："令人迷惑的生产率下降"，载《挑战》第22卷(1979年5—6月号)，第60—62页；以及坎贝尔·麦克康奈尔(Campbell McConnell)："美国的生产率为什么下降"，载《哈佛商业评论》第57卷(1979年3—4月号)，第1—8页。

② 见莱斯特·R.布朗(Lester R. Brown)：《第二十九天》(*The Twenty-Ninth Day*)(纽约：W.W.诺顿出版公司，1978年)，第182页起。

③ 美国国会联合经济委员会：《1979年联合经济报告》(*Joint Economic Report 1979*)，参议院报告第96—44号(华盛顿特区：1979年)，第87页。

④ 同上，第45页。

⑤ 对寻常智慧所理解的生产率下降的关键性质的尖锐批评，见理查德·D.杜波夫(Richard D. DuBoff)："生产力危机——经济学家再度活跃"，载《这些时代》(*In These Times*)，1979年5月23—29日，第17页。

事实的持久性和强度，尽管对我们的局势有日益不安的感觉，[①]但一个坚定不移的信念是，只要我们能够使经济回到凯恩斯时代持续增长的轨道，任何事情都会自动得到解决。

植根于物质事实和心理事实中的那种关于增长的寻常智慧，没有考虑到增长将不足以解决我们面临的问题。即使不断增加的对增长的物质和环境障碍可以克服，这也是一个值得怀疑的论点。要理解这一点，我们必须再度审视一下经济学家是如何定义他们的研究对象的。大多数教科书一开始的论点就是，人类的物质欲望是无限的，而满足这些欲望所必需的资源是稀缺的。因而我们就找到了经济学存在的理由。对增长的兴趣自然起因于这种定义。无论如何，如果人类要在满足他们无尽的欲望方面取得进展，他们必须不断生产出更丰富的产品，这就是增长的全部含义。

然而，这样一种定义是令人不安的，尽管几乎所有教科书都说人类的欲望是无限的。常识告诉我们，当一个社会更加富裕，它的民众可以得到越来越多的货物和服务，欲望与资源之间的缺口就会开始缩小。确实，自工业革命以来，经济增长已经将西方国家大多数人的物质生活提高到了做梦也想不到的繁荣水平。我们不必否认这个事实，这里也不是说我们偏爱在世界上的很多地方，包括美国的部分地区仍然存在的不幸的贫困。对这种贫困唯一的解决办法是生产更多可供消费的物品和服务。但是，虽然这样说，在发达工业社会的历史上似乎有一个时期，这种常识——更多的产出应该能够从总体上减轻基本经济问题的严重程度——并非如此。情况恰好相反。更多的

① 比如密歇根大学的调查研究中心报告，自20世纪70年代初以来，消费者越发缺乏更大的满足感，即便他们拥有的商品数量在增加。见卡托纳和斯特伦贝尔：《新经济时代》，第47页。

产出并没有增加我们的满足感。[①] 而且，增长很可能使得欲望—手段之间的根本困境恶化而不是改善，使得增长所产生的新的需求多于被满足的老的需求。这就是经济增长的阴暗面，这个悖论成为经济问题的根源，同时也是一种解决办法。

探索增长的悖论

对前述论点的探索，需要冒险进入未知领域，这主要是因为传统经济分析很少对其最基本的论点表示怀疑，即欲望是"给定的"，并且实际上是无限的。但如果不是这样，而且如果像这里指出的那样，去弥合欲望及其满足之间一直存在的差距的努力扩大而不是缩小了这种差距，那么，经济科学的一个基本方面就无从谈起了。经济学家必须要设法去解释这样的事实：不论我们的物质生产有多大的进步，解决经济问题的方法似乎距离要实现的目标越来越远了。[②] 让我们从考察第二次世界大战后的丰裕时代的两个重要发展出发，来纠正这种局面。第一个发展是在战后长期的繁荣中演变而来的那种经济，第二个发展是同一时期我们的欲望所发生的微妙而又重要的转变。当把这二者放到一起来考察时，这些发展就让我们走上了一条长长的道路，去理解为什么增长变成了一种幻觉，为什么满足我们的欲望

---

① 很多重要经济学家从不同的推理中得到了与此相同的结论。乔治·卡托纳的研究结果已经被相信这一点的 E.J. 米杉所证明。弗雷德·赫希和蒂博尔·西托夫斯基也是如此。尤其参见赫希的《增长的社会局限》(麻省剑桥：哈佛大学出版社，1978 年)，以及西托夫斯基的《不快乐的经济》(*The Joyless Economy*)(纽约：牛津大学出版社，1976 年)。

② 有些人可能会不同意这一点，认为经济问题是不可能解决的，认为任何这一类问题都包含在了经济学的传统定义中。也许如此，但我们记得，凯恩斯相信经济问题可以在一个世纪内得到解决，相信欲望—手段困境并非人类永恒的约束。见他的论文"我们孙辈的经济可能性"(1930 年)，载《劝说集》(纽约：W. W. 诺顿出版公司，1963 年)，第 366 页。

仍然是这样一种捉摸不定的东西。这种分析进而又为解释收入分配和经济权力在我们持续的通货膨胀和失业危机中起到的至关重要的作用创造了条件。

高压的市场经济

用任何合理的比较标准来看,美国经济都有巨大的生产力,这是在前面谈到的凯恩斯时代社会的重大转变所强调的一个事实。尽管目前存在很多问题,但它所涌出的大量令人炫目的消费品和服务,其增长速度会让古典经济科学的奠基者们瞠目结舌。比如在1979年,为全国每一个人生产的消费品和服务价值6 844美元。这可以为每个假设四口之家提供27 000多美元的消费品,这个数字大大超过生存或最低生活需要。当然,消费品和服务并不是平等分配的,但这一数据为分析供给这些物品的经济权力提供了有用的洞见。

但是,到目前为止,我们创造的经济机器只能在一个"高密度"的市场环境下正常运转。[①] 只要经济持续地为消费者提供日益增多的大量物品和服务,尽管其中很多与人们基本的、重要的需要无关,这个体系就运转正常,其故障就会得到避免。这种状况的一个麻烦是生产——任何一种生产——与收入之间的紧密联系,这是约翰·肯尼斯·加尔布雷思多年前特别强调的一个事实。[②] 当生产放慢时,收入也减少,社会就出现了问题。然而,问题不只是这些。第二次世界大战后的生产激增以相同的速度使更多、更广泛的欲望得到了满足,随之而来的不仅是社会在经济方面的转变。作为战后长期繁荣

---

① 见威廉·莱斯:《满足的极限》(*The Limits to Satisfaction*)(多伦多:多伦多大学出版社,1976年),第7页。

② 约翰·肯尼斯·加尔布雷思:《丰裕社会》(波士顿:霍顿·米夫林出版公司,1958年),第292页。

的结果，文化也发生了巨大而深刻的变化。在我们现在以高密度市场为特征的社会中，整个文化已经明显地转向了生产。按照政治学家和环境研究教授威廉·莱斯（William Liess）的观点，其原因在于现代社会表现为第一次“大规模的尝试，去发现稳定和权力并非……取决于继承下来的特权或者传统的联系，而是直接取决于经济生产的成就和需要的满足”。① 随着资本主义的出现而开始的这一过程，在战后长期繁荣时代达到了最高点，在 20 世纪 60 年代末渐入低谷。最重要的是，由所有大众传播媒介所强化的主流文化的主旨，几乎毫无例外都是通过消费，特别是通过商品来为人们寻找他们的需要的满足。不需要直接消费商品和相关服务就能自我实现的可能性，不言而喻是不受鼓励的。在高密度市场社会的大众消费中，少数富人的行为经常被认为是每个人都应该仿效的高消费生活方式的“理想”。② 即便是对电视广告费尽心机要让人确信的“信息”的一种随机观察，也将证实这种观察的有效性。

这种转变的另一个重要结果是，物品和服务的生产与其假设要去满足的欲望之间的联系越来越不紧密。当代市场资本主义生产出数量如此巨大、种类如此繁多的商品，以至于在许多情况下很难准确地判别人类的哪些欲望得到了满足。因为“新”商品的不断出现，欲

---

① 莱斯：《满足的局限》，第 4 页。下面的多数讨论都引自莱斯的研究。

② 同上，第 100 页。在某种程度上，这里没有什么特别。在一个市场社会中，主要的社会结合，也就是把社会结合在一起的“胶水”，是个人自我利益的清楚识别，这是通过最大化他的需要来表现的，并附带了作为一个整体的社会的自我利益。在这方面，个人福利直接与更多的生产相联系，即不断提高的 GNP。当然，这是亚当·斯密所说的看不见的手（如果让其发挥作用的话）使私人和社会福利都实现最大化的另一种方式。这也完全符合经济学家对他们的研究对象的定义，以及持续的产出是经济问题的最终解决办法这种隐含的信念。重要的是，要理解这种信念对于消费水平永远不断提高的更广泛的社会含义。对于现代市场体系来说，消费水平的持续提高成为了关键的合法性原则，它对于接受现存的收入、财富和权力的分配，意味着一个基本的标准。但是，如果实际消费水平的持续提高这个论点的有效性受到越来越多的质疑，那么，我们就不能继续回避分配问题了。

望不仅复杂，而且极为零碎，每一种新商品与现有商品仅仅是在实际的或者想象的方面有细微的差别。[①] 电视广告告诉我们，今天供家庭洗衣日所用的主要洗涤剂，与我们上周、上个月或者去年买的洗涤剂相比，总是彻底"革新和特别改进"的产品。几乎每一种知名消费品都在如此反复絮叨。

这有双重的含义。第一，这表明数量不断增加的商品，并非相当于消费者深刻地感觉到有这种需要。相反，它们被生产出来，是带有这样的预期，即一旦物品开始生产，必要的欲望就可以产生出来。加尔布雷思在《经济学和公共目标》中把这种情况归结为"对私人消费者的管理"，指出这是一项复杂的工作，是大公司投入大量资源的一种工作。通过广告（特别是高频率的电视广告），通过市场研究，通过大量的推销人员，他们促使和哄骗消费者购买他们生产的产品。[②] 第二，消费者被置于一种持续的激动不安和不满足的状态。一系列欲望一被高度广告化的商品或服务所满足，就有新的商品和服务出现，它们有精巧的设计、包装和改进，使得消费者再度不满于已有的东西。这不是原有欲望得到满足而出现了新欲望的问题。相反，这是当代市场资本主义高密度这一环境所固有的特征，是导致产出和欲望之间的关系日益模糊不清的一个重要因素。显然，由于产品差异以及做微小改变的可能性几乎是无限的，消费者似乎就必然处于一种永不满足的状态。因此，产品成为欲望的决定因素，而不是像传统经济分析所说的那种相反情况。

如果我们接受关于我们的欲望以及它们如何产生的这种观点，那么就难以严肃地表明，我们这样一个富裕的社会正在根本性的资

---

① 莱斯：《满足的局限》，第 26 页。

② 约翰·肯尼斯·加尔布雷思：《经济学和公共目标》（波士顿：霍顿·米夫林出版公司，1973 年），第 137 页。

源稀缺中挣扎。应用到能为每个人提供几乎价值7 000美元的消费品和服务的经济中的话，这就不是一个可信的观点，即便在高通货膨胀和达不到充分就业的年代也是如此。资源并非无限的，在世界上任何地方都是如此。然而，经济学教科书开头的惯用手段貌似有理地指出，我们基本的“资源稀缺性”源于我们高压的、高密度市场的经济结构。这就像更为传统的观点的劝说，认为资源稀缺性是固有的基本人类条件。

人类学家马歇尔·萨林斯（Marshall Sahlins）在一篇题为“最初的丰裕社会”的文章中，挑战了关于这一点的传统经济思想。虽然他的主要兴趣是要证明，关于原始狩猎和采集社会不稳定的生存状况和可怕的贫困的历史看法是错误的，但他也表明，无论多么富裕的资本主义社会，都在专心致力于“稀缺性论点”。① 他的意思是，在现代工业化的市场经济中，稀缺性被制度化了；它不是一个客观事实，而是被当做人类状况的一个不变特征。在一定程度上，它产生于市场社会的独有特征。当几乎所有的生产和分配都是通过价格和市场制度来完成，当每个人的生计都要靠收入和支出，那么，物质资料始终不足就成为所有经济活动的起点。② 在这种环境下，

> 消费是一种双重的悲剧：始于不足，终于匮乏。与国际劳动分工相结合，市场使得大量令人目不暇接的产品可供利用：所有这些“好东西”都是一个人可以得到的——但却从来没有得到

① 马歇尔·萨林斯：《石器时代的经济学》（*Stone Age Economics*）（纽约：阿尔迪尼—阿瑟顿出版公司，1972 年），第 3 页。萨林斯指出，一般而言，狩猎—采集社会的成员保持着恰当的满足程度，而且这是在比今天更短的工作时间内做到的。当然，他们真正的生活水平按现代标准来看是很低的，但这并不是一种饥肠辘辘的、达不到标准的生存状态。

② 同上，第 4 页。

过。更为糟糕的是,在消费者自由选择的游戏中,每一次获得同时就有一种匮乏,因为对某物的每一次购买,买的都是先前的某种东西,一般来说,比之可以被替代的物品,仅仅有较少的边际满足感,在某些情况下才会有较大的边际满足感。①

这些对欲望和稀缺的观察,清楚表明了高密度市场经济的根本困境。直言不讳地说,持续的增长并不能解决我们的问题。当经济机器中涌出更大量的商品和服务时,我们增长得越快,我们的欲望就增长得越快。与其说高密度市场缓解了稀缺问题,还不如说使之恶化了。因此,我们的状况使得一种永恒的矛盾成为其中的一部分,那就是总财富的扩大和个人因为总财富的扩大而不断增加的物质需求之间的矛盾。只要存在着产出和欲望之间的日益模糊不清,只要我们日益增加的欲望是由生产本身所引发,我们就永无休止地踏上一台跑步机,不能停止伴随着更丰裕的消费而增加了的不满足感。这一基本困境,这个体系固有的这一矛盾,受到了第二次世界大战后那个时代的欲望转变的强化,我们现在转向讨论这一主题。

欲望的转变

这种高压经济中的问题不只是欲望比产出增长更快,不只是无论我们多富裕,"稀缺"问题都始终存在。另一个问题是我们的欲望的性质随增长而发生的根本性质变。在《通论》出版前6年,J. M. 凯恩斯在一篇小有名气的论文中简单提及了这种可能性。② 他说,人类有两类需要:一类是"绝对需要,是无论同类人的境况如何,人类都

---

① 萨林斯:《石器时代的经济学》。

② 凯恩斯:"我们孙辈的经济可能性"。

会感觉到的需要；还有一类是**相对**需要，是只有在得到满足之后能提升我们的地位，能让我们觉得比同类优越的时候，才能感觉到的需要”。[①] 凯恩斯承认，“相对”的欲望可能是无法满足的，但“绝对”需要则不然。绝对需要是可以满足的，即便可能要 100 年，这样经济问题就会得到解决；正如凯恩斯所说，这并不是人类“永恒的问题”。[②] 不幸的是，经济学界几乎没有注意到凯恩斯的洞见，如果注意到这种洞见的话，关于欲望以及它们如何决定的问题或许就能进入这门科学的体系。但经济学没有这样做。凯恩斯在 1930 年的文章没有立即产生影响，因为在那之后，大多数经济学家的精力都用在应付大萧条上去了。

事实上，对这个问题的研究停顿了下来，直到 1976 年，牛津纳菲尔德学院（Nuffield Collědge）的前研究员、《经济学家》杂志的前职员弗雷德·赫希（Fred Hirsch）出版了一部著作，分析了为什么虽然在西方经济学中有一种令人信服的社会和私人目标，但经济增长却常常带来令人痛苦的失望，以及实现了增长之后却是广泛的理想破灭。[③] 在赫希的研究成果《增长的社会局限》（*The Social Limits to Growth*）一书中，凯恩斯的人类的两类需要这一令人感兴趣的建议引起了强烈的共鸣，尽管赫希的分析并非直接来自凯恩斯 1930 年的文章中有几分随意的言论。赫希的目标更加雄心勃勃。他试图说明，一旦工业社会的大量民众满足了生存所需的衣、食、住这些基本的生理和物质需要，关于经济增长的传统思想为什么就大大失去了

① 凯恩斯：“我们孙辈的经济可能性”，第 365 页。着重号为后加的。

② 同上，第 366 页。

③ 赫希：《增长的社会局限》。1958 年，英国经济学家罗伊·哈罗德（Roy Harrod）爵士在提交给经济发展委员会的一篇文章里简要提及这个论题。他指出，无论长期经济增长如何持续，都有某些类型的经济欲望是无法满足的。但在后来的作品中，他再也没有回到这个论题。

它的清晰性、效力和意义。所以，不断增加的物质丰裕将给人类带来更大的幸福和更满意的生活这种古典信念就是虚幻的。

赫希的主要论点所依据的主张是，现代市场体系主要有两类产出（货物和服务）。他把第一类简单地描述为物质产品（和服务），这是传统经济分析的通常对象。它们主要包括那些能满足与消费同类物品和服务的其他人无关的个人欲望的产品（和服务）。因此，一个人从吃饭、冷天穿衣保暖以及遮风避雨中得到的满足，不会受到从消费同样对象中得到满足的其他人的影响。物质产品满足的是凯恩斯的绝对需要，也就是人们感觉到与他们的同类的状况无关的需要。由于可否得到物质产品直接取决于资源的供给以及资源的利用效率（生产率），所以它们的供给因为经济增加而增加。这种物质经济包括了“由单位劳动投入的生产率的持续增长所决定的产出。……这种物质经济也包括物质产品和服务的生产，这些生产适合于机械化或技术创新，不至于因为机械化和技术创新而使消费者得到的产品和服务质量退化”。[1] 当代经济学家通常是在这个框架下来分析有关增长的问题。

然而还有第二类产品，基本上未被标准经济学所承认，但这类产品为我们打开了理解为什么丰裕往往带来的不是幸福而是更多的不满的大门。这就是赫希所描述的地位（positional）产品（和服务）。简单说来，它们对于任何个人的价值，取决于经济中的其他人消费同样货物和服务的程度。它们类似于凯恩斯的相对需要概念，因为在满足消费者需要的过程中，只有在我们的地位得以提升，或者使我们感到比同类人优越的时候，它们才会存在。乡村的周末度假屋，造型独特的跑车，珍本画作，甚至大学的学位，这些都是地位产品，其价值

① 赫希：《增长的社会局限》，第27页。

以及给用户带来的满足源于它们的稀缺，不是绝对意义上的稀缺，而是相对于有可能得到同样物品的人来说的稀缺。

与物质产品不同，地位产品的供给与生产它们所需的资源没有直接的联系。这是一个更加微妙的过程，因为我们应对的更多是社会的而不是物质的稀缺。有两个因素在起作用。对某些产品——珍本画作、古董家具或者占有独一无二的风景——有一种绝对的物质稀缺。即便需求很大，这些产品也无法像其他产品和服务那样被生产出来。使得这种产品如此重要的条件是社会所赋予的。古董家具就是一个例子。它对于欲望满足的价值——换言之，就是它成为地位产品——是旧家具的有用性和希求方面不断变化的文化价值和社会价值的结果。事实上，市场不能够通过把物质稀缺的特定方面简单地加入到更为宽泛的"社会稀缺"这一事实中，来回应和"生产"更多的古董家具。赫希说，对这类产品，有一种表现"纯"社会稀缺性的物质供给的绝对限制。

第二个因素涉及产品本身的固有特征（周末度假屋），以及产品可利用和普遍使用的程度。越是广为使用的或者容易得到的特定产品（或地位），拥有这种产品或地位的个人（及其价值）的优势就越小。例如，当只有少数人拥有大学学位的时候，在竞争一个职位时就有很大的优势。但如果人人都拥有学位，其优势就消失了。这里的关键是，地位产品的数量和最终价值，是由社会的考虑而不是物质经济资源及其可得性来决定的。

赫希将他的思想与经济增长及其失效联系起来，概述了发生这种情形时的状况。增长意味着赫希所说的第一类产出即物质产品的增加。这没什么特别之处。更多的产出意味着更多的收入，这也是对这个经济过程的标准解释。但较高的收入为人们带来了增加和扩大他们的消费范围的机会，麻烦由此而来。当一个社会的实际收入由于物质产品产量的增加而提高时，消费模式就转向了地位产品的消费。赫希没有详细说明随着不断增加的丰裕，消费在多大程度上转为“地位”消费。他只是断言，当一个社会不再把它的大部分能源和资源用于满足基本的生理和物质需要的时候，这种转变就发生了。

在一个不断增长的经济中，当欲望的性质发生转变时，会发生两个重要的情况。第一，是供给上受到绝对限制的地位产品的价格必然提高。对这些产品的需求随着丰裕程度的提高而增加，但不断上涨的价格抑制了超额需求。因而，大多数人对以纯粹的社会稀缺为特征的产品仍然只能望洋兴叹，即便社会变得更加丰裕也是如此。这将是增长失效的诸多情况的一个原因。对于主要因为扩大使用而导致稀缺(从而在使用中得到的满足程度)的地位产品，则有不同的过程。不断提高的实际收入增加了对这些产品的需求，但通常与收入的提高不成比例。这一类产品和服务包括教育、度假住宅、旅游、外出就餐以及各种其他休闲活动和个人服务。当然，就像供给固定的地位产品那样，这类产品的价格由于较高需求的刺激而上涨。但问题不只是价格上涨。当需要供给并非绝对固定的地位产品(高档轿车、度假住宅、去欧洲旅游等)的人数越来越多，就会出现“拥挤”现象。因为有更多的人有能力购买过去少数人能买到的产品和服务，在消费者看来，这些地位产品的“质量”就在下降。更多的人消费这些地位产品，使其独特性不复存在，也就是说，人们消费这些产品时不再感到比别人优越。

这里存在着对经济增长的错误期望。增长最终隐含的前提是，多数人将会享受到少数人从主要由社会考虑而不是物质考虑所限制的地位产品中获得的满足水平。所有人不可能拥有一直只有少数人才可得到的东西——至少是当他们的强烈愿望得以实现的时候，看不到那种预期的满足！物质经济增长的成果往往是令人沮丧的，尽管市场资本主义在满足凯恩斯称为绝对需要的基本物质需要方面确实非常成功。然而，这种物质上的成功，与欲望的满足转向对地位产品的需要相结合，带来了无法实现的预期，无论物质上的进步有多大。这就是赫希的分析的要旨。

收入分配

正如前面的讨论表明的那样，经济增长既带来了新欲望的爆炸性扩展，也带来了我们的许多欲望的性质的转变。这些发展中的任何一个就足以提出一些需要探讨的问题，这些问题与被强烈地引向一种增长道德规范的一个体系的持续生存能力有关。使得情况更加严重的是，经济在物质方面的发展和欲望日益转向地位产品，是发生在这样的背景下，即自第二次世界大战以来，货币收入分配的模式基本上没有发生变化。表1表明1947年以来所选年份中，五个五分之一的美国家庭所得到的货币收入的比例。

表1　美国家庭货币收入分配比例(1947—1978年间的所选年份)

五个五分之一	*1947*年	*1956*年	*1966*年	*1978*年	收入范围(以*1976*年美元价值计)
最低的五分之一	3.5%	5.0%	5.6%	5.2%	8 720美元以下
第二个五分之一	10.6%	12.5%	12.4%	11.6%	8 720—14 700美元
中等的五分之一	16.7%	17.9%	17.8%	17.5%	14 700—20 600美元
第四个五分之一	23.6%	23.6%	23.8%	23.8%	20 600—28 632美元
最高的五分之一	45.6%	41.0%	40.4%	41.5%	28 632美元以上
最高的百分之五	18.7%	16.4%	15.5%	15.6%	44 878美元以上

资料来源：美国商务部统计署：《1978年美国家庭和个人的货币收入和贫困状况》(*Money Income and Poverty Status of Families and Persons in the United States, 1978*)，P—60，第120号(华盛顿特区：1979年11月)；以及《美国历史统计：殖民地时代到1970年》(*Historical Statistics of the United States, Colonial Times to 1970*)(华盛顿特区：1975年)。

这些数据告诉我们的故事再明白不过了。在这个标榜平等主义的社会，货币收入的分配相当糟糕。最富有的20%的家庭占有经济所产生的全部货币收入的40%以上，而最贫穷的20%的家庭只占5%的货币收入。这种模式自第二次世界大战结束以来没有发生变化，尽管收入分配更加平等这个神话暂时开始广泛传播。

货币收入如何分配——谁得到什么，因为什么而得到——在任何社会都是重要的，但在我们生活于其中的高密度市场经济中，这个问题几乎是最重要的。这有很多原因。最明显的原因当然是，一个家庭在收入分配金字塔上的地位，决定着它从经济产出中得到的份额，决定着它的实际生活水平。但更为根本的问题是，在我们的社会中，货币不只是“交易手段”，它是进入市场的门票。正如社会学家罗伯特·默顿(Robert R. Merton)主张的那样：“货币一直被当做一种本身具有价值的东西而被奉为神圣，此外，也因为它用于消费品的支出，以及用于强化权力而被视为神圣。”[①]理解这一点很重要，特别是鉴于最近一些保守派努力要表明，由于大规模的“实物偿付”转移支付给了低收入家庭(食品券、住房补贴和医疗保健)，收入分配实际上比通常认为的那样要平等得多。[②] 在这种文化中，对于一个家庭有价值的是它得到的货币收入。在美国文化中，货币上的成功是一个根深蒂固的目标，它得到家庭、学校和工作场所的不断强化，而这些机构在塑造每一个美国人的个性和目标方面是至关重要的。货币是

---

① 罗伯特·R.默顿：《社会理论和社会结构》(*Social Theory and Social Structure*)(伊利诺斯格伦科：自由出版社，1957年)，第136页。

② 比如见埃德加·K.布朗宁(Edgar K. Browning)：“我们可以负担多大的平等”，载《公共利益》(*Public Interest*)(1976年春季号)，第90—110页；以及美国国会预算局：《在另一种收入定义下家庭的贫困状况》(*Poverty Status of Families Under Alternative Definitions of Income*)(华盛顿特区：美国政府出版署，1977年)。

美国梦的关键，这是一个没有终点的梦。[①]

人们通常会认为，社会越富裕——社会的实际收入越多——人们应当越幸福。如果说货币及其购买的东西是我们的社会中衡量成功的基本尺度的话，那么，自然就可以假定，增长将带来更大的幸福安康和满足感。正如蒂博尔·西托夫斯基所说，这个相当明确的原理是大多数经济学家的著作的基础："一个人的收入越高，他可以支出的就越多，支出越多，他就应当更加满足。"[②]然而，事物不是这样的，这对于这里的分析是最为重要的一个事实。

当然，没有衡量幸福的客观标准，但可以发现人们如何自我评价。最近所做的一项调查正是如此，调查不仅针对美国，也包括了其他大量发达国家和欠发达国家。[③] 这项调查的结果，加上现代心理学的证据，强调了货币和幸福的关系上存在的一个至关重要的悖论，这个悖论阐明了前面考察过的困惑，即为什么经济增长的成果经常是令人失望的。它表明，人们把更多的货币和更多的幸福相等同，但所有人收入的提高并没有增加所有人的幸福。此外，证据显示，大体而言，一个国家的幸福与它的国民收入水平之间是没有关系的（无论是正的还是负的关系）。但在任何一个国家内，以及在不同的收入集团之间，一般地说，高收入者比低收入者更幸福。[④]

1945 年（及之前）以来美国不变的货币收入分配的真正意义在

---

① 默顿：《社会理论和社会结构》，第 137 页。

② 西托夫斯基：《不快乐的经济》，第 134 页。

③ 见理查德·A.伊斯特林（Richard A. Easterlin）："经济增长使人类大为改善了吗？一些经验证据"，载《经济增长中的国家和家庭：摩西·阿布拉莫维茨荣誉纪念文集》（*Nations and Households in Economic Growth*：*Essays in Honor of Moses Abramovitz*），保罗·A.大卫（Paul A. David）和梅文·W.雷德（Melvin W. Reder）编（纽约：学术出版社，1974 年）。

④ 同上，第 119 页。

于，对个人或者家庭有价值的是相对收入，是在收入分配金字塔上所处的地位。只有当个人或者家庭提高了它的相对地位，它的幸福水平才会提高。仅仅是增加绝对收入不会达到预期目的，如果绝对收入的增加是由于提高了社会每个人的收入水平但未必能改变收入分配模式的经济增长，情况就更是如此了。

现在，我们可以理解现代经济动力中的一个关键元素了。对于理解我们高密度的市场体系的运行，相对收入比绝对收入更重要，因为人们评价他们的成就、地位和一般的物质福利，不是根据他们拥有的东西，而是与他们认为自己应该拥有的产品（和服务）相比较。[①] 人们认为他们应该拥有的东西是一种社会规范，源于包括经济在内的文化背景。一个人的消费行为从来都不是独立于其他个人和家庭的消费行为的。通过效仿较高收入层的消费，个人和家庭向世人宣告，他们实际上已经加入了一个地位较高的群体。还应该记住的是，这种社会规范——人们认为他们应该拥有的产品和服务——不断在扩大，这一定程度上是因为增长总是产生新的欲望，一定程度上是因为增长过程中发生的欲望的性质的转变。

当这个过程在收入分配没有重大变化的情况下发生的时候，几乎就肯定会导致失望、愤怒、紧张和沮丧。为什么会是这样呢？静态的收入分配与对一个人的相对收入地位的重要性深刻而广泛的感觉相结合所带来的，是一种愿望之壑吗？[②] 这是人们已有的生活水平与他们认为应该有的生活水平之间的差距。差距的大小取决于“个人、集团和国家相对于他们的‘参照群’，即……他们通常与之比较的

① 理查德·A. 伊斯特林：“货币能买到幸福吗？”载《公共利益》（1973 年冬季号），第 4 页。

② 米利弗伊·潘尼克（Milivoje Panic）：“不可避免的通货膨胀”，载《劳埃德银行评论》（*Lloyds Bank Review*），121 期（1976 年 7 月），第 5 页。

那些人所经历的变化”。[1] 这样的一些差距总是存在的,但只是在最近才成为解释无休止的通货膨胀的一个重要因素。其原因来自两个重要的发展。第一,在发达国家和全球,增长在提高物质生活水平方面取得的成功,产生了所谓的不断提高的预期的革命。这也就是相信增长过程将会继续,相信增长带来的好处将扩散得越来越广泛。第二,传播(尤其是电视和电影院)的巨大变化,教育和扫盲工作的巨大进展,低成本运输工具的发展以及随之而来的人口流动,以及高度密集的广告无处不在的蔓延,它们结合在一起,使得各地的人们都强烈地意识到了丰裕的生活方式。由于这种认识以及没有发生变化的收入分配,愿望之壑必然扩大,特别是在发达的社会。在这种观念中,收入分配和通货膨胀之间的联系是关键。人们对自己现有的地位和认为应该有的地位的感觉越强烈,他们就越是去争取分享到更多的收入蛋糕。结果是产生了超额的货币需求,使得通货膨胀必然发生。经济权力使之成为可能,我们下面就转向这个主题。

经济权力的性质

在本文建立的分析框架中,由于一个主要原因,经济权力至关重要:经济权力是人们和企业控制其收入的主要手段。努力得到更多的收入,奋力提高收入层次,是个人和家庭从经济中能得到什么,以及如何去分享生产出来的产品的关键决定因素。对于企业来说,特别是对于作为经济中的决定性部门的大公司来说,控制收入不仅是生存的关键,也是增长和扩展、建立更大的商业帝国的关键。因此,如果我们要理解经济体系如何运行,就必须理解争取收入的强烈程

① 潘尼克:“不可避免的通货膨胀”。

度，而这又必须理解权力及其进入经济体系的方式。

根据马克斯·韦伯的定义，权力属于一个人或者一些人“在社会行动中实现自己的意愿、即便是在参与同一行动的人反对的情况下，也能实现自己意愿的能力”。[①] 对韦伯来说，权力的实质是采取行动的可能性。此外，这种行动主要是集体行动，尽管行动的可能性在于个人。把权力和爱情视为人类情感中最古老的已知现象的阿道夫·A. 伯利，他使用的权力一词的含义是“实现预期结果的能力”。[②] 这一定义简单明了，虽然它只不过是理解相当复杂的问题的一个起点。

我们不仅必须知道权力的一般意义是什么，而且必须了解它是如何形成的。这就有必要弄清楚经济权力在我们的社会中是如何运用的。基本上，权力源于两种方式之一。第一种是建立在恐惧和强力的基础上。持枪的强盗或者统帅军队的独裁者行使的就是这种权力。这种权力尽管不幸在我们的世界大为盛行，但不是这里主要关注的对象。第二种形式的权力产生自拥护、忠诚和合作，任何群体中的人在这些方面与行使领导权的人相一致。这个概念适用于从家庭到国家这些规模和性质各异的群体。[③] 最重要的是，权力据以形成的手段以及使其发挥效力的，是一个组织。

我们对这一点的重要性的强调并不过分。它在理解我们社会的权力的性质和起源方面特别重要。我们所谈论的这种使世界和经济

---

① 汉斯·格思(Hans Gerth)和 C. 赖特·米尔斯(C. Wright Mills):《马克斯·韦伯以来》(*From Max Weber*)(纽约:牛津大学出版社,1946 年),第 180 页。着重号为原文所加。

② 阿道夫·A. 伯利(Adolph A. Berle):《没有财产权的权力》(纽约:Harcourt, Brace, and World, 1959 年),第 83 页。

③ 伯利认为,对权力的这两种类别的划分可以追溯到 17 世纪,(德国)爱藤(Emden)的一个地方法官约翰·奥尔森斯(John Althans)在他的著作《系统政治学》(*Systematic Politics*)中,讨论了权力的这个问题。

运行的方式有所不同的权力，是来自我们组织我们自己、我们的活动以及反映有组织的行动的社会、政治和经济制度的方式的权力。正如伯利在其不朽著作中所说的那样："权力总是通过制度来组织和传导的。……没有任何别的行使权力的方式——除非权力拥有者的拳头或枪是有限的。"①

对于个人来说，这意味着只有达到一种权势地位，在一个重要的政治、社会或者经济机构中拥有控制力，才能够获得权力。权力实质上是在社会的关键制度中发挥作用的人们的一种属性。C.赖特·米尔斯就此写道："没有人……真正拥有权力，除非他有权在重要制度中发号施令，因为在权力的这些制度手段之上，才会有真正强大的权力。"②这一观点有时会产生混淆，特别是在经济学中。这一观点意味着有技能和天赋的人，特别是那些表演艺术家、文学家、运动员，就没有权力吗？不一定。然而，我们必须把任何领域有天赋的人有说服力的影响力，与作出包括控制其他人的行为和生活在内的决策的能力这种有效的权力区分开。天赋、技能和其他个人特征，通常是在社会中发挥有影响力的作用的基础（比如一个电影明星支持一名总统候选人），同时在获得权力地位方面也是极为有用的。

在经济学中，影响力和权力之间的这种混淆通常集中于有大量财富的人。"有钱有势"这种说法反映出这种混淆，说明巨额的财富总是代表了巨大的权力。在 19 世纪末，甚至是在 20 世纪初，巨额财富和权力或许是同义词。洛克菲勒家族、范德比尔特家族、摩根家族和惠特尼家族，以及其他巨大的个人财团，事实上有效控制了这个国

---

① 阿道夫·A.伯利：《权力》(*Power*)(纽约：Harcourt，Brace and World，1967 年)，第 92 页。

② C.赖特·米尔斯：《权力精英》(*The Power Elite*)(纽约：牛津大学出版社，1956 年)，第 9 页。

家的银行、铁路、矿产、公用事业和其他基础制造业。情况已今非昔比。大家族财产仍然存在，但上个世纪的强盗资本家的很多后代，在从其先祖手上发展起来的企业中已不能再有效行使权力了。

这些意见并不意味着在我们集中关注的公司支配的世界，并不是存在一个因为有效控制了关键决策过程而行使权力的精英阶层。在这里，“精英”指的不过是这样的事实，即在所有大型组织中，关键决策是由少数人作出的。因此，在商界、军队、政府机构、政党甚至是工会，都有精英。只要关注现代公司，就可以发现管理层精英不再像19世纪那样，属于有财产的、富有的一个易于辨认的阶级。今天，美国公司中占支配地位的精英大多来自中产阶级。在权力的获得中，拥有“正确的”才能，对于在公司科层中晋升，比之出身、家庭教养或者社会关系要重要得多。① 从根本上说，所要考虑的不一定是谁在某个时候拥有权力，尽管我们显然不能完全忽视具体某个人的优点、特征和个性在决策中发挥的关键作用。最终要考虑的是“高层办公室的职位”，也就是那些作出关键的、战略性决策的公司科层中的职位。人们可能会认为这些并非直观明了。比如加尔布雷思相信，这些职位属于技术结构阶层，这是一个由科学家、工程师、市场专家、公关专家、院外活动家和管理执行者组成的混合体，所有这些人构成了“企业的导向性智力”。② 其他一些有限的列入最高层的人，包括少数富有的股东，他们也是起作用的管理者，或者是对公司董事会施加有力影响的人。③ 在任何情况下，位于所有机构权力中心的，主要不

---

① 安德鲁·哈克(Andrew Hacker)：《美国时代的终结》(*The End of the American Era*)(纽约：Athenaeum，1970年)，第60页。

② 加尔布雷思：《经济学和公共目标》，第82页。

③ 詹姆斯·B.赫伦迪恩(James B. Herendeen)：《公司经济的经济学》(*The Economics of Corporate Economy*)(纽约：Dunellen，1975年)，第5页。

是识别具体人员的问题,而是权力据以行使的角色。

现在我们来作更具体的分析。如前述,权力的目标是控制收入。在这种经济中,有四个决策领域围绕着这一中心:(1)产品和服务售价的确定,也确定为生产中使用的产品和服务支付的价格;(2)货币资本的积累及其投资;(3)创新,也就是对新产品和技术引进经济过程的控制;(4)塑造社会本身将来的方向,这是主要来自前三个决策领域的一种权力。[①] 在古典经济学的世界,这些决策被认为是在竞争市场上通过供求的相互作用,完全以一种与人无关的方式来作出的。在那个世界里并不存在权力。现实却是截然不同。大型公司已经有效取得了对这些关键决策领域的控制。正如伯利发现的那样,20世纪在人类有史以来带来了经济权力结构的一个最大转移:从亚当·斯密和古典经济学家所设想的市场,转向了"被称为公司的巨大私人集体的官僚机构"。[②] 此外,公司内部的权力已经从名义上的所有者(股东),转到了在公司官僚机构中占据战略性地位的精英手中。福特汽车公司前总顾问威廉·T.戈塞特(William T. Gossett)描述了这种转移的本质:"现代股份公司是关系到我们生活的方方面面的一种社会和经济制度;在许多方面,它是对我们生活方式的一种制度化的表现。在过去50年,公司形式的产业已经从边缘移动到了我们社会生活方式的中心。事实上,准确地说,我们生活在一个公司社会中。"[③]

① 权力的这些方面的详细讨论,见伯利的《权力》,第199—216页。

② 同上,第190页。

③ 转引自阿瑟·塞尔温·米勒(Arthur Selwyn Miller):《现代公司国家》(*The Modern Corporate State*)(康涅狄格州西点:格林伍德出版社,1976年),第19页。着重号为原文所加。

经济权力的集中

如果事实是(可能除了政府之外),大公司已经成为占支配地位的社会和经济制度,那么我们必须回答两个问题。是什么赋予了公司的权力?社会的权力在多大程度上集中到公司手上?

就第一个也是最重要的问题而言,经济(或市场)权力取决于规模。它既来自用销售、资产或者其他任何有用的经济变量来衡量的绝对规模,也来自相对规模,也就是相对于一个公司在其中运行的市场而言的规模。二者都进入权力方程,尽管衡量经济权力的大多数努力都集中在相对规模上。

要把权力定义为与规模有关,要通过集中来衡量其普遍性,首先要从古典观点出发。古典经济学在它的分析中抽象掉了权力。它假设了这样一个世界,在其中有大量小规模的企业(在任何市场上),从而任何单个企业都没有权力去控制经济事件的结果。但这种论点从理论而不是现实来看是正确的话,那么,反过来说也是正确的。在企业数量少而规模大的时候,它们就必然拥有权力。我们不需要将此作为一个抽象命题来辩论。

如果规模是经济权力的关键决定因素,那么逻辑上的下一步,就是去考察经济中的资产和产品集中到关键经济部门的相对少数企业手中的程度。理由是明白无误的:规模和集中必然是紧密相关的。因此,通过考察集中的事实,就可以揭示国家的经济权力的模式和结构。

经济权力的集中及其对经济的影响并不是一个新主题。在20世纪30年代末,富兰克林·D.罗斯福总统被经济集中逐渐增加的证据所惊动,发起了大规模的调查。调查机构是国家临时经济委员会(Temporary National Economic Committee),通常缩写为TNEC。在他要求进行调查的咨文中,罗斯福说:“如果人们容忍私人权力增长到比他们的民主国家本身还要强大的程度,那么,民主政治的自由就有危险了。本质上这就是法西斯主义——政府属于一个人、一群人或者私人权力。……今天在我们中间,私人权力的集中正前所未有地发展着。”①

TNEC的调查可能是美国有史以来对经济权力集中的最为彻底的调查。但委员会的工作并没有改变什么。这在一定程度上是因为其最终报告既显得无力,它的建议又远没有达到改变经济结构的目的。而且,1941年报告发表的时候,罗斯福政府、国会和公众的注意力和精力转向了与第二次世界大战相关的问题。

在罗斯福1938年谈到经济权力集中的危险之后,除了偶尔一现的兴趣之外,公众对这个问题一般都是漠然置之。在第二次世界大战后的长期繁荣期间,经济集中没有唤起人们的热情,即便民主党中的自由主义者和左派也是如此,虽然他们传统上在经济和社会改革运动中总是带头人。情况一直没有变化,尽管只有直面经济权力集中问题,才有可能解决日益恶化的危机。②

美国经济中权力集中的事实是怎么样的呢?虽然经济学家在衡

---

① 富兰克林·D.罗斯福:“美国国会咨文”,1938年4月29日。TNEC的组织形式是独特的,包括3名参议员,3名众议院代表,以及来自6个行政机构的成员:司法部、财政部、劳工部、商务部,加上联邦贸易委员会和证券交易委员会。听证材料有20 000多页,共15卷。此外,作为调查的一部分,出版了43部专著。虽然是罗斯福的咨文启动了这个项目,但TNEC实际上是由1938年6月16日批准的一个国会共同决议案成立(第75届国会113号决议案)。

② 这一事实在1976年颇有讽刺意味,这一年是美国建国两百年,也是亚当·斯密的《国富论》出版两百年。讽刺之处在于,美国经济高度集中的特征与斯密组织经济活动的“模型”几乎无关,斯密的“模型”靠的是非集中的、高度竞争的市场。但是,我们的行动总是笼罩在斯密经济学的意识形态之下,尽管现实与其大相径庭。

量经济集中的恰当方法方面存在争议，TNEC 收集的大量证据以及随后的调查，表明了一种高度的集中，而且集中的趋势在不断加强。《财富》杂志关于全国最大的工业和非工业公司的数据，简单而生动地呈现了一幅画卷。除了它著名的 500 家最大的工业公司名单之外，《财富》杂志还发布关于 50 家最大的银行、人寿保险公司、零售企业、运输公司和公用事业的统计数据。这 750 家大公司的数量还不到美国一千四百多万家企业的万分之一。但是，这个微小的部分的资产价值却超过了 2.4 万亿美元，几乎占国民财富的 40%。① 1978 年，这些企业雇用了2 240万工人，约占美国劳动力的四分之一。它们的总销售额为21 916亿美元，超过了国民生产总值。《财富》杂志的名单，基本上包括了美国公众所熟知和消费的每一种产品和服务所涉及的生产、销售、金融和运输公司的名字。这些企业表现了这个星球的历史上或者任何地方无与伦比的物质和金融财富、生产能力以及私人经济权力的一种积累。

用一种特殊的比较有助于突出这 750 家企业同经济的其余部分（包括平均资产超过 10 亿美元的企业）的差距。《财富》杂志收集了第二大的 500 家工业公司的类似数据，这个名单也包括了许多家喻户晓的企业。但这些从自己的角度来看是已经很大的企业，与第一大的 500 家企业相比就相形见绌了。例如，第一大的 500 家工业公司的总资产，是第二大的 500 家公司的近 12 倍。它们的销售额超过了 12 倍，雇用人数是 9 倍。

这些注解表明了经济受到这个国家的少部分商人支配的程度，但还没有说明另一个重要方面——这一小部分企业在每一个产业内

① 这里采用的是统计署最近发布的 1975 年的国民财富数据，当年国民财富总值是 55 876亿美元。这里引用的百分比是一个估计值，部分是基于 1975 年以前国民财富的增长率，以及自那以后的通货膨胀率。

部的支配程度。表2包含了这方面的信息，说明了最大的10个工业公司和每一个其他重要产业——银行、保险、零售、运输和公用事业——最大的5家公司，在资产、总销售额、净收入和雇员人数方面所占的百分比。

表2 1978年10家最大的工业企业和其他部门5家最大的企业的集中

项目	资产	总销售额	净销售额	雇员
	(百分比)			
10家最大的工业企业[a]	23.6	36.9	25.9	17.0
5家最大的商业银行[b]	41.9	42.3	39.0	36.3
5家最大的人寿保险公司[c]	50.2	42.5	49.4	42.4
5家最大的零售公司[d]	42.3	37.6	45.0	36.9
5家最大的运输公司[e]	19.9	28.8	25.5	34.1
5家最大的公用事业[f]	48.3	48.7	51.5	75.4

资料来源:《财富》,1979年5月7日和1979年6月16日。

a:通用汽车、埃克森石油、福特汽车、美孚石油、德士古石油(Texaco)、加利福尼亚标准石油、IBM、通用电气、海湾石油和克莱斯勒。

b:美国银行、花旗银行、大通公司(Chase Manhattan)、汉华实业银行(Manufacturers Hanover Corp.)和J.P.摩根。

c:宝德信(Prudential)、大都会人寿保险(Metropolitan)、公平人寿保险(Equitable Life Assurance)、纽约人寿、约翰·汉考克互助保险(John Hancock)。

d:西尔斯百货(Sears Roebuck)、西夫韦百货(Safeway)、凯马特(K Mart)、彭尼百货(J.C.Penney)、克罗格(Kroger)。

e:联合航空公司(UAL)、TWOC(Trans World Corp.)、联合太平洋公司(Union Pacific)、UPS(United Parcel Service)、美国航空公司。

f:美国电话电报公司(贝尔系统)、通用电话电子公司(General Telephone & Electronics)、南部公司(Southern Company)、太平洋天然气和电力公司(Pacific Gas and Electric)、美国电力公司(American Electric Power)。

对表2的考察揭示了财富和权力集中到相对少数公司手中，比《财富》杂志的数据表明的总体情况要明显得多。在工业部门，一些特大型公司——只占《财富》500强的2%——销售额占1/3以上，净收入占1/4，占近1/4的资产和17%的雇员。这是集中里的集中。

类似的模式在其他产业也广泛存在，在那里10%的企业在所有考察的经济变量中所占的比重都很大，包括资产、总销售额和净销售额以及雇员人数。更重要的一点是，这种大型企业中的集中，是美国经济的一种全面特征。从零售到运输，到发电和通讯（公用事业），到金融，到工业生产，没有哪个产业不受大型公司的支配。高度集中不限于工业部门。

《财富》杂志的数据对于展现大企业在经济中的作用的全貌是有用的，但这些数据并没有告诉我们所有故事。为此，我们需要别的衡量方法。这些方法中通常使用的有两种，尽管经济学家一直对它们的准确性和应该如何对其进行解释有不同的看法。① 这两种方法是总集中度（aggregate concentration）和市场集中度（market concentration）。前者表明由较少公司控制的经济部门（比如制造业）中，生产能力或金融资源的比例。后者表明某个集中的产业的控制程度。通常的方法是用4个最大的企业来说明一个产业产量或者销售额的比例。4个企业所占的比重是最知名的、使用最广泛的衡量某个产业集中度的方法。重要的是，要理解总集中度和市场集中度的区别。总集中度比市场集中度要宽泛，是对经济的主要部门中存在的权力的综览，而市场集中度主要关注的是特定产业或者市场中的权力。②

现在我们来讨论两个关键问题。（1）美国经济中制造业集中的

---

① 见威廉·G. 谢波德（William G. Shepherd）：《市场权力和经济福利》（*Market Power and Economic Welfare*）（纽约：兰登书屋，1970年），第16页。

② 可以得到的关于集中度最详细的信息来自经济的制造业部门以及这个部门的单个市场。原因是统计署每隔5年就出版一本详细的《制造业统计》，其中也计算了整个制造业的集中率。这些比率是以每个产业以货币表示的发货量为基础，这是对产业产出最好的衡量方法。不幸的是，经济的其他重要部门的类似完整信息是从政府得不到的，尽管如我们所见，来自《财富》杂志的数据对非制造业部门的集中提供了重要的洞见。因为制造业占了以GNP计的经济产出的近三分之一，这个部门的集中的数据为我们提供了理解集中的全貌的方法。下面的讨论主要适用于制造业。

全貌如何？(2)制造业中的特定市场或者产业表现出的集中程度如何？①

来自约翰·M.布莱尔(John M. Blair)、威拉德·F.缪勒(Willard F. Mueller)和其他人对整体(或总)集中度的研究的数据，得到了一个清楚的结论：经济的集中度很高，而且还在不断提高。联邦贸易委员会1969年的著名研究报告指出，在1929年，200家最大的工业公司拥有全部制造业45.8%的资产；到1968年，200家最大企业的资产份额已增加到60.8%。其他数据也表明了这种同样的长期趋势。在已故的约翰·布莱尔的巨著《经济集中》里，他考察了衡量整体集中度的7个不同的统计序列，时间跨度是1909年到1969年之间的不同阶段，每个序列的趋势都是向上的，从而有力支持这样的观点，即美国经济不仅是高度集中的，而且集中度越来越高。②

第二个问题是市场(或产业)集中度。标准做法是计算4家最大企业的发货量百分比。如果4家最大企业的发货量达到或超过50%，那么，这个产业就是高度集中的；如果这一比例在25%—49%之间，则为中等集中度；25%以下为不集中。使用这一标准，布莱尔的报告指出，在1963年，制造业企业约各有1/3分布在这些区间，这一发现与其他研究的结论是一致的。到目前为止，流行的观点一直

---

① 自从TNEC的调查以来，积累了关于集中(尤其是制造业)的大量统计信息。但其中有两个重要的研究成果被视为这个领域的经典。它们是联邦贸易委员会经济学部1969年的研究成果《关于公司兼并的经济报告》(*Economic Report on Corporate Mergers*)，出自联邦贸易委员会前首席经济学家威拉德·F.缪勒之手；以及美国参议院反托拉斯分委员会前首席经济学家、已故的约翰·M.布莱尔的《经济集中》(*Economic Concentration*)(纽约：Harcourt, Brace, Jovanovich, 1972年)。这两部著作是详细讨论应用于美国经济的总集中度和市场集中度问题的主要源泉。

② 布莱尔：《经济集中》，第61页起。这7个序列是：200家最大的非金融类公司的总资产；100家最大的制造业、矿业和分销公司的总资产；316家最大的制造业公司的净营运资本；100家最大的制造业公司的总资产；200家最大的制造业公司的生产附加值；以及200家最大的制造业公司的生产总资产。

认为，虽然制造业的整体趋势是更加集中，但在其他部门并没有明显的集中趋势。除了制造业，整个经济中用 4 大企业比率来衡量的集中度在增大的产业，被集中度下降的那些产业所抵消了。

这种一般化的观点不再成立。近来的研究表明，自 1947 年以来，4 大企业的平均集中率已经提高，这意味着产业层次上的市场集中度也随着整体集中度的提高而正在提高。这种提高在消费品工业尤为明显，这个产业的发展主要靠广告，特别是电视广告。正如最近一项研究成果的作者指出的那样："美国的多数制造业的集中度普遍很高。一些人可能会对集中度的精确水平和趋势吹毛求疵。但无可争辩的、无法更改的事实是，在生产集中于少数企业手中的许多产业，这种集中已经有几十年的历史，而且完全可能一直延续下去，除非主动采取一些明确的公共政策来改变这种趋势。"[①]

还有别的理由可以让我们相信，产业层次上实际的集中度要高于标准研究的结论所表明的水平。这个理由是，集中率通常是基于"原始的"统计数据。这类数据并没有考虑特定市场的地理局限，没有提供比统计数据所揭示的更确切的市场边界的定义，没有对进口的效果进行校正，从而进行调整。[②] 当作出了这些调整，产业集中的"真实"程度就要高得多。密歇根大学的经济学家威廉·G.谢波德相信情况正是如此。例如，1972 年的《制造业统计》的原始数据显

---

① 威拉德·F.缪勒和拉里·G.赫姆（Larry G. Hemm）："工业市场集中趋势"，载《经济学和统计学评论》(*Review of Economics and Statistics*)第 56 卷(1974 年 11 月号)，第 519 页。

② 统计数据针对的是全国市场，但许多产业是为不同地区或者区域市场服务的，它们在其中的集中度远远超过了全国范围内的水平。报纸是一个例子。1972 年，全国范围内的 4 大企业比率只有 14%，这意味着 4 家发行量最大的报纸只占全国总销售额的 14%。但从地方层次看，很多市场的集中率是 100%，因为这些地方可能只有一种报纸。进口会有相反的效应，因为进口增加了可利用的产品的总量。

示，所有制造业的平均集中率为 39.9%。但如果作出了上述调整，所有产业的这个比率就会跃升至 58.7%。[①] 这一数字意味着什么呢？简单说来，它意味着从经济中所有制造业的平均情况看，每个产业的 4 大企业占了约 60%的产出。并不是早期的研究成果表明的那样，只有 1/3 的美国产业是高度集中的，高度集中是几乎所有产业中不可更改的事实。

当然，经济学中的统计证据很少能令人信服，这是事实，但这种数据有力地支持了这样的判断，即大约1 000家公司占了美国至少一半产品和服务的私人产出。据缪勒的判断，经济权力的集中和持续增大，正在把我们推向一个“封闭的经济体系，在其中，并不按照竞争市场经济的训导来运行的大型企业集团，就像日本的财阀组织那样，作出价格决策和其他业务决策”。[②] 现在我们转向讨论集中趋势对经济绩效的影响。

市场权力和经济运行

经济中普遍存在着市场权力，主要集中于大公司，但也存在于较小的机构，特别是工会，这是没什么疑问的。[③] 我们的任务是分析市

---

① 威廉·G.谢波德：《产业组织经济学》(*The Economics of Industrial Organization*)(新泽西恩格尔伍德·克里夫斯：普伦蒂斯—霍尔出版公司，1979 年)，第 280 页。

② 威拉德·F.缪勒：“美国不断提高的集中度：互惠、企业集团与新美国‘财阀’体系”，载《反托拉斯法和经济学评论》(*Antitrust Law and Economics Review*)，第 4 卷(1971 年夏季号)，第 103 页。

③ 正如读者肯定已经注意到的那样，受到强调的是公司权力。原因很简单，因为公司是最重要的机构，通过这种机构，私人权力在我们的社会中得以组织起来。工会的重要性次之。支配着经济的关键制造业部门的强有力的工会，其产生主要是对集中在大公司的权力的一种反应。换言之，工会的权力被视为既是公司权力的结果，又是其抗衡力量。没有其中之一，也就没有另一个。

场权力如何与经济的长期危机联系起来，尤其是系统性的通货膨胀。这种关键的联系是公司的定价政策，以及工资—价格螺旋上升。

在广泛的经济活动中，价格和工资是被“支配”的，或者如有些人喜欢说的被“管理”的，这不是什么惊人的秘密。工资与价格稳定委员会主席阿尔弗雷德·E.卡恩(Alfred E. Kahn)简洁地描述了我们的状况，他说：“事实是，这个国家的大多数人并不喜欢真正的竞争经济的运行方式，而是寻找保护自己不受竞争伤害的各种途径。……例如，在经济的大多数情况下，工资和价格并不是由竞争性的需求与竞争性的供给之间的相互作用来决定的。”[①]已故的阿瑟·奥肯(Arthur Okun)持相同意见：“我们经济的大多数情况是由成本导向的价格和平等导向的工资决定的。大多数价格是由卖方确定的，他们主要关注的是在长期内维持消费者和保持市场份额。”[②]管理价格(和工资)的广泛存在，是对市场权力的广泛存在的一种反映。没有权力，管理者就无法制定价格，劳动者也无法进行工资率谈判。

不太明显的是在公司支配的部门中，市场权力与定价行为之间确切的联系方式。考虑到公司拥有巨大的市场权力这一事实，认为集中的权力与通货膨胀之间是一种简单的直接联系，这种结论是诱人的。不幸的是，情况并非如此。联系是肯定的，但既不简单，也非直接。40多年来，关于这个问题的争论在经济学期刊中非常激烈。问题一点也没有解决——或许永远也无法解决——但这种争论使人们更好地理解了经济权力在经济的长期通货膨胀中的作用。现在似乎明确的是，把权力与通货膨胀联系起来的过程，与这个社会确定价格和工资的两种关键制度的行为有密切的关联，即大公司和大工会。

---

① 阿尔弗雷德·E.卡恩在芝加哥经济俱乐部的讲话，1979年3月13日。

② 阿瑟·奥肯：“保持两个短期目标”，载《挑战》，第22卷(1979年7—8月号)，第47页。

加德纳・米恩斯与管理价格

因为加德纳・C.米恩斯20世纪30年代的研究，经济学家们才开始认真地思考这样的事实，即在现代经济中，价格的决定有两个(而不只是一个)关键过程。[①] 价格的确定可以是自由市场上大量买者和卖者的相互作用的结果，也可以由管理决策来确定，但会在或大或小的程度上受到市场状况的影响。最初，米恩斯只是试图区分经常变化的价格与不经常变化的价格，把前者称做“市场决定”的价格，把后者称做有“管理”的价格。他起初并没有试图把卖方集中与管理价格联系起来，特别是因为他发现不灵活的或者有管理的价格，通常存在于非集中的经济部门，比如零售业。后来在对美国经济更全面的分析中，米恩斯断定，使得20世纪30年代许多工业品价格对需求锐减不敏感的主要因素，是在这些价格之上的管理权力。此外，这种权力的源泉在于“相对少数的机构支配了特定的市场”。[②]

到20世纪30年代末，米恩斯发展了他的“管理价格假说”的大概轮廓。它的主要特点是这个观点：许多工业品价格在经济周期中表现出来的稳定性，是大企业行使经济权力的直接结果。工业化增加了经济权力的集中度；因此，对价格的管理控制成为了经济的一部分。乍看起来，价格稳定应当是件好事，但事实并非如此。在经济衰退时，管理价格的向下刚性使情况恶化。之所以使情况恶化，是因为它把需求下降的影响从价格转移到了产出和就业。因此，大企业在维持利润率的努力中，保持了高价格，但却解雇了工人，削减了

---

① 加德纳・C.米恩斯：“工业价格及其相对灵活性”，第74届国会第一次会议第13号参议院文件，1935年1月17日。

② 加德纳・C.米恩斯：《美国经济的结构》(*The Structure of the American Economy*)(纽约：奥古斯塔斯 M.凯利出版公司，1966[1939]年)，第43页。

产量。

第二次世界大战后,对米恩斯管理价格观点的兴趣复活了,特别是在20世纪50年代末,经济第一次面对在衰退期间价格不断上涨这种难以对付的局面。与20世纪30年代不同,当时这个假说要解释的是为什么在需求减少的时候,一些产业的价格却没有下降,米恩斯和其他一些人用市场权力与管理价格之间的这种假设的关系,去解释为什么即便在总需求——或者凯恩斯主义的需求——不足的情况下,价格也会上涨。米恩斯开始用"有管理的通货膨胀"这个术语,去描述由于市场权力的作用而导致的价格水平的任何上涨,这与经济在衰退中,在停滞阶段,还是处于复苏状态无关。[①] 在这种情况下,有管理的通货膨胀可以适用于任何具体的初始原因,比如工资提高,管理层扩大利润率的决策,或者由OPEC引起的较高的能源成本。重要的是这样的事实:管理层有权力通过有管理地提高价格,来对特定的事件作出反应。根据米恩斯的观点,有管理的通货膨胀是现代工业的特有现象,最终解决这个问题的唯一办法,是直面集中的产业中权力的存在及其使用这一事实。[②]

很容易想象到,管理价格是价格稳定和产出不稳定(第二次世界大战之前)的一个源泉,也是通货膨胀(第二次世界大战之后)的一个源泉这种信念,以及管理价格来自集中的经济权力这种信念,引发了经济学界的激烈争论。这场长期的、复杂的、甚至充满怨恨的争论如此强烈,原因之一是米恩斯的假说对新古典经济学最为根本的论点发起了挑战。基本上,新古典经济学认为,尽管存在集中,但经济实

---

① 加德纳·C.米恩斯:"通货膨胀和失业并存:对理论和政策的挑战",载《通货膨胀的根源》(*The Roots of Inflation*),约翰·M.布莱尔编(纽约:伯特·弗兰克林出版公司,1975年),第11页。

② 同上,第28页。

质上仍然是竞争的，供求“定律”仍然有效，因此，资源是由非人为的市场力量来有效地协调和配置。但是，如果米恩斯等人的观点是正确的，即资源的协调和配置决策，是由拥有相当大的市场权力的大企业有管理地作出的，那么，关于经济的性质以及它如何运行的新古典思想就是无稽之谈了。它们既不能帮助我们理解现实世界的经济，也不能帮助我们设计实际条件下经济的有效运行所需的那些政策。这就是这场争论的理论症结所在。

这场争论的一个重要副产品是产生了大量的研究成果，试图以各种方式对管理价格假设的有效性进行统计检验。[①] 关键问题一直是，在市场权力与管理价格发挥作用的方式之间是否存在明显的统计相关性。就像对经济学理论命题进行统计检验的通常情况那样，其结果相对来说始终是不确定的。一位经济学家曾写道：“关于管理价格的争论，是经济思想史上较不著名的一个片段。它伴随着太多的大吵大闹，许多攻击这个假说的批评者根本没有仔细研究过他们攻击的对象，基于考虑不周的或者错误的分析而相当武断地下了结论。”[②]

这些努力面临着两个关键问题。第一个问题是使用 4 企业集中率作为衡量市场权力的方法。集中率是衡量市场权力的有用工具，但却是有局限的；它们不可能把握市场权力的全部实质。权力是一

---

① 没有一个权威的研究可以概括所有这些检验，但最全面的一项研究是艾伦·H.斯宾塞(Allen H. Spencer)和鲁本·凯尔(Reuben Kyle)的《管理价格论题：40 年经验研究的回顾》(*The Administered Price Thesis: Reflections on Forty Years of Empirical Study*)(默福里斯波洛：中田纳西州立大学商业和经济研究中心，1974 年)。这份以及其他文献引用了 14 项研究成果，但显然不只这些。

② F. M. 谢勒(F. M. Scherer)：《产业市场结构和经济绩效》(*Industrial Market Structure and Economic Performance*)(芝加哥：兰德·麦克纳利出版公司，1970 年)，第 284 页。

种制度现象，要理解它的全部范围和分布，需要全面了解特定产业质的特性和量的特征。不可能发展一种适用于所有情况的宽泛的一般法则。第二个问题是，即便能够获得的是最好的价格数据，也远非准确的数据。对集中和价格行为的大多数统计研究，使用的都是劳工统计局的批发价格指数。这是可获得的最准确的数据，但是它们并不总是能可信地反映价格发生了什么变化。实际的价格与报告的价格可能大相径庭，因为很多销售行为也包含了各种价格优惠或折扣，特别是涉及大企业的时候。[①]

从这场争论和统计证据中，得到了三个结论。第一，在长期（这本身就是个含糊的概念），市场权力（以集中率衡量）与通货膨胀率之间没有多少统计相关性。[②] 就长期的不准确的性质，以及除了集中的权力之外，在几十年中还有各种因素影响着经济绩效这一事实而言，这一结论并非特别重要。自 1945 年以来，美国经济曾受到两次战争的打击，为追求建立“伟大社会”而使联邦开支大幅增加，以及经济权力日益集中到相对少数的超级公司手中。第二，在经济周期中，集中的产业的价格行为不同于经济中竞争程度更高的部门的价格。在衰退期间，集中产业的价格比竞争产业下降得要少或者上涨得要多，而在扩张期间，集中产业的价格则上涨得要少。在衰退期间集中产业的价格上涨这一趋势，是在 20 世纪 50 年代第一次被发现的，自那以后变得越来越明显。[③] 一般来说，这些发现倾向于更多地支持而不是反驳米恩斯的假说，尽管集中和价格行为之间的统计相关性

---

① 谢勒：《产业市场结构和经济绩效》，第 294 页。

② L. W. 韦斯（L. W. Weiss）：“斯蒂格勒、金德尔和米恩斯论管理价格”，载《美国经济评论》第 67 卷（1977 年 9 月号），第 619 页。

③ 拉尔夫·E. 比尔斯（Ralph E. Beals）：“集中产业、管理价格与通货膨胀：最近的经验研究的一个综述”，提交给工资和物价稳定委员会的一项研究成果，1975 年 6 月。

在任何情况下都明显。最后，集中产业内的企业比其他企业表现出更强烈的意愿，同意大幅度提高工作，这是对工资—价格螺旋上升有着重要影响的一个因素。

我们的结论是什么呢？肯定不是说权力是唯一重要的；也不能反过来说它不重要。市场权力是存在的，它是难以应付的，而且如证据表明的那样，它的重要性还在不断增大。多年的统计检验没有得到确定的结论，这给我们的教训是，不能以简单的、机械的方式把市场权力和通货膨胀联系起来。市场权力的行使是一种任意的行为，随时间和环境而变。这就是构建一种比如说市场权力理论是如此困难的任务的原因所在，经济学家一直没有完成这个任务。经济理论基本上是对辨别和解释观测到的关系的宽泛的一般性陈述。由于市场权力的任意性，集中的权力和通货膨胀之间的关系不能轻易地被简化成一种单一的一般性陈述。

目标回报定价

确实有一个恰当的框架——有些人称之为一种理论——在其中，市场权力和使其发挥作用的不同环境之间是契合的。这就是目标回报定价(target return pricing)概念，它是一个关于集中产业的大企业如何定价的模型，它与经济周期中观察到的管理价格行为是一致的。① 这种观点的要旨是，大企业并不像教科书模式那样努力使其任何时候的利润“最大化”。相反，在长期和短期，它们的目标都

---

① 近年来，布莱尔是这个概念的主要倡导者。见他的论文“市场权力与通货膨胀”，载《经济问题杂志》第8卷(1974年6月号)，第453—478页。这一领域的先驱性成果是1955年布鲁金斯研究所的《大企业中的定价》(*Pricing in Big Business*)，作者是A.D.H.卡普兰(A.D.H. Kaplan)、乔尔·B.德拉姆(Joel B. Dirlam)和罗伯特·F.兰齐洛蒂(Robert F. Lanzillotti)。也见兰齐洛蒂的论文“大公司的定价目标”，载《美国经济评论》第48卷(1958年12月号)，第921—940页。

是确保企业投资的某个回报率(目标)。只有在企业拥有制定它们的价格的相当权力时,这种目标才可能实现。获得目标回报率的方法是价格加成,也就是在原材料、劳动和其他成本之上加上一定的百分比,以确保有足够的利润来实现目标回报率。这一过程又称做全成本定价法,意味着大企业为获得目标利润率而确定价格加成,在必要的时候,以及销售水平变化的时候要对加成进行调整。①

要了解集中产业的价格在经济周期中发生了什么,线索在于价格加成与企业成本之间的关系。当需求和销售量由于衰退而下降时,企业迟早将面临较高的成本。这在一定程度上是由于在衰退中几乎总是会发生的生产率下降,也因为企业的固定成本或者营业成本分摊到越来越少的产量上。在大多数产业,这种时候的工资不会下降,原材料成本可能下降,也可能不下降,这取决于供给原材料的产业是不是集中的。成本的提高和销售量的下降挤压了利润,从而威胁到目标回报率。在某些时候,企业作出的反应是提高价格加成以保持其目标利润率。这种行为对于企业来说是完全合理的,虽然从整个经济的角度来看是反常的,反常之处在于,需求减少时价格却上涨了。

当复苏来临,经济开始扩张时,情况大致会反过来,但不是完全相反。从衰退到复苏通常会导致成本下降,原因是生产率提高以及营业成本分摊到更多的产出上。但由于集中产业的企业众所周知是不愿意降低价格的,所以在复苏期间价格加成倾向于自动地提高。

---

① 见霍华德·瓦赫特尔(Howard Wachtel)和彼得·阿德尔谢姆(Peter Adelsheim):《失业的通货膨胀冲击:战后衰退期间的价格加成,1947—1970年》(*The Inflationary Impact of Unemployment: Price Markups during Postwar Recessions, 1947—1970*)(华盛顿特区:联合经济委员会,1976年)。

这就产生了集中产业的价格稳定性，因为没有出现减少加成的压力。这种情况会保持不变，直到扩张已经开始了很长一段时间。然后成本开始提高。原材料出现短缺，劳动变得稀缺而昂贵，当企业接近生产能力极限的时候，效率开始下降；所有这些因素组合起来，推动了成本上升，再次挤压了利润率。企业为保持目标回报率，又会提高价格加成。

从这种行为模式对通货膨胀有两个重要的后果。第一是棘轮效应，它推动着价格水平从一个周期到另一个周期持续上涨。价格在衰退期上涨，在复苏期间暂时稳定，在扩张的末期又上涨，然后在随之而来的衰退中开始再一次上涨。由于集中部门——包括大多数制造业——是至关重要的，那里发生的情况影响到整个经济，影响了每一种活动的成本结构，包括服务业。第二个后果与失业有关。减缓这一过程的唯一办法是增加失业，因为在某些时候，与较高失业相联系的需求下降，对集中产业的需求会有一种回馈效应。这当然会制约提高价格加成的权力。但产业越是集中，它们对增加失业的反通货膨胀效应之前的任何衰退的感受肯定越深。因此，当经济从一个周期转到另一个周期时，滞胀就恶化了。

这是经济实际运行的方式吗？有证据表明实际情况就是如此，它令人印象深刻，而且在不断发展。在 1976 年为国会联合经济委员会准备的一份研究报告中，经济学家霍华德·瓦赫特尔和彼得·阿德尔谢姆考察了 1948 年到 1970 年间 5 次经济周期中 100 个主要产业的价格和加成行为。[①] 他们得出两个主要结论。第一，在这一阶段的所有衰退期，除了 1969—1970 年的价格在下降，高集中部门的多数产业都表现出“反常的经济行为”，亦即它们提高了价格加成，从

① 瓦赫特尔和阿德尔谢姆：《失业的通货膨胀冲击》。

而提高了它们的价格。像布莱尔和其他人那样，瓦赫特尔和阿德尔谢姆使用了50%以上的4企业集中率来表示高度集中。使得1969—1970年的衰退有所不同的，是汽车产业面临着激烈的国外竞争，使生产者降低了它们的加成。如果把汽车产业排除在高集中产业之外，那么，像之前的所有衰退期那样，平均加成就是提高的。第二，这种行为——衰退期较高的加成和价格——正在向中度和低度集中的产业扩散，瓦赫特尔和阿德尔谢姆把这种发展归因于企业集团的成长。因为这种现象正在扩散到所有产业，就没有必要把衰退中包括较高加成的定价策略局限于高集中部门的行为。这样，加成定价中固有的通货膨胀倾向就遍及经济之中，甚至《华尔街日报》在1976年也注意到了这种发展。"上涨并保持上涨"是一个故事的开篇的方式，接着，"这是关于价格的故事，它来自今日的公司最高管理层。这不同于强盗和无理喊价的艺术家的传统叫卖，也不同于商人的竞争"。这个故事所解释的是，这种努力是为了保护传统的利润率。① 其他经济学家，特别是约翰·布莱尔和阿尔弗雷德·埃克纳(Alfred Eichner)，得出了与瓦赫特尔和阿德尔谢姆的分析相类似的结论。②

目标回报分析的优点是它提供了一个逻辑框架，在其中，我们可以处理由于市场权力的行使而"引发"通货膨胀的各种事件，甚至在经济衰退时也是如此。正如我们所看到的，衰退可能使集中产业中的企业提高它的价格，但其他事件也可能释放出企业的权力，包括超过生产率增长的协议工资上涨，或者由于OPEC的决策而使能源成

---

① 《华尔街日报》，1976年12月7日。

② 见布莱尔："市场权力和通货膨胀"，以及阿尔弗雷德·埃克纳："寡头情况下的价格加成决定理论"，载《经济学杂志》(*Economic Journal*)第83卷(1973年12月号)，第1184—1200页。

本飙升。①

工资—价格螺旋上升

在分析了公司定价政策之后，我们要转向分析工资—价格螺旋上升，以此结束本文，这是权力与目前的危机之间的另一种重要联系。这个术语是一个简化的表达方式，描述了工资和价格不断轮番上升的方式，这是一个无论经济情况好坏都会发生的过程。在广义上，工资—价格螺旋上升之所以存在，是因为大公司通常不难对付(或者引起)工资的大幅提高，而且工会也能够不顾增加失业而提高工资。换句话说，其根源在于公司权力和工会权力之间的相互作用。当然，这些组织行使定价和确定工资的权力是受到限制的，但目前这些限制基本没有什么实际意义，因为人们不能容忍衰退和失业。因此，工资—价格螺旋上升得以存在，而且势头强劲，并不受标准的凯恩斯主义和货币主义政策措施的影响。

虽然工资—价格螺旋上升是公司权力与工会权力相互作用的结果这种说法一般来说是正确的，但这并没有告诉我们这个过程的详细情况，以及它如何起作用，它为什么获得这样的动力。正如公司使

① 关于市场权力如何在萧条期发挥作用的一个令人感兴趣的解释，来自海曼·明斯基(Hyman Minsky)的金融不稳定假说。明斯基利用了凯恩斯思想中被忽略的元素，认为市场经济受到一种系统性的不稳定的困扰，这种不稳定来源于困扰着大企业的周期性金融危机。当企业的巨额现金投入得不到满足时，这种情况就会发生，企业的现金投入是在繁荣期的债务负担收缩与萧条期的现金流(收益)减少共同作用的结果。20世纪60年代已降，企业发现它们越来越多地面临这种局面，这是因为国家的金融体系发生了一种转变，从一个"强"政府转向了一个"弱"政府。之所以如此，是因为战争时代以来的流动性(容易变现的资产)巨额储备开始枯竭。结果，这个公司经济发现它要越来越多地依赖信贷资金来为其资产融资。当企业在萧条期面临"流动性"危机的时候，它就被迫努力增加其现金流。对大公司而言，最好的办法就是提高价格。因此，萧条以及随之而来的金融紧缩使市场权力发挥了作用，导致了价格上涨和较高的加成。详见海曼·明斯基：《约翰·梅纳德·凯恩斯》(纽约：哥伦比亚大学出版社，1975年)。

用其权力去提高价格一样，各种事件都会影响到工会在确定工资时运用其权力的方式。关键的问题不是使这种权力发挥作用的特定事件，而是在以公司权力和工会权力为特征的制度环境下，所确定的工资超过工人每年的生产率所得的程度。这是一个微妙的、易引起争论的问题。任何想要阐明工资协议如何通过生产率所得而与工资成本和通货膨胀相联系的努力，都会招致严重的误解。因为工会使用它们的权力去进行基本工资协议的谈判，一些人就想要让工会成为工资—价格螺旋上升的替罪羊。但是，不管是工资引起价格上升，还是价格引起工资上升，都不是根本的问题。根本问题是，工资和薪金占了约 75%的国民收入。因此，正如琼·罗宾逊所说，货币工资是一般物价水平的主要影响因素。[①] 持续超过生产率所得的工资上升，通过加成定价而转换成较高的价格。这种观点并不是反工会的；而是来自对工资、劳动成本和价格的简单计算。工资可能仍然滞后于价格，就像 20 世纪 70 年代末发生的情况那样。[②] 当这种情况发生的时候，工人补偿实际收入损失的索求，就推动了货币工资加速上涨，从而加快了工资—价格螺旋上升。

表 3 用 1960 年到 1979 年的数据说明了这个过程。如果说当前的工资—价格螺旋上升有个“起点”的话，那就是 1966 年，那一年每工时工资跃升到生产率的增长之上。这反映了肯尼迪和约翰逊的“路标”的失败，正如卡特的“指导方针”一样，这个“路标”试图通过将

---

① 琼·罗宾逊：“经济理论的第二次危机”，载《美国经济评论》，第 62 卷（1972 年 5 月号），第 5 页。

② 比如，1979 年私人非农业经济中工人每周的实际收入（税前）是 101.02 美元（以 1967 年价格计算），这低于 1970 年的平均水平 103.04 美元，只比 1965 年的平均水平 101.01 美元稍高一点点。因此，14 年来实际收入几乎没有发生变化。1972 年达到 109.26美元的高点，之后便不断下降。这表明，一般而言，货币收入与价格水平并未保持同步。

货币工资的增加与生产率的变化相联系,来控制通货膨胀。由于越南战争而增加的开支,在没有补征税收的情况下,触发了最初的急剧通货膨胀,表中的数据表明了由此催生的工资—价格螺旋上升。

虽然持续的工资—价格螺旋上升的起点并非不令人感兴趣,但我们更直接、更实际地要考虑的问题是,为什么这种螺旋上升会持续下去,特别是鉴于20世纪70年代有两次相当严重的衰退。但正如表3的数据所表明的那样,工资收益(用工资率表示)在两次衰退中都加速上升,这清楚地表明了市场权力的作用。表中的数据还生动地表明了生产率的恶化状态,是导致20世纪70年代后半期通货膨胀形势恶化的一个重要因素。

表3 1960—1979年的失业、通货膨胀、生产率与劳动成本

年份	失业率	通货膨胀率	生产率[a]	工资[b]	单位劳动成本[b]
1960[c]	5.5%	1.6%	1.0%	4.2%	3.4%
1961	6.7	1.0	2.6	3.3	0.6
1962	5.5	1.1	4.3	4.0	-0.3
1963	5.7	1.2	3.4	3.5	0.1
1964	5.2	1.3	3.6	4.6	1.0
1965	4.5	1.7	3.4	3.5	0.1
1966	3.8	2.9	2.5	6.1	3.5
1967	3.8	2.9	1.6	5.5	3.8
1968	3.6	4.2	3.2	7.3	4.0
1969	3.5	5.4	-0.3	6.3	6.7
1970[c]	4.9	5.9	0.1	6.7	6.5
1971	5.9	4.3	3.1	6.7	3.5
1972	5.6	3.3	3.7	6.5	2.8
1973	4.9	6.2	1.7	7.8	6.0

（续表）

1974[c]	5.6	10.9	-3.1	9.1	12.7
1975[c]	8.5	9.1	1.9	9.9	7.9
1976	7.7	5.8	3.5	8.3	4.7
1977	7.0	6.5	1.6	8.0	6.3
1978	6.0	7.7	0.5	8.6	8.0
1979	5.8	11.3	-1.2	8.9	10.2

资料来源：《总统经济报告》（华盛顿特区：美国政府出版局，1980 年），第 237、247、259 页。

注释：除了失业率之外，所有数据均为年变动率。

a：非农业部门的单位工时产出。

b：非农业部门的单位工时。

c：衰退年份。

不幸的是，对于工资—价格螺旋上升的持续性，这里并没有一个简单的或者单一的解释。但权力似乎总是进入了这个过程的关键因素发生相互作用的方式中。例如，西托夫斯基认为，由于不同市场上的权力冲突，我们的经济对任何实际上与成本有关的冲击的反应，都是提高价格水平。①

显然，超过生产率所得的工资增加引起了成本提高，如果大企业实行目标回报定价，那么，这就必然会导致较高的价格。但相反情况下所包含的机制并不那样明显，即由集中部门的企业所引发的价格上涨，是如何扩散到经济的其他部门的。在经济扩张时期的价格上涨不难理解，问题在于衰退期的价格上涨，即便在 1974—1975 年经历的那种严重衰退时期，价格同样在上涨。

① 蒂博尔·西托夫斯基："市场权力和通货膨胀"，载《经济学杂志》（*Economica*）第 45 卷（1978 年 8 月号），第 227 页。

如前述,衰退是使集中产业的企业提高其价格的原因,这又引起了工会的反应。在公司和工会的谈判力大致对等的高度集中的部门,公司定价决策总是进入工资谈判的一个因素。由于工资谈判的变化通常不得不根据环境变化而调整,当公司提高它们的价格时,工会领导比较容易认为工资也应该提高才公平。自从沃尔特·鲁瑟要求通用汽车公司"一目了然"以来,关于公平与支付能力的各种纠缠不清的问题,就进入了大企业和大工会之间的工资谈判。

关键的问题是,工资的这种提高是如何扩散到整个经济中去的,特别是在组成工会的工人只是少数的美国。其中涉及诸多因素。第一,在所有主要的工业化国家,没有组织工会的部门的工资,与工会成员的工资是大致同等地提高的。[①] 这就意味着,集中部门的工资谈判所影响的远不只是那些直接相关的工人。第二,"信息革命"使得几乎每个人、任何地方都知道整个经济正在发生的情况,特别是那些通过集体谈判获益的人。最后——或许是最重要的因素——"公平"观念已成为解释工资问题的一个关键元素。公平是不容易定义或者衡量的,但这并不意味着我们可以低估它在工资协议中的力量。诺贝尔经济学奖获得者约翰·希克斯说,公平的本质在于工人自我感觉到他受到了公平对待。[②] 如果工资提高的比率小于价格上涨的比率,这就是"不公平的";如果一些工人的工资提高,而另一些工人的工资没有提高,这也是"不公平的"。这就意味着,劳动稀缺已不再是解释即便在萧条期众多产业的工资也不断提高的一个关键因素。无论在什么时候,只要占支配地位的部门——那里受大工会的控制——的工资提高了,其他部门的工人就会感到他们落后了,从而受

---

① 西托夫斯基:"市场权力和通货膨胀",第224页。

② 约翰·希克斯:《凯恩斯主义经济学的危机》(*The Crisis in Keynesian Economics*)(纽约:Basic Books,1974年),第64页。

到了不公平的对待。结果，就会产生让他们迎头赶上的巨大社会压力，这样形成的状况就是，在萧条期，工资就像在繁荣期那样提高。这就是希克斯所理解的公平在扩散工资提高的影响中的作用，与特定产业盛行的市场状况无关。在大多数工业化国家，工资的提高扩散到所有部门的相同性和快速性都得到了证实。[①] 此外，一种逆向的货币幻觉加速了这一过程。这是一种通常的信念，认为价格的上涨比实际情况要快，使人们相信他们越来越快速地落后了。[②]

工资的提高从集中部门向外传导的快速性，特别是当其提高远远超过生产率获益的时候，为其他经济部门的价格上涨提供了必要的联系。在提供基本生活必需品的产业（食品、住宅、能源和医疗保健），通货膨胀的感觉特别明显，这些产业的价格比普遍的价格上涨得要快。因为这些基本生活必需品产业的一部分是竞争的，理解这种联系的确切性质就是很重要的。确实，只有那些拥有很大市场权力的企业才能在衰退中有管理地提高价格，但是，当面临普遍的成本上升时，市场力量实际上会推动所有企业的价格上涨。即便是传统经济理论也认为这是会发生的。一旦我们在承认竞争的同时也承认了权力，那么，价格就具有了另一种功能，一种教科书中通常并未强调的功能。价格作为“资源配置者”的同时，也成为了“成本相关者”(cost coverer)。[③] 教科书对前一种功能谈了很多，而实际上忽略了后一种功能。如果不考虑成本相关的功能，我们就不能理解工资—价格螺旋上升问题。源于集中部门的价格上涨，导致工资成本的大

---

① 约翰·伊特维尔(John Eatwell)、约翰·卢埃林(John Llewellyn)和罗杰·托林(Roger Torling)：“工业化国家的货币工资通货膨胀”，载《经济研究评论》(*Review of Economic Studies*)第 41 卷(1975 年 10 月号)，第 515 页。

② 彼得·怀尔斯(Peter Wiles)：“成本通货膨胀与经济理论的状态”，载《经济学杂志》第 83 卷(1973 年 6 月号)，第 381 页。

③ 同上，第 386 页。

幅上涨，这会扩散到整个经济，甚至扩散到那些由竞争来决定价格的领域，比如很多服务业。无论何处，价格都有反应。在主张承诺高就业的背景下，要保证失业和开支紧缩不会终结或者扭转工资—价格螺旋上升。换句话说，这种承诺为权力的行使提供了必要的充足活动余地。矛盾的是，权力及其运用在相当程度上使得管理经济的传统货币政策和财政政策工具不起作用。

结　论

值得注意的是，经济学的目标不只是寻求阐明我们生活于其中的世界的复杂性。正如美国经济学会前主席约翰·H.威廉姆斯(John H. Williams)曾说过的那样："除非以做点什么为目标，否则经济理论似乎就是没有意义的。"[①]我们做了什么呢？显然，在一篇诊断性和分析性长文的结尾，并不适合为解决我们的经济病症提出一系列特定建议；这个任务需要更加充分的论述。但适合对任何必须提出的建议的方向说上一两句。

回顾一下，这里描绘的图景中尤为重要的元素是收入及其分配。正是与由经济增长所带来的欲望的激增和改变相并列的静态的收入分配，使得权力及其运用如此重要。公司和工会的权力是相互冲突的，它们把经济推入到不易摆脱的工资—价格螺旋上升，即便当萧条来临也难以摆脱。公司的集中与财富所有权的集中相结合，会使收入分配保持着不公平和静态的特征。社会被普遍的"公平"观念拉到相反的方向，在工资问题上尤其如此。因此，为收入的争斗在加剧。

① 约翰·H.威廉姆斯："一个经济学家的自白"，载《美国经济评论》第52卷(1962年3月号)，第10页。

我们在两个关键领域缺少理解和切实可行的建议。第一，我们仍然没有找到一种有效的办法，把私人公司的权力置于社会的控制之下；第二，社会在收入分配方面缺乏一种有意义的共识，这种共识要体现这样的信念：要公平地分配收入，尽管不能完美地分配。对于 20 世纪 80 年代的经济学家来说，他们的重要工作在于这些领域。

6.权力:一个制度分析框架[①]

威廉·M.达格尔

权力问题与个体问题以一种复杂的方式缠绕在一起,以至于要理解了其中之一,才能理解另外一个问题。它们都起因于发展中的社会的制度结构。我要通过问几个问题来预览一下我研究权力问题的方法。权力分析的起点在哪里?一种制度分析不能从权力本身出发。相反,起点是这样的问题:通常在身体和智力上都强于他们的统治者或领导者的个人,为什么愿意服从命令或者指示?这又引出另一个问题:个人是如何获得动机、目标、理想和手段的?这个问题的答案让我们弄清了事情的原委,那就是个人根植于其中的制度结构。制度结构是权力的源泉,因为个人是从他们对社会制度的参与而学到动机、目标、理想和手段的。在家庭、教堂、学校、军队、公司和政府中,我们学到了我们所期望的东西,而且我们学会了如何行事。我们中的一些人也学会了如何运用权力,以及当需要的时候如何得到权力的支持。

本文试图建立一个分析权力的整体论的(制度的)框架。我们把注释减到最少,把有用的文献放到了参考文献中。

任何对权力的讨论首先都要定义权力。这里,权力是指告诉别人去做什么,并在一定程度上肯定别人会照做的能力。当行使权力

① 原载《经济问题杂志》,第14卷,第4期(1980年12月),第897—907页。

的人必须强迫其他人的时候，权力就是脆弱而明显的。当不需要强迫的时候，权力就是牢固的、不为人注意的。在20世纪的美国，强迫是极少的。这是因为权力相对牢固，除了在明显的危机和战争期间。20世纪的美国人通常自愿地服从权力。个人通常甚至并不认为他们的行为是顺从的。在一定程度上，他们认为是"选择"去做他们所期望的事情。他们自认为是自由的，发挥着个人的主动性。

这种个人选择和意志自由的幻觉，使得对权力的理解非常困难，更不用说分析了。下面的框架将特别强调制度结构和它所塑造的个体。只有把握了制度结构与个体之间的关系，才能分析权力本身。

制度结构

社会是一个制度网络，每一个制度与其他制度都有或松或紧的联系。一个制度有两层含义。首先，它是一种有组织的角色模式，通常执行着积极的或者消极的制裁。其次，它是个人在扮演自己的角色时习得的模式化的思想习惯。表现为这两种模式的制度，有其各自的一般功能。每一种功能都与占支配地位的功能相联系。在美国，经济制度处于支配地位，因为我们是一种金钱文明。在经济制度中，公司和工会是主要的机构。但是由于有组织的工人在劳动力中所占的比重日益缩小，公司成为了最重要的机构。通过把其他制度与它自身的制度联系起来，公司逐渐控制了美国的制度结构。

制度霸权

美国社会包括六种制度：(1)生产和分配商品的经济制度；(2)生产和分配知识的教育制度；(3)防止和发动战争的军事制度；(4)养育儿女的亲缘关系制度；(5)诉诸最终制裁——暴力——的制定和执行

法律的政治制度；以及(6)在超自然教义体系内灌输信仰的宗教制度(对比格斯和米尔斯(Gerth and Mills)，1953，第26—29页)。

每一种非经济制度都与占支配地位的经济制度——公司——在一种手段—目的连续统一体中相联系。也就是说，公司把其他制度作为实现自己的目的的手段。这很重要，因为这是理解权力的真正源泉的第一步。

教育制度，特别是公立学校和州立大学，为公司提供了大量训练有素、遵守纪律的专业人员。除了发挥“教育”功能之外，高中、大专和大学是公司人事部门的延伸，将人力资本分类定级以便更容易地加以使用。大多数的高中辍学者成为苦力、罪犯或失业者。高中毕业生只能从事蓝领工作。大专毕业生受雇从事办公室工作。大学毕业生要么成为管理人员，要么成为在某种技术上受过专业训练的公司专家。因此，教育制度生产了公司追求其目标所需的手段。当然，一些精英(有足够资助的)教育机构可以行使一定的自治权，追求它们自己的目标。然而，教育的主旨不是教育，而是生产具有适宜知识的、被恰当分级的雇员。教育机构可以不理会公司的需要，但它们要自担风险和开支。

在我们的制度结构中，军事制度占有独特的地位。在冷战期间，通过承担公司的研发费用，通过购买公司的商品，军事制度保护着公司在海内外的利益。在实际战争期间，军事制度处于支配地位。它们不再是公司实现目的的手段，而是成为了目的，公司则暂时成为手段。但实际战争并不频繁，而且是为更有用的冷战阶段偶尔付出的代价。

20世纪美国的主要亲缘关系制度是家庭。它对公司发挥着两种主要功能。第一，作为一个家户，它是公司商品的主要出路。它是加尔布雷思的“被修改的顺序”的终点。如果这一顺序像偶尔发生的那样发生故障,那么,这种故障通常是因为家户没有遵照公司的训令:“你应该消费。”由于这种被修改的顺序中的联系是脆弱的,针对家户就有了巨大的公司压力(以广告形式)和大量公司调查(以市场研究的形式)。第二,作为一个家庭,这种主要的亲缘关系制度生产出半成品投入到教育制度中。孩子们被灌输要尊重权威,以免学校官员发现他们过分活泼或者无礼。以公司经理(未来的技术专家)为最终目的的孩子,也必然会被灌输对成功的渴望。如果家庭在发挥这种一般性的塑造孩子的教育功能时失败了,通常采取的办法就是对孩子进行心理治疗(要么是专业地,要么是自作主张滥用药物)、体罚或者关禁闭。

政治制度——政党、国家以及联邦立法、行政和司法机关——在某种意义上是20世纪美国的所有制度中最难以驾驭的制度。这是因为它们有时追求的目的并非公司的手段。人们在政治制度中的各种角色,其起源是非常古老的。它们的发展远在公司之前。人扮演他们的角色时经常获得的动机、目标、理想和手段,其具体形式是在启蒙运动时代而不是在公司资本主义时代形成的。一些法官追求正义;一些立法者追求平等、自由和博爱;一些总统追求根本的社会改革。他们扮演的制度角色不仅教会他们非公司式的思想习惯,而且提供按自己的追求行事的手段。这样的个人是有权力的,也就是说,他们可以告诉其他人去做什么,并在一定程度上肯定其他人会照做,但是,大多数政治官员在行使权力时却是服务于公司的目的。无论如何,公司通常为它们所关注的高等教育机构提供资金,雇用它们的创始人,为它们的学生提供第一份工作,资助它们的活动,为它们需要履行的公共义务提供信息,当它们受“公共”服务所累的时候,就向它们提供资金。简而言之,大多数政治官员的思想习惯,是在扮演或者准备扮演公司角色的时候习得的。这些官员并不腐败。他们不是阴谋家。他们不必腐败和成为阴谋家。他们只是遵从了习得的动机、目标和理想,而且在这种时候,他们也使用了学到的手段。

最后一种美国的制度是那些追求宗教目的的制度。但这些制度使用的是经济手段,这是要点所在。美国的大多数教派都雇用各种职员和行政官员。他们要付给这些雇员工资,至少要提供衣食住宿。大多数教派还使用各种各样的礼拜堂。这些必然具有经济上的性质,因为它们服务于一种经济上的目标。简言之,宗教组织必须有资金,在没有征税权的情况下,资金就来自自愿捐赠。如果一个宗教组织过分地伤害了捐赠者的感情,就会失去他们的支持。这或许是可悲的,但底线却是如此残酷的很清晰。大多数宗教组织不能试图过于激烈地改变资助者的思想习惯,因为担心失去他们的支持。总的来说,这意味着大多数宗教组织基本没有自主性。即便宗教领袖想要向其支持者灌输某种思想习惯,他们充其量也只能是使已经形成的思想习惯合情合理,或者对其进行强化。如果他们的布道与此相反,他们就可能失去改变思想习惯所必需的手段。我们的社会是一个世俗社会。

总之,在20世纪末的美国,可以清楚地看到一种制度霸权的结构。除了少数例外,非经济组织要么不起作用(宗教),要么履行着与公司这一占支配地位的经济制度相联系的功能。大多数制度对于公司的目的来说都是手段。在这些从属的制度中扮演角色的人可能拥有权力,但通常都是以服务于公司目的的某种方式来运用。他们的权力,虽然价值不大,但并非没有自主性。相反,这种权力真正地、形象地结合到一种公司霸权的制度结构中。

霸 权 工 具

这种公司霸权并非由一种阴谋而结合在一起。许多社会机制运行的方式,只不过就是成为霸权的工具,成为公司统治的手段,而且最终成为建成这座大厦的社会粘合剂。这些社会机制也许可以称为上层建筑,但名称并不重要。有四种机制对于理解权力来说是重要的:歪曲(subreption)、感染(contamination)、仿效(emulation)和蒙蔽(mystification)。

以法律术语说,歪曲就是通过对事实的隐瞒或者欺骗性的隐匿,而得到的一种不公平的、非法的描述。在本文中,它指的是,使一种制度所履行的职能成为另一种制度的手段的过程。托尔斯坦·凡勃伦的《美国的高等教育》(*Higher Learning in America*)可能是已有著述中对歪曲的最好的研究成果。根据凡勃伦的研究,高等教育有其自身的手段和目的:知识的增加和传播。履行这种功能的主要机构是大学,但美国的大学并非自主的。它们是在商人的控制下为商人而运行。结果,高等教育的目的被歪曲为商业的一种手段。大学成为"注重实效的",开始生产注重实效的知识(如何无代价地得到某些东西)和注重实效的人。为知识而追求知识逐渐消失到幕后。

正是通过歪曲,这种据称是自治的美国制度开始与公司这一支配性的制度联系在一起。歪曲是研究得最少的 20 世纪的社会现象之一。原因很简单。歪曲破坏了一个多元社会的基础。也就是说,歪曲用制度霸权这一公司权力和 20 世纪的美国现实的基础,替代了制度自治这一如此接近主流自由主义核心的半真半假的陈词。正是通过歪曲,我们的主要制度的功能(目的),合并成为支配性制度的手段。在这一过程中,被歪曲的制度的权力要么减少了,要么成为公司权力的一种延伸。"吃早餐吧,约翰尼,否则你就不能长成像你父亲那样成功的商人。"

当合乎一个制度的角色的动机扩散到其他角色时,感染就发生了。美国的宗教制度被公司(金钱)动机感染到了这样的程度,以至于财富的获取和显露(炫耀性消费)已经成为许多教会官员的动机。就他们是由道德或者神学境界来评判或者自我评判而言,他们是不受感染的。但就他们由不动产数量来评判或者自我评判而言,他们就受到了感染。也就是说,他们的动机已是商业的动机。

这也同样适用于扮演其他制度角色的人。“投约翰·多伊的票,推动市政府按彻底的商业惯例来开展工作。”“本大学应按彻底的商业原则来运行。”“这个家庭需要的是一个商业经理!”作为扮演着政府、大学、家庭这些非公司组织中的政治官员、大学管理者或者父母这些角色的人,这种现象虽然是明显的,但却不是有意识地发生的。结果,合乎公司角色的动机感染在其他制度中扮演的角色,赋予了公司角色和扮演公司角色的人比非公司角色大得多的影响力。

仿效类似于感染。当一个或者一种制度成功地否认了其他制度的权威主张,成功地实现了自己的主张,使其成为社会价值的本源,就发生了这里所说的仿效。也就是说,当一个制度成为身份地位的来源时,就发生了仿效。这样,获得身份地位是因为在支配性制度中扮演了高层角色,是因为展示了成功地扮演这种角色。在我们的社会中,人们必须挣大钱,然后大花钱。

一个人挣大钱,表明他扮演着某种形式的公司高层角色。一个人大花钱,不只是表现在有些不善交际的炫耀性消费中,也表现在“公共服务”中。选择形象大使是把公司的钱转到国家账户(换吆喝)的一种最好的方式。慈善事业也是一种合适的活动,因为教育机构和宗教组织总是需要商人的钱包,以及商人的基本态度。而且,商人行善,收回的是千倍的回报。

通过仿效,发生了两种现象。第一,公司领导通过成为其他组织的领导而兑换了他们的公司身份。第二,更重要的是,在其他制度中扮演角色的人并不反对这些篡位者。相反,他们希望像他们的公司恩人一样。通过仿效，强势而骄傲的人乐意地接受了其他人的身份要求，乐意地贬损他们自己。毕竟，如果你的工资老是不够花的话……。

蒙蔽是对象征的仿效和扭曲。当一个制度产生了最重要的或者最有价值的社会象征，其他制度试图去仿效或者给予支持，蒙蔽就发生了。比如“自由（公司）企业”，“私有（公司）财产”、“个人主动性”这些象征，是两个问题的例证。第一，它们对于大多数美国人来说是非常重要的象征。这些象征都源于公司这一领域，并通过这一领域及其周边事物积极地传播。它们代表了或者据称是代表了美国人在整个生命过程中最有价值的东西。第二，这些象征是神秘化的、扭曲的。在20世纪，自由企业、私有财产和个人主动性不再具有它们原来的含义。相反，它们是巨大的仪式威力的神器或者法宝。这些象征被用做进攻或者防御的武器。当用于防御时，它们恢复了公众对比如石油产业中的自由企业的支持（即管理价格的公司权力）。当用于进攻时，它们恢复了比如在南部纺织厂中对个人主动性的支持（即解散工会和各种工作权利法）。当然，“私有财产”这一象征的力量是如此之大，以至于它的威力甚至保护了被亵渎之手滥用的公司财产。

简言之，公司霸权的维持不是通过一种阴谋，而是通过四种社会机制。歪曲将所有的制度联结在一起，以至于非公司制度被用作实现公司目的的手段。感染把公司角色的动机放到非公司角色中。仿效使得公司领导得到非公司角色的领导的接受，甚至是尊崇。蒙蔽则用最有价值的美国象征这件（有魔力的）防护罩掩盖了公司霸权。

个人与权力

个 人

权力的源泉或者基础，现在应该是清楚了。它是制度地位，而不是个人力量、意愿或者狡诈。但这种说法可能是简单地回避了问题的实质，因为难道强有力的、有意愿的、狡诈的个人，就不去提高他们的地位，从而为他们自己的目的而利用这些地位吗？答案是否定的，因为这个问题包含了一个错误的前提。这个问题错误地假设，有权力的个人实现他们的目的，是与走上高位的过程中所扮演的制度角色无关的。事实并非如此。后来走上高位的个人，并不是被简单地推选出来扮演特定的角色。相反，当个人扮演了特定的角色时，他们就被他们扮演的这个角色所塑造。

一个制度就是一系列有组织的角色，以及从所扮演的角色中学习的人的思想习惯。此外，我们目前的制度结构是一种公司霸权的制度结构，这意味着在家庭、学校和公司本身，个人都是由他们在每一种制度中扮演的角色所塑造的，每一种制度本身又是与公司相联系的。对于通过家庭和学校进入公司的个人来说，制度对个人的这种塑造产生了个人的动机、目标、理想和手段。

凡勃伦想必会把这种塑造过程称为养成公司生活方式的习惯，因为事实确实如此。通过这个养成习惯的过程，就任最大公司的高官的个人是非常有权力的人。但他们行使的不是个人的权力。

权 力

无论从源泉还是从方向上来看，公司主管的权力都不是个人的，而是制度的。换句话说,他们的权力的目的和手段都是由制度决定的。权力的目的之所以是制度决定的,是因为有权力的人的动机、目标和理想是他们在一步一步爬到高层的过程中学会的。从父亲的小家伙,到老师的乖学生,再到主管的门徒,这个有权力的主管学会了如何以及为何去行动,如何以及为何去思考。

此外,如果他是教徒,那么,上帝会给他最终的认可。如果他曾在军队,现在是某公司的主管,那么,他要尽其爱国之责。如果他曾于政府供职,那么,政治的大门和管制的规则也对他开放。这个入口帮助他防止不公平的竞争以及政府不规范的准则。简言之,其他制度都是他的手段。而他的目的是公司,不是宗教,不是军队,也不是政治。

权力的手段也是由制度决定的,因为作为一名公司主管,宗教的、军事的(实际战争以外的)、教育的和政治的目的,对他来说都是可供利用的手段。其他制度的领导者和追随者,依赖他的物质的和非物质的支持。不是依赖他这个人,而是依赖他这个制度的领导。他的权力以及服从这种权力的意愿,是由制度决定的。其他人可以容易地取代他的位置。这是因为个人权力和个人对权力的运用,都是由所扮演的制度角色所决定的。从而,制度角色以及支持这些角色的"上层建筑",就是权力的最终源泉。

结　　论

任何制度结构(社会)的高层制度的高层角色,都得到某些社会机制的支持,得到一种次级结构的支撑。它们强化了一个高层角色的权力,不论是 2 世纪的罗马的角色,还是 20 世纪的美国的角色都是如此。但在罗马,权力容易理解和分析,因为它是脆弱的,是以强迫为基础的。在今天的美国，权力难以理解和分析，因为它是牢固的，是以自愿服从为基础的。制度分析是理解基于服从或顺从的权力的关键。正是从制度上组织起来的角色，我们在20世纪的美国学会了有助于在我们生于其中的制度结构里生活下去的思想习惯。

生活下去意味着调整我们在生活中的位置。在这个调整过程中（凡勃伦所说的习惯养成），我们得到四种社会机制的帮助。这些机制不仅支持和强化了在我们的高层制度中的高层角色，而且还帮助包括高层角色扮演者在内的所有人接受或许甚至是喜爱这种状况。通过歪曲，教师和学生、父母和子女、军队官兵、选举产生的官员和官僚机构雇员，他们的目的都完美地啮合在一个手段—目的连续统一体中。他们提供了手段，公司是目的。最好地为公司目的服务的人是最幸福的。通过感染，一个教士可以为一个大型建筑基金工作，而且感觉良好；一个学生和她的老师可以为一份好工作的许诺而工作，感觉同样良好。简言之，走各种生活道路的人都会养成和坚持一种金钱基本态度，尽管在这样做的时候他们借用了公司的动机，并将之应用于非公司活动。然而，他们这样做是乐意的。他们个人地、自由地想要这样做，因而就是正确的、有益的，或者他们认为就是如此。

由于公司动机的感染，几乎没有人注意到公司的价值观和权威要求受到所有人生道路上的人的仿效，使得成功的高层公司角色扮演者可以通过成为非公司制度的领导人而兑现他们的要求。所有这些不是以公司的名义，而是以自由企业，或者私有财产，或者个人主动性的名义来完成的。蒙蔽使我们（我们中的一些人）认为个人主动性可以通过解散工会来实现，相信私有财产可以通过制订计划而得到保护，相信自由企业可以通过取消对公司权力的政府管制来实现。

这些过程以及它们所支持的权力结构（公司制度霸权），是由一种制度分析框架而非个人分析框架所揭示的。如果我们想要改变这种结构，而且必须这样做，因为它与民主，与自由、平等和博爱不一致，那么，我们就必须首先改变形成和支持这种结构的制度和社会过程。只是呼吁恢复或重建人类的个人“精神”是不够的。那种精神只是一种习得的思想习惯模式，通过制度分析，我们知道这些思想习惯是从哪里习得的。

参考文献

Arnold, Thurman W. *The Folklore of Capitalism*. New Haven: Yale University Press, 1937. 一本关于蒙蔽的佳作。

Berle, Adolph A., and Gardiner C. Means. *The Modern Corporation and Private Property*. Rev. ed. New York: Harcourt, Brace and World, 1968. 论所有权和控制权分离的权威著作。

Coleman, James S. *Power and the Structure of Society*. New York: W. W. Norton, 1974. 讨论了公司这种新产物的权力。

Commons, John R. *Institutional Economics*. Madison: University of Wisconsin Press, 1961. 论述运行中的机构、业务规则，以及制度分析的基本原理。

Dahl, Robert A. *Who Governs?* New Haven: Yale University Press, 1961. 多元论的社会理论和经验支持。

Dowd, Douglas F. *The Twisted Dream*. 2d ed. Cambridge, Mass.: Winthrop Publishers, 1977. 进化和激进视角的制度分析，主要关注美国。

Galbraith, John Kenneth. *The New Industrial State*. Boston: Houghton Mifflin, 1967.

——. *The Affluent Society*. 2d ed. Boston: Houghton Mifflin, 1969.

——. *Economics and the Public Purpose*. Boston: Houghton Mifflin, 1973. 加尔布雷思经济学的总结。

Gerth, Hans, and C. Wright Mills. *Character and Social Structure*. New York: Harcourt, Brace and World, 1953. 对制度角色以及它们的个人形式的杰出讨论。

Kanter, Rosabeth Moss. *Men and Women of the Corporation*. New York: Basic Books, 1977. 研究公司行为的很好例子。

Maccoby, Michael. *The Gamesman*. New York: Simon and Schuster, 1976. 对

公司世界的特征类型的心理学研究。

Melman, Seymour. *The Permanent War Economy*. New York: Simon and Schuster, 1974.

Mills, C. Wright. *White Collar*. New York: Oxford University Press, 1951. 中产阶级的社会生活。

——. *The Power Elite*. New York: Oxford University Press, 1956. 对社会上层的权力的经典研究。

——. *The Sociological Imagination*. New York: Oxford University Press, 1959. 对个人人生历程与社会力量之间的关系的探讨。

Pirsig, Robert M. *Zen and the Art of Motorcycle Maintenance: An Inquiry into Values*. New York: Bantam Books, 1974.

Tool, Marc R. *The Discretionary Economy*. Santa Monica: Goodyear Publishing Company, 1979.

Veblen, Thorstein. *The Theory of the Leisure Class*. New York: Macmillan, 1899. 讨论了仿效。

——. *The Theory of Business Enterprise*. New York: Charles Scribners Sons, 1904. 讨论企业的手段和目的。

——. *The Instinct of Workmanship*. New York: Macmillan, 1914. 讨论凡勃伦二分法:金钱与生产。

——. *The Higher Learning in America: A Memorandum on the Conduct of Universities by Business Men*. New York: B. W. Huebsch, 1918. 讨论的内容如副标题所示。

——. *The Place of Science in Modern Civilization and Other Essays*. New York: B. W. Huebsch, 1919. 经典论文集。

Whyte, William H., Jr. *The Organization Man*. Garden City: Doubleday, 1957.

第二部分

公司体系

第二部分导言:公司体系

这一部分的第一篇论文来自已故的加德纳·C.米恩斯,这篇文章一来就对一直陈旧不堪的经济学探究状况进行了清醒的评论,文章也是米恩斯对经济现实的敏锐领悟的实际证明。20年之后,作为对主流分析的一种批评,作为对实际中公司主导的经济的一种描述,他的分析仍然是有效的、适当的。米恩斯把新政视为对"个人资本主义的原理和政策"的一种革命性的背离。新政所摒弃的是如下一些假定:充分就业是自动实现的,个人所得到的收入与他们的贡献是相称的,失业反映的是个人的懒惰,供求力量会保持农产品和工业品价格的平衡,以及国际收支不平衡是不会持久的。正统经济学完全没能意识到"破坏了古典假设有效性的……两种巨大的制度上的转变"。小型私人企业已经基本上被"大型现代公司"所替代,"灵活的市场定价"已经普遍让路给有管理的定价。在"有管理的竞争中,……价格(或工资率)并不是由供给等于需求来决定,而是由管理行为所决定。……实际价格成为……在由需求和成本确定的(常常是宽松的)限制下,任意运用定价权的问题"。公司是"大集体";我们已经演变成一种"集体资本主义"体系。米恩斯要求经济学家研究纲领的一种根本性变革,以使陈旧的正统理论不能解决的五个重大问题更加建设性地、成功地得到解决,这五个问题是:失业、有管理的通货膨胀、国际收支不平衡、资源的错误配置以及收入分配不公。他在结论部分为解决这些问题推荐了一套反映了新的(制度主义的)观点的政策。

在接下来丹尼尔·R.富斯菲尔德(Daniel R. Fusfeld)的论文中,公司革命被推而广之,包括了整个社会秩序。他声称,"美国已经完全走上了通向一个公司国家的道路"。他的目的是要证明,"经济权力被集中到相对较少的一些超级公司手中,它们正在逐渐成为世界经济中的一种主导力量";"政治权力已经大量转移到联邦政府的行政部门手中";"经济权力和政治权力的这两个中心,已经发展成为一种不断加强的互利共生关系";"超级公司自己挑选的精英控制着决策过程,同时工会和大学里那些较小的权力中心,作为次级合伙人也被拉进了这个体系"。而且,在"那些掌权者和不掌权者之间"已经达成了"一种经济和政治上的妥协"。"只要经济体系能够提供一种可接受的保障水平",以及"不断增加的物质财富,美国的普通老百姓并不关心掌权者是谁,也不关心他们追求的是什么目标"。经济和政治的互利共生关系来自相互依赖——大公司需要大政府在保持经济增长方面提供帮助,而大政府需要大公司提供现代军备。"自己挑选的经济精英"有着共同的行为模式、价值取向和目标,包括国家权力的创造和扩大。但在这种公司国家中的冲突,威胁着社会秩序的连贯性。所需要的是重构"我们的经济制度",以"分散经济和政治权力"。"我们需要的不只是繁荣、经济增长和物价稳定。我们还需要财富的一种重新分配,以实现更大程度的平等和自由。我们需要一个和平的世界。"

在富斯菲尔德把政治和经济权力的集中和使用视为主要具有消极的、威胁性的后果的那些方面,罗伯特·A.索洛在接下来的论文中虽然没有就权力的存在和使用详加讨论,但他仍然分析了如何重塑权力的特征,如何改变权力的使用方向,以及如何得到更合理的、可接受的结果。索洛首先回应了尼克松总统在20世纪70年代初采取的对工资和价格进行直接控制的措施,他认为它们缺乏"一种观念基础,不具备合乎逻辑的、为公众所接受的价值观",它们是"不可行的"。虽然如此,但他认为"直接控制在现代经济中是不可避免的……根本问题不是控制与否,而是如何控制"。他反对提供一个全面的、合乎逻辑的、合理的、能反映"公认的正义和公平标准"的"控制体系"的任何意向,他认为,这样一个体制是"不能被预先设计出来的;它必须在一个长期的社会学习和价值形成过程中演变"。不过,他在两个方面提供了详尽的分析,并以随之得出的简要建议结束了论文:第一,"政治当局……参照在收入的相对分配和资源的交错配置方面公认的规范,来决定物价和工资"。第二,"必须逐个部门地计划、安排和促进技术进步"。"在某些市场条件下,后者将需要政治当局"在提供一定担保的情况下"为技术转换提供资金"。所要追求的是把"企业管理中的动机和技巧,与社会利益中基于事实的控制"融合起来。但要获得这种"控制能力",将需要"一种新的意识形态共识,……一种新型的公务员工作方式,它们来自……一种新的知识基础……以及为普遍参与的计划编制工作而设计的新型制度安排"。

在索洛对公共政府和公司企业之间的关系进行考察之后,本书的焦点转变了,威廉·M.达格尔的论文转向了公司结构本身在近几十年内的转型。达格尔把"公司霸权的发展",以及经济总体上由一种制度——特大型公司——所支配,视为经济权力在美国的头等问题。以他在本文集第一部分中的那篇文章为基础,达格尔更新了经济权力集中的证据(大型公司"占了所有公司资产的将近3/4,占收款的一半以上,占公司收入2/3以上")。通过追溯组织形式从以前的U型(单一型组织)到M型(多部门型)的转变,以及后一种形式对超大型或者特大型集团公司制度的调整适应,他论证了加强控制的需要。它们的规模现在已经达到了不再依赖外部资金的程度。此外，现代信息技术广泛地（但并非专门地）被用于对人的组织和控制。对这种大型组织的有效控制，驱使公司去发展“共同的公司文化”——在公司员工中反复灌输的一系列共有的信念和价值观——将其作为统一公司多样的、半自主的部门的一种手段。达格尔通过参考波士顿咨询集团（Boston Consulting Groups）的资料，探讨了建立大型集团公司的动机和实践。波士顿咨询集团公司对控制子公司和并购提供咨询，诸如要让“金牛”（cash cow）产奶，让“明星”在成长中得到支持，必要时把“狗”处理掉，以及如果市场份额可以提升，要让“猫”得到推动。但达格尔最终的重点是考察公司权力如何通过建立对管理人员和员工的内生化控制而出现。公司目标是通过“感染、从属、仿效和蒙蔽”而蓄意地改变内部人员的价值结构，以增强对他们的霸权。这样的控制主要被用于“一心一意地追求短期利润”。

在下一篇论文中，里克·蒂尔曼（Rick Tilman）探讨了关于公司权力的出现的各种观点。尤其特别的是，他认为“各种社会价值理论（选择标准）、公司权力观点以及对政治精英的解释，都与当前美国的政治经济有着密切的联系”。尽管这些联系常常被注意到，但并非“不证自明的”。他的“中心论题是，对诸如功利主义、马克思主义或者工具主义此类特定社会价值理论的接受，培养了一种思维形态或者意识形态综合征，导致了对公司权力或者政治精英的一种特定看法”。他的论证方法是对查尔斯·林德布卢姆（Charles Lindblom）的新作《政治和市场》（*Politics and Markets*）的评论家——自由派、保守派、开明派、激进派——作出的反应的一个评价。自由主义评论家展示了价值效用论以及它对自由市场中表现出来的主观偏好的尊重。经济权力的突出性被否定；是市场而不是公司在发挥支配作用；只有政府中的精英才是值得忧虑的因素。保守派在相对论性质的效用价值原理中添加了一些伦理上的绝对事物——比如身份地位、次序、传统、宗教。“看不见的手不协调地与社会秩序的一种有机观念结合在一起。”显著的私人公司权力被夸大了。开明派保留了效用价值论,但对市场过程并不那么恭敬——负的外部性、市场不完全以及市场失效都是明显的背离。利益集团政治这一政治现实是自由市场的对应物;这一派认为现有权力多少是负有责任的。激进派,无论是马克思主义者、工具主义者,还是人道主义者,都对“平等和大众(community)”的价值观感兴趣。“所有人都把主要的工业和金融公司视为美国权力体系的中心,所有人都相信政治精英从他们与公司体系以及它已形成的阶级结构的关系之中,取得了他们的支配地位。”效用价值论被抛弃,代之以劳动价值论,或者工具主义的自动修正的价值判断。总之,“评论家……在意识形态上囿于功利主义理论的程度越大,他或她就越有可能否认公司的经济和政治权力的支配地位,……评论家对马克思主义劳动价值论或者新制度主义的工具主义价值论的认同度越高,他或她就越有可能强调公司和公司导向的精英的政治和经济威力”。

这一部分的前几篇论文通过一种一般化的理论方法,阐述了公司权力的出现及其威力,接下来的论文就公司对经济的控制不断出现的新特点和日益增加的复杂性,提供了广泛的经验分析。在下面这些论文的第一篇,戴维·邦廷(David Bunting)和马克·S.米兹拉什(Mark S. Mizruchi)描述了在1905—1919年间,美国大公司的控制权从金融资本家手中转移到了企业管理者手中。在说明了单单是所有者—经营者的分离并不能充分解释控制权的演化之后,邦廷和米兹拉什表明,公司董事们拥有基本的决断权来引导公司资产的使用,并且表明这种决断权是在主要公司的董事会之间存在广泛的联锁关系的情况下得以行使的,而且也正是通过这一工具得以行使的。这两位作者的分析预见了后面(接下来的一篇)来自约翰·芒克斯

(John Munkirs)的论文,他们证明:“在1905—1919年间,很大一部分美国大公司被相互关联到一个正式的网络之中。”董事们都是外交官;他们的职能是通过相互关联,“去解决”相互竞争的企业之间的“争端”,“同时在一种敌对的环境中保护他们[自己的]利益,打击竞争者(single rivals),并通常能生存下来”。公司间的正式关系被建立起来,以“为和谐和共性创造一种基础”。这种相互联锁的董事会网络为“寡头垄断的相互依赖这一理论问题提供了一个可行的解决方法”。然而,金融资本家并没有再造他们的接班人;他们显得容易受到“公众的攻击和限制性立法的制约”。控制权“多半是不经意地转移到那些早已管理着一个子公司的下属手中。但是,尽管金融控制分解为单个企业层次上的经营控制,但由金融资本家所建立的这个公司间的网络仍然存在”;它“似乎已经延续到了今天”。

下一篇论文的作者约翰·R.芒克斯会有一致的看法。在他所接受的凡勃伦二分法的引导下,同时正如过去十年间广泛的经验分析和模型解释(matrix construction)所证明的那样,芒克斯的主张是,与其他理论相比,“私人部门集中计划(CPSP)理论是对美国现存经济制度的一种较准确的描述和解释”。的确,“在过去的半个世纪里,我们经济制度中的变迁的累积效应……已经创造了一种截然不同的经济体制”。这种结构转变是如此深刻而普遍,以至于对不稳定、增长缓慢、分配不公等等我们持续存在的问题的解决,必须有待于认识到这种转变,并且把这种转变结合到分析中去。芒克斯把CPSP定义为“经济中的关键公司和产业的生产和分配活动借以得到组织和协调的一个过程,目的是把这些公司和产业结合到一个在功能上连为一体的生产和分配体系中”(着重号为作者所加)。CPSP模式包括“那些实际履行着生产和分配职能的产业,以及集中计划核心(Central Planning Core(CPC))”。对公司组织的结合是通过“正式的和/或有法律约束力的工具”,以及通过“非正式的和/或有影响力的计划工具”来完成的。前者主要是持股、相互联锁的董事会(boards of directors interlocks)以及债务的取得与控制。担任着信息中心、受托人、转让代理人、登记人和总权力中心多种角色的CPC,由“7个银行、4个保险公司和一个混业经营的金融机构”组成,它利用直接和间接的联锁董事会,以及股票、债务和信托(除了别的以外)的内部联锁,把这些机构结合“为一个有内聚力的、坚固的结构和功能单位”。芒克斯提供的是一种非共谋的理论:“从非常真实的意义上说,CPC的计划工具只是对传统商业工具的简单更改——这种更改的方式,从行政的角度看,是模仿了使这个国家的生产过程成为可能的那种集中或者联合。”他们已经受到了“他们对货币所得或者利润完全有意识的、合乎逻辑的、理性的追求的激励”(着重号为作者所加)。

然而,正如芒克斯和迈克尔·艾尔斯(Michael Ayres)在下面的论文中所解释的那样,如果没有负责任的工具,那么,就不是必定能保证对私人CPC计划利润的追求,同样也会服务于公共利益。负责任的困难是复杂多样的:政府官员由于盲目接受自由放任信念,“不可能把政府机构想象为私人权力的抗衡力量”,这反映了一种“意识形态的自我封闭”。“这种封闭被私人部门中的当权者视为那些谋求公职的人要追求的显著特点”,并被视为决定谁“会在竞选中得到支持”的一种判断标准。在本世纪,公司团体已经成功地看到这种人在政府执行部门和控制部门的职员中占尽优势。结果,尽管来自“底层民众的压力”有时也会使立法成功通过,但“一旦实施,这将使得集中计划核心那样的制度安排不可能存在,政府推行……尤其是与私人部门集中计划(CPSP)有关的……法规的努力,一直就不过是一个精心设计的伪装”。此外,同样重要的是,CPC寻求“通过私人组织的建立来实现政府政策无关紧要，这些私人组织的运行”，产生了与重大政策问题同时出现的保守精英，这些私人组织发挥着信息渠道的作用，向公众和政府部门传递这种一致的立场，而且“作为公职人员候选人的筛选机制”发挥作用。两位作者然后研究了那些在国际事务中为政府提供政策建议的私人组织，尤其是三方委员会（Trilateral Commission），以及那些推荐国内政策的组织——尤其是商业圆桌会议（Business Roundtable）。上面提到的权力和影响力的源泉被证明是如此重要，以至于在环境控制、“对外贸易、价格核算（price accountability）、就业以及货币或财政政策”这些领域，“阐述和应用政府公共政策的时候，绝对需要双重的方法”：一重属于 CPSP 范围，另一重属于非 CPSP 范围。前者要求直接而持续的公共控制；后者需要的是不太广泛的责任机制，因为它受 CPC 的影响很大。

约翰·R.芒克斯在第三篇论文（合作者是詹姆斯·I.斯特金（James I. Sturgeon））中继续分析公司权力的核心和运用，从“寡头合作”进行了理论和经验的考察。虽然很多学者认为金融业、采矿业和制造业的市场结构大多数都是寡头垄断，但他们倾向于认为这样的企业是竞争的，尽管不一定按竞争惯例定价。相反，芒克斯和斯特金表明“对这种产业的核心的一种更确切的描述……是‘寡头合作’”。这种合作“超出了协作或者‘潜意识的类似’（unconscious parallelism）”（“结构上独立、心理上相互依赖以及对抗”这种马克卢普—张伯伦（Machlup-Chamberlin）特征），创造了“特有的、合法关联的、准持久性的、有组织的结构”。寡头合作“反映的是结构上与独立（independence）相对的内部依存（intradependence）”。在内部依存的多种形式中，这篇论文考察的是管理上的、所有权的以及股票控制上的内部依赖。他们用金融市场中的银行和保险业，以及工业市场中的石油业的经验证据和分析作为例证。他们分析的核心是这样的观点,即“当公司雇员之间日复一日的合作,取代了由相互依赖所导致的心理上或多或少的猜疑时,就出现了一种具有质的差别的‘合理的’管理活动”。对寡头企业的这种看法的政策含义是,有必要抛弃落伍的自由放任和反托拉斯方法。“新的形式可能需要的是(1)改变内部依赖结构的元素,使其不能成为合作的一种基础,或者(2)在保持内部依赖的现有元素基本完整的情况下,让公众在企业经营事务中发挥更直接的作用。后一种方法的前提是,认识到并且证明在一些生产领域,合作优于竞争。”“合不合作……不能只由私人利益来决定。”这种分析表明限于集中率的经验分析是不适当的,而且在明知是寡头市场的情况下还付诸实践的通过竞争来解决问题这一默认的假设也是不切实际的。

戴维·S.施瓦茨(David S. Schwartz)在下一篇论文里考察了电力和天然气产业管制中经济权力的核心和使用问题,描述了“各式各样影响公用事业绩效和消费者公平的定价策略和市场结构问题”。他在开篇区分了产业中“影响公共利益”的市场价值和社会价值。他认为公共利益的社会价值是由在那些“与基本生活必需品有关的方面”,规定“服务的充分程度和可利用程度,防止消费者支付过高价格,在缺乏弹性的住宅市场上防止价格歧视”来提供的。“公用事业经济管制的传统观点是,它之所以存在,是为了实现对垄断或者寡头垄断企业的价格和收入的直接控制。此外,为了实现规模经济和充足的服务,委员会有权决定受管制市场上企业的进入和退出。”通过集中分析1969年以来的这个阶段,施瓦茨注意到,管制过程已经开始受到激烈的批评,受管制企业批评成本补偿问题以及“陈旧的”管制,消费者群体批评不断提高的价格,环保主义者批评污染问题。从改善管制程序到完全放松管制的一系列解决办法被提了出来。由于正统派的主导地位和芝加哥学派的影响力,“回到依靠市场来解决问题”这种压力一直很大，并且在天然气产业中部分地取得了成功。但施瓦茨主要关心的不是回应正统派的偏见和无知，而是“对管制的批评，以及已经为这种破坏性的冲击提供了弹药的政府干预的失效”。文章用大量篇幅探讨了围绕着管制委员会在电力产业的“定价过程，以及在服务成本、费率基础、税收规定和费率设计反映出来的程序”方面的考虑而发生的争论，以及在放松天然气产业管制，通过与石油产业合资和相互关联而允许私人企业规划天然气的价格和服务这方面存在的压力。施瓦茨的结论是极力主张公众对自己的能源命运的控制，要由禁止寡头集中的立法、所有制形式的多样化以及随之而来的包括对公共和私人组织的自主决定权来实现。他作出结论说：“如果我们要在富有实效地贯彻和扩大社会控制的管制框架方面取得成功，那么，我们就必须要能够进入权力中心。”

本书以沃尔特·亚当斯(Walter Adams)和詹姆斯·W.布洛克(James W. Brock)的两篇论文结束，他们直接阐述了大公司如何将手中的经济权力用来与公共利益为敌。两位作者并不仅仅满足于那些断言；他们对实际的私人权力决策的作出，对给公共利益造成的相反结果进行了案例研究。在第一篇论文中，亚当斯和布洛克用亨利·C.西蒙斯(Henry C. Simons)的思想来支持他们的“经济破坏活动”概念，将其作为权力滥用的一种形式。在一个有着广泛的劳动分工和功能相互依赖的成熟经济中，“每一个有组织的大型集团，都能够在任何时候去扰乱或者停止社会收入的整体流动”。“如果这些集团坚持运用那种权力，或者如果必须不断贿赂它们，让它们放弃对这种权力的灾难性运用”，那么，经济就不能存续。没有哪个政府会允许任何这样的集团去对实际收入流造成重大损害，去进行经济破坏活动。亚当斯和布洛克提出这样一些问题：“经济巨头与对这种状况的理解以及政府政策的实践结果有关系吗？这些庞大组织……的权力……有能力去恶化、挫败和破坏合理的公共政策吗？它有能力引致达不到预期目的的、反社会的政府干预吗?”他们的答案是肯定的。公共政策的失效在多大程度上要归咎于不匀称的规模,以及它进行经济破坏活动的能力呢？他们认为在相当大的程度上要归咎于此。他们的回答以下面这些案例研究而告终:汽车产业破坏了对新车型的油耗的国家管制;钢铁产业通过由国会设定配额而成功地在面对外国钢铁供应者的竞争时寻求了保护;以及大公司促成无效的国家宏观经济稳定政策的能力。最后,他们的建议是要承认非竞争性产业部门明显的、广泛的权力;要注意这种权力扩展到大大超出了“在一个孤立的市场上影响价格的能力”;要用一个新型的、有力的结构性反托拉斯政策来更有效地控制大公司的现有权力。

亚当斯和布洛克的第二篇论文回到了公司规模和经济权力问题。不过,这里的核心问题是大公司“要求——并且获得——政府援助”的能力。权力的这种用途的好处,在对规模的通常争论中令人奇怪地被忽略了:争论一方认为规模促进效率、技术进步以及令人赞叹的绩效,另一方认为规模削弱效率、抑制创新以及破坏绩效。就像约翰·肯尼斯·加尔布雷思指出的那样:“大体上说,如果你碰到麻烦,而规模又足够大,那么,你将得到政府以某种方式提供的援助和注资。”正如亚当斯和布洛克所解释的那样:“大规模的优势似乎很明显:由于不匀称(着重号为作者所加)的规模,大公司绝对地影响着社会大众的命运。……它们逐渐被看做太大、太重要,从而不能出问题。通过政府的作用,社会从而感觉到被迫去保证大公司的存续,几乎不管它们是如何的无效率、如何的落后,或者如何的管理不善。社会成了大公司的人质。”两位作者相当详细地以有说服力的例子,“分析了政府的直接援助,例如对洛克希德公司和克莱斯勒公司的援助”,以及“通过各种各样其他……同样强有力的方式,包括防止国外竞争,管制的推迟和豁免,政府采购的特权,政府推动的项目,税收优惠,以及对非法活动和业务免予起诉”,对大企业的间接援助。上面所举的这些对已经存在的权力优势的顺从和补贴办法的例子使两位作者不安。他们从分析中得出如下含义:事实上,援助因素确实表明了“纯粹是”规模的问题;确实表明它“以一种微妙但又极为激进的方式,明显地改变了自由企业社会。它使私人获利,而社会受损——以后者足够大为条件”;当“不匀称的规模把个人的过错转化成社会的灾难时,社会吸收个人过错的能力就被侵蚀了”;“援助因素显然否定了……新经济达尔文主义(New Economic Darwinism),以及它的核心观念:有效率的企业才能生存”。结果,“反托拉斯政策被赋予了极度的重要性”,因为,它在与大公司和现有权力的滥用的斗争中既发挥着矫正性的作用,也发挥着预防性的作用。

7.集体资本主义的问题和前景[1]

加德纳·C.米恩斯

36年前,我们的个人资本主义体系处于一种崩溃状态。四分之一的劳动力失业,经济总量不到其生产能力的三分之二,破产企业随处可见,大量的农场被取消了抵押赎回权,作为资本主义核心的交换媒介——货币,由于银行倒闭乃至整个银行系统停止运行而被彻底摧毁。卡尔·马克思所预言的资本主义体制的崩溃似乎就发生在我们眼前。

大　革　命

然后,一场革命到来了。它不是劳动者夺取生产资料这种马克思主义的革命,而是一种更加基本的、较不明显的革命,它摒弃了个人资本主义的原理和政策,开创了一个起点,通向发展一系列应用于一种新型资本主义的原理和政策。

这场革命摒弃的原理是,在资本主义条件下,各种自动的力量会保持充分就业,对繁荣状态的任何重大偏离都是暂时的。它摒弃的原理是,自动力量会让每个人得到与他对生产的贡献相称的收入;失业是个人自己的懒惰或者缺乏道德的结果。它摒弃的原理是,供求

① 原载《经济问题杂志》,第3卷,第1期(1969年3月),第18—31页。

的自动作用会让农产品价格与工业品价格保持一种公平的平衡。在1933年的伦敦会议[①]上，这场革命摒弃的原理是，自动力量会纠正国际收支任何持续的不平衡。

这些被摒弃的原理是个人资本主义的基础的一个重要组成部分。一百多年来，这些原理被认为是有效的，为国家政策提供了基础。

为什么忽然间会遭到大举反对呢？随便的回答是说，基于这些原理的政策没有起作用。但是为什么一百多年来起了很好作用的这些个人资本主义的政策会失灵了呢？这些政策所依据的原理，是由很多才华横溢的经济学家发展起来并加以精练的。它们的逻辑已经由莱昂·瓦尔拉斯(Léon Walras)在他漂亮的方程组中加以浓缩。它们对于个人资本主义经济的有效性也得到过很好的证明。

失灵的根本原因

答案在于已经发生的两个破坏了古典假设有效性的重大制度变迁。一个是占主导地位的企业形式的特征的一种变化，另一个是占主导地位的市场形式的特征的一种变化。

19世纪的大多数时候，占主导地位的企业形式是小型私有企业。这样的企业是古典经济理论的基本概念，所分析的经济体系是一个小型私有企业的体系，这些企业通过没有哪个企业拥有显著市场权力的市场相互联系起来。垄断被视为一种可以被打破或者被调整的偏离，同时竞争市场上的价格被认为是可以自由、灵活地调整，

① 指国际联盟为缓解大萧条而于1933年在伦敦召开的世界经济会议。会议没有取得任何实质性的成果，但为美国后来构建由它所主导的世界贸易金融合作机制奠定了基础。——译者

以使供求相等。因此，个人资本主义的政策是基于小型私有企业和灵活的市场价格这两个密切联系的假设的。正是这些政策在36年前失灵了。

在20世纪30年代，这些假定已经不再适用。美国已经成为一个大型现代公司在其中发挥主导作用的国家，进入市场的大量商品和服务是以非灵活的、受到管理的价格进行交换的。

E.张伯伦和琼·罗宾逊在1933年明确指出，在古典竞争概念和古典垄断概念之间，还有一种古典竞争理论的结论对其并不适用的重要的竞争形式。阿道夫·伯利和加德纳·米恩斯证实了大公司显著的重要性及其非私人特征。我自己的论著证实了管理价格以及它们的相对缺乏灵活性所发挥的重要作用。当我们回顾20世纪30年代的时候，就很容易理解为什么个人资本主义的政策不再发挥作用。经济不再是由小型私有企业主导的经济，价格也不再是能快速反应、自动调节的灵活的价格。

新 情 况

发生在那时候的那场革命，是一场观点的革命。我们不作回顾，不是根据19世纪的情况来描述我们的经济。我们调转方向，去展望，并开始根据更为现实的情况来描述我们的经济。

今天，我们看到处于最突出地位的是大型现代企业，显然不是私人企业。一家有数十万股东，数十万工人，无数消费者和数千供应商的公司，与私人全然无关。同样明显的是，这样一家公司也不是政府的。它是一种介于私人企业和政府之间的组织。

很明显，现代公司是一个大集体。它的管理部门是一个能使自身永存的机构，控制着企业，而企业本身是由所有的参与者构成的——其中一些供应资本，一些供应人力，一些供应原材料，一些提供市场。管理部门不再单纯对股东负责。在新型的竞争所设定的宽泛的限度中，管理部门有权去影响企业各方参与者的利益，有责任运用这种权力去平衡各方利益。这种作为一个独立组织的集体的长期生存，可能有赖于管理部门在这些赋予这个集体以生命的、常常是冲突的利益之间保持有效的平衡。管理部门所运用的权力的充分合法性，也有赖于它实现了这种平衡。

在我们现实的经济世界处于突出地位的，还有我所称的“有管理的竞争”(administrative competition)。像集体企业一样，个人资本主义的原理和政策对它并不适用。有管理的竞争是介于古典竞争(没有任何企业拥有市场权力)和古典垄断(只有一个企业有定价权)之间的一种形式。无论我们称之为“极少数企业间的竞争”，还是有管理的竞争，或是使用诸如“垄断竞争”或“不完全竞争”之类误导性的术语，[①]它本质上都是一种竞争形式，在其中，价格(或者工资率)不是由供求相等来决定的，而是由管理活动来决定的，而且在一定时间内，在一系列的交易中是固定不变的。

在有管理的竞争下，需求和成本影响着价格，但并不决定价格。需求可以在不造成价格变化的情况下发生变化。成本可以在不造成价格变化的情况下而变化，并且可以在不导致需求或成本变化的情况下使价格发生变化。在某种程度上，实际价格变成了在由需求和成本设定的(通常是不严格的)限制下，任意使用定价权的问题。同

---

① “垄断竞争”和“不完全竞争”这两个术语是误导性的，因为从含义上来说，它们否认了存在着某种既非古典竞争、又非古典垄断的形式，而且这种形式并不是二者在技术上的结合。当存在两个或者更多卖者的时候，就不可能只有单个垄断者在销售产品。而且，如果“完全”竞争从来就不曾有过，那么，不完全竞争与古典竞争就没有区别。

时，成本和需求在一定程度上成为如何使用这种任意权力的结果。①

到大萧条时代，此前50年的制度变迁已经把个人资本主义体系转变为一个明显是由大型的集体和市场构成的体系，在这些集体和市场中，价格是由管理决策所决定的。个人资本主义发生的这种巨大的演变，给我们带来了一种新型的自由企业体系，我们可以称之为集体资本主义(Collective Capitalism)。这种资本主义形式完全不同于约翰·斯图亚特·穆勒和卡尔·马克思的概念，当然也不同于亚当·斯密的概念。

这种差别的证据

就在我撰写这篇论文的时候，两件事情引起我的注意，它们再明白不过地说明了个人资本主义和集体资本主义的差别。

第一件是《商业周刊》最近发表的一篇评论，②它在开篇就指出："有一种新的动力去寻找比尽可能赚更多的钱这一目标更加一般化的管理目标。对把利润最大化作为经营的最高目标的怀疑，在自由企业体系中与日俱增。"《商业周刊》接着说道："在古典意义上，管理部门是作为受托人为所有者服务的。而现代观念认为，职业经理是作为受托人为企业的所有相关者服务的：所有者、雇员、客户、供应商、债权人、政府和公众。"《商业周刊》然后指出并非所有人都同意这一观点，并引用了米尔顿·弗里德曼1963年的说法："当公司管理者愿意承担社会责任，而不是尽可能地为股东赚更多的钱的时候，那么，我们这个自由社会的基础就会被彻底颠覆，几乎没有哪种趋势会

① 例如，高价对应着大量的广告支出，而低价对应较少的需求，但成本也较低。

② 《商业周刊》，1968年11月2日，第71页。

有这样的破坏性。”然后又引用了弗里德曼的言论，把更广泛的社会责任这种观念称为“一种彻底颠覆性的学说”。

第二件事涉及价格，也和米尔顿·弗里德曼有关。《经济学摘要杂志》[①]（*Journal of Economic Abstracts*）9月号概述了阿巴·勒纳（Abba Lerner）对弗里德曼1967年的美国经济学会主席演讲的攻击，攻击的理由是弗里德曼假设了价格和工资一定程度上有灵活性，而这在现实中是很少碰到的。[②]

这些评论引人注目地说明了基于个人资本主义的理论与集体资本主义的现实之间的对立。如果弗里德曼认为现代公司和管理价格是对古典理论的颠覆，那么，人们完全同意。而如果弗里德曼倡导的是通过打破公司企业和联盟组织，实现没有谁有相当的定价权，以及管理价格极为罕见这种状况，从而回归古典条件，那么，他的古典理论和他的政策就是完全一致的了。但是集体资本主义已经带来了古典理论无法解决的一系列新问题。

焦点的逆转

这一系列问题中的第一个，也是我认为最重要的一个，是我们思考我们的经济体系的方式。还有大量的、也是可以理解的倾向，把当今的经济描述为私人企业体制，虽然有一些重要的修正。这种倾向在经济学教学和对这种体制的理论阐述中都表现出来。我们相信到了彻底转变我们的领域的时候了，把我们的体制描述为既包含私人企业，也包含政府企业的一个集体企业体制。

---

① 即《经济学文献杂志》（*Journal of Economic Literatures*）的前身。——译者

② 《经济学摘要杂志》，1968年9月，第675页。

当我们按照这种逆转之后的含义来理解，那么，理论进程的起点将是把当前的经济描述为这样一种形式，在其中，大型集体企业发挥着重要作用，同时有其他从事生产的部门，它们多半是政府企业，另一方面是私人企业。同样，对价格和工资的分析首先要集中于有管理的竞争和价格与工资率的不确定。这样，古典垄断和古典竞争将被视为特例。

这个进程与当前的大多数教学是截然不同的。比如，萨缪尔森的《经济学》讨论价格决定的这一篇，一开始用了四章的篇幅来主要讨论供求决定价格，紧接着一章讨论了企业的均衡，主要讨论的是一个垄断者的定价，最后用轻描淡写的一章讨论了“不完全竞争”。[①] 因为大量商品和服务的交易是按照管理价格发生的，从古典竞争到有管理的竞争的这种方法，显然给人留下了错误的印象。

与古典竞争相比，我们对有管理的竞争还知之甚少。我们要论及的方面包括：价格的不确定，它们对需求和成本变化的不敏感，以及任意使价格发生变化的可能性。我们也需要论及有管理的竞争也会导致高成本或者低价格这种可能性。人们可能质疑，简单明了的边际成本曲线和边际收益曲线与现实中以目标收益率为目标的定价决策是否相关。最重要的是，教学中要以有管理的竞争为核心。

同样，在理论分析中，需要替代简化的古典模型的假设，古典模型中的经济仅仅涉及古典竞争和完全有灵活性的价格和工资。在我们的简化模型中，所有生产都是由集体来完成，所有价格都是管理价格。这样一种经济的理论含义从而可以调整后用于包含了一些古典竞争和一些政府生产的经济。

除非我们在教学和理论中完成这种革命，否则，我不相信我们能

① 保罗·A.萨缪尔森：《经济学》，第4版，纽约，第367—498页。

充分理解集体资本主义的现实问题,或者提出最好的政策来解决问题。但是一些现实问题已经显而易见,我们正在寻找解决办法。我将在这里考察集体资本主义所带来的五个重要问题,阐明我们已经采取的解决这些问题的步骤,指出我可能提出的圆满解决问题的方向。

保持充分就业

第一个现实问题当然是保持充分就业。在个人资本主义的理论中,有一种价格调节机制将会自动保持总需求水平,以消除非自愿失业,保证合理的充分就业。如果总需求不足,价格和工资水平的下降会提高已发行的货币存量的实际价值,使其大于公众在低价格水平上会选择持有的数量。这种货币过剩将恢复实际总需求。

在集体资本主义下,价格—工资结构并不具备让古典机制发挥作用所需要的那种灵活程度。这里不是价格水平的总体下降,而是总需求不足带来了就业和收入的下降,这种下降完全抵消了实际货币存量的增加所产生的刺激效应。

1946 年的就业法案使政府的积极行动以保持总需求这种必要性得到了充分的认可,而且人们普遍同意货币和财政措施是主要手段。但是过去 20 年来的经验没有给我们留下什么制度或者政策,能够对总需求进行精密的调整,甚至可以合理地断定,粗略的调整还会持续下去。

在我看来,货币政策措施对于保持总需求的适当水平是一个有力的工具,但是我们还没有学会如何有效地使用它。1968 年整个夏季,刺激需求的政策是增加 18%的年货币总供给,同时又实施了以减少总需求为目标的附加税政策,我看不到这里面有任何正当理由。[1] 在整个这一年，从私人部门收入中征收的税收预计是110亿美元，但仅在这4个月，货币政策就创造了60亿美元的额外货币供给，也就是说在这一年内增加了180亿美元的货币。60亿美元的额外货币供给经济带来了直接的影响，而这额外的60亿美元对货币存量的影响则是持续的。毫不奇怪，附加税在第三和第四季度似乎没有带来什么影响。

请注意，我们在这里对凯恩斯主义的学说提出了异议，这种学说认为货币影响总需求的唯一有意义的方式，是通过影响利率而对总需求产生影响。古典理论假设，同时统计上的证据也表明，货币不仅直接作用于总需求，而且这种影响是相当大的。因为凯恩斯主义的分析忽略了货币的这种直接作用，就会过于强调财政政策，同时低估货币政策措施的潜力。

但是，我反对这样的古典假定，即认为在公众将选择持有的货币量与收入之间有相当稳定的关系。因此，我反对这样的建议：货币存量应该与潜在实际收入的增长相一致，以一个稳定的年率增长。对于这个建议来说，遗憾的是，在充分就业状态下，公众将选择持有的货币量会因为很多因素而变化。它随季节而变化，随短期利率而变化，随着对未来的态度的改变而变化，也随国际发展状况而变化。对于一个有管理的竞争处于突出地位的经济来说，货币需求的这些变化将意味着，即便没有货币存量的短期波动，也会有就业的波动。

很明显，我们需要更多地了解货币和财政政策对总需求的实际影响，也需要调整我们的货币和财政制度，使其能够把总需求调整到我们的生产能力所要求的水平。当我第一次提出管理定价这个概念

---

① 1968年4—7月，活期存款和现金总额增加了2.75%，或者年增长率为11%。

的时候，我就指出了它们对货币政策的意义，[①]最近我曾提议如何重组我们的货币制度，使其成为更有效地调节总寻求水平的工具。[②]一旦我们摒弃对财政政策和货币的利率效应的过度强调，我相信我们将形成一系列货币制度和货币政策，它们将使保持适当水平的总需求所需要的精密调整成为可能。

有管理的通货膨胀

集体资本主义的第二个重要问题，是个人资本主义中没有碰到过的新型通货膨胀。古典理论的通货膨胀是伴随着价格和工资率普遍上涨的一种需求通货膨胀。这种通货膨胀表现为过多的货币追逐过少的商品，至少对单个国家而言，它可以通过精密调整总需求来实现充分就业和物价水平的稳定而得到防止。

新型通货膨胀起因于有管理的价格和工资率的不确定，起因于它们所包含的市场权力。有时被称为“成本推动型”的通货膨胀，其含义是，它是由于劳动者运用其权力去推动工资率的上涨超过了生产力的提高而造成的。这在理论上是可能的。但还有一种理论上的可能性，那就是在单位成本或者需求没有任何增加的情况下，公司价格的管理者任意地提高了价格。这可以称为一种“利润推动型”的通货膨胀。因为这种新型通货膨胀可以是成本推动型的，也可以是利润推动型的，也因为它只可能发生在价格和工资受到管理的地方，我

---

① “价格的非灵活性与稳定化货币政策的必要条件”，《美国统计学会杂志》(*Journal of the American Statistical Association*)，第30卷，1935年6月号，第401—413页。

② “服务于货币经济的货币制度”，载《制度调整》(*Institutional Adjustment*)，得克萨斯奥斯汀，1967年，第151—177页。

喜欢称之为“有管理的通货膨胀”。

在集体资本主义条件下的需求型通货膨胀的特征，首先表现在它的价格满足古典竞争的条件，但大大滞后于有管理的价格和工资率。另一个特征是，只有在总需求超过了充分就业所需要的水平时才会发生。在第二次世界大战后取消了价格控制之后的情况，以及朝鲜战争引发的通货膨胀都是如此。二者显然都是需求型通货膨胀。

相比之下，有管理的通货膨胀首先表现为管理价格的提高，同时古典意义上的竞争价格并没有上涨或者下降，而且无论充分就业与否，它都会发生。1953—1958年的价格上涨显然具备这种特征。在这一时期，批发价格指数8%的上涨率中，大部分是管理价格，而纺织品、农产品之类商品的价格指数却是下降的，芝加哥学派的支持者发展起来的一项统计分析无意间证实了这个发现。[①] 1953年到1958年的这次通货膨胀发生在需求疲软的时期，平均失业率超过5%，工业生产能力大量闲置。当联邦储备委员会在假设它是一次需求通货膨胀而试图对其进行控制的时候，就造成了1957—1958年的萧条。整个这一时期都存在与古典理论的一个矛盾：通货膨胀和失业同时发生。这种通货膨胀显然不是需求过多的结果。

在近几个月，我相信我们已经看到了这样一种通货膨胀，它是因货币存量的迅速增长而带来的总需求过多，与在没有过度需求的条件下也会发生的有管理的通货膨胀的混合产物。只要我们调整我们的货币和财政制度，使我们能够调整总需求水平，我们就能防止需求型通货膨胀。但这本身并不能防止有管理的通货膨胀。

① 司法部委员会反托拉斯和垄断分委员会听证会，美国参议院，第1部分，1964年，附录10(由霍勒斯·J.德波德温(Horace J. DePodwin)和理查德·T.塞尔登(Richard T. Selden)提供的材料，附有G.C.米恩斯的评论)。

有人曾提出,有管理的通货膨胀可以通过保持相当数量的失业劳动力和闲置资本这样一种缓冲而得到控制。但20世纪50年代的通货膨胀就是在5%的劳动力失业的情况下发生的。即使这种缓冲可能取得成功,但与迫使超过150万人失业相比,充分就业与逐渐上升的通货膨胀是更好的经济选择,所担负的负担更小一些。毫无疑问,一个价格和工资控制体系可以防止有管理的通货膨胀,但我重申,这只是饮鸩止渴。我认为我们还没有对这种指导性的方法进行足够的检验。一旦完全理解了这个问题,我相信在企业领导、劳动者和消费者的帮助下,政府就能制定出指导方针,就能消除有管理的通货膨胀,或者将其控制在一个可接受的最低限度。如果还不行的话,就要采取更严厉的措施。

国际收支平衡

集体资本主义带来的第三个问题是国际收支平衡。在个人资本主义和金本位制下,灵活的价格和工资率被预期能够自由调整,以纠正国家之间任何根本性的收支不平衡。

由于集体资本主义下的工资和价格是不灵活的,旧的黄金流动机制就不再有效。如果价格和工资率是灵活的,那么,一个黄金流出国货币存量的减少会引起总需求的下降,并伴随着国内价格水平下降这样一种纠正效应。但在价格对需求的下降不敏感的时候,总需求的下降便会导致失业。旧有的黄金机制可以纠正收支的不平衡,但它是通过在一国导致萧条,而在另一国带来繁荣而进行纠正的。

在布雷顿森林建立的制度可以有效地延长这个靠改变措施或者采取特定措施来纠正收支不平衡的阶段,特别提款权也可以延展这个阶段,但除非通过汇率急剧的、痛苦的变化,否则这二者都根本不可能纠正一种根本性的不平衡。当然，如果我们放弃固定汇率的目标，让市场来决定汇率，那么，我们就有一种自动调节机制，但这将导致投机活动，并且损失短期汇率的稳定性带来的现实价值。

我相信这个问题可以通过一个中间过程而得到根本性的解决，这个过程将带来汇率的短期稳定，以及长期的、但却是逐渐实现的灵活性。如果在半年或者一年内把汇率稳定在一个已知的窄幅波动范围内，那么，固定汇率的大多数优势都能得到保持。例如，如果在比如说提前半年或者一年宣布对这个波动范围作周期性的小幅调整，那么，这种提前钉住（forward peg）就可以带来汇率的短期稳定，避免汇率变动带来的投机压力，而且还可以在超过一年的时期内允许汇率有相当幅度的、但却是逐步的变动。

我不能预见这种中间机制到底采取什么样的形式。但我清楚把改变国内就业水平作为汇率调整的一种方法，将是不能容忍的；自由浮动的汇率以及伴随着偶发的外汇危机的固定汇率，都不能为调整国际收支平衡提供一个满意的基础。

资 源 配 置

集体资本主义带来的第四个问题与资源配置有关。根据个人资本主义的理论和原理，如果每个小生产者都寻求自身利润最大化，那么，一国的资源将会得到充分利用。竞争会使价格与成本保持合理的关系，看不见的手会引导个人最经济地使用他们可利用的资源。

但这种美丽的图画并不适用于大型集体企业和有管理的竞争。公司管理部门的权力只是隐约受到看不见的手的控制。利润最大化行为往往比最有效地利用资源的行为较为少见。在小企业中可以忽略的单个管理部门的错误，在一个大集体中则可能影响到数以万计甚至数以十万计的人的生活。

解决这个问题的方法不是将集体企业分解为可以使古典竞争盛行的众多小企业。我们社会的丰裕，很大程度上是源自我们的大集体所拥有的高生产力。我们确实需要反托拉斯法令和机构在盛行有管理的竞争的地方去防止垄断，但这些机构不能强制推行古典竞争。没有令人满意的办法去管制除了在技术上需要垄断这种情况之外的那些集体，就像在公用事业中的情况，因为管制需要一定程度的集中，这将会抑制创造力。

不过这里有两个发展方向，完全与我们的自由企业体制相容，而且可以使集体资本主义在利用我们的资源方面更加有效地运行。

第一个是为大企业的管理部门建立一个绩效标准。大型集体创造利润是一种天经地义的职能。但利润最大化目标却不再是天经地义的。我在《定价权与公共利益》[①]一书中曾研究过这个问题，并提出了一些基于目标定价和绩效激励的方法。无论最终采用的是这些方法还是其他方法，大集体管理部门确实都需要明确，好的绩效是由什么构成的，刺激这种绩效的激励措施是什么。

而且，公众也需要大量关于成本和产量的信息来判断绩效。我相信，到目前为止已经脱离了私人企业身份的那些控制着5亿美元或者更多资产的所有公司，以及许多较小的公司，应该赋予它们新的合法身份，并且应当要求它们向公众披露那些评价经济绩效所需要的各种信息。

我认为会使得集体企业的经理和政府作出政策决策的时候更加有效的第二个发展方向，与经济计划有关。俄国式的经济计划与我们的自由企业体制显然是不相容的。但咨询性的计划可以为企业和

① 哈珀兄弟公司(Harper Brothers)，纽约，1962年。

政府提供有价值的背景，支撑特定的决策。

举个简单的例子来说。第二次世界大战临近结束的时候，经济发展委员会(CED)提出了一份影响深远的咨询性计划。这个故事很长，在此我就不再赘述，不过可以参见CED提出的咨询性计划的出版物《战后市场》(*Markets after the War*)，这份计划提升了企业界的视界，并为防止战后紧接而来的一次严重萧条提供了帮助。这种计划活动完全是咨询性的。它没有迫使任何人以某种方式采取行动。但它提供的系统的信息和估计引起了工商界人士的关注，从这个意义上说，他们的决策因此而改变。工商界人士受到了影响，使他们的利益与公众利益更加紧密地结合在一起。

除非尝试一下，否则我们不会知道这种咨询性的计划对改善集体资本主义的运行能起到多大的作用。这种计划是由政府还是由研究机构作出是次要的，尽管政府似乎自然是作出这种计划的机构。在每一种情况下，这种计划都应该召集企业、劳动者、消费者、政府和大学的经济专家和专业人士一起来编制。它大概应该包括：对一年以上的时期内充分就业状态下不同产品类别的消费需求总量的估计；随之而来的所需要的资本支出，以及资本的理想投向；对我们的土地资源和水资源的最佳使用的估计；以及对所需要的不同类型人力技能和培训的数量的估计。

这种计划不是对企业管理人员发出的指令。实际决策掌握在企业的政策制定者手中。但我相信，这种概括性的、大致的计划有助于管理人员作出更好的决策，也将为界定绩效提供一个更好的基础，而且将使对绩效的评价更加容易。

绩效标准与咨询性计划的结合将有助于引导管理人员的权力在大集体中的运用，让权力的运用更加贴近公共利益。这将增强公司权力的合理性。如果这样做还不够的话，那么，仍然是需要更严厉的措施。

收入分配

我想要讨论的最后一个问题是收入分配问题,但只作简略的讨论。在个人资本主义的理论中,看不见的手可以实现收入的公平分配。这在集体资本主义下是不可能发生的,这一点再明显不过了,也是诸如失业保险和累进所得税这样的社会立法明确承认的一个事实。此外,一个足以消除贫困的丰裕社会却没能做到这一点。我们在缩小不公平方面已经取得了巨大进步,但仍有很长的路要走。

对重要问题的总结

因此,在这里有5个集体资本主义面临的重大问题:充分就业、有管理的通货膨胀、国际收支平衡、资源的有效配置以及收入的公平分配。所列举的这些问题似乎老生常谈了。但个人资本主义的理论宣称看不见的手可以应付每一个问题,而集体资本主义的理论和实践认为,自动调节的力量是不够的。当集体企业和有管理的竞争在一个经济中处于主导地位的时候,市场力量将不能单独起作用,或者只能起到非常粗略的、不能令人满意的作用。

自从资本主义几近崩溃、个人资本主义的原理遭到摒弃36年以来,我们作为一个社会,一直在辛苦寻求解决这些问题。尽管受到一次世界大战和两次区域性战争的干扰,我们还是已经取得了重要的进步。对于我们这样一个庞大的民主国家,要摒弃一套原理,发展一套新的原理来引导政策,是一项巨大的工程,需要时间。等到这套新原理得到清晰的描述,为人所接受,并成功发挥作用的时候,社会就不再那么混乱了。其间将会有很多挫折和分歧、怀疑和委屈。这些挫折会流行开来，并迫使我们向一个截然不同的体制发生重大转变吗？或者集体资本主义将发展成为一个具有生命力的、持续性的体制吗？

私人企业领域

在我试图回答这个问题之前，我想谈谈我们经济中以私人企业为普遍形式的两个部门。

第一是农业。今天的大量农产品仍然是由家庭农场生产出来的，而且由于其激励与回报之间有着密切的联系，美国的这种组织形式的效率被证明是很高的，并且其收益在不断增加。俄国和中国都曾寻求通过集体制来实现有效的农业生产，但都失败了。的确，如今俄国近一半畜产品和三分之一的农业总产出来自农民在自有土地上经营的私人企业。我认为这个国家的农业在今后也不会改变其私人企业的特征。

我们经济中私人企业处于主导地位的第二个重要组成部分是城市房屋租赁行业。与农业中有效的私人企业相比，我们城市中心区的住房私人经营的结果远远不能让人满意。农业中的私人企业与成功的集体资本主义体制似乎是相容的。但城市住房行业的私人经营却并非如此，除非对其进行相当大的改变或引导以符合公共利益。

俄国的选择

我还必须讨论一下俄国对集体资本主义的选择，这种选择主要是基于以下三个论点：第一，资本没有生产力；第二，政府对生产的集中控制比资本主义的分散化控制有更大的生产力；第三，生产资料的政府所有制可以使收入分配不公平的程度最小化。

首先，资本没有生产力这一点已经被俄国及其卫星国的实践证明是错误的。在每一个国家，资本是作为一种稀缺资源而严格配给的，这些国家的一些经济学家已经开始承认马克思在这一点上是不对的。①

第二个论点，即政府对生产的集中控制比自由企业更有生产力，仍然有待证明，迄今为止的证据似乎并不支持这一点。尽管俄国正在引进西方的技术成就，对西方的追赶可能更快；但最近的产出增长率已经开始放缓，而且人均产出增长中的一部分是来自效率较高的农业，农业的效率较高，是因为三分之一的农业生产已经转移给了个体农民的私人企业，这是与集中控制截然相反的做法。

第三个论点，即收入分配可以比自由企业体制下更加公平，是与激励措施和风险承担密切相关的。如果所有的储蓄、所有的风险和所有的生产都由政府来承担，那么，俄国可以建立它所选择的那种收入分配模式。在自由企业体制下，创造性、储蓄和风险承担主要都是私人企业和集体企业的事情，而且收入是激励体系的一部分。在这种体制下，收入分配会受到政府的影响，但并不由政府来规定。在集体资本主义下，提高公平分配的公平程度（尤其是对弱势群体），是而且应该是政府的一项重要职能。但在两种体制下，收入分配不公平都不可能根本消除。如我相信的那样，如果集体资本主义更有生产力，能赋予人们更大的自由，那么，收入分配的不公平程度稍微大一点，那是得到这些好处所付出的较小的代价，只要这种不公平是更高

---

① 作者这里所说的"资本没有生产力"的含义，应该是说资本不创造价值。作者显然混淆了价值的源泉和生产力这两个概念。——译者

的生产力所带来的，而且不是以牺牲弱势群体为代价。问题是要保持最小程度的不公平。

集体资本主义的未来

以上所述让我产生了这样的问题：集体资本主义的未来何在？对于这一点，我持乐观态度。我不认为美国会回到个人资本主义。我们也不会走上俄国的道路。集体资本主义的主要问题不是我们的体制内部矛盾的产物，而是集体资本主义与那些适用于个人资本主义的政策之间的矛盾的产物。我们在发展新政策方面已经取得了重大进步。当我们逐渐更加彻底地认识到集体资本主义的当务之急，我相信我们就能解决它所产生的这些重大问题。我不是说我们会产生一个完美的体制，也不是说改善集体资本主义的运行是轻而易举的事情。对变革的抵制以及眼前个人利益的压力将起到阻碍作用。但我相信，一个运转正常的经济的总体利益将压倒这些抵制。

因此，我设想了这样一种体制，在其中，主要通过货币政策对总需求进行的精密调整，将使人和机器保持在较高的充分就业水平上；在其中，通过咨询性计划，通过价格—工资指导方针，或许也通过对战略性商品的特殊控制，有管理的通货膨胀将得到有效控制；在其中，通过短期内相对固定、但逐步变化以纠正根本性不平衡的汇率，国际收支平衡将得以保持；在其中，通过咨询性计划以及明确经济绩效包含什么样的内容，企业（以及政府）关于资源配置的决策将与公共利益有更紧密的联系；在其中，通过经济更好的运行以及持续不断地运用税收，一个完整的政府措施体系能够支持弱势群体的收入有一个可接受的最低水平，在这个水平之上，把不平等控制在最低程度。

我期望这样一种经济能带来收入的稳步增长，较多的闲暇以及享受闲暇的资金，以及帮助欠发达国家发展的更多资源。丰裕的生活是否就是美好的生活，这确实是个问题，但不是在这里讨论的问题。

8.公司国家在美国的兴起[①]

丹尼尔·R.富斯菲尔德

每一个社会本身都包含一些创造它自己的未来的力量。社会秩序总是处于变化过程中,未来必然不同于过去。这种变化过程根植于过去,发生于现在,延伸到未来。社会科学家必须发展一种三重的视角;他们必须回顾我们来之于其中的过去的世界,分析我们生存于其中的现在的世界,并努力辨识我们必将进入其中的未来。20世纪60年代中期突袭世界的危机——黑人的反抗,年轻人的文化,知识分子的不满,东南亚的骚乱,世界很多地方持续不断的农民反抗,国际金融体系的崩溃——迫使我们去探寻危机的根源,询问何去何从,推动我们的力量是什么。我们必须回首过去,从而领悟现在,预测未来。

本文的论题是,美国已经完全走上了通向一个公司国家之路。经济权力被集中到较少数超级公司手里,它们现在正在取得世界经济的统治地位,使之与他们在国内经济中的地位相衬。随着积极政府呈现出越来越重要的作用,政治权力已经大量转移到联邦政府的行政部门手中。经济和政治权力的这两个中心已经发展为一种不断加强的互利共生关系。超级公司自己选择的精英支配着决策过程,同时工会和大学里那些较小的权力中心,作为次级合伙人也被各种

---

① 原载《经济问题杂志》,第6卷,第1期(1972年3月),第1—22页。

各样的经济和政治机制拉进了这个体系。由于美国强大的经济实力，国内的这些发展已经大量输出到其他国家。它们使得美国经济和政治力量在很大程度上能够为了那些管理着这个浮现中的公司国家的人们的利益而在世界上运用。

美国的公司国家包含了那些有权力的人和没有权力的人之间的一种经济和政治上的妥协。只要经济体系能够提供一种可接受的保障水平，不断增加的物质财富，以及为下一代提供增长的机会，那么，美国的普通老百姓就不会去关心掌权者是谁，也不关心他们追求的是什么目标。只要物质上的报偿得以维持，这个体系以及那些掌权者就不会受到挑战。精英集团可以自由地运用美国的巨额财富去保持和扩大它的权力，可以自由运用它的权力去保持和扩大它的财富。

三个长期趋势

以下三大长期趋势在 20 世纪一直支配着美国经济制度的发展：大公司不断增长，积极政府的兴起，以及美国逐步在世界经济中处于支配地位。它们一并在第二次世界大战后的 25 年中，形成了浮现中的美国公司国家的轮廓。

大公司

大公司兴起并在美国经济中处于主导地位这一事实的概貌是大家都熟悉的。在世纪之交、20 世纪 20 年代和第二次世界大战后的三次兼并运动，创造了大企业寡头垄断的模式，这些企业支配着那些我们从中获得丰裕经济的产品和服务的经济部门，支配着国家力量的中坚。比如在制造业中，1968 年，100 家最大的企业所占的制造业资产份额，比 1950 年最大的 200 家企业占有的份额还要多；1968 年最大的 200 家企业所占的份额，相当于 1941 年1 000家最大的企业所占的份额。大公司的这种地位提升，与经济中大企业安家落户的其他部门的趋势是类似的，但这些部门的资料较不完整。

一些关系补充着这种集中度的提高，使大公司与基于富豪家族持股、联锁董事会以及与大银行的金融联系的利益共同体捆绑在一起。银行和信托公司的信托活动在这种公司共同体中增添了另外的联系，增强了金融机构的战略地位。此外，同业公会促进了经济和政治活动的共同政策，强化了大企业在它们的产业内的领导权。

我们进一步探讨大公司特征的很多方面。首先，大型跨国企业已经出现。第二次世界大战后交通和通信技术的进步（比如喷气式飞机和自动数据通信），使得跨国公司的产生成为可能。美国公司比外国公司能够更容易地利用这些新科技，在一定程度上是因为多数这些技术是在美国发展起来的，但主要是因为美国在世界贸易和国际金融中的支配地位。结果是，美国公司在大型跨国公司群体中处于主导地位，并且为美国经济带来了组织上的扩张，补充了它的贸易和金融的外向推动力。

其次，大公司的内部组织是专制的、等级制的、官僚式的。它由上层的一个主要是自己挑选的管理层来经营。所有权与控制权的分离也许已经广泛地分散了所有权，尽管对这一结论仍有争议，但它已经使管理层自身能够在相当大的程度上摆脱所有者的控制。它们必须对付的主要力量，是控制着资本市场的入口的金融机构的影响力。专制性质的大公司的兴起与所有权和控制权的分离相结合，产生了一个自己挑选的企业精英集团，他们对经济事务的影响力随着他们所经营的企业的支配地位不断提高而增强。

第三，大公司变成了私人政府，因为它们的活动和政策控制着面向数百万人和数千团体开放的选择机会。价格、投资政策、产品开发、工厂选址、工资和就业政策——公司政策的方方面面——都是关系国计民生的决策，因为这些组织规模巨大，影响深远。从这个意义上说，我们生活是受一群人的决策所控制的，这些人只对他们自己负责，他们选择自己的接班人，他们的组织无限期地延续下去。进行经济决策的一种模式已经出现，它仅仅受到市场力量不完全的控制，它的合理性是成问题的，责任是有限的。

积极政府

积极政府的出现是正在转变我们的经济制度的第二个主要趋势。它与众不同的特征是联邦政府新的、扩大了的职能。从1914年的联邦储备法案开始，继之以1946年的就业法案，到20世纪60年代全国采纳凯恩斯主义的宏观经济政策，美国政府承担了稳定经济和促进充分就业的增长的职能。同时，通过失业保险、工人补偿、老人和遗族保险（survivor's insurance）、抵押担保项目、银行存款担保、农产品价格稳定以及其他大量减少或转移过去由个人或企业承担的风险的项目，市场自我调整体系的诸多经济风险得以社会化。颁布了一系列与劳资关系有关的法令来解决劳动者和管理者之间的冲突。另一个领域的冲突，即消费者与卖者之间的冲突，从几十年前对公用事业的管制开始，以及后来几十年间逐渐扩大到其他领域的管制，一直受到联邦一级和州一级立法的关注。各级政府积极推进保持一个复杂的经济得以运转和增长所必需的教育和培训。所有这些措施有一个共同的特征。通过干预自我调节的市场机制，它们被设计出来用以创造一个使现代经济得以繁荣的框架。它们是为实现积极政府所设定的目标而采取的积极行动，这与自由放任的政府形成了鲜明对照。

政府角色的职能转变伴随着宪法的转变。自由放任政府的有限权力宪法框架只允许联邦政府去做那些宪法中特别规定了的事情。在20世纪30年代中期的5年内产生的一系列开拓性决策中，这些限制被抛在一边：联邦政府有权动用它征税和支出的权力去促进总体福利，而这里的总体福利是由国会来定义的。按照阿瑟·塞尔温·米勒(Arthur Selwyn Miller)贴切的说法，我们从一种受限宪法转变成了一种权力宪法。

这些职能上和法律上的转变伴随着政治权力核心的一种转变。在实施新政的几年里，随着联邦职能的扩大和联邦预算的增长，开始了权力从地方和州政府向华盛顿转移的长期过程。而联邦政府的权力趋向于从立法部门向行政部门转移。这种转变的发生，部分原因在于行政部门有更多可供开支的资金：也就是调配和使用那些资金来增加行政机构权力的能力。国会丧失了很多项目的控制权，因为这些项目是建立在一种持续的基础之上，这些基础大大降低了国会调整预算的自由。此外，新项目或者老项目的修改是由行政机关发起的：它们拥有专家和经验来决定什么是实现政策目标所必需的东西。最后，权力转向行政部门，是因为新项目是在全国范围内开展的。总统和行政机关有全国范围的支持者，而国会只是地方支持者的一个集合。全国性问题的解决办法的动议必定要由具有全国性政治基础的人来提出。

在第二次世界大战期间，华盛顿的权力核心进一步转变，转向军队和国家安全的管理者。他们大大增加了可开支的资金；他们在大多数美国人所不知道的一个领域拥有技术优势；他们对信息近乎垄断；并且，他们可以以国家存亡为要挟。第二次世界大战后，在军费开支被迅速削减的情况下，国家安全管理者的权力看似在衰减，但一些事件很快改变了他们的地位。冷战、朝鲜战争、麦卡锡主义和反共、1960 年的导弹力量差距(missile gap)[①]、菲德尔·卡斯特罗在古巴上台以及越南战争,将军费和相关开支推向了一个新高度。过去 20 年内美国的军事化使军事和国家安全管理者牢牢掌握着大权。

在整个这一阶段,最高领导者的作用也在增强。是总统而不是国会促成了 1946 年就业法案下的经济政策。此外,对外政策和国际事务几乎完全变成了总统和行政部门的职责。由于这些问题逐渐在战后联邦政策中处于主导地位,总统不可避免地成为了政府的核心。

照这样,超过 40 年的时间内,权力中心转向了华盛顿,在华盛顿则转向了行政部门,在行政部门则转向了总统,转向了那些主要考虑军事和国家安全事务的决策者。

美国与世界

当前,随着大公司和积极政府的兴起,美国已在世界事务中取得了经济和政治上的支配地位。它是现今世界贸易中最大的单国参与者,在世界进出口额中占 6%以上的份额。它是世界经济最大的资本供给国,创造了 50%以上的世界储蓄。经过几十年的对外投资和资本流出之后,美国的国际收支显示出私人国际投资的年净收入约为 64 亿美元,与此相比,排位紧随其后的 9 个最重要的贸易国的此项收入总计约为 16 亿美元(1968 年的数据)。美国的经济增长和高生活水平,使其成为世界最重要的市场,以及世界最重要的资本来源。

美国自己的跨国公司处于一种特殊的支配地位。1970 年,美国海外直接投资的账面价值达到 780 亿美元,预计 1971 年将达到 850

---

① “导弹力量差距”是 1960 年美国总统大选期间肯尼迪的一个用语,用来表示美、苏两国的导弹力量均势已被打破,苏联开始占优势。——译者

亿美元。市场价值无疑更高。美国自己的公司的生产设备海外销售额约680亿美元,这是美国约270亿美元出口总额的两倍多。外销设备的利润率一般来说高于内销设备,这也部分解释了为什么美国公司国外业务的扩大远远快于国内投资的扩大。比如,IBM公司1970年从国际业务获得的总利润大于国内业务的总利润,而道氏化学公司(Dow Chemical)预计在整个20世纪70年代,其海外销售额与国内销售额相当。

1944年建立的布雷顿森林国际金融体系强化了美国经济对世界经济的渗透。在这个体系下,每个国家的中央银行都必须将其通货价值控制在1%的平价波动范围之内。当美国的国际收支持续逆差的时候,这个白痴规定就会导致10亿—30亿美元的资产从国外向美国转移,而这些资产提供资金的不是美国的储蓄,而是外国中央银行。这也为外国带来了通货膨胀压力,这些国家不得不通过有可能抑制本国经济增长的宏观经济政策来应对。与此同时,额外资产向美国的流动促进了美国公司在国外的发展,也有助于美国政府支付它的某些海外军事投入。

在美国的通货膨胀以及扩大的海外军费开支的冲击下,这一体系最终在1971年崩溃了。通货膨胀结束了我们看似永久性的贸易顺差,而越南战争使我们的海外军费支出逐步增大。当国外中央银行表明不愿为美国由此发生的220亿美元国际收支逆差融资时,我们就被迫实行了浮动汇率制,然后让美元贬值。不过,财政部部长康诺利(Connolly)揭示了美国经济权力政治学的基本现实,他在日内瓦告诉10国集团,我们寻求的新货币关系必须每年为美国带来130亿美元的贸易顺差,从而为我们“正常”的对外投资和海外军费开支提供资金,并要留出20亿美元应对紧急状况。其实,他的提议就是要让外国人为美国在世界的统治地位作贡献的方式,从国际金融体系转向国际贸易体系，并且要使之永久化，而不是受外国中央银行的自主权的限制。

我们应当顺带提一下，康诺利的提议相当于每年对美国经济征收按实际值计算的130亿美元税款。然而，无论是美国公众还是国会，都没有被征询过他们的立场，这表明了转移到行政部门的权力有多大。我们还应注意到，今年12月中旬达成的协议虽然重建了灵活度较大的布雷顿森林体系，但在使其崩溃的那些力量面前，它同样是脆弱的。

美国的经济扩张有其政治上的同盟。美国在加拿大经济中取得的支配地位是由于资本流动和市场的接近。这些力量加上门罗主义(Monroe Doctrine)以及军事和外交干预，将拉丁美洲置于美国的经济控制之下。通过门户开放政策，美国在世界其他地方实现了自己的经济利益，首先是1884年在刚果，之后是1895—1900年在中国。我们甚至试图在菲律宾和古巴实行殖民统治，但对于一个昭彰天命[①](Manifest Destiny)需要它的金融力量广泛扩散以及它的巨大市场的吸引力的国家来说，这些属于脱离正轨的试验。美国不需要殖民地，甚至不需要政治领域的影响力，只要它两亿多的人口消耗了世界原材料和制成品一半以上的产量，而且产生了世界一半以上的储蓄。它唯一需要的是世界其他地区的开放。

第二次世界大战使美国在政治和军事上都取得了支配地位。美国的技术实现了对核武器及其投放方法的最初垄断。战争使得没有任何一个西欧国家有实力与苏联相抗衡，于是我们通过军队、经援和军援填补了真空。英法帝国在非洲和南亚的破产使美国的军事和政

---

① 昭彰天命(Manifest Destiny)，又译“天命论”、“美国天命论”、“天命扩张论”等，是1845年美国人提出的一种领土扩张论，宣称占领北美是美国的神授使命。后来，西奥多·罗斯福总统将这种霸权观推而广之，即向国外扩张。——译者

治力量在这些地区取得支配地位。在远东，我们对日本的军事胜利使我们取得了控制权。除了苏联、东欧和中国，世界的权力都集中到了华盛顿。

美国的政治和经济权力的高歌猛进对于美国公司国家的兴起有着最重大的意义。大政府和大公司的利益在国际范围内高度一致，在国际上，一方的政治和军事力量支持了另一方的经济权力，反之反是。比如，美国在北非和中东的石油公司生产的原油是欧洲和日本的经济命脉，这些公司由此而获利。美国在地中海上的舰队不仅维护了美国的权力，支持了我们的西欧盟友，而且保持着那个地区现有的政治局势，有助于稳固那里的经济协议。这是美国的全球政治和经济地位之间的共生关系最明白不过的例子。随着美国在第二次世界大战后的岁月里逐渐取得军事和政治上的支配地位，它最终有能力来实现让美国的贸易和资本全面进入世界的门户开放政策。

公私力量的合并

经济权力的集中以及积极政府中行政权力的出现并非相互独立的。它们的合并是一种不断发展的趋势。有一种早期的表现是经济学家们所熟悉的，那就是对公用事业和其他产业的管制“影响了公共利益”。随着政府权力与它背后的产业的经济权力相联合，那些表面上看来一开始是用来保护公众的措施，逐渐转变为保护那些有可能被管制的产业的措施。

石油产业是联合使用公私权力以使私人获益的典型例子。石油产业是美国的第二大产业，它的燃料产品是现代经济不可或缺的。联邦政府和州政府与大型综合石油公司合作，以保持一个复杂的市场控制体系。通过对原油进口的限制和进口许可证制度这些联邦法规，国内市场得到保护，排除了国外竞争。在州际石油合同委员会（Interstate Oil Compact Commission）的管理下，政府根据配额对国内产量进行控制，有效地稳定了市价。联邦政府禁止在州际运输超出配额规定的石油产品，以此来执行配额政策。由于一个反托拉斯核准令而使之合法化的产业巨头对输油管道的控制，使大企业可以通过运输较小竞争者的原材料而获利。最后，通过巨额的资产贬值减税[①]（depletion allowance），整个石油产业在税收中享有优待地位。这个体系稳定了价格，保护了现有企业。这个产业所制定的价格不仅产生了一个正常利润，而且在正常情况下为产业提供了其扩张所需要的几乎所有资本。现有股东可以独享经济增长和新技术带来的利益，而不必与新资本的提供者分享那些利益。用于扩张的资本来自纳税人和石油产品的消费者。

在一个大得多的规模上，大公司和大政府的共生关系包括了整个经济。大公司需要大政府以及它所提供的服务。现代宏观经济政策所带来的经济增长，是大公司用来满足它们对发展壮大的渴望所需要的那种经济增长。稳定的充分就业为它们提供了保障，并且使大企业执行其长期计划所需要的时间得到了保证。比如，汽车公司在1971年就开始为1978年上市的汽车制订计划；它们对总购买力和汽车需求的预期相对更有把握，因为它们知道联邦政府将确保相对的充分就业。对充分就业的增长的保证，提供了有利的经济环境，超级公司在其中可以兴旺发达。

大公司需要大政府，还有第二个原因。风险社会化、社会保障以及福利项目解决了市场经济固有的一些涉及个人的问题。通过为人

---

① 美国为石油产业提供的一种优厚待遇，在石油开采中因正常生产和业务活动而使其资产耗损贬值时，能享受减税待遇。——译者

们带来更大的保障，这些项目稳定了社会秩序。它们让普通人安于现状，它们缓和了一些有可能导致社会和政治变动的不满情绪。劳动立法和劳资冲突的解决办法与此类似，不过稍后再进一步讨论。

最后，大公司需要大政府为它们教育培养技术和管理骨干。大公司所需要的绝大多数人力资本投资，在个人不能提供的时候，都是由政府来提供的。作为技术革新的准备工作的许多基础科学研究，都是在公共资金赞助下进行的。

在这种交易的另一方面，大政府也需要大公司，尤其是在美国这种处于世界权力中心地位的国家。现代战争技术是由大企业提供的。现代武器意味着诸如洛克希德公司这样的企业。面对这种需求，国防部在第二次世界大战期间和战后不断着手创建、培养和援助这样的企业。最近对洛克希德公司的挽救，只不过是过去众多类似情况中最新、最大规模的一个例子。这种带有公职人员与私人企业之间、公共需要与私人利益之间错综复杂、相互交织的关系的军—工混合体(military-industrial complex)，正是国家权力依赖大公司提供的经济基础的产物。

从更为基本的意义上来说，大政府也需要大公司。大公司在如今是如此重要，以至于政府为了保持经济运行而必须保护它们。宾州中央铁路公司①(Penn Central Railroad)就是一个颇有启发性的例子。这个公司在经济局势中占据了两大战略地位。它的运输功能对东北部各州工业经济的正常运行至关重要；宾州中央铁路公司一旦垮台，整个经济必将步履蹒跚。此外，铁路公司的债务是许多重要银行和保险公司的一部分重要资产，而且它也欠下许多市政当局和

---

① 1968 年由宾夕法尼亚铁路公司(Pennsylvania Railroad)和纽约中央铁路公司(New York Central Railway)合并而成的一个企业，是当时美国最大的铁路运输企业。该企业于 1970 年 6 月破产，成为当时最大的一起破产事件。——译者

工业企业的债务。宾州中央铁路公司的财务破产会引发其他领域一连串的破产。由于这些原因,联邦政府不得不加以干预,以保证这家铁路公司的运行,并使其能够偿还它的大多数即还债务。整个经济都成了宾州中央铁路公司的人质,联邦政府与它一唱一和。

大公司和大政府之间的利益相关以及共生关系,正呈现出正式的组织形式。最近在这一方向上迈出的一步,是尼克松政府在控制通货膨胀的努力中建立经济控制体系。成立了一个在政府官员领导下,由公司、工会、公众的代表组成的组织,这个组织寻求制定关于工资和物价的国民经济政策,同时作出决策以使这些政策得以施行,并有执行其决策所需要的法律认可。

不管人们如何看待这些政策以及制定这些政策的政府的智慧或者效力,我们在此都必须认识到公司国家的哲学和运行模式:个人利益要服从于共同利益,这种共同利益是由主要经济利益相关者的代表来决定的,而决策是由政府来推行的。这使我们联想到意大利法西斯所创造、并在20世纪30年代由美国国家产业复兴局(NRA)尝试过的那种方式。我们不知道最终的模式是什么,但形成体现这些原则的某种形式的收入政策的时机已经成熟,将作为美国经济结构的一个永久性特征而出现。

大公司与大工会

浮现中的公司国家在大公司和大型工会之间创造了一种微妙的利益相关,尽管这二者在集体谈判中相互冲突。在联邦法律的保护伞下建立起来的劳资关系模式,有助于维护和稳固大公司和大型工会的地位。长期合同、全产业议价、申诉程序和仲裁,甚至集体谈判过程本身,都有助于双方获得保障。如果公司在整个产业实现了统一的工资率,那么,企业间成本差异的一个源泉就被消除,而且便于保持寡头垄断行业的共同价格。长期合同保证大公司能掌握1—3年内的工资成本,便于制订使大企业比小企业更具优势的计划。避免了未经许可的罢工和停工斗争的企业,就不必苦于应付生产过程的中断。只要达成合理的集体谈判协议,这个产业就在确定工资和工作条件方面受到了政府干预的保护。

工会组织同样从中受益。排他性的谈判协议使工会的成员资格不会受到其他工会的侵犯。申诉程序和仲裁是将成员的不满导向达成一致的争端解决机制的手段,从而减轻了内部压力。甚至工会会费常常都是由公司收取,并直接交付给工会。最后,聪明的公司管理层会维护一个"合理的"工会领导层,关照工会领导获得足够的经济利益,让他们安心担任工会领导,并对他们自己的工作感到满意。

近年来,这种不断增进的利益相互关系一直受到通货膨胀过程的扰乱。只要经济扩张的速度快于保持合理的充分就业所需要的速度,同时政府的财政和货币政策保证了必要的总支出水平,工会和公司管理层就可以寻求那种推动了通货膨胀的价格上涨所带来的利益。只要工资上涨加上额外福利不超过生产力的提高带来的收益,公司就没有内部成本压力,但这可能诱使工会去争取更大的利益,尤其是在寡头垄断行业,在这种行业,管理价格可以在不损失利润的情况下而提高。只要政府愿意将总需求保持在充分就业水平上,这种价格上涨的负担就被转移给了公众,转移给了工人和企业之间的互惠关系。由宏观经济政策带来的通货膨胀可以成为缓和工会与管理层之间冲突的一个安全阀。

当通货膨胀是由总需求过剩引起的时候,就像越南战争期间通货膨胀的加剧,同时政府实行了意在遏制物价上涨的财政和货币政策,此时工会和管理层之间的冲突就会加剧。工会成员敦促提高工资以补偿价格的迅速上涨带来的损失,而管理层同时面对着成本提高和政府控制物价上涨的压力。正是这些冲突在1971年夏天达到白热化，迫使尼克松政府对价格和工资进行控制，进一步迈向了公司国家。现在看来，这些控制似乎会成功地把公司群体解救出来，一方面抛开来自工会需求的压力，另一方面摆脱通货紧缩的宏观经济政策。

显而易见，在利益相关模式中存在着冲突。由国家向世界权力挺进过程中引发的通货膨胀，扰乱了政府、公司和工会的三边关系。问题要靠更大范围的经济计划和公司国家的进一步发展来解决。

大 学

美国大学长期以来履行着企业精英训练场的职能，尤其是法学院、工程学院和工商管理学院。随着技术日益复杂，随着大公司的规模不断扩大，随着公司与政府和劳工之间关系的法律细节更加错综复杂，大学的这种功能一直在稳步发展。近几十年来，大学和政府之间出现了一种紧密的关系，补充了与公司之间的联系。这种新关系的核心是军事需要和国际事务：大学在发展新武器方面作出了许多基础研究和应用研究，并且它们培养了美国扩大其国际义务所需要的众多海外事务专家。

军事技术的发展在政府、大学和军备承包商之间形成了一种共生关系。政府支持大学中的武器研究；公司聘请教授作为顾问，让员工到大学学习；涉及的每一方各得其所。1962年，当时的国防部副部长罗斯维尔·吉尔帕特里克(Roswell Gilpatric)在印第安纳州的南湾(South Bend)对中西部商人和大学师生的一次演讲中，就这一情况阐述了一种理想的关系。

> 本迪克斯(Bendix)公司在这一领域的所作所为值得一提。

我听说本迪克斯公司的员工与密歇根大学的教师密切合作，在重大研究中共同使用大学的核反应堆。本迪克斯系统部(Bendix Systems Division)、密歇根大学以及联邦政府共同进行了气象项目的现场试验。

本迪克斯公司聘请大学教师担任顾问；本迪克斯公司的技术人员担任大学兼职教师；本迪克斯公司鼓励员工在密歇根大学进修高级课程，攻读学位——有30%的公司工程师进修了一些课程。

同时，我很高兴地了解到，本迪克斯公司与这一地区其他的杰出教育机构保持着联系，包括密歇根州立大学、韦恩州立大学和南湾本地的圣母大学。这些活动或许有助于解释为什么本迪克斯公司能在1961财政年度获得1.72亿美元的基本军事合同款，在1962财政年度甚至可以获得更多。

有时候，研究是由大学的院系完成的，有时则集中在半独立的研究单位，比如劳伦斯实验室(Lawrence Laboratories)(加利福尼亚大学)、维罗·瑞实验室(Willow Run Laboratories)(密歇根大学)、莱克星顿实验室(Lexington Laboratories)(麻省理工大学)、应用物理学实验室(Applied Physics Laboratories)(约翰·霍普金斯大学)、福里斯特尔实验室(Forrestal Laboratories)(普林斯顿大学)和航空研究实验室(Aeronautical Research Laboratories)(康奈尔大学)。这种组织方法在一定程度上把军事研究的行政部门排除在学术控制之外，同时在军事项目中创造了一种学术上的既得利益。

大学的许多科学之外的活动也沉湎于这种军—工—学混合体。国际项目和外语专家培训受到大量联邦政府研究经费或者旨在促进联邦政府国际利益的机构的资助。例如，福特基金设立了外国区域研究基金项目(Foreign Area Fellowship Program),帮助国务院获得"让美国有效履行已增加的国际责任所需要的"专业知识。国防教育条例(National Defense Education Act)同样是为了推动整个大学圈去实现国家政策目标。

管理精英

一个公司自己挑选的经济精英集团支配着这个浮现中的公司国家。经济和政治领袖总是存在的,但是在一个权力分散的世界,精英集团是不可能形成的。然而,在当今美国,权力本身得以集中,既集中在相对少数的大公司(200家,250家,500家或是750家?),也集中在相对少数的联邦政府行政职位。超级公司和积极政府已经创造了一种容易从少数关键职位加以控制的制度结构。有多少职位呢?或许最多几千个。当然,构成这个精英集团的不会超过一万个公司和金融机构领导者、军方人员和联邦行政官员。

关于美国的管理精英已经有足够多的研究,使我们对它的性质和不断变化的范围有一个粗略的了解。作为一个群体,它主要来自城市、白人、新教徒、上等或中上等收入这样的背景。W.劳埃德·沃纳(W.Lloyd Warner)、C.赖特·米尔斯和G.威廉·多姆霍夫(G. William Domhof)在弗兰克·陶西格(Frank Taussig)和威廉·米勒的早期研究的基础上,对第二次世界大战后的经济领导人的社会和经济特征的研究表明,这些人中几乎没有移民或者移民的后代,只有少数人有农民、工人或者低层白领背景,相对较少的是天主教徒和犹太教徒,没有黑人。大约10%的人通过进入家族企业继承了高层职位;大约5%的人是创建了他们自己的公司的企业家;大约10%—15%的人是专业人士,多数是律师,他们在业内取得成功后进入公司高层。但是有大约70%的人是一级一级地逐步升职到高层职位的，现在这一比例比过去更高。70年前，创业者和有家族背景的管理人员要多得多（占68%），职业经理要少得多（占18%），律师和其他专业人士所占的比例基本没有变化。

这些数据显示，企业精英是一个相对开放的群体。它从现有群体外部吸纳人员，并且这一趋势在不断增大。吸纳人员的主要源泉是高等教育系统；企业精英总是比一般人受过更多的教育，并且现今更是如此。教育系统是一个基本的筛选机制，并且在某种程度上解释了为什么如此多的企业精英来自上等和中上等收入群体。他们大多是从常春藤联合会大学[①]（大多数来自名门望族的经理毕业的地方）和各大州立大学（大多数职业经理接受教育的地方）选拔出来的。

这个第一层的筛选得到经营培训项目和在职培训的补充。在培训中，有大志的高层经理被灌输了商业态度和管理思想意识；在培训中，你学会了与那些已经处于高层的人保持一致；在培训中，你发展了高层管理人员所需要的判断力。由于能否升职取决于已经位于高层的人的判断，所以重点就被放在商业态度和流行的生活方式的发展上。正如米尔斯所言："在个人行为方式和政治看法上，在社会行为方式和经营风格上，他都必须像那些取得成功的人一样，他自身的成功取决于这些人的评判。"

企业精英集团是一个能使自身永存的、自我选择的群体，它发展了一套共同的价值观，一种公认的行为模式，以及一系列只可意会不可言传的目标。这种价值体系特别强调对财富的渴望，包括个人财富和国家财富，并且接受私有财产制度和民族国家总体上是有益的。实际上，巩固和保护这些制度似乎是企业精英中达成一致的基本点，

① 包括美国东北部哈佛、哥伦比亚等八所名牌大学。——译者

与他们的政治信仰无关。他们的价值体系信奉的是15世纪佛罗伦萨美第奇(Medici)家族的口号:"金钱是用来获得权力的,权力是用来保护金钱的。"

企业精英得到一个在军校就已经社会化了的军事领导群体的补充。在那里,他们学会了国家权力的价值观以及尊重现状,这些态度在军队的高级军官选拔过程中得到强化,并且在与军—工混合体的工业部门的领导阶层的接触中得到强化。

还有一方面是政府行政部门的管理精英。我们会认为这个群体是从政治职位顺序提拔上来的,是从地方行政长官、市长或者其他选举产生的职位进入高层政府职位的。尽管一部分人是这样,但正如布鲁金斯研究所、加布里埃尔·科尔科(Gabriel Kolko)和理查德·巴尼特(Richard Barnet)的研究表明的那样,他们中的大多数来自商界,特别是联邦政府的国家安全管理人员几乎全部是来自经营合法生意的大企业、大金融机构和大法律事务所的主管。类似情况在联邦政府的其他部门也是很普遍的,只不过程度不同而已。此外,积极政府与超级公司之间的这种紧密联系的一种情况是,政府中有一群管理者,他们大多本身就来自企业领导者的高层。

在管理精英集团中有一系列复杂的关系在发挥作用,这些关系导向的是国家政策上的共识。被政治学家视为多元决策的很多政策,实际上是管理精英集团的一种多元决策。只要我们停下来想一想,我们所有人都非常熟悉这个过程的大概情况,它会证明这一点。

公司经理、它们的银行家和律师以及同他们有联系的名门望族,控制着从剑桥大学到帕罗奥多(Palo Alto)的林林总总的私立大学的董事会。他们也控制着大型基金会,这些基金会在财富上与他们有着血缘关系,是由上几代精英出资成立的。基金会进而为"智囊团"提供资金,"智囊团"由来自学术界的教授和研究人员组成,并且通常隶属于私立大学。智囊团向政府机构提供专家建议,并直接担任政府机构的顾问,也创造了一种专门知识,为各种各样受控于基金会和公司管理精英集团的政策计划团体所用,比如美国州议会、经济发展委员会和对外关系委员会。来自这些组织和智囊团的思想和人员涌向联邦政府,尤其是行政部门,涌向联邦特别行动组、委员会和工作组,构成了大部分的管理精英及其专门顾问。这些群体调查问题,提出政策建议,结果是国家目标和联邦政治战略来源于这个精英集团的一种多元主义的共识。特定的政策项目是国会的政治争吵的结果,但国家政策的目标很少是在那里决定的。

我们时代的政治经济

美国的公司国家依赖于一种复杂的政治经济。它的权力基础是超级公司和积极政府的行政部门。它的目标被强烈地导向国家权力,这在一定程度上是其本身的结果,一定程度上是为了维护现存的财富结构。它受到一个自我选择的、能使自身永存的精英集团的引导。它的军事力量和经济实力被用来创造了一个它本身能在其中繁荣昌盛的世界。

但这种权力基础是有局限的,任何一个精英集团的权力基础必然都是这样。它只有呼吁(或者至少是默许)千千万万并不直接分享财富和权力的人的支持,才能保持控制力。它使用的是两种办法:源于经济增长的日益增加的丰裕,以及在情感方面寻求支持的心理恳求。

首先是丰裕。超过人口增长的经济增长为大多数美国人提供了不断提高的实际收入。只要这个体系为普通人带来物质回报,就几乎不会提出关于谁控制着权力、谁拥有巨额财富这样的问题。我们的政治经济的这个基本特征，有助于解释为什么对作为国家政策的充分就业和经济增长如此强调，为什么代表性的大公司在 20 世纪 50 年代信奉凯恩斯主义经济学，为什么尼克松总统在 1970 年说“我是一个凯恩斯主义者”。凯恩斯主义的宏观经济政策对于政治妥协来说是至关重要的，这种妥协使一个精英集团管理的公司国家得以生存。

公众舆论对越南战争的反应说明了物质报偿对于中等收入的美国人是至关重要的。战争带来了吞噬实际收入的税收和通货膨胀，而且儿子和丈夫都成为征兵对象。美国中产阶级首先开始抱怨、然后开始反对这场战争。物质报偿停止了，政治妥协被打破了，而反战情绪扩散开来。美国扩张主义的反对者较早认识到美国公司国家这种战略上的弱点。比如，切·格瓦拉(Che Guevarra)号召“成千上万的越南人”对这个体系施加强大的压力，使其不能再持续下去。

美国只是刚刚开始对这种威胁作出反应。起初，我们在东南亚实施战争越南化政策，[①]减少美国的人员损失，安抚附近地区。通货膨胀正在通过各种控制措施来遏制。不过对于较长期的战略而言，我们正在发展一种利用电子侦察、自动控制武器、密集轰炸以及新式化学武器的新的资本密集型作战方式，被设计出来的这种作战可以在洛克希德公司著名的 C5A 大型运输机的帮助下，以少量的人员和大量的军备在世界任何地区即刻发动局部战争。同时，我们转向自愿服兵役制度，取消了强制征兵。在未来，像越南战争这样的战争将与和平时期没什么区别。无论战时还是平时，军工生产部门都会有大量就业机会，而且发动越南战争这种规模的战争，对我们的干扰不会比我们对多米尼加共和国或危地马拉的干预所带来的影响更大。

---

① 指撤出美军，将作战和指挥责任交给南越政府。——译者

其次是心理恳求。公司国家需要的不只是新凯恩斯主义经济学[①]和一种资本密集型的军事技术。它需要精神、对其自身正义的信仰以及敌人。这些都已经被提供了。所有美国人，无论贫富，从小就被灌输国家主义思想。在我们的小学和中学历史课程中讲授的很多内容发挥了这种作用。斯蒂芬·迪凯特(Stephen Decatur)的祝酒词“无论它对与错，都是我的祖国”，是我们的遗产的一部分。林登·约翰逊(Lyndon Johnson)可以呼吁一种国家荣誉感来为他的越南政策辩护。我们从孩提时代受到的训练，就是把国家目标视为我们个人的目标，在精神上把我们自己等同于国家，从星条旗去感受一种温暖的、情感上的依附。如果这种熏陶是成功的，那么，被一个精英集团设计出来提升他们的财富和权力的国家目标，就变成了成千上万人的个人目标。

对并不满足于此的人，我们提供的是一种救世主般的民主，这种思想说的是，美国所拥有的独一无二的政治经济体制，比其他任何国家都有优势，并且美国和美国人有责任把这种体制传播给全世界不幸的人们。从这种沙文主义中涌现的，不仅是众所周知的我们对世界其他地方的优越感，还有和平队[②](Peace Corps)、对外援助以及一系列呼吁开明派和改革者支持的半慈善的努力。

反共在恐惧中出现。它辨别出一个大小未知的已知敌人，一种永远不可能充分还击的内外威胁。反共为美国的世界霸权提供了一个借口，为巨额军费开支和太空探险提供了一个理由，为向第三世界的农民革命运动开战，为内部监视、大批逮捕和政治审判提供了各种

① 本文发表于1972年，故这里所说的“新凯恩斯主义经济学”(neo-Keynesian economics)指的是今天所说的“新古典综合”，而不是今天所说的新凯恩斯主义经济学。——译者

② 一个派遣青年志愿者到发展中国家工作的美国组织。——译者

理由。

每一个法西斯国家都通过情感呼吁来获得国民对政权的效忠。日本将天皇奉若神明，憎恨西方人，声称大和民族的优越性。德国将反共和反犹与对亚利安种族的优越性的呼吁相结合。西班牙则宣扬“天主教国家”，不管那是什么。所有这些都是内容不合理的情感呼吁，旨在获得对精英集团选择的、违背最大多数人的最大利益的国家目标的支持。美国的公司国家走上的是同样的道路。

需要做什么

美国的公司国家受到矛盾冲突的困扰。一个绝大多数人无法控制安排自己生活的决策的社会，是存在大量隐忧的。如果没有巨额军费开支，美国在世界上的地位是难以保持的，它致使我们卷入周期性的战争，这些战争停止了国内物质获益的报偿，破坏了富人与穷人之间的政治妥协。我们不可能在没有通货膨胀的情况下保持丰裕的不断增长，通货膨胀扰乱了国内和国际经济关系。在我们中间有被限制的民族，有被我们塞进低工资、卑贱的服务行业的少数民族群体。越来越多的青年人和知识分子把我们的国家目标视为本质上不合理的，然而，我们要去寻求合理的目标。

我们的冲突需要秩序来解决。一个陷入混乱的社会要通过寻求实施新的控制体系来作出反应。唯一的替代选择是社会结构和权力核心的剧变。我们面临 20 世纪工业社会的典型两难。我们会选择实施抑制这个体系的混乱的控制措施来保持现有结构吗？沿着这条道路走下去的话，我们浮现中的公司国家将逐渐变成一种充分发展的法西斯主义，未来的利维坦。

现今，掌权人与无权人之间的默契在以下因素的共同影响下已经被破坏：越南战争、城市的骚乱以及许多人所承认的美国社会是邪恶的，而不是善良的。尼克松政府寻求弥合这些裂痕，重建政治妥协；它追求的是回到精英集团的目标尚未遭到严重质疑的时代；它通过靠近公司国家的表面组织来实现这一点。

一个更加艰巨的任务是重建我们的经济制度，使其朝向一个人道社会。我们需要的不仅是繁荣、经济增长和物价稳定。我们需要财富的再分配，以实现更大的平等和自由。我们需要一个和平的世界。除非我们可以夺下军官们的枪，夺走管理精英集团的权力，否则无法实现这些目标。我们必须分散经济力量和政府权威。我们必须完全展开经济和政治制度的一种革命性转变。

参考文献

论美国公司国家的代表作包括：约翰·肯尼斯·加尔布雷思：《美国的资本主义：抗衡力量概念》（*American Capitalism: The Concept of Countervailing Power*）（波士顿：霍顿米夫林出版公司，1958年），以及《新工业国》（*The New Industrial State*）（波士顿：霍顿米夫林出版公司，1967年）。查尔斯·A.赖克（Charles A. Reich）的《美国的绿色革命》（*The Greening of America*）（纽约：兰登书屋，1970年）也提供了相关分析。其他从不同角度论及美国当代经济体制的制度结构和政治经济的著作包括：罗伯特·T.埃夫里特（Robert T. Averitt）的《双重经济体制》（*The Dual Economy*）（纽约：W.W.诺顿出版公司，1968年）；迈克尔·D.里甘（Michael D. Reagan）的《受管理的经济》（*The Managed Economy*）（纽约：牛津大学出版社，1963年）；戴维·T.贝兹伦（David T. Bazelon）的《脆弱的经济》（*The Paper Economy*）（纽约：Vintage Books，1965年）；默顿·S.巴拉茨（Morton S. Baratz）的《转变中的美国经济体系》（*The American Business System in Transition*）（纽约：托马斯Y.克罗韦尔出版社，1970年）。一个现在已成为经典的马克思主义视角的分析，是保罗·A.巴兰（Paul A. Baran）和保罗·M.斯威齐（Paul M. Sweezy）的《垄断资本》（*Monopoly Capital*）（纽约：每月评论出版社，1966年）。在本文中发展起来的思想的早期观点，见丹尼尔·R.富斯菲尔德的"美国的法西斯主义民主"，激进政治经济学联盟会议论文，费城，1968年12月（重印于激进政治经济学联盟第2号出版物，密歇根州安阿柏（Ann Arbor））。

最近的三本书系统分析了大公司在经济中的地位以及公共政策的相关问题：H. H. 利布哈夫斯基（H. H. Liebhafsky）的《美国政府和经济》（*American Government and Economy*）（纽约：John Wiley and Sons，1971 年）；威廉 · G. 谢波德的《市场权力和经济福利》（纽约：兰登书屋，1970 年）；弗雷德里克 · M. 谢勒的《产业市场结构与经济绩效》（芝加哥：兰德 · 麦克纳利出版公司，1970 年）。对社会问题更广泛的分析，见鲁宾 · 马里斯（Robin Marris）的《"管理资本主义"的经济理论》（*The Economic Theory of "Managerial Capitalism"*）（纽约：Basic Books，1968 年）；理查德 · J. 巴伯（Richard J. Barber）的《美国公司：它的权力、货币和政治学》（*The American Corporation: Its Power, Its Money, Its Politics*）（纽约：E. P. 达顿出版公司，1970 年）；默顿 · 米尼兹（Merton Minitz）和杰里 · S. 科恩（Jerry S. Cohen）的《美国有限公司：谁的美国》（*America, Inc.: Who Owns and Operates the United States*）（纽约：戴尔出版社，1971 年）；爱德华 · S. 梅森（Edward S. Mason）编的《现代社会中的公司》（*The Corporation in Modern Society*）（麻省剑桥：哈佛大学出版社，1959 年）；哈里 · M. 特里宾（Harry M. Trebing）编的《美国经济中的公司》（*The Corporation in the American Economy*）（芝加哥：Quadrange Books，1970 年）。联锁董事会的记载见《联邦贸易委员会关于关联董事会的报告》（*Report of the Federal Trade Commission on Interlocking Directorates*）（华盛顿：美国政府出版局，1951 年）。对公司利益集团的经典研究是国家资源委员会（National Resources Committee）的《美国经济的结构》（*The Structure of the American Economy*）（华盛顿：美国政府出版局，1939 年），第 9 章和附录 7—13。早期的经典研究见小阿道夫 · A. 伯利和加德纳 · C. 米恩斯的《现代公司与私有财产》（纽约：麦克米兰出版社，1932 年）；米恩斯的其他论文见文集《美国的公司革命》（纽约：Collier Books，1964 年）；罗伯特 · A. 布雷迪的《作为一个权力体系的经济》（纽约：哥伦比亚大学出版社，1943 年）以及由罗伯特 · S. 林德（Robert S. Lynd）撰写的出色的前言；另见国家临时经济委员会的一系列专题论文（华盛顿：美国政府出版局，1939—1941 年）。

跨国公司正在成为一个几乎独立的研究领域。一些代表性的研究包括：查尔斯 · P. 金德尔伯格（Charles P. Kindleberger）：《美国的海外经营》（*American Business Abroad*）（纽黑文：耶鲁大学出版社，1969 年）；斯蒂芬 · H. 海默（Stephen H. Hymer）："国家企业的国际运行"（MIT 博士论文，1960 年）；以及杰克 · N. 贝尔曼（Jack N. Behrman）：《国家利益与跨国企业》（*National Interests and Multinational Enterprise*）（新泽西恩格尔伍德 · 克里夫斯：普伦蒂斯出版社，1970 年）。路易斯 · 特纳（Louis Turner）的《无形帝国》（*Invisible Empires*）

(纽约:Harcourt Brace Jovanovich, 1970 年)是一个大众化的描述。两本其他有用的书是米拉·威尔金斯(Mira Wilkins)的《跨国企业的出现:从殖民地时代到 1914 年的美国海外经营》(*The Emergence of Multinational Enterprise: American Business Abroad from the Colonial Era to 1914*)(麻省剑桥:哈佛大学出版社,1970 年),以及詹姆斯·W.沃佩尔(James W. Vaupel)和琼·P.柯本(Joan P. Curban)的《跨国公司的形成》(*The Making of Multinational Enterprise*)(麻省剑桥:哈佛大学出版社,1969 年)。

对公司国家的法律基础令人钦佩的研究来自阿瑟·塞尔温·米勒的"通向技术—公司国家?论美国立宪整体的一篇论文",载《维拉诺瓦法律评论》(*Villanova Law Review*)第 14 卷,第 1 期(1968 年),第 1—73 页;以及"公司巨人症与技术律令",载《埃默里大学法学院公共法杂志》(*Emory University Law School Journal of Public Law*)第 18 卷,第 2 期,第 256—310 页。

关于军—工混合体与美国经济军事化的最好论文是西摩·梅尔曼的著作《我们被废弃的社会》(*Our Depleted Society*)(纽约:德尔出版公司, 1965 年),《五边形资本主义》(*Pentagon Capitalism*)(纽约:麦格劳—希尔出版公司, 1970 年),以及阅读材料《美国的战争经济》(*The War Economy of the United States*)。还应该加上理查德·J.巴尼特的《死亡经济》(*The Economy of Death*)(纽约:Atheneum, 1970 年)。有三本更流行的书是:弗雷德·J.库克(Fred J. Cook)的《战争之国》(*The Warfare State*)(纽约:麦克米伦,1964 年),西德尼·伦斯(Sidney Lens)的《军—工混合体》(*The Military-Industry Complex*)(费城:皮尔格林出版公司, 1970 年),以及拉尔夫·拉普(Ralph Lapp)的《武器文化》(*The Weapons Culture*)(巴尔的摩:企鹅图书,1968 年)。一个更加具有企业导向性质的研究来自亚当·雅莫林斯基(Adam Yarmolinsky)的《军事企业》(*The Military Establishment*)(纽约:哈珀和罗出版公司, 1971 年),同时迈克尔·基德伦(Michael Kidron)的《战后西方资本主义》(*Western Capitalism Since the War*)修订版(巴尔的摩:企鹅图书,1970 年)认为现代资本主义在没有"军事经济"的情况下不可能生存。默里·L.韦登鲍姆(Murray L. Weidenbaum)的"军队与美国经济:一个国内集中假说",载《美国经济评论》第 58 卷,第 2 期(1968 年),第 428—437 页;以及沃尔特·亚当斯的"军—工混合体与新工业国",同上,第 652—665 页,是关于政府与军队之间的制度关系的重要论文。另一个非常有价值的成果来自赫伯特·I.希勒(Herbert I. Schiller)和约瑟夫·D.菲利普斯(Joseph D. Phillips)的《超级政府:军—工混合体读本》(*Super-State: Readings in the Military-Industrial Complex*)(乌尔巴拉:伊利诺斯大学出版社,

1970年)。

大学与大公司—大企业之间的关系方面可利用的文献很少。一个有用的研究是詹姆斯·李奇维(James Ridgeway)的《封闭式公司:危机中的美国大学》(*The Closed Corporation*: *American Universities in Crisis*)(纽约:兰登书屋,1968年)。关于大学进行的化学武器研究的文献是西摩·M.赫什(Seymour M. Hersh)的《生化战争》(*Chemical and Biological Warfare*)(印第安纳波利斯:Bobbs-Merrill, 1968年)。关于大学卷入冷战的文献是欧文·L.霍罗威茨(Irving L. Horowitz)编的《卡米洛特计划的兴衰》(*The Rise and Fall of Project Camelot*)(麻省剑桥:MIT出版社,1967年);以及罗伯特·希格里亚诺(Robert Scigliano)和盖伊·H.福克斯(Guy H. Fox)的《对越南的技术援助——密歇根州立大学的经验》(*Technical Assistance in Vietnam - The Michigan State University Experience*)(纽约:Frederick A. Praeger, 1965年)。

关于美国的扩张主义有大量文献。我发现下列著作特别有帮助:威廉·A.威廉姆斯(William A. Williams)的《美国史概览》(*The Contours of American History*)(克里夫兰:世界出版社,1961年),《现代美帝国的根源》(*The Roots of Modern American Empire*)(纽约:兰登书屋,1969年),以及《美国外交悲剧》(*The Tragedy of American Diplomacy*)(克里夫兰:世界出版社,1959年);理查德·W.范阿尔斯蒂尼(Richard W. Van Alstyne)的《正在兴起的美帝国》(*The Rising American Empire*)(纽约:牛津大学出版社,1960年);阿尔伯特·K.韦恩伯格(Albert K. Weinberg)的《昭彰天命》(*Manifest Destiny*)(巴尔的摩:约翰·霍普金斯出版社,1935年);罗纳德·斯蒂尔(Ronald Steel)的《美国统治下的和平》(*Pax Americana*)(纽约:维京出版社,1967年);克劳德·朱利安(Claude Julien)的《美国的帝国》(*America's Empire*)(纽约:兰登书屋,1971年);西德尼·伦斯的《美帝国的铸就》(*The Forging of American Empire*)(纽约:托马斯Y.克罗韦尔出版社, 1971年);劳埃德·C.加德纳(Lloyd C. Gardner)编的《一种不同的边疆》(*A Different Frontier*)(芝加哥:Quadrangle Books, 1966年);朱利叶斯·W.普拉特(Julius W. Pratt)的《1898年的扩张主义者》(*Expansionists of 1898*)(巴尔的摩:约翰·霍普金斯出版社,1936年);以及吉恩·M.莱昂斯(Gene M. Lyons)编的《美国:目的和权力》(*America*: *Purpose and Power*)(芝加哥:Quadrangle Books, 1965年)。关于第二次世界大战后的时代美国的帝国主义的论述,见哈里·马格多夫(Harry Magdoff)的《帝国主义时代》(*The Age of Imperialism*)(纽约:每月评论出版社,1969年);K. T.范恩(K. T. Fann)和唐纳德·C.霍奇斯(Donald C. Hodges)编的《美国帝国主义读本》(*Readings in*

U.S. Imperialism)(波士顿:Porter Sargent, 1971年);安德烈·冈德尔·弗兰克(Andre Gunder Frank)的《拉丁美洲的资本主义与欠发达》(*Capitalism and Underdevelopment in Latin America*)(纽约:每月评论出版社,1969年);以及巴曼·尼鲁曼德(Bahman Nirumand)的《伊朗:行动中的新帝国主义》(*Iran: The New Imperialism in Action*)(纽约:每月评论出版社,1969年)。关于公司与对外政策的关系的讨论见戴维·霍罗威茨(David Horowitz)编的《公司与冷战》(*Corporations and the Cold War*)(纽约:每月评论出版社,1969年)。对国际军火贸易的讨论见乔治·塞耶(George Thayer)的《战争商业》(*The War Business*)(纽约:Simon and Schuster, 1969年)。关于通讯技术与美国扩张的一个有趣的研究见赫伯特·I.希勒的《大众传播与美帝国》(*Mass Communications and American Empire*)(纽约:奥古斯塔斯 M.凯利出版公司, 1969年)。

美国经济精英集团的研究见 F.W.陶西格和 C.S.乔斯林的《美国经济领袖》(*American Business Leaders*)(纽约:麦克米伦,1932年);威廉·米勒编的《商人们》(*Men in Business*)新版(纽约:哈珀和罗出版公司, 1962年);劳埃德·W.沃纳和詹姆斯·C.阿贝格伦(James C. Abegglen)的《美国的大公司领袖》(*Big Business Leaders in America*)(纽约:哈珀和罗出版公司, 1955年);C.赖特·米尔斯的《权力精英》(纽约:牛津大学出版社,1956年);E.迪格比·巴尔特泽尔(E. Digby Baltzell)的《美国经济的一个统治阶级》(*An American Business Aristocracy*)(纽约:Collier Books, 1962年;1958年出版名为《费城绅士:国家上层阶级的成长》(*Philadelphia Gentlemen: The Making of a National Upper Class*));弗洛伊德·亨特(Floyd Hunter)的《大富豪和小富豪》(*The Big Rich and the Little Rich*)(纽约花园城:Doubleday, 1965年);G.威廉·多姆霍夫的《谁统治美国?》(*Who Rules America?*)(新泽西恩格尔伍德·克里夫斯:普伦蒂斯出版公司, 1967年);以及费丁南德·伦德伯格(Ferdinand Lundberg)的两份经典研究《美国的60个家庭》(*America's Sixty Families*)(纽约:Vanguard Press, 1937年)和《富豪和超级富豪》(*The Rich and the Super Rich*)(纽约:Lyle Stuart, 1968年)。对精英研究的理论文献的概括见 T.B.博顿莫尔(T.B. Bottomore)的《精英和社会》(*Elites and Society*)(巴尔的摩:企鹅图书,1966年)。约瑟夫·熊彼特的《帝国主义和社会阶级》(*Imperialism and Social Classes*)(纽约:奥古斯塔斯 M.凯利出版公司,1951年;Meridian Books 1955年再版)也是有用的。在经济精英集团与权力结构的关系方面特别有用的著作是詹姆斯·伯纳姆(James Burnham)的《管理革命》(*The Managerial Revolution*)(纽约:约翰·戴出版公司, 1941年),以及罗伯特·S.林德(Robert S. Lynd)和海伦·

M. 林德(Helen M. Lynd)的《中心城》(*Middletown*)(纽约:哈考特·布雷斯出版公司,1929年)和《转变中的中心城》(*Middletown in Transition*)(纽约:哈考特·布雷斯出版公司,1937年)。还应该提到两部较早的经典著作:古斯塔夫斯·迈尔斯(Gustavus Myers)的《美国巨额财富史》(*A History of the Great American Fortunes*)(纽约:现代图书馆,1936年;初版于1909年);以及马修·约瑟夫森(Matthew Josephson)的《强盗资本家》(*The Robber Barons*)(纽约:哈考特·布雷斯出版公司,1934年)。

关于美国经济精英的意识形态和价值体系的著作包括:理查德·霍夫施塔特(Richard Hofstadter)的《美国思想中的社会达尔文主义》(*Social Darwinism in American Thought*)修订版(波士顿:Beacon Press, 1955年);西德尼·法恩(Sidney Fine)的《自由放任与普遍福利国家》(*Laissez Faire and the General-Welfare State*)(安阿伯:密歇根大学出版社,1964年);詹姆斯·韦恩斯坦的《自由国家的公司理想:1900—1918》(*The Corporate Ideal in the Liberal State, 1900—1918*)(波士顿:Beacon Press, 1968年);摩西·里什钦(Moses Rischin)编的《成功的美国福音》(*The American Gospel of Success*)(芝加哥:Quadrangle Press,1965年);爱德华·C. 柯克兰(Edward C. Kirkland)的《商业社会的梦想和思想:1860—1900》(*Dream and Thought in the Business Community, 1860—1900*)(纽约伊萨卡:康奈尔大学出版社,1956年);詹姆斯·W. 普罗斯洛(James W. Prothro)的《美元10年:20世纪20年代的商业思想》(*Dollar Decade: Business Ideas in the 1920's*)(巴吞鲁日:路易斯安那州立大学出版社,1954年);弗朗西斯·X. 萨顿(Francis X. Sutton)、西摩·E. 哈里斯(Seymour E. Harris)、卡尔·凯森和詹姆斯·托宾(James Tobin)的《美国的商业信条》(*The American Business Creed*)(麻省剑桥:哈佛大学出版社,1956年);约翰·R. 邦廷的《自由企业隐藏的面孔》(*The Hidden Face of Free Enterprise*)(纽约:麦格劳—希尔出版公司,1964年);以及戴维·芬恩(David Finn)的《公司寡头统治者》(*The Corporate Oligarch*)(纽约:西蒙和舒斯特出版公司,1969年)。

我按照G. 威廉·多姆霍夫的观点来阐述国家目标与精英集团,他的文章见"权力精英如何确定国家目标",载凯恩·陈(Kan Chen)编的《国家优先权》(*National Priorities*)(旧金山:旧金山出版社,1970年),第51—60页。讨论公司精英在联邦政府行政部门的地位的文献见戴维·T. 斯坦利(David T. Stanley)、迪恩·E. 曼(Dean E. Mann)和詹姆森·W. 多伊格(Jameson W. Doig)的《控制者》(*Men Who Govern*)(华盛顿:布鲁金斯研究所,1967年);加布里埃尔·科尔科(Gabriel Kolko)的《美国对外政策的根源》(*Roots of American Foreign*

Policy)(波士顿:Beacon Press, 1969 年);以及巴尼特的《死亡经济》。

最后,两部重要著作记录和描述了政府、公司、劳工及其意识形态之间的关系上出现的更明显的趋势:W. 劳埃德·沃纳等的《浮现的美国社会》(*The Emergent American Society*),第 1 卷《大型组织》(*Large Scale Organizations*)(纽黑文:耶鲁大学出版社,1967 年);以及小 R. 约瑟夫·蒙森(R. Joseph Monsen, Jr.)和马克·W. 坎农(Mark W. Cannon)的《公共政策的制定者:美国的权力集团及其意识形态》(*The Makers of Public Policy: American Power Groups and Their Ideologies*)(纽约:麦格劳—希尔出版公司, 1965 年)。

9.组织结构、技术进步和政府的新任务[①]

罗伯特·A.索洛

奇怪的是，本届政府比赫伯特·胡弗(Herbert Hoover)以来的历届政府都更多地委身于正统经济学的自由放任；同样奇怪的是，每天都在谴责政府干预的罪恶的一位总统，在美国历史上(除了重大战争期间)第一次通过当局的指令，实施对工资和物价的普遍控制。但不能否认，在建立工资和物价的一个总体控制体系方面，尼克松先生的行动是有原因的。由于先前经济政策的失效，他的政府目睹了失业率和物价的稳步提高，引发了一种动荡，面临演变成一场竞选风暴的威胁。带有不同政治色彩的新一届政府无疑被迫要拿出同样的举措。基本来讲，这种失效并不是政治家导致的，而是观念的结果。对于如何保持充分就业和物价稳定这一问题，没有哪个学派的经济学家有任何切实可行的解决办法。当通货膨胀和失业在政治上成为不能容忍的事情，除了盲目实行工资—物价冻结，政治家只能束手无策。

这些控制会起作用吗？我预计它们会失效，直至被抛弃。当恢复使用财政和货币弥补技术的时候，它们也将失效，直至重新诉诸各种控制。所以，我们只会跳出油锅，又落火坑，直到最后我们建立一

① 原载《经济问题杂志》，第6卷，第4期(1972年12月)，第131—148页。

个可接受的、可行的控制体系。在现代经济中，直接控制是不可避免的，根本问题不是要不要控制，而是如何控制。不是说控制不起作用，而是现有的体制行不通；关于可以作出什么样的基本判断，它没有一种概念基础，也没有一致的、公认的价值观。它有的是一个处于恐慌中的社会一定程度上固有的僵化和麻痹。一部分政治家、官僚或者公众还没有意识到，问题不是没有采取行动，而是如何重建整个资源配置、经济激励和财富与收入的分配体系（确切地说，这就是物价和工资控制的含义）。

本文的目的不是提出与满足正义和公平的公认标准的经济目标相关的任何总体的、一致的、合理的体系。在我们看来，这种体系是不能被预先设计出来的；它必须在一个持续的社会学习和价值形成过程中演变。但我们希望就一个可行的控制体系的概念化和发展，强调两个重要的、至今仍被忽略的方面。本文分三个部分。

宏观理论把经济视为对财政和货币刺激或限制能统一作出反应的一个同质实体。这是一个根本性的错误。私有经济是多种组织形式构成的，它们以截然不同的方式对特定的刺激或者限制作出反应。第一部分将用一个简化的多部门相互作用模型，来解释这些相互作用对于一个控制体系的重要性，并据此提出建议。

通货膨胀是由那些去实现超出这个经济的生产能力的预期的集团所产生的压力造成的。通货膨胀带来了社会危机，因为它不断地让社会集团的预期无法实现。无论在哪种情况下，最令人满意的解决方案是通过提高经济的生产能力和实际产出来实现预期。这里的核心是增长率，而增长的必要条件是技术进步。因此，任何可行的计划和控制体系的首要目标，必定是要保持或者加快技术进步的步伐。第二部分将集中探讨在一个多部门经济中，政治权威和技术进步率的作用孰大孰小。我们特别就美国重工业的技术落后这个应该立即引起关注的问题进行了剖析，并提出了解决这个问题的建议。

第三部分将非常简洁地、尝试性地分析上述任务对于美国的制度组织、认知能力以及意识形态基础的含义。

第一部分：一个多部门经济中的价格—就业控制

约翰·梅纳德·凯恩斯的精神分裂幻觉

大萧条迫使资本主义抛弃了自由放任的某些禁忌。在由这场灾难所产生的绝望中，各国政府通过扩大国民总支出来对抗大规模的失业，它们的预算就此失衡。凯恩斯让这种事后的政策合理化。就政治活动而言，他不是领导者，而是追随者。他的积极建议只是与新古典正统经济学的蒙昧主义相比才显得有意义。凯恩斯主义基本原理的核心是如下假定，即价格对供给或需求的变化不敏感，是由其他某些方式来决定的。新古典理论的主要信条在过去和现在都是，价格普遍是自由变动的、灵活的。它们对供求条件作出自动的、自主的反应，价格的自由变动模式引导着资源配置，决定着整个经济中的收入分配。因此，凯恩斯主义和新古典经济学的基本假设是对立的、矛盾的。凯恩斯并没有解决这个矛盾，而是在他的观点的曲折回旋的阐述中隐藏了这个矛盾。学院经济学家利用了他的理论，因为这种理论显然使他们可以坚持一个由自由地、自主地变动的价格引导的非集中的、竞争的经济这样一种牢不可破的幻象，而不用被迫去否认普遍的、长期的大规模失业这种状况的可能性。

一种替代价格导向的市场观念认为，在一个自主组织的经济中，价格是由工会和公司的选择来确定的，这种观念也没有解决问题。

经济组织的两种形式(以及其他形式)在现代经济中都是存在的。要使一个控制体系行之有效,就必须考虑各种经济组织形式的共存和相互作用。

一个多部门模型

考虑一个简单的两部门模型中的相互作用。假设有一个竞争价格部门,其中的卖方对价格没有显著的权力或控制力,劳动或投资的流入没有显著的壁垒,且在对它们的使用中也没有显著的约束。与这个部门共存的是一个受大公司支配的组织化的部门,大公司拥有并行使权力来决定产品的价格,同时这个部门受工会的支配,工会拥有并行使权力来决定劳动投入的价格。

在竞争价格部门,产出是资源的可利用程度的函数,价格是使生产和消费平衡的一种机制。所生产出来的是能够被生产出来的产品,并以其应有的价格来出售。相反,在组织化的部门,所使用的资源(即被雇用的人力)的数量是它所带来的产出的价格的函数,而价格是公司和工会政策的函数。那么,是什么决定着公司价格政策和工会工资政策呢?

任何推演出的答案都是不可能的,不过必须指出一种方法的谬误。大型组织(公司或工会)不是一个个体,其行为不应被理解为个体选择的表现。“它”没有偏好函数,没有基本的利益,也没有心理;因此,它没有作为其心理的一部分的效用最大化机制。“它”不是一个垄断者,同样也不是一个纯粹的竞争者。所有大型组织——公共的或私有的——的行为都源于与协议框架相混合和相互作用的各种利益和见解的多样性,源于制度化的习惯和仪式,以及源于作为所有职能集团的一致性和凝聚力的源泉的意象和意识形态。作为组织行为的根源的那些流行的形象、意象和意识形态,随着经验的变化而变化。从这个意义上讲，组织在学习，而组织的行为或政策是作为学习的结果而发展演变。20世纪30年代和40年代“坚持住”的价格和工资刚性，是在大萧条的漫长岁月中被学会的。战后年代，原来的恐惧逐渐消失，新景象和不同的组织行为模式开始出现。

但我们首先要假设工会的政策是除了保护其成员的实际工资（要求增加的工资刚好能抵消生活费用的提高）这种情况以外，要保持工资的稳定；假设公司企业的政策是除了试图抵消单位产出的利润的下降这种情况以外，要保持价格稳定。假设有责任保持充分就业和稳定物价的政府，将使用财政和货币手段把国民总支出保持在一个合适的水平。还要假设人口增长和技术进步带来了不断增长的人力资源。资源的衡量工具是它们对产出价值的潜在贡献，例如，如果每小时劳动投入的实际产出因为技术进步而翻番，那么，虽然可利用的劳动力工时量不变，但人力资源也是两倍于过去了。最后，假设在固定产出价格的情况下，自发产生的总需求长期增加，不足以去使用人力资源每年的增量。因此，必然会有一个人力资源剩余的稳定增加的积累，这里是在如下意义上来使用剩余这个词，即在固定产出价格的情况下，他们不能被吸纳去就业。那么，在经济的这两个部门中，这种不断积累的人力资源剩余将会导致什么样的后果呢？

由于在组织化的部门，产出价格保持稳定，（我们定义的那种）剩余人力就不能被吸纳去就业。这种剩余有可能、而且在某种程度上说必将形成在组织化企业中寻找工作的失业后备军。在竞争价格部门，产出价格不固定，产出是资源可利用程度的函数，剩余人力可以被吸收去就业。因此，相对于组织化部门的产出、价格和要素收入，竞争价格部门的产出将增长，价格将下降，要素收入也将减少。鉴于两个部门的这种反应，并以同样的边际要素生产力作为衡量资源最优配置的标准，那么，在竞争价格部门，生产将一直进行下去而过剩；

而在组织化部门，生产则是远远不足。后一部门的失业与前一部门的劳力短缺遥相呼应。结果不仅是失业，还有非正常就业(malemployment)，以及就业不当(misemployment)。

接下来，作为工资一价格政策函数的产出量控制着额外人力进入组织化部门。但大量涌入该部门的额外投资却没有受到同样的排斥。在产品价格不变和产出水平没有提高的同时，只要这个部门能够赚取高利润，投资(尤其是公司所得的再投资)将不断渗入组织化产业；即便所分得的市场份额不变，它也会寻求扩大份额。表现为更多的广告、产品式样的加速变化以及更大的剩余生产能力的投资，可能会长期地持续到超过一个水平，即投资增量带来的产业净产值为负，也就是说，在这个水平上，增量投资的结果是在没有增加产出的实际价值的同时，增加了成本，降低了边际利润。然后，相对于竞争价格部门，组织化部门的投资将一直过剩，过剩的生产能力不断扩大。因此，出现的悖论是：组织化部门是过度投资和失业，竞争价格部门是投资不足和劳力短缺。

有责任保持充分就业的政府，面对的是等在组织化企业门口的不断增加的大量失业劳力。政府在公认的观念框架内采取行动，而且没有其他可实施的措施，通过货币和/或财政工具扩大总支出。这通过引起组织化部门产出水平的提高而增加了工作机会，这种政策在短时间内取得了成功。组织化企业的就业增加了，而同时这个部门的工资和价格保持不变。

工会被要求不要提高工资，以便吸引公司企业所需要的额外劳力，从而满足对其产出的需求的增长。劳动力可从失业者中间以及一直在报酬较低的竞争价格部门就业的人中间吸纳。已在组织化企业就业的劳动力将从全时和超时的工作中，从监督那些新近来到的经验不足的劳力而带来的更多晋升机会中获得更高的收入。由于先前剩余生产能力的积累,公司将在相当长的时期内增加它们的产出,同时单位成本实际下降,单位利润提高。

政府引致的总支出增长将不仅对组织化部门,也对竞争价格部门产生影响。它必然直接提高对产出的需求,而且(通过吸引其劳力到报酬更高的组织化企业就业)必然间接减少可利用的资源,从而降低其产出水平。在这种经济组织形式中,产出是可用资源的函数,价格是产出和需求的函数,需求较大,产出较小,价格必然被迫上涨。产出的下降和价格的上涨在某种程度上会由于大量涌入的投资而减缓。投资将因不断提高的要素收入被吸引进来,并且通过较高所得的再投资而产生,还会导致可利用的新技术得以装备,结果是生产力的提高在一定程度上抵消了劳动力的流出。

一个恶性循环开始了。竞争部门较高的价格将提高组织化企业获得的某些物品和服务的成本。由于生活成本的提高,竞争部门价格的上涨也将降低组织化企业工人的实际工资。工会将作出反应(按照假定的工会工资政策决定工资水平),迫使组织化部门的工资率提高。较高的工资以及从竞争价格部门获得的物品和服务较高的价格,将提高组织化部门的成本,并逐渐降低其单位利润。按照公司价格政策决定价格的假定,组织化企业将提高价格以保证单位利润。组织化企业产出的较高价格将进一步提高生活成本,并因此降低工会工人的实际工资。工会将再次迫使工资率提高以作为回应。公司将以提高产品价格来抵消工资成本的上涨,等等。

随着组织化部门的价格和工资的提高,不断扩大支出流成为必需,以便吸引剩余劳力进入组织化部门就业。总需求水平较大的增长,加速了价格上涨,这与剩余的失业者数量无关。以前,政府面临着失业率上升;现在,它正面临着加速的通货膨胀。如果它不再引致支出的任何进一步增加,那么剩余劳力就扩大,并在组织化部门表现为劳动力失业，而在竞争价格部门表现为雇用过多的、低报酬的劳力。如果政府减少总支出水平，那么，竞争价格部门的价格和要素收入将被迫下降，而等候在组织化企业门口的失业者人数将不断增加。不断增加的失业将逐渐迫使政府当局再度引致国民总支出的增加，成本/价格、价格/成本的螺旋上升再度开动。

我们不需要假设工会稳定实际工资的政策，也不需要假设公司稳定价格和/或单位利润的政策。在战后几十年的丰裕中，所有经济集团不断提高的期望，始终表现在组织化部门的工资和价格周期性的被迫提高上面。最近，工会已经学会了预期通货膨胀，而不只是对其进行回应，并要求把自动抵消生活成本的任何提高写进工资合同。公司企业已经学会了走在预期的价格上涨的前面。作为经济控制的一种可行假设，凯恩斯主义的概念表达失效了。

关于一个全面的控制体系的设计，可以推导出什么呢？也许是以下方面。在市场组织的一端，大公司和工会把价格和工资当做政策问题来处理。当一种特定的组织行为模式在这个部门流行开来，政府当局可以把价格当做一个参数来处理，并通过影响年总支出水平来实施就业政策。但是在市场的另一端，价格自主地变动，价格水平是总支出的函数。从按照凯恩斯主义范式行事的政府计划者的观点来看，竞争价格部门的价格反应简直是一种根深蒂固的公害，它反复滋扰破坏，阻碍通过合理的补偿性财政政策来实现充分就业。

我们的视角必须超越凯恩斯主义范式及其简单化的价格稳定准则，也就是说，从把价格保持在它们应该所处的水平这个标准，转变到一个定价体系的根本目的上来。这个目的是要实现资源的充分有效利用，以及收入的一种公平分配。价格引导下的市场对增加支出的刺激的反应从而会表现得不同，会表现为趋向于使两个部门的要素投入的边际价值与同样性质的劳力的收入均等。因此，价格引导下的市场的反应，从效率和公平的标准来判断，都是非常合意的。

第二部分：多部门经济中的技术进步

一项用于抑制技术进步的政策

价格和就业与技术进步之间关系的重要性，可以通过分析忽略这一关系的一项政策的后果来说明。现在很难回想起尼克松政府执政之初两派的忠实信徒之间嘈杂而荒谬的争议。激烈的争斗发生在财政主义者和货币主义者之间，一方在詹姆斯·托宾的带领下，对立的一方在米尔顿·弗里德曼的带领下，围绕着两种方法展开猛烈攻击。

货币主义者赢得了胜利，政府开始着手那些陈旧的事务，以减少货币供给。它们引起了利率的空前提高，因而特别对住宅建筑和工业投资课以重税（这种奇怪的税收收入归银行和放款人所有，而不是由政府所得）。这给住宅建筑业带来了灾难性的后果，从而导致政府被迫用巨额住房补贴来抵消它自己的政策造成的后果。全部负担落在了工业投资上。结果是不得不减缓了工业技术（通过投资）转化为更高水平的生产力的速度。尼克松的反通货膨胀政策（还有弗里德曼主义者的准则）的中心目标和主要受害者，是提升技术和提高生产力的经济能力，从而是用来满足提高的预期，同时不会产生对需求的通货膨胀压力的物品和服务的更大实际产出的经济能力。如果这种目的抑制了生产力的提高，限制了实际产出的增长，那么，政府政策就不可能得到更好的设计，也不可能更成功。在 1970—1971 年间，我们目睹了人均产出实际价值的明显下降，这是这种政策相当罕见而突出的功绩。新古典主义者和凯恩斯主义者都把通货膨胀看做是自由变动的价格对总需求的提高快于总产出的增长作出的反应。令人费解而不可原谅的是，即便在他们自己的范式中，这两个思想流派都被视为仅仅关心抑制需求。它们都没有考虑把增加供给作为反通货膨胀的手段。

如果尼克松政府通过它的反通货膨胀政策抑制了技术进步，它也就错过了用所掌握的工具促进技术进步的一个难得的机会。这届政府应该(在我看来)得到赞扬，因为它大幅削减了每年在航空航天和武器装备上的研发支出。但是处理这些庞大的公共和准公共组织、破坏和衰弱数十年来获得的能力的方式，以及分散科学和研究骨干，却没有提供或者考虑他们另外的职业，是严重的错误。无论是在政府，在国会，在大学，还是在其他地方，都没有清楚地认识到这些特殊的技能和组织能力是稀有而昂贵的；没有认识到它们在现代经济中是技术进步能力的核心；也没有认识到与其破坏带来技术进步的这些手段，还不如合理地给它们一个新方向。它们可以被用于提高工业生产力，解决在自然环境和社会组织方面困扰着我们的那些技术问题，或者用于逐步改善构成工业基础设施的交通、通讯、电力基础系统。

美国经济中的技术滞后

保持或者加快技术进步步伐这个任务，对于美国经济的每个部门是有区别的：农业(那里取得的成功已很明显)和诸如建筑、纺织、服务这类小企业市场(那里的失败是如此彻底)之间有区别；政府当局控制下的大规模研发和已经危险地出现技术落后的有组织部门中的重工业之间有区别。我们将举出的例子是有组织部门中的重工业，它的问题紧迫而关键，它的技术落后的原因和解决办法都是模糊不清的。在第二次世界大战以前，美国的工业和技术在每一个方面都是最领先的。战争期间,昔日的竞争对手,尤其是德国和日本的资本设备和工业基础设施实际上被彻底破坏了,但这些在美国却毫发未损,而且事实上大大得到加强。然而,就在几十年内,这些竞争对手的技术在重要领域已经赶上并超越了美国,特别是在那些以耐用品生产中的大量投资为特征的高技术领域(比如钢铁业)。美国似乎正在重复大英帝国19世纪的工业从技术顶峰的衰落,这让我们回想起托尔斯坦·凡勃伦对这种危险的预先警告。①

不用装模作样地对生产力进行比较测量,也不用通过对工业详情的判断,以下情况是确定无疑的:美国技术的相对地位,特别是美国高技术、资本密集型产业的生产力的地位,已经迅速而彻底地朝着对我们不利的方向发生了改变。仅这一事实就可以解释最终迫使美元贬值的不断增加的国际收支逆差。同样重要的是,美国的出口实力已不再体现在高技术产业,而是在于农业。毫无疑问,相对而言,美国比过去穷了,工业实力比以前弱了。

美国工业技术的落后,至少是部分落后,可以解释为战后几十年我们把大量研发人员转入武器和空间探索领域而必须付出的代价。此外,将技术升级,使其成为现代资本主义经济中以重工业为特征的经济组织形式的一部分,似乎面临着一种障碍。我们关心的是这个障碍以及它与一个可行的公共控制体系的发展的关系。

假设的情况

让我们假设在比如称为日本和美国的两个经济体中的一个钢铁产业。在每个国家的这个产业的管理层都同样熟练、有远见、公正;

---

① 《德意志帝国和工业革命》(*Imperial Germany and the Industrial Revolution*)(纽约:麦克米伦,1915年)。

在技能、活力、劳动工资方面的差异可以忽略不计。可用于投资的资金是流动的，在每个国家对产业转型的投资都可以从它们的储蓄中获得。美国的耐用品生产结构是完整的，而在日本则由于战争的破坏实际上被摧毁了。假设美国完好无损的技术生产钢的平均成本是100 美元 1 吨，其中的 8%是装备技术所需要的投资的收益。假设即将产生的一种新技术可以以 50 美元 1 吨的平均成本生产钢，其中的12%是装备这种技术所需要的投资的收益。这里的目的是假设在合理的理由下的一种极端情况，以实际增值的净增加为标准来看，新技术的装备将是绝对符合公众利益的（帕累托最优）。问题是，存在这种机会的情况下，是日本还是美国，或者是这两个国家都将装备这种新技术。

日本的选择是必然的。如果它要从根本上重建其工业，那么，它将通过装备这种新的先进技术来实现。在日本，相对于先前技术的成本而言，生产钢的成本将相应下降。美国是什么情况呢？随着成本的大幅节约，超过了替代现有技术的成本的贴现值，合理的选择应该同样是明白无误的。社会的利益和帕累托最优的决策将会要求抛弃原有技术，代之以新技术。美国将具有超过日本的优势，因为废料价值以及/或者不替换原有资本结构中的元素而贬值的可能性，与日本装备新技术的成本相比，将降低转型的成本。

技术转变的阻力

假设在纯粹竞争、古典概念意义上的垄断以及社会主义这三种情况下，美国向这种更先进的技术的转变会发生吗？在纯粹竞争，或者与之密切相关的熊彼特模型中，创新者进入这个产业，引进了这种新技术，迫使价格下降到通过竞争形成的较低平均成本水平上的一个均衡水平。消费者将获益，创新者将获得一笔意外的利润，其数量将取决于价格下跌到这个新均衡水平之前的时间间隔。另一方面，在技术转变中表现得过时的所有者的权益将遭受损失。阿尔弗雷德·马歇尔所称的准租金将消失。理性的垄断者和社会主义计划者会立即向更先进的技术转变，同时承担其成本，并占有转变所带来的不只是补偿性的收益。

在上述所有情况下，假设是理性选择，带来的节约大于转变所发生的成本（包括使用零投资收益的老技术的机会成本）的一种新技术将立即被装备。对于纯粹竞争、纯粹垄断（或者在微观分析概念意义上的寡头垄断或者垄断竞争）或者社会主义这三种情况而言，其技术选择会是相同的，虽然在每种情况下成本和收益的分配是不同的。现在要指出的是，假设在现代有组织部门以大规模企业为特征的定价情况下，一个完好无损的资本结构将阻止或者大大延缓新的、更先进的技术的装备，无论节约的成本超出转变成本多少。

假　定

这里作出几个假定。(1)新企业进入市场是困难的、少见的，从而技术转变必然取决于产业中已有企业的政策。(2)当国外生产者以低于国内平均成本的价格提供产品的时候，管理者可以预期政府当局将保护这个产业的国内市场，限制外国竞争者的侵入。(3)国内市场价格将会（而且管理者预期它们会）找到一个均衡，这个均衡位于流行的技术预期的平均成本水平上，包括装备这种技术所需的投资通常获得的收益这种成本。

最后一个假定至关重要。它表明有组织企业的定价行为近似于受管制的公用事业，在那里，价格被确定在平均成本水平上，平均成本中包括一个合理的投资收益。这是唯一在政府当局和公众舆论的障碍面前能够得到合理化的价格，是唯一在不诱使主要生产者降价，不诱使主要供给方或买者向前或向后联合，不诱使工会加速推动提高工资率的情况下得到保持的价格。假设管理层确实预期到未来价格会确定在成本的水平上，无论成本是多少。这样的话，在一种会大幅度降低生产成本，会需要巨额新投资来装备的新技术面前，它对于采用这种新技术的机会，将作出的合理反应会是什么样的呢？

假设技术转变是通过出售额外的普通股和公司债券来筹资，而且与管理层的预期相一致，价格被稳定在新的、流行的技术带来的较低平均成本水平上。这样的话，谁受益？谁受损？消费者享受到较低的价格；工人可能得到较高的工资；某些投资者由于增加的投资机会而更加富裕。但是，对于先前投资于被替换掉的技术的所有者，对于先前的股息和利息收入一直是唾手可得的所有者，情况又如何呢？他们必然受损。在他们过去的资助下得以装备的技术，他们因此而可以对其要求所有权的资本结构，都已处于不稳定状态。他们的所有权的实际价值已化为乌有。价格将下降到流行的技术带来的平均成本水平上，其中包括只有资助了新技术的装备的人才能获得的收益。在这些假设条件下，先前的投资者的损失将等于纯粹竞争下出现的那些损失。

约瑟夫·熊彼特把与技术替代相联系的权益的消失称为"创造性毁灭的风暴"。不同的是，纯粹竞争下的生产者不可能抵御这些创造性毁灭的风暴。而在有组织的部门，他们可以抵御。前者对变迁的风暴没有防御。转变的决定不是由他们作出的，而是由其他人作出的，是由获得新大奖的那些不断进入的创新者作出的。但在大部分现代企业，进入是罕见的，而且并不重要(控制着世界钢铁行业的大公司几代人以来都没有变化)，是现有的生产者群体作出或者拒绝作出转变技术的决定。它允许或者排斥新投资的涌入。它拥有并且行使权力去抵抗技术变革。不像纯粹垄断，也不能在所有权上占有因技术进步带来的净价值增量，但也不像纯粹竞争，它可以抵御技术进步。在可以预期到价格将下降到流行技术带来的平均成本水平上的情况下，现有的所有者必然因向更先进的技术的转变而受损，无论成本的净节约有多大，无论 GNP 的净获益有多大。无论何时，只要需要大量新投资来抵补转变发生的成本，生产者群体就会、而且为了所有者的利益，管理层也就会抵御技术的转变。

在这些条件下，在我们假设的例子中，日本接受新钢铁技术，美国拒绝这种技术，都是理性的商业选择的结果。在资本结构已被破坏的日本，通过让老技术永存而避免外部投资的涌入这种选择并不存在；美国保留着这种选择。在这些条件下，就有可能来解释为什么日本和德国的钢铁技术已迅速走在了美国的前面，而在美国也是从头开始的那些战后兴起的产业中，比如电子和计算机产业，美国的技术保持着领先地位。

影响公司决策的不只是所有者的利益；对于有可能废止这种利益的技术转变，还存在其他激励和压力。不过，如果我们的假设及其结果是有典型意义的，那么，在有组织的部门内一种固有的抵制技术进步的倾向就已经很清楚了。

这个问题可以简单加以说明。在这种组织形式下，定价体系把技术变革的利益外部化，把技术变革的成本内部化；这些成本必须由作出决策的人来承担，而利益却是由其他人获得。无论消费者、工人和新投资者的收益有多大，先前的投资者和目前的所有者的准租金将受损。管理层也不能因试图阻挡对所有者利益造成的意外损失而受到指责。如果为自身利益行事的事先的所有者和管理层由于不能获益而没有转变技术的动力，那么，只要充分确保能够获得由此带来的利益，总体来说，就应该由公众来支付新技术的装备，这就不是不可接受的了。

第三部分：制度含义

任务和手段

我们已指出，适合于现在经济条件的一个合理的、清晰的经济控制体系，将要求政府当局必须通过参考收入相对分配和资源在部门间配置的公认规范，对价格和工资的决定发挥作用，要求政府当局必须一个部门一个部门地对技术进步提出计划，制定程序，加以推动。在某些市场条件下，后者将要求政府当局为技术转变提供资金，但要保证未来价格不会超过运用新技术所发生的较低成本，这种成本包括先前投资的合理收益，但不包括装备新技术所需要的公共投资的所有者权益应得的收益。

这里包括的这些任务需要把企业管理层的动力和技能，与对社会利益的有根据的控制结合在一起，使其成为一个有效而清晰的参与性计划体系。这样一个体系将要求政府在能力、结构和组织上有实质性的变化，在社会的意识形态基础上有实质性的变化。在实现这种有效的管制体系时，无论出现什么样的困难和不确定，政府对现代经济中的产业的控制都是不能被避免的。政府当局已经卷入其中，凭直觉匆忙地开动了参与性计划的制订。问题是，政府当局临时对危机作出反应而进行的控制会更好还是更糟，合理还是不合理，或者是否根据一个清晰的理论而有的放矢。

政府改革的蓝图超出了本文讨论的范围。不过我们大胆提出，以下几点对于取得一种控制能力是必不可少的：(1)一种新的意识形态共识；(2)一种新的公务员运行模式；(3)一个新的知识库；以及(4)适应参与性计划工作的新的制度安排。

意识形态基础

在价格和工资管制中，政府当局现在被视为一个仲裁者。其目的是在各种私人利益之间——在工会、工业、农业和消费者的代表之间——产生一系列临时的附加市场交易，完全不考虑公平或效率，没有客观的补救措施，也没有实现可能的补救来减缓事态发展的速度。另一方面，任何可以令人信服地超越单纯的权力和压力平衡的清晰、有效、公正的控制体系，都必须建立在关于什么是公正和平等的一种普遍共识的基础上。它必须同以下公认的概念有关而发挥作用：经济如何运转，它应该如何工作，以及如何才能使它运转。没有这样的意识形态基础，政府当局就只是一个政治掮客。

一个群体会在多大程度上支持另一个群体？政府当局在强制实施控制上会走多远？一个多世纪以前，亚伯拉罕·林肯就给出了答案。“民意就是一切。有了它无往不胜，没有它一事无成。因此，铸就民意的人，比制定法规或者宣布决定的人更得民心。法规和决定能否生效，取决于这种人。”

面对那种置他们于相对不利地位的变化，个人和集体将作出牺牲，将服从约束、忍受艰辛，将容许和支持这种变化。从根本上说，什么样的约束和控制是可接受的，这个问题的答案始终是个意识形态问题，并非取决于一个学术精英看来似乎是正确的、合理的东西，而是取决于受影响的集体和广大公众所理解和接受的东西。

认 知 能 力

美国政府缺乏处理这里所讨论的问题所需要的认知能力。政府当局在发挥这里提议的控制职能时需要的是什么？必须有的是对绩效的评价，对资源的配置和利用的效率的评价，对收入分配中的公平的评价，对技术进步和生产力的评价。必须一个部门一个部门，一个行业一个行业，一个大企业一个大企业地作出这种评价。必须参照国家层面和世界经济中的价格、就业、资源配置、收入分配和技术机会这些方面不断变化的模式和不断改变的参数来进行评价。除了评价之外，还必须有变化和调整的参与性计划。

例如，设想一个政府当局必须把创新动机和技术转变过程视为任何合理的价格控制的一个方面（因为它们与这种控制有着不可分割的联系）。在本文第二部分具体说明的条件下，当局将不得不决定用什么样的公共基金支出来支持什么样的技术转变，以及随之而来的产品价格的成本基础应该是什么。这样的决定所需要的是一个概念框架，一个知识库，以及一种判断能力，而这大大超出了行政官员、律师、立法者、经济学家、公司主管、工程师、经理或者学院科学家的能力。这些决定将适当地利用一系列社会价值观，科学和技术参数，以及对这样一个世界的深刻理解，在那里，时间界限、权力杠杆、选择过程，都是与公司或者市场中所看到的不同的一种秩序。这需要一种行政人员，他们不同于目前奔忙于权力走廊中的那些人。

适应参与性计划的一个制度框架

无论多么有局限，多么有欠缺，我们粗浅的陈述和现代化的计划都至少提出了一种合理的制度手段，把企业的有效组织和运行的责任与经济的稳定和增长的责任，结合到一个参与性的产业连同社会选择和行动的过程中来。这个粗浅的纲要把政府当局的信息、影响力和压力，下达给企业投资、产出和技术选择的分散化基础，把企业和产业的信息、影响力和压力，上传给国家政策和计划的集中化高层。

如果那些履行政府任务中最称职的人被吸引到私人部门，或者迅速被他们想要去控制的那些私人机构和利益集团所俘获、腐蚀和/或控制，那么，政府当局的努力就会失败。在以下情况下，这种危险尤其严重：公职人员同时要对盈利活动的延期制订计划，要降低他服务的产业的成本或者做其他方面的工作，以及仍然有权力和义务去面对和控制那些与公共利益目标相冲突的产业。针对这种危险有三种可能的保障措施：(1)来源于与选民有效的相互作用，真正对选民负责的政治学（突破自我封闭、使自身永存的政治组织，重建与公众的沟通和对他们的选举影响，想必是当前政治改革运动的核心问题）；(2)公共服务的职业化，这是通过选择性的招聘、内部晋升、能力和知识库的累积发展来实现，这个知识库专门用于政府当局的决策，独立于私人部门，不容易转移到私人部门的决策过程中；以及(3)法律约束和道德压力，用它们来对抗改弦易辙，也就是在政府职位和公司职位之间游刃有余地变换。

10.公司权力的制度分析[①]

威廉·M.达格尔

作为制度经济学家,德国历史学派的批判性继承者,我们的责任是去描述我们经济的真正运行状况是什么。20世纪末美国经济的运行状况是公司霸权的发展。也就是说,我们的经济逐渐受到一种组织的支配——大公司。表1描述了美国公司规模的增长。表中包含了美国国内税务局(Internal Revenue Service)登记的公司税收数据。国内税务局划分的最大型公司是那些资产达到或者超过2.5亿美元的公司。1965年,它们只占所有登记在册的公司的0.06%,1982年,也就是国内税务局最后公布数据的这一年,则占0.11%。表中的数据从1965年开始,因为在这一年,最大型公司的总资产和净收入刚好是所有在册公司资产和收入的一半。可是自1965年以来,局面逐渐向大公司这一边发展。无论从国内税务局衡量公司规模的哪一项指标来看——资产、收入或者净收入——最大型公司都已经独占鳌头。大公司现在对美国经济的支配程度,在早年是做梦也想不到的。它们在所有公司资产中占到将近四分之三,在所有公司收入中占一半以上,在所有公司净收入中占三分之二以上。公司企业现在成为一种体系,在其中,数量相对较少的大公司与数量相对较多的小企业展开竞争,也与经济中的其他部门展开竞争。小企业

---

① 原载《经济问题杂志》,第22卷,第1期(1988年3月),第79—111页。

可能更加灵活，更有创造性，但大公司总是能通过它十足的规模和权力，不只是弥补了这方面的不足。要继续发展，大公司就不得不采用一种新的结构，这种新结构已经迫使公司自身发生一种新型的调整——一种文化调整。权力和规模以一种累积的形式相互作用。权力的推动力导致规模的扩大，而规模的增长又带来对更大的权力的需要，以把较大的组织结合在一起，将其置于控制之下。这就以一种不断增强的螺旋形式通向了公司霸权，更多的公司权力导致更大的公司规模，更大的规模又导致更多的权力。沃尔特·亚当斯和詹姆斯·W.布洛克在他们的《大型复合体》（*The Business Complex*）一书中，为权力和公司螺旋提供了大量证据。①

表1　1965—1982年所有登记的公司和资产达到或超过2.5亿美元的最大型公司的总资产、总收入和净收入（单位：10亿美元）

年份	总资产		总收入		净收入	
	所有公司	最大公司	所有公司	最大公司	所有公司	最大公司
1965	1 724	862 （50%）	1 195	374 （31%）	74	37 （50%）
1966	1 845	945 （51%）	1 307	420 （32%）	81	41 （51%）
1973	3 649	2 275 （62%）	2 558	1 056 （41%）	120	69 （58%）
1974	4 016	2 586 （64%）	3 090	1 426 （46%）	146	93 （64%）
1975	4 287	2 790 （65%）	3 199	1 451 （45%）	143	90 （63%）
1976	4 721	3 105 （66%）	3 635	1 679 （46%）	185	122 （66%）

① 沃尔特·亚当斯和詹姆斯·W.布洛克：《大型复合体》（纽约：Pantheon，1986年）。

（续表）

1977	5 326	3 544 (67%)	4 128	1 926 (47%)	219	141 (64%)
1978	6 014	4 078 (69%)	4 715	2 210 (47%)	247	157 (64%)
1979	6 835	4 748 (69%)	5 599	2 743 (49%)	285	192 (67%)
1980	7 617	5 358 (70%)	6 361	3 229 (51%)	239	158 (66%)
1981	8 547	6 165 (72%)	7 026	3 675 (52%)	213	147 (69%)
1982	9 358	6 881 (74%)	7 025	3 647 (52%)	154	113 (73%)

资料来源：美国国内税务局：《公司所得税申报表收入统计》(*Statistics of Income, Corporate Income Tax Returns*)，各年。(1982年收入是至1987年4月为止可得到的最后数据。)

公司需要控制

持续的增长迫使大公司去尝试一种新的、更有力的组织结构，这种结构更能应对由于其扩大的规模和扩大的经营范围带来的问题。重建结构的最早尝试发生在20世纪20年代的杜邦公司和通用汽车公司。公司重构的这些先驱从公司经理称为U型组织的结构开始，将其转变成公司经理所称的M型组织(U型表示的是“单一型”(unitary form)，M型表示“多部门型”(multiple division form))。由于在公司重构方面的先驱性工作，通用汽车公司的高层管理者在管理界名声大噪。

以前的U型公司被划分为“单一的”部门。每一个部门履行的只是一项(单一的)组织职能。第一次世界大战前公司的职能部门通常是财务部、生产部和营销部。所有与财务职能有关的管理者统统被放到一个(单一的)财务部门。从而对所有财务人员实施统一管理,所有人最终都要向同一个财务领导报告。同样,对所有营销人员都实施统一管理,所有人最终都要向同一个营销领导报告。所有生产人员也是如此。每一个职能类别被合并在一起,"U型"因此得名。至少从原则上说,U型结构是实行严格的经理责任制。生产部门的领导承担生产方面的责任,营销部门的领导承担营销方面的责任,履行其他职能的部门也是如此。但是随着这种U型公司在第一次世界大战期间及其后的发展,其职能部门的类别开始扩大,因管理层次的增加而越显臃肿。U型结构发展越大,单个经理就越难以承担特定产品的盈利责任,因为每一种产品的财务、生产和营销是不同职能部门的责任。

假设在某个生产线上出了某些问题,销售部门就会责怪生产部门没有控制好质量。生产部又会责怪销售部门没有做好营销。财务部门会责怪其他部门没有做好成本控制。于是所有部门的领导相互争斗,都要避免承担失误的责任,或者争夺成功的功劳。因此,在早年的通用和杜邦公司,高层管理人员和所有者(杜邦家族)在试图让两个大公司赚取更多利润的时候,不断地遭受挫折。其他通过联合和兼并发展成为大型多元化组织的公司,它们的U型组织也碰到同样的推卸责任问题。① 也就是说,这种组织本身就是缺乏管理责任的。公司组织形式成为了公司进一步增长的一种障碍。U型组织已经变得不合时宜了。

另一方面,更先进的"M型"结构把它的职能分散到多个部门。

① 见小阿尔弗雷德·D.钱德勒:《看得见的手:美国公司的管理革命》(剑桥:哈佛大学贝尔纳普(Belknap)出版社,1977年);以及他的《战略与结构:美国工业企业的历史片段》(*Strategy and Structure: Chapters in the History of the American Industrial Enterprise*)(麻省剑桥:MIT出版社,1962年)。

理想地说，这些多个部门中的每一个部门都是一个多少可以自主运行的集体，对特定产品或生产线承担着生产和分配的责任。每一个自主的部门履行它自己的业务职能，从而每一个部门的领导可以对他的集体承担所有的盈利职能负责。这些 M 型组织比原来的 U 型结构更加灵活，更为分散化，在大公司的当今世界已经基本上替代了原来的组织形式。它们也更负责，因为每一个自主的部门都是一个利润中心，一个单独的集体，履行着它所有的业务职能，从而自己负责特定产品的盈利。盈利责任成为这种组织的一部分，替代了早先公司组织的那种不负责任。这种多部门中的每一个部门或者利润中心的财务表现，都受到一个集中的公司部门的监督，这个部门通常由母公司的一个被称为首席财务官的人领导。这个公司部门对财务数据的收集和处理，主要针对的以及上层管理人员加强控制的，是最重要的东西——金钱。通用汽车公司在两次世界大战之间的这个阶段率先发展了这种新的“M 型”组织。第二次世界大战一结束，其他大公司就开始紧跟上了通用汽车公司的步伐。

如图 1 所示，从老的 U 型结构向新的 M 型结构的转变，大大简化了生产方面的经理(图 1 中的产品 A、B、C)的报告责任。这种转变使生产线经理直接对他们的产品的利润负责。每一个多层部门中的每一个生产线经理，现在直接控制着在每一条生产线上决定着利润水平的那些职能——生产和营销。此外，新的 M 型结构把财务职能集中到一个新的公司高层部门中，这个部门由一个强有力的新公司官员掌管——首席财务官。当新产品或者新的分公司添加到这个组织中的时候，这种 M 型结构几乎可以无限地扩大到把新增生产线包含进来。这种新的 M 型结构对组织内的资金流也保持了更严密的控制。

这些联合大公司的这些部门变得有如此大的权力，以至于现在

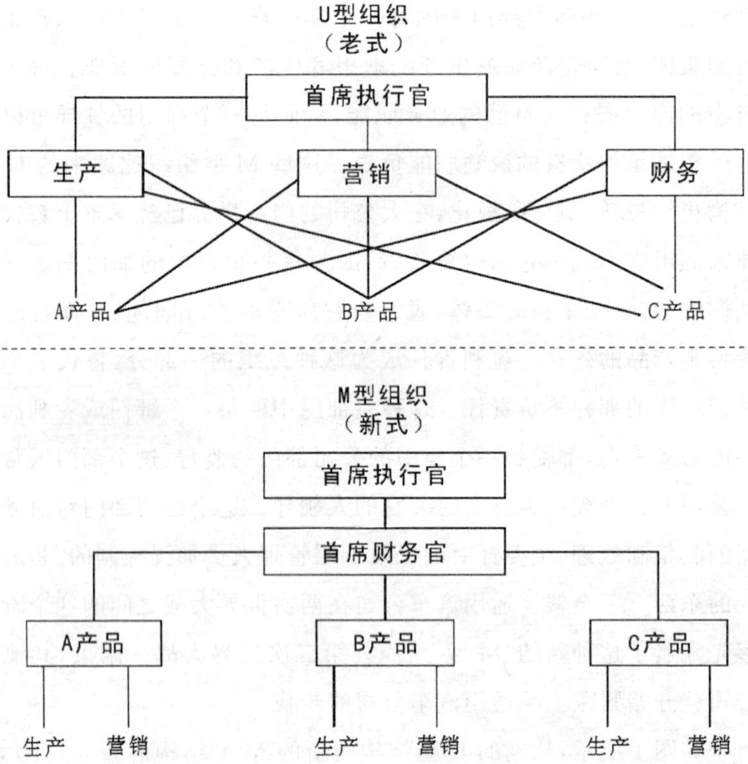

图1　组织形式

已经可以替代原来的资本市场。联合大公司的大多数自主部门过去是独立的公司，有自己的公司管理层和股东。它们只是在一次兼并之后就成为了联合大企业的部门。作为依附于发起收购的联合大企业的子公司，它们不再把剩余资本金支付给股东，这些股东过去是把这种资金用于资本市场的再投资。当它们需要资本金的时候，也不再通过金融市场来融资。现在，联合大公司的中心部门控制着这些已经转变为业务部门的子公司的资金。过去，这些独立的公司把剩余资金用于向股东支付股息。然后它们的股东将这些资金再投资于股票或者债券市场。过去这些独立的公司在需要新资金时，是通过向市场上的投资者发行股票或者债券来获得。但现在，新的公司中心部门在确定了子公司的需要之后，向子公司分配资本金，在确定了子公司应该保留多少资本金的时候，从子公司收回剩余。这样，新的公司中心部门就用核心管理层自己的行政决策，替代了原来资本市场上独立的公司与投资者之间在供求上的讨价还价。这样，公司中心部门也替代了被收购之前那些掌管着独立公司的高层管理人员。

这种大公司采用了一种允许分散业务决策、明确利润责任的更复杂的结构，但这种新结构也带来了新问题，类似于大型控股公司遇到的问题（一家控股公司只是一个名义上的公司，只是一个用来控股其他公司的空壳）。控股公司最大的弱点，是不能计划或者协调它们的营业公司的活动。营业公司就像金融投资组合中的投资一样。这样的控股公司实际上根本没有组织。它们是融资渠道和所有权的保管场所，是 19 世纪的持强凌弱者的工具。① 而飞扬跋扈的联合大公司就是 21 世纪的豪强们的工具。这是一个羽翼丰满的、强大的组织，是作为一个整体来管理。它不只是其各个部分的总和。公司中心部门对不同分支机构进行计划和协调，把它们锻炼成为一个商业帝国，能够永久地操纵世界上任何一个角落任何规模的各个产业的无论多少分支机构。一个大型联合公司帝国的本质是它不受限制，以及它的协力优势。由于不只是各个部分的总和，其各个部分受到的限制对它没有约束。因此，它所拥有的权力就不只是一个商业实体所拥有的那种权力。它不只是某个市场的垄断者。它是一个帝国。

---

① 一些控股公司和托拉斯也是聚集和控制家族财富的工具，比如克里斯蒂安娜证券公司（Christiana Securities Company）和威明顿信托公司（Wilmington Trust Company）就共同持有杜邦家族的财富很多年。

M型联合公司，这一当今美国占主导地位的公司形式内也存在挑战。为了能作为一个整体运行，为了从各个部分的协力优势中获益，必须对各个部分加以协调，整体的行动也必须有所计划。巨型公司已经变得如此之大，以至于不得不被分解为各个部分——从而M型结构是由各个自主的部门构成的。把这个组织分解成各个部分，每一个部分可以对其作为一个利润中心的业务负责，这意味着公司现在可以无限地增长，规模可以无穷大，而且依然是可以控制的。此外，把公司分解为各个部分，也会威胁到各部分之间的协力优势。现在，公司核心层的整体协调和长期计划就比过去更加重要。它们要求的是比过去快得多的信息处理能力，因此，新的以信息为基础的技术，以及新的以信息为基础的工作大量涌现。

公司世界正在经历一场真正的技术革命。但是所涉及的技术与物品和服务的生产没有多大关系。它与对组织和人的控制有关。这场技术革命发生在组织和信息领域，并非生产和分配领域。[①] M型结构仅仅是组织—信息革命的第一阶段，而且它显然正在迫使公司世界进入下一个阶段。因为公司可以长存，它们也可以——理论上说——永远发展下去。但直到最近，它们的规模在技术上受到了U型结构这种它们最初的组织形式的限制。不过，新的M型结构的发明和传播打破了规模上的限制；计算机技术和通讯的进步也有助于

---

① 见彼得·E.厄尔(Peter E. Earl)：《公司幻象》(*The Corporate Imagination*)(纽约阿尔蒙克：M.E.夏普出版公司，1984年)。也见奥列弗·E.威廉姆森：《市场和科层》(*Markets and Hierarchies*)(纽约：自由出版社，1975年)；以及奥列弗·E.威廉姆森："现代公司：起源、演化、特征"，载《经济学文献杂志》，第19卷(1981年12月号)，第1537—1568页。威廉姆森的著述可与以下文献对照：查尔斯·R.斯普鲁伊尔(Charles R. Spruill)的《联合大公司和资本主义的演化》(*Conglomerates and the Evolution of Capitalism*)(伊利诺伊州卡本戴尔(Carbondale)：南伊利诺伊大学出版社，1982年)，以及威廉·M.达格尔的"奥列弗·E.威廉姆森的交易成本分析：一个新综合"，载《经济问题杂志》，第17卷(1983年3月号)，第95—114页。

打破这种原有的规模约束。然而，随着公司持续增长，又碰到了规模上的新问题。多层、自主部门的运行可以由公司中心部门来计划，但计划必须得到执行。它们不能各行其是，以免损失它们之间的协力优势。各个部门必须追求某些共同的目的，必须有某些共同的价值观，必须共有一些基础的信念。简言之，必须用某种东西把它们统一成为一个整体，这个整体要比各部分的总和更大。它们必须发展一种共同的公司文化。发展了这种文化的公司就能生存，反之则被淘汰。[①]

一种公司文化就是向公司雇员反复灌输的一套共同的信念和价值观。公司文化强化和重塑了员工的普遍愿望，让他们产生做得更好以取得成功的冲动，对公司忠贞不二，为公司努力工作。公司文化是公司控制的一种内部化。因此，它是一种社会控制工具。庞大的、不断发展的联合公司需要一种公司文化来凝聚它的各个自主的部门。在《报应》(*The Reckoning*)一书中，戴维·哈伯斯塔姆(David Halberstam)指出，日产公司(Nissan)和其他一些日本公司已经发展了一些卓越的文化模式，和它们的轿车一起准备出口到美国。[②] 威廉·G.大内(William G. Ouchi)在他的《Z理论》(*Theory Z*)中表明，美国领先的公司正在向日本和其他国家借鉴并建立自己的凝聚公司的文化。[③] 不管源自何处，需要这种产生凝聚力的文化工具的美国公司，需要不断发展，同时对它们广阔的帝国的雇员保持控制力。[④]

---

① 见莫蒂·莱夫科伊(Morty Lefkoe)："为什么如此之多的兼并失败了"，载《财富》杂志，1987年7月20日。

② 戴维·哈伯斯塔姆：《报应》(纽约：威廉·莫罗出版公司，1986年)。

③ 威廉·G.大内：《Z理论》(马萨诸塞州雷丁：爱迪生—韦斯利出版公司，1981年)。

④ 进一步的讨论见托马斯·J.彼得斯(Thomas J. Peters)和小罗伯特·H.沃特曼(Robert H. Waterman, Jr.)的《寻求卓越》(*In Search of Excellence*)(纽约：哈珀和罗出版公司，1982年)。

在美国，领导企业文化构建的通常是那些多元化程度较低的公司，而不是那些联合公司帝国。发展了强有力的公司文化的著名美国公司有卡特皮勒(Caterpillar Tractor)、通用电气(GE)、杜邦、明尼苏达矿务及制造业公司(3M)、数字设备公司(Digital Equipment Corporation)、IBM、德纳公司(Dana)、宝洁、惠普、强生、天腾公司(Tandem Computer)和大陆银行(Continental Bank)。[①] 它们中只有少数几家是羽翼丰满的联合公司帝国，比如GE、杜邦和3M。可这并不是说大多数羽翼丰满的联合公司不需要强有力的公司文化。恰恰相反，联合公司帝国对公司文化的需要是非常迫切的。在最近《财富》杂志上的一篇文章中，商业顾问莫蒂·莱夫科伊甚至声称，大多数兼并之所以失败，是因为缺乏一种共同的公司文化。[②] 因为大多数大型联合公司是通过新近收购各种先前独立的公司而发展起来的，许多这些公司有自己的文化，要把它们的不同文化融入一种共同的联合公司文化并非易事。虽说不同美国公司的文化有共性，但被收购的公司的人员进入新的联合公司环境时，往往都带着相当大的担心，甚至是公开的敌意，在敌意收购中尤其如此。这些态度使得新联合公司的文化灌输是一个缓慢且困难的过程。因此，新的联合公司的文化相对较弱。而像GE、杜邦、3M这样的老牌联合公司帝国，已经花了很长时间向几代管理者灌输它们文化的共有信念和价值观。虽然大部分新联合公司还没有真正强有力的文化，但只要追随这些先驱，它们很快会有足够强有力的文化。

---

① 特伦斯·E.迪尔(Terrence E. Deal)和阿伦·A.肯尼迪(Allan A. Kennedy):《公司文化》(*Corporate Cultures*)(马萨诸塞州雷丁:爱迪生—韦斯利出版公司,1982年),第7页。

② 莱夫科伊:"为什么如此之多的兼并失败了"。也见理查德·帕斯卡尔(Richard Pascale)的"让新员工适应公司文化",载《财富》杂志,1984年5月28日。

将新的联合公司锻造成为一个联合公司帝国，成为一个统一的整体，已经变成一个增长行业。它大量产生了高新技术的信息经济。此外，除了需要尽可能迅速安排兼并和重组的投资银行家和公司律师之外，专门解决联合公司管理问题的商业顾问从事着兜售建议这项非常兴旺的生意。① 最有影响的联合公司顾问先驱是波士顿咨询集团。它们在20世纪70年代末凭借联合公司管理的所谓产品组合方法而名声大震。它们的方法建议联合公司的中心部门把子公司或者分支机构分为四种基本类型：(1)“金牛”(CASH COWS)，这些子公司在一个稳定的或者衰落中的产业占有很大的市场份额。以前强大的老产业寡头成为出色的金牛。(2)“明星”(STARS)，它们在一个上升中的产业占有很大的市场份额。高新技术、以信息为基础的服务公司成为出色的明星。(3)“狗”(DOGS)，它们在一个稳定或者衰落的产业占有较小的市场份额。(4)“猫”(CATS)或者“问号”，它们在上升的产业具有取得很大市场份额的潜力。

一旦公司中心部门确定了子公司或者分支结构的性质，就可以把它们纳入联合公司整体的一个全面增长战略中。在投资银行家的帮助下，公司中心部门会以最佳的价格卖掉“狗”。这类子公司对于公司中心部门没有多大用处。它们弱小的市场地位没有什么机会可以在短期内赚取利润，而它们所处的稳定或者衰落中的市场，在长期也没有多少增长机会。

卖掉“狗”之后，公司中心部门试图在“金牛”和“明星”之间实现一个总体平衡。“金牛”由于有强大的市场地位，能在短期赚取高额利润。同时，由于它们处于稳定或者衰落中的产业，几乎不需要工厂

① 见布鲁诺·厄特尔(Bruno Uttal)：“公司文化之秃鹫”，载《财富》杂志，1983年10月17日。

和设备的新投资。它们的高折旧提成大于投资需要，特别是在允许现有工厂和设备折旧的情况下。这为它们留下了一笔剩余资金积累，可投资于其他地方。它们是准备了大量牛奶的真正金牛。金牛子公司为投资于明星子公司的长期增长提供了短期资金。如果能够获得扩大工厂和设备所需的大量资金流，明星子公司凭借在上升中的产业的市场权力，其产量和利润可以迅速增长。因此，联合公司中心部门就用金牛子公司的短期现金流，来满足明星子公司长期扩张的现金需要，以此进行调配。并非巧合的是，大多数金牛是资本—产出比较高的制造业子公司，资本—产出比越高，可用于提供短期现金流的折旧提成就越高。这些制造业子公司主要分布于中西部，以及稳定或者衰落中的产业。它们为联合公司提供的丰富现金流，加速或者推动了它们的衰落，并且使美国的老工业中心衰落了。不过它们的现金流为联合公司的明星子公司提供了资金，同样并非巧合的是，这些明星子公司一般是高技术公司，分布于阳光地带，[①]或者低工资、欠发达的国家。巴里·布卢斯通(Barry Bluestone)和贝内特·哈里森(Bennett Harrison)在他们的《美国的去工业化》(*The Deindustrialization of America*)一书中，对此提供了进一步的讨论和经验证据。[②]

联合公司中心部门一旦出售了“狗”，并从来自金牛的资金流中调配了明星的资金需要，就必须确定它的哪些“猫”或者“问号”子公司可以被发展为新的“明星”。一些被保留下来，其他的将被卖掉、被剥离。联合公司频繁剥离不想要的“猫”和“狗”，这是理所当然的事

---

① 指美国南部从加利福尼亚到佛罗里达之间的地区。——译者

② 巴里·布卢斯通和贝内特·哈里森：《美国的去工业化》(纽约：Basic Books，1982年)。

情。这种剥离并不代表业务上的转变，只是清理内务而已。联合公司并非要回到单一产业状态。调查数据显示，情况恰好相反——联合公司的多元化程度更高而不是更低。不过，很多金融分析师和商业新闻记者一直把联合公司的清理内务错误地解释为回到单一产业经营。这种解释完全得不到大量经验证据的支持。[①]

在这里，另一个图是有用的。图 2 表明了兼并前和兼并到一个联合公司之后的资金是如何流动的，尤其是在明星和金牛之间如何流动的。如图 2 所示，"猫"尽可能快地被抛弃。如果它们不能发展为"明星"，就会通过剥离而在联合公司中消失。另一方面，"狗"继续留在联合公司的小动物园里，但离被清算的日子也不长。金牛则大量提供牛奶，通过收回投资，向明星提供投资所需的现金流。图 2 也表明了股东和金融市场所发挥的作用急剧减少。这个强大的联合公司帝国可以在很大程度上摒弃股东和金融市场这些讨厌的东西。只需要绕开它们就可以摒弃它们。现在资金的正常流动不再依赖于讨厌的股东，也不再依赖于有风险的金融市场。市场并未真正消失，但它的社会控制功能已经失效了。

波士顿咨询集团的这种管理联合公司的动物园方法，确实把它合理化为一种整体，而不只是简单的部分之和。不过，这种方法只是处理了联合公司的财务方面，在各部分之间创造了一种财物上的协力优势，仅此而已。波士顿咨询集团的这种方法是通向全面统一的旅途中的一个小客栈，是使联合公司在 20 世纪 70 年代运行下去的一种财务上的权宜之计，直到 20 世纪 80 年代公司文化得以发展起来。

---

① 最近的一个错误解释，见斯图尔特·托伊(Stewart Toy)的"分裂"，载《商业周刊》，1985 年 7 月 1 日。经验证据见威廉·M. 达格尔的"美国企业的集中化、多样化和管理负担"，载《经济问题杂志》，第 19 卷(1985 年 9 月号)，第 687—701 页。

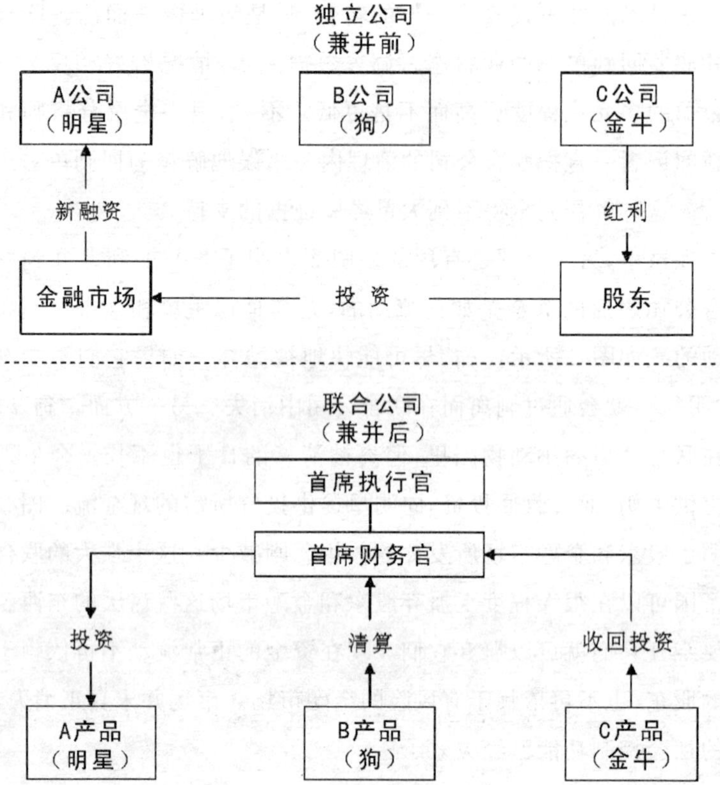

图 2　财务流程

公司文化的统一不只在于财务方面，而在于联合公司的所有方面。[①] 过分强调子公司或者分支机构财务上的结果，而排除了其他方面的表现，往好处说，会迅速导致管理上的疏忽，往坏处说，会迅速导致猖獗的机会主义。也就是说，子公司经理会以牺牲其他不能量化的责任为代价，来满足量化的财务目标的实现。他们可以节省开

① M 型公司中组织统一的需要以及实现这种统一的困难，在技术文献中被称为“不可分性问题”。见厄尔《公司幻象》，第 162—172 页。

支，通过不履行短期成本高成本的职能，把表面的财务状况弄得很漂亮，对其他职能的这种忽视在短期内是察觉不到的。当然，到了这些管理疏忽的后果被发现的时候，则是别人的责任，最初犯下错误的人，在他的疏忽对子公司的根本因素造成影响之前，已晋升到更大的部门或者公司中心部门更重要的职位而得到奖励。到那时，那就是别人的问题了。在过分强调短期财务结果的一个体系下，这种管理疏忽自然导致猖獗的机会主义。部门领导学会了以牺牲其他目标为代价来实现他们的财务目标，肯定就会牺牲任何非量化的、无奖励的目标。

机会主义的部门领导很快学会了如何最大化他们的公司职位带来的回报。他们开始为自己的利益而动用公司的资金。他们也开始变成唯利是图的机会主义者，最大化自己的薪俸、津贴、奖金和内部人利润。他们不惜牺牲其他愚蠢、软弱的人，让他们来承担这种成本，包括其他经理、其他投资者、联合公司乃至社会。即便忽略管理疏忽带来的个人和社会成本，这种成本对于联合公司来说也是很大的。这种情况下，创造联合公司整体的各部门之间的协力优势就变得极为困难。要教会低层管理着共同努力去获得更高层的利益，就需要一个远比波士顿咨询集团的发明更加强有力的控制体系。公司规模和多样化的不断增长，使得部门层次上愈演愈烈的管理懈怠成为必须接受的事实。有相当多的主管同意需要更多的控制。在对美国 13 家代表性公司的主管的一项有趣的调查中，阿伦·考克斯（Allan Cox）发现：

> 大多数主管人员相信，公司内部的控制是必要的。51%的高级主管和56%的中层主管认为，对于遏制腐败——或者至少是不检点的行为——这种限制是需要的。他们的看法是，他们

管理结构的规模和复杂性是那些可任意利用的不检点行为或者彻底的不忠行为的诱因。①

学会为更高层的利益而工作

公司通常给经理不错的报酬。据行政管理协会(Administrative Management Society)估计,1984年,低层到中层公司职位上的美国经理平均年薪是32 270美元,比1983年提高了7.7%。这些经理同时享有各种养老金和保险金、利润分成和其他福利。这个估计的平均薪金水平的低层、中层职位,包括从财会经理到员工领班这些人。② 高层管理人员的待遇更优厚,尤其是在大公司。达特尼尔金融研究所(Dartnell Institute of Financial Research)估计,1981年,美国大公司(年销售额10亿—100亿美元的公司)的首席执行官年平均底薪是138 000美元,所有薪水每年平均为221 000美元。③ 而同年,有3 180万美国人生活在收入贫困线之下(总收入在9 287美元之下的四口之家)。④

相对于数百万美国人而言,公司经理们的待遇已非常优厚了。可是,公司对其管理阶层的慷慨大方,并不意味着公司是为它的中层管理者的利益而存在。并非如此。公司是为它更高层的管理者的利

---

① 阿伦·考克斯:《关于美国公司的考克斯报告》(*The Cox Report on the American Corporation*)(纽约:Delacorte出版社,1982年),第144页。

② 行政管理协会:《第13期管理薪水年度指南》(*Thirteenth Annual Guide to Management Compensation*)(宾夕法尼亚州柳树林(Willow Grove),1985年)。

③ 约翰·P.斯坦布林克(John P. Steinbrink)和威廉·B.弗里德曼(William B. Friedeman):《主管薪水:第14期达特尼尔双年报》(*Executive Compensation: Dartnell's 14th Biennial Survey*)(芝加哥:达特尼尔出版社,1982年)。

④ 统计局:《美国统计摘要,1984年》(华盛顿特区:美国政府出版局,1983年),第471页。

益而存在——CEO和大股东。公司中层经理们(利益较少的人)潜在的机会主义和贪欲与高层的利益是背道而驰的。虽然中层经理的报酬也不错,但他们是公司雇员,而不是可以为自己谋利的自主行为人。而且公司文化有意识的目的是对他们追求个人的利益严加约束,尤其是当这些利益损害了更高的公司利益的时候。因为无论他们的报酬有多高,无论受到多么严格的监管,一些中层经理仍然会有不端行为;一些人仍然会追求自己的利益。在财务上占公司的便宜就是明显的不端行为。但经理们也会把精力投入到公司帝国的建立,投入到家庭事务,投入到朋友或者其他多余的方面。公司文化就是用来控制这种不端行为。

狭义地讲,公司文化是管理行为的内部化控制。外部控制也要运用。M型组织结构是外部控制技术的一个重大进步。用于计算机化办公室的整个计算机储存、处理和监控技术也是如此。但所有这些都不够,因为它们全都是外部的。还需要用内部控制来激励和监督管理行为。到目前为止,还不可能(合法地)将适当的、电脑激活的电极植入到经理脑袋里。虽然在身体上这样做是不可能的,但在文化上却是可能的,对那些渴望事业成功的人来说尤其如此。

价值观如何改变:强迫和事业心

控制他人的最可靠、最有效的方式,就是改变他们价值观的力量。对他人进行控制可以以强迫为基础——可以迫使他人去做被告知的事。这是奴隶主控制奴隶之道。但基于强迫的控制是靠不住的。奴隶之所以反抗和造反,是因为基于强迫的控制使被强迫者产生了愤恨和欺诈。奴隶们学会了在他们的主人面前装模作样,即便怀着满腔怒火。奴隶们可能被迫在口头上支持主人的价值观,但要迫使他们内心接受这种价值观却是难上加难。当强制力被消除,社会控制也随之消除，因为它没有被自愿接受。通过强制进行的社会控制是暂时的。更长久的社会控制是基于转变他人的内在价值观，使他们心甘情愿接受掌控的能力。从而，控制变得合法。它被那些受其控制的人认为是正确的、有益的。它不再需要鞭打。

抱负是一种远比强迫更有力的社会控制机制。强迫是基于恐惧，当强迫被消除，其力量也就荡然无存。而抱负的力量则是深深植根于共同的价值观和信念，植根于文化本身。抱负尤其是深深植根于靠自己努力而成功这种文化——也就是植根于美国文化。在19世纪，抱负表现在涌向边疆的拓荒者的生气勃勃中。它以淘金热和土地激增的形式达到顶点。在20世纪，抱负表现在美国管理阶层疯狂地追求名利之中，它开始更深地扎根在广大美国中产阶级所共有的价值观和信念的文化蓄水池里。现在，它以夫妻双方都有自己的事业，以及向城郊杂乱无序的扩展的形式达到顶点。但无论是在边疆的追求，还是在职业生涯中的追求，个人抱负都是一样强大的激发因素。

托尔斯坦·凡勃伦比其他任何社会观察家都更了解美国人的抱负，以及它如何扭曲了价值观和信念。因此，可以通过考察凡勃伦率先提出的四个改变价值观的过程，来最好地理解美国的文化转变和价值扭曲。① 这四个过程是感染、从属、仿效和蒙蔽。它们全部都与抱负和社会控制密切相关。当然，很多最近的观察家也研究了抱负

---

① 托尔斯坦·凡勃伦是第一个深入探讨这里涉及的问题和过程的人，见他的《美国的高等教育》(纽约：奥古斯塔斯 M.凯利出版公司，1965[1918]年)。也见威廉·M.达格尔："公司官僚主义"，载《经济问题杂志》，第14卷(1980年6月号)：第399—409页；"权力：一个制度分析框架"，载《经济问题杂志》，第14卷(1980年12月号)：第897—907页；以及"公司权力的持续演化"，载《社会经济评论》(*Review of Social Economy*)，第43卷(1985年4月号)：第1—13页。这一节部分内容首先发表在我的论文"经济学中的权力和价值"中，该文是向中西部经济学会1985年3月在辛辛那提召开的会议提交的论文。斯蒂芬·T.沃兰德(Stephen T. Worland)提出了有益的建议。

和社会控制的关系。这里也利用了他们的洞见和证据。

改变价值观的过程——感染

与我们息息相关的四个改变价值观的过程中的第一个是感染。如果你能用自己的价值观去感染别人的价值观，那么，他人的价值观将被改变，而你的价值观将得到强化。他们的情感依恋于他们自己的价值观，初始的价值观可以为你所利用。对那些位高权重的人来说，感染是改变他人价值观的一种有力手段，它可以把价值观转变为可以拉动的绳，以及可以按动的按钮，让下属们想要去做控制着他们的人或者组织想要让他们去做的事情。我们大多数人都想把我们做的事情做好。我们通常以我们的劳作为骄傲，以我们的技能的有用性为骄傲。在不被感染的时候，这种对劳作的骄傲让我们大部分人试着去成为能工巧匠。无论是家庭主妇、打字员、清洁女工、雕刻家、卡车司机，还是核物理学家，我们都看重履行好自己的职能。但是我们对做好一项工作的重视，可能会为了自己的利益而被其他人的价值观所感染。它可能被转变为其他东西，像一个按钮一样被他人所用。从而其他人可以为他们自己的利益而按动我们的按钮。当技术工作变成公司职业的时候，发生的正是这种情况。

我们对技能的重视体现出来的价值，是技能本身所固有的一种价值。我们重视我们的技能，是因为我们发现它本身是值得重视的。作为有技能的人，我们是受技能引导的，是由自己主导的。① 然而，通过感染，我们的技能工作变成了我们的职业生涯。有技能的人和

---

① 除了《美国的高等教育》之外，还可见托尔斯坦·凡勃伦的《劳作本能》(纽约：奥古斯塔斯 M.凯利出版公司，1964[1914]年)，以及《缺位所有权》(*Absentee Ownership*)(纽约：奥古斯塔斯 M.凯利出版公司，1964[1923]年)。迈克尔·马格比(Michael Maccoby)在他的《游戏的人》(*The Gamesman*)(纽约：Bantam Books，1978 年)中，也探讨了技艺问题。

职业生涯中追求名利的人都重视他们所履行的职能，但原因却大不相同。有技能人的价值观是固有的、内在的，而追求名利的人的价值观则是非固有的、外在的。追求名利的人是一个被感染了的有技能的人，是一个一心追求名利的有技能的人。追求名利的人完成工作是为了提升事业，而不是提升他的技能。追求名利的人重视一项工作的完成，因为这项工作给他带来外在的报酬，给他带来其他人的赞赏，尤其是上司的赞赏，而不是有技能的同伴的赞赏。追求名利的人和有技能的人所做的可能是同样的工作，但由于追求名利的人做这项工作是为了逢迎求宠，他们就远比有技能的人更容易被操纵。从组织需要控制它的员工这个角度来看，追求名利的人是有价值的人。他来到这个组织，完全胜任那些可以被按动的按钮，以及可以被拉动的绳。他是有用的。另一方面，有技能的人是公司的一个问题。她不能胜任按钮和绳的角色。在可以充分使用之前，就必须把她装备好。这种装备(感染)过程可能需要耗费时间和金钱；最好是在学校用公共开支来完成，而不是在工作中用公司的开支来完成。因此，感染通常是从学校就开始了，在那里，为探索的乐趣而学习的年轻探索者们，被转变成为成绩这种外部奖励而学习的乖学生。这个过程无论是在哪里完成，由谁的开支来完成，对于保持组织的控制都是至关重要的。必须教会她事业价值观，以替代技能价值观。要能够控制她的表现，固有的、内在的东西必须被非固有的、外在的东西所感染，从而使对前者(技能)的情感控制可以通过拉动后者(事业)的绳来触发。《游戏的人》的作者迈克尔·马格比描述了对成功的强烈渴望如何刺激管理者的心灵，如何用事业提升去感染做事的技能。马格比对公司中追求名利的人的心理学探究，表明了感染的力量是何其巨大。[①]

① 马格比：《游戏的人》，第98—123页。

改变价值观的过程——从属

转变甚至灌输价值观，使其可以被控制的第二种方式，与感染密切相关。即便价值观不受感染，如果让他们（位低者）的价值观从属于你（位高者）的价值观，那么，其他人的价值观仍然可以被改变，或者至少是被压制。举一个熟悉的例子有助于说明问题。作为最高统帅，美国总统把青年男子视为战士、水兵、飞行员。另一方面，美国妇女则把他们视为兄弟、儿子、丈夫。军事价值和家庭价值是矛盾的。如果军事价值占优，那么总统必定就能对潜在的反战者以及潜在的不服从的妇女施行权力。他可以让“女人的”家庭价值观服从于更高的“男人的”价值观而做到这一点。在很大程度上，男性占主导地位的文化已经帮他做到了这一点。当然，只是额外需要对妇女不断灌输爱国主义这种更高的价值观。

他人的价值观的从属从来都不是直接的。比如，一个有野心的国家领导人从来不会要求他人把对他们生命的珍视，从属于他对击败同他竞争的国家领导人的重视。相反，这样的领导人会号召一些更高级的价值观，比如国家荣誉，就像拿破仑和希特勒那样。在经济斗争中，当从属的大众有自己的价值观的时候，公司领导人从来不会直接要求大众给他们更多的利润。相反，公司领导会间接地求助于更高的价值观，或者求助于自然法则。在美国，“自由企业”作为一种更高的价值观很有市场；在美国，“市场”作为一种自然秩序非常畅销。科学和专家所提供的高级价值观也很有效。公众从来没有被要求为公司利润而牺牲洁净的空气和水。相反，人家的说法是“市场”需要放松管制，“自由企业”需要保护。此外，在公司做门客的科学专家会让成本一收益率、统计分析以及其他有巨大魔力的科学法宝在公众心目中留下深刻印象。公司在这些问题上的表现总是仁慈的，因为它们从来不会告诉公众，说管制降低了它们的利润；而是经常会说，因为环境控制增加了经济负担，它们不得不关闭工厂，裁撤工人。

像在感染中一样，追求名利和抱负在从属中发挥着重要作用。当一个经理学习提升自己的事业到一个更高的价值层次时，他就把自己的其他价值观从属他职业生涯的价值观了。男性追求名利者比女性追求名利者更有可能这样做，特别是在让家庭从属事业这一点上。因此，从组织寻求控制管理层员工这一点来看，男性更有用，因为他们比女性更愿意让家庭从属于事业。男性在这里反而成了软弱的女性，因为他们更容易从属于公司的事业。此外，男性可能比女性容易忽视家庭，因为他们比女性更有能力这样做。把男性的地位置于女性之上的家长式家庭，使得男性有可能逃避家庭责任，把它们推给妻子。杰奎琳·B.斯坦菲尔德(Jacqueline B. Stanfield)指出，甚至在夫妻双方都从业的家庭这也是普遍现象，在这种家庭，有工作的妻子比有工作的丈夫为家庭福利不断付出更多的时间和精力。这种情况下的许多妇女被迫努力成为女超人，努力同时扮演好两个全神贯注的角色，如果不可能做到，就会感到内疚。她们的丈夫对家庭事务几乎没有什么帮助，从而不能使她们的价值观从属于另一套相冲突的价值观，她们为此所困。[①] 尽管男性由于从属而过于受事业价值观所困，但他们中的大多数却有能力让妻子的价值观从属于他们自己的价值观。从事某种职业的男性更容易做到这一点，因为他们通常可以把家庭责任甩给妻子，在家庭价值观从属于事业价值观的时候，他们可以问心无愧。拉尔夫·纳德和威廉·泰勒对美国的9位公司领导人进行了详尽的研究。他们中几乎所有人的家庭和社会

---

① 关于夫妻都有工作的家庭中的妇女的进一步讨论，见杰奎琳·B.斯坦菲尔德的"夫妻双就业家庭中妻子/母亲的角色紧张研究"，载《美国经济学和社会学杂志》(*American Journal of Economics and Sociology*)，第44卷(1985年7月号)：第355—363页。

价值观都从属于公司事业价值观。[1]

改变价值观的过程——仿效

改变他人价值观的第三种方法是让他们仿效你。仿效是最有力的改变价值观的过程。它是事业和顺从的根基。实际上，一个追求名利的人就是一个仿效者，一个对他们的领域备受尊敬（羡慕）的人进行模仿的人。当人们在为个人地位、个人荣誉的竞争中开始羡慕（尊敬）那些位高权重者的价值观，开始模仿或者复制他们的时候，仿效就发生了。仿效是个人吸引别人注意的一种复杂形式，吸引别人注意的人，实际上是被别人所吸引。它是基于吸引力，而不是基于排斥力。它是尝试去像其他人一样，仅此而已。它可以提升一个人在一个追求地位高低的群体中的位置，这个群体中的每个人都不断在努力提升自己的地位，同时打压他们的竞争者的地位。

成功的仿效需要在传统上被认可的渠道中有意识地展示卓尔不群，以此不断地自我扩张。但是，它需要的远不只是炫耀身份地位的能力。单纯的炫耀过于明显，所炫耀的东西并不能让他们对自己的身份感到满意，因为这比他们的竞争者的身份要低。单纯的炫耀产生了差别，但却是一种错误的差别。正确的差别是歧视性的差别，这种差别让竞争者由衷地羡慕，同时让这种差别的创造者自鸣得意。成功的仿效者对他们超过的那些东西会变得非常无情。在《美国的炫耀》（*Showing Off in America*）一书中，约翰·布鲁克斯（John Brooks）描述了美国最粗暴的高层主管们的品质。“让这些人与众不同的品质是，傲慢，不必要的残酷，以自我为中心，不关心他人，卑

---

① 拉尔夫·纳德和威廉·泰勒：《大人物们》（*The Big Boys*）（纽约：Pantheon，1986年）。

鄙，情绪无常，职场恃强凌弱（schoolyard bullying）——掠夺—歧视的一系列特性。”①

一个仿效者不会破坏现状。他不会去摧毁他要吸引的那些有身份的人所持的价值观。他想要享有这种身份，不过是一种更高的身份。这使得仿效者是完全遵循传统的，也使得仿效过程成为一种极为有力的社会控制机制。对仿效的研究是托尔斯坦·凡勃伦对价值观研究作出的重要贡献。② 他阐明了仿效如何把美国的一种潜在的革命形势转变为一个非常保守的时代。凡勃伦看到，到19世纪末，美国农民和工人显然与日益增长的大公司权力是不合的。边疆这个安全舱口已经关闭，从而美国人改善生活的传统路径也随之关闭了。农民和工人十分合理的、经济的利益，在于夺取强盗资本家的权力。但是，这些农民和工人，也就是凡勃伦所称的“普通大众”，并不想反抗强盗资本家。普通大众想要变得像强盗资本家一样，仅此而已。在凡勃伦看来，仿效的力量压倒了普通大众的经济利益，把他们转变为非常传统、保守的现状维护者，而不是革命者。随着边疆机会的终结，以及职务晋升机会在逐渐成长的公司世界的专业和管理行列中迅速增加，一心追逐名利的人急切地在公司生涯这场新竞赛中一试身手。普通大众被推动着进入不断增加的中产阶级，开始被卷入中产阶级生活和白领生涯的卑劣竞争与歧视性差别。

然后，也就是在几十年中，其间有一场恢宏而短暂的青年反叛的干扰（20世纪60年代），公司生涯的竞争和歧视性差别已经将过得去的生活水平提升到如此之高，以至于“普通大众”在激烈的商场竞争中不得不需要“普通女大众”的帮助。到了20世纪70年代，一份

---

① 约翰·布鲁克斯：《美国的炫耀》（波士顿：Little，Brown，1979年），第195页。

② 托尔斯坦·凡勃伦：《有闲阶级论》（纽约：奥古斯塔斯 M.凯利出版公司，1975[1899]年）。

工资已经不足以应付不断提高的炫耀性消费开支。郊区的一套房子，车库里的两辆轿车，上大学的两个孩子，费用相当高昂，但还是不足以在竞争中跟上别人的步伐。现在，孩子们需要到声名显赫的私立大学念 MBA，要做到这一点，合适的私立中小学几乎是必须上的。此外，生活水平不仅要看数量，还要有相当精细的质量。所有的这些都需要更多的钱。两三辆车是不够的。其中至少要有一辆是梅塞德斯或者其他适宜的品牌。暑期到第二个家度假是不可或缺的，但还不够。还必须加上冬假，得用晒得黝黑的皮肤作证。这样的情况贯穿了整个 20 世纪，仿效的无情压力把过得去的生活水平不断推高，不断降低那些跟不上步调的人的自尊，而且是越来越低。这种仿效的压力把顺从竞争之手重重地压在每一个人身上。

美国中产阶级生活和白领公司生涯的仿效压力，创造了公司文化所需的普遍的不安全感。别搞错，这个体系正在发挥作用。他们缺乏安全感，管理人员就很容易灌输特定公司的价值观和信念。很多现成的底层工人来到公司，从事这里所需要的那些非技术性的、卑微的工作。他们的自尊完全被仿效的压力所降低，他们的传统工作被反通货膨胀的政策所挤榨，数百万无组织的或者被组织排除的白人工人阶级和沮丧的少数民族，对于公司来说是有用的。

仿效的力量也解释了民权运动和妇女解放运动为什么会失去平等主义动力。尽管杰西·杰克逊牧师（Jesse Jackson）的彩虹联盟（Rainbow Coalition）和 P. U. S. H 行动[①]确实很成功，但是脱离城市贫民窟和黑人小企业的那一群黑人中产阶级——跟随着先前的白人中产阶级迁到了郊区，成为追求名利的白领——正在夺走激起了他们的运动的那些大多数黑人的金钱和领导权。妇女解放运动也正

---

① P.U.S.H.是 Praying Until Something Happens 的缩写。——译者

在被削弱。过去的姐妹情谊这种平等主义动力，正在被仿效转变为在公司世界获得更多职业机会的动力。与其说是努力用一种更加平等主义的、更加人道的组织工作的方法来替代追求名利的仿效，还不如说追求名利的妇女的热情正在"形成网络"。这种"形成网络"只不过是用公司世界中一种原有的提高地位的女性体系，替代（或者至少是补充）了原有的提高地位的男性体系。它仍然是仿效的、不平等的、追求名利的。也就是说，"形成网络"仍旧包含着追求地位、自我扩张以及为了事业价值观而牺牲其他所有价值观，无论机会主义者的这种网络是男性的还是女性的。①

衡量仿效和炫耀性消费在程度上的一个财务指标，是美国家庭的金融资产和流动性资产的分布情况。根据发表在《联邦储备公报》（*Federal Reserve Bulletin*）上的一份权威研究，1983 年，仅有 10% 的家庭有 50 000 美元或以上的金融资产和流动性资产，61% 的家庭持有的这些资产低于 5 000 美元。② 这就意味着绝大多数美国家庭在它们的预算中，几乎不能轻松地增加流动性强的金融储备。即便是年收入在 25 000—29 999 美元的那些相当富裕的家庭，1983 年的金融和流动性资产平均持有额也只有 5 147 美元。③

私有房产提高了很多富裕家庭的资产净值，但这种提高在很大程度上是虚幻的。如果他们卖了房子，得到他们的房产净额，他们将

---

① 虽然本文没有得出明确的结论，但可见下面这篇文章对一个以芝加哥为基地的妇女网络的描述：格兰特·皮克（Grant Pick）的"当妇女打算从商"，载《芝加哥》（1985 年 5 月），第 148—153 页，第 186—189 页。

② 罗伯特·B. 埃弗里（Robert B. Avery）、格雷戈里·E. 埃利豪森（Gregory E. Elliehausen）、格伦·B. 坎纳（Glenn B. Canner）和托马斯·A. 古斯塔夫森（Thomas A. Gustafson）："消费者金融调查，1983 年"，载《联邦储备公报》，第 70 卷（1984 年 9 月），第 679—692 页，所引数据见 685 页。也可见同作者的文章"消费者金融调查，1983 年：第二份报告"，载《联邦储备公报》，第 70 卷（1984 年 9 月），第 857—868 页。

③ 埃弗里、埃利豪森、坎纳和古斯塔夫森："消费者金融调查，1983 年"，第 686 页。

无处栖身。他们的资产净值从而将被房租所耗尽，他们获得的只是暂时的收入。此外，40%的富裕家庭（年收入在20 000—29 999美元之间）一开始并没有自己的房子。[①] 然而，1983年富裕家庭（以年收入在25 000—29 999美元的家庭作为资产净值的平均数来衡量）的资产净值只有28 876美元。[②] 资产净值中包括了房产净额。在炫耀性消费的竞争性开支压力下，即便是富裕家庭也没有能力让它们的资产净值大大超过收入微薄的人。事实上，1983年有一半美国家庭的资产净值低于25 000美元。[③] 这深刻地揭示了一个最初建立在清教徒的节俭基础之上的社会，其仿效的力量是多么强大。

仿效不仅发生在消费支出领域，而且发生在个人身份地位发挥作用的生活的方方面面，就像在职业生涯中发生的那样。仿效类似于从属，因为它也涉及贬低一套价值观的声望和意义，提高另一套价值观的声望和意义——比如炫耀性消费战胜了清教徒的节俭。还有另一个恰当的例子，假如一个在封闭的少数民族工厂社区长大的青年进入一家公司，看看会是什么情况。通过仿效公司高层主管，他会被诱导去诋毁他儿时朋友们的价值观和希望，抬升公司同事和老板们的价值观和职业生涯的奋斗观念。在他在公司向上爬的过程中，如果他发现需要关闭为他以前的社区提供就业机会的工厂，或者如果他发现有必要发起一场运动来取消代表他旧时伙伴们的联盟的资格，这个以前的社区成员只是会感到良心的一点点阵痛而已。仿效是增选成员的最有效的方法，是把美国流行音乐舞台上一些激进的雅皮士转变为柔弱无力的雅皮士的一个过程。

---

① 埃弗里、埃利豪森、坎纳和古斯塔夫森："消费者金融调查，1983年"，第683页。

② 埃弗里、埃利豪森、坎纳和古斯塔夫森："消费者金融调查，1983年：第二份报告"，第863页。

③ 同上，第862页。

改变价值观的方法——蒙蔽

改变他人所持的价值观的第四种方法是蒙蔽他们，从而扰乱他们那些你所反对的价值观，让他们支持你的而不是他们的价值观。蒙蔽需要控制有价值的符号。比如，如果母亲身份和苹果饼可以通过国家荣誉和战争而使其神秘化，并与之相混同，那么，家庭教养的价值观就可能被那些通过征服国家而施行权力的人，利用来支持自己。同样，如果工人珍视赚钱谋生的权利，那么，也许蒙蔽就可以被用于诱导他们去珍视工作的权利。而且，以“私有财产”和“个人主动性”为象征的价值观，可能被操纵以在集体议价和政府管制中保护公司。普遍持有的、共同的价值观可能被歪曲或者夸大，以支配与共同的价值观背道而驰的大量活动，从污染空气到剥削劳动力。蒙蔽与“新话”[①]非常相似。它让战争部成为国防部，让 MX 导弹[②]成为和平守护者导弹(Peacekeeper Missile)，让经济剩余成为资本成本，也让联合公司的利润成为更高层次的利益。蒙蔽包括把不同的价值观联系起来，或者混同起来。在以上例子中，每一种负面的价值观都与一种正面的价值观相联系或者混同。这种正面的联系减轻了别人对你所重视的事物的厌恶感。因此，如果你重视战争、多弹头和剩余收入(利润)，而他人并非如此，那么，你就应该把它们与别人重视的事物联系起来，比如国防、和平以及劳动收入。这种混同在人类价值观的塑造中确实很重要。

要侍奉好雇主，要追求更高层次的公司利益，就常常要求管理者和专业人员疏远家庭，直至很晚才回家。这也通常要求他们投入完

---

① “新话”(newspeak)这个词源自乔治·奥威尔的小说《1984》，指一种指东说西、模棱两可的官腔。——译者

② MX 导弹是当时美国新型的移动式多弹头洲际导弹。——译者

全的精力和注意力,无论是在家里或是在路上。阿伦·考克斯从对美国公司主管的调查中得出结论:"尽管很多主管或许都对家庭的需要有充分的认识,对他们关心和支持家庭有充分的认识,但有一些却明显轻视他们的家庭生活。许多人花费过长时间待在办公室,长期出差在外,即便是不必要的,只为了逃避决不快乐的家庭生活。"[①]然而,大多数公司经理和专业人员对忽视家庭和疏远爱人的感觉是不好的。如果他们忽视了家庭,在感情上疏远了爱人,会因此带来巨大的愧疚。所以,公司经理并没有忽视家庭、疏远爱人。为了替代这些负面的东西,他们会为事业而努力工作到深夜,寻求挑战那些不在家庭所在地的新机会。这不是忽视家庭——一种负面的价值观。这是提升事业——一种正面的价值观。他们把工作带回家做,不是疏远家庭感情。相反,他们把工作带回家做,是为了能够职位晋升。或者说他们学会了相信事情就是这样。于是他们引以为傲,不再愧疚。但是,如果妻子与他们离婚,或是孩子反叛了他们,他们会不解,觉得被背叛。他们没有恶意忽视家庭呀。他们也没有对爱人冷淡疏远呀。尽管如此,他们还是忽视了家庭,即便这是为了能够晋升,即便是为了追求他们的事业。

公 司 文 化

文化是一套共有的价值观和信念。在追求名利的刺激下,这四种改变价值观的过程正在把美国的多元文化转变成公司霸权文化。公司世界的价值观和信念正在逐渐替代老的边疆世界的价值观和信念。就像在边疆的成功需要一套特定的价值观和信念一样,公司的成功也是如此。但一种多元文化的共有信念和价值观源于大量独立

---

① 考克斯:《考克斯报告》,第 271 页。

的机构组织——教会、政府、家庭、学校、工会；而一套霸权文化的价值观和信念则源于一个单一支配的组织。多元文化中的人类特征是由每一个人经过一种痛苦的内在调和，以及相互冲突的价值观和信念的综合而得以塑造的。另一方面，在一种霸权文化中的人类特征，则是通过相互支持的价值观和信念的一种外部灌输而得以形成的。美国的文化和特性已经是霸权的，而远非多元的，在公司中产阶级中尤为如此。霸权正是来源于这个社会阶层。批判性的知识分子很少研究白领中产阶级的世界。结果，大多数人被霸权在美国的发展搞得措手不及。①

提速管理阶级

管理阶级的地位现在是非常不稳固的。美国的工人阶级至少是部分地组织起来去维护它的经济利益。但中层管理人员几乎从来都没有组成一个联盟，或者加入任何团体，去维护他们的利益。相反，他们追求的是作为一个追求名利者自己的个人利益。由于个人主义导致的分化，以及受他们的追求名利所遮蔽，中层管理人员更容易成为大型联合资本的牺牲品。工人阶级的成员感觉到与其他工人是团结在一起的。但一个经理却没有与其他经理的团结感。所以，当一个经理被解雇或者被责骂的时候，其他同事是不会帮助他的。相反，他们觊觎他的职位。他只能靠自己，而且如果他在事业提升中出了差错，那么他会独自遭受指责，并且要独自去解决。他的同事们不会给他多少安慰——他们唯恐和一个失败者扯上关系——他妻子往往

① 在凡勃伦的强烈影响下，C. 赖特·米尔斯是美国知识分子的短视的一个例外。见他的《白领》(纽约：牛津大学出版社，1951 年)。

会离他而去（就像通用汽车公司的约翰·德罗瑞恩（John DeLorean）那样）。

追求名利的管理者虽然在提升事业的过程中是个人主义的，但他没有将自己的利益服务于公司的工作。相反，受追求名利的遮蔽，他是服务于公司所有权控制者的利益。他与工人阶级的所有成员尽可能地疏远了，但他却不知道。他的价值观受到了如此严重的感染，以至于当他为别人的利润而工作的时候，他从来没有意识到自己正受控于人。他的按钮是由别人按下的，他的绳是由别人拉动的。他是为他们而工作，不是为自己。追求名利的管理者对他的按钮和绳一直是不知不觉，对他正在作出的牺牲浑然不知。由于没有意识到受控于人，追求名利者为了自己的事业不仅牺牲了自己，还牺牲了家人和朋友。与家人和朋友分开后，追求名利的管理者就仿效其他职位更高的追求名利的管理者，后者进而仿效其他地位更高的人。这种仿效以及随之而来的歧视性差别，无处不在于向顶层爬的道路上。顶层由大资本所占据，由雇用这些追求名利者的联合公司的多数股权所占据。

所以，虽然管理阶级待遇优厚，但其地位却是不稳固的，其财务地位甚至更糟糕。囿于追求名利而不能组织起来维护自己的利益，以及被灌输了如上的价值观，管理阶级根本就不是一个真正的阶级。管理者施行的权力并非他们自己的权力。管理者追求的公司目标不是他们自己的目标。他们管理的财富不是他们自己的财富。管理阶级实在是一个依附阶级，一个被别人占有的阶级。它没有权力，没有地位，没有自己拥有的客观财富。甚至它的未来也不是它自己创造的。

所有权和控制权的分离

不过，在我们高度组织化的公司世界，管理者的职能是至关重要的。没有管理人员，公司组织将崩溃。因为他们至关重要，也因为所有权与控制权早已分离，所以很多观察家认为管理人员组成了一个独立的阶级。从阿道夫·A.伯利和加德纳·C.米恩斯到约翰·肯尼斯·加尔布雷思，研究美国公司的制度主义者都认为公司管理者有独立的动机。[①] 据称，这种独立的管理者动机与所有者的利润动机是背道而驰的。伯利和米恩斯在他们开创性的《现代公司与私有财产》中认为，越来越多的成熟公司被管理者而不是被股东所控制。随着最初的公司所有者一个一个地死去，股票所有权就被分散了；随着股东人数的增加，没有哪个单独股东拥有足够的股份去控制公司。股票所有权成为所有权的一种被动形式。用伯利和米恩斯的话说，它变成了没有控制权的所有权。

股票所有权与控制权的分离，以及公司的不断发展，使得广泛的管理者决断权可以同股东发生联系。只要流向股东的当前利润令他们满意，管理层就可以自由追求自己的目标。这些目标有两个截然不同的方向：个人目标和组织目标。如果管理层利用他们的决断权去追求个人目标，那么就取代了为那些远在天边的股东获得最大利润的目标，管理者可以大肆提高自己的薪水和额外收入，发明新的激励计划和退休福利，给予自己有利的股票期权。他们可以雇用越来越多的下属，提高自己的地位。他们可以把赚钱的合同包给亲戚朋友，把股东的资源浪费在自己中意的项目和浮夸的方案上。或者，他们可以只是轻松自在地生活，打高尔夫球，喝威士忌酒，与秘书共享美好时光。

但是，如果管理层追求的是另一个方向的目标，他们就会做那些

---

① 阿道夫·A.伯利和加德纳·C.米恩斯：《现代公司与私有财产》修订版（纽约：Harcourt，Brace and World，1968年）；约翰·肯尼斯·加尔布雷思：《新工业国》（波士顿：霍顿·米夫林出版公司，1967年）。

为了公司更高的长期增长而牺牲股东当前利润的事情。他们甚至可以通过把资源配置于研发而不是用于分红,追求技术进步(技能)而不是利润(事业)。他们通常可以对他们的组织有长远的看法,努力保持它的持续增长与繁荣,而不是不断追求对股东看似有利的短期利润。只要有足够的利润让远在天边的股东感到满意,管理层就可以追求这些组织目标。因此,一方面是管理者不轨行为的空间因所有权与控制权的分离,以及公司规模的持续增长而打开,另一方面是由于消除了股东受到的短期困扰,为管理者施展才华提供了一个舞台。管理层究竟如何使用它的决断权,要视情况而定。

约翰·肯尼斯·加尔布雷思在他的《新工业国》中指出,管理者决断权范围的扩大,对公司行为多少会有一些良性效应。最初纯粹为追求利润而组织起来的公司官僚,用加尔布雷思的话来说,演变成了"技术结构阶层"。在技术结构阶层中,获得更多利润的动力在一定程度上被执行管理职能的"技术专家"(有技能的人)弱化了。加尔布雷思实际上是把公司管理层视为技术专家,而不是官僚。也就是说,管理者重视的是他们部门的技术进步和产出扩张,而不是为联合公司的股东—雇主实现最大利润。这种所谓的管理资本主义下的组织带来的行为是不是单纯追求股东利润,这是一个长期争论的焦点。[①]

不过,在 20 世纪 80 年代,过去管理者拥有的广泛的决断权,通过三种相互关联的方式被压缩了。第一,拥有新的 M 型组织结构和利润中心的联合公司本身,正在成为一个对管理层绩效进行外部控

---

① 见罗宾·马里斯(Robin Marris):《"管理资本主义"的经济理论》(*The Economic Theory of "Managerial Capitalism"*)(纽约:Basic Books,1964 年),以及伊迪丝·T. 彭罗斯(Edith T. Penrose)的《企业增长理论》(*The Theory of the Growth of the Firm*)(纽约白原(White Plains):M.E. Sharpe,1980[1959]年)。

制的更有效的体系。联合公司中心部门的那些火眼金睛的审计员和不留情面的战略家，比过去独立公司那些远在天边的股东能更有效地迫使各部门走上追求根本目标之路。信息革命在促进公司对管理层的控制方面起到了关键作用。联合公司总部现在是有关联合公司广阔帝国及时而准确的绩效（尤其是财务绩效）信息流的中心。第二，公司文化本身正在一种不断发展的内部的以文化为基础的控制体系，以补充联合公司中心部门那种外部的以信息为基础的控制。第三，即便是对大公司来说也存在的那些敌意收购者不断发展的威胁，使得管理层必须一刻不停地更加努力工作。结果，管理者正在被提速（speed-up）。原先由于大公司所有权和控制权的分离而扩大的那种短命的决断权，正在被联合公司剥夺，联合公司所拥有的，是即便对最大的公司也具有的收购能力，即便对最独立的 CEO 也具有的控制能力。而且，联合公司正在消除的不仅是管理层独立时代的那种管理层不轨行为的空间，而且还正在消除长期目标，以及对当前利润动机的轻微的削弱。

在最近的一项研究中，沃顿学院（Wharton School）的爱德华·S. 赫尔曼（Edward S. Herman）非常怀疑利润动机一直被拥有广泛决断权的所谓管理阶级的兴起所削弱这种看法。赫尔曼的结论是：

> 总而言之，在许多大公司的管理层控制的胜利，并没有让权力掌握在中立的技术专家手中。……通常所认为的由于直接所有者控制的重要性下降而导致的管理层对利润的兴趣的减退，事实上并未得到证明。[1]

---

① 爱德华·S. 赫尔曼：《公司控制，公司权力》（*Corporate Control, Corporate Power*）（剑桥：剑桥大学出版社，1981 年），第 112—113 页。

对管理者决断权更严密的控制，正在通过新的公司文化，新的组织结构，新的信息技术，以及通过收购者不断发展的威胁来实现。但是，这种严密控制不会带来长期公司绩效的改善。作为严密控制的结果，短期利润可能大幅度提高，但长期绩效却可能大幅度恶化。马克·R.图尔解释说："对下属的控制越是全面，越是一丝不苟，我们将会看到，在商店、铸造厂、办公室、教室甚至董事会会议室里的数量和质量上的经济绩效就越低。"[①]

美国管理阶级正在陷入工人阶级将近80年前所陷入的那种恶性循环。这一恶性循环就是劳工激进分子所称的"提速"。本世纪之交，美国的产业工人受到弗雷德里克·泰勒的所谓"科学管理"的约束。[②] 科学管理需要首先发现在特定制造过程完成每一项任务最快的方法。最快的方法是由管理专家确定的，由时间和运动专家确定的，而不是由工人自己确定的。

在"提速"的下一步，就是用一个详尽的计件工资体系来让工人保持更快的工作速度。较高的产出和利润就是其结果；工人有时也因此能获得较高收入。当然，其通常的副作用就是工人的异化和工业冲突。但在提速中，逐渐进入了第三步。这一步是对第二步中产生的副作用的反应。在提速的第三步，拒不服从的工人被教导要喜欢工作的提速，或者至少是教导他们忍受提速。有其他很多名称的"人际关系管理"运动需要向工人表明，公司是真正关心他们的。花

---

① 马克·R.图尔：《自主的经济》(*The Discretionary Economy*)(加利福尼亚圣莫尼卡：Goodyear，1979年)，第143页。

② 弗雷德里克·温斯洛·泰勒：《科学管理》(纽约：哈珀兄弟出版社，1947[1911]年)。这里绝不是说泰勒及其追随者是残忍的人。关于他们的人性方面的论述，见小弗兰克·B.吉尔布雷斯(Frank B. Gilbreth, Jr.)和欧内斯汀·吉尔布雷斯·凯里(Ernestine Gilbreth Carey)的《便宜一打》(*Cheaper by the Dozen*)(纽约：托马斯Y.克罗韦尔出版公司，1948年)。

在布告栏、餐厅、保龄球队、改善照明、人事主管、简报等上面的一点点钱，节省了花在平息冲突、让工人更容易合作方面的巨额开支。[①]

当然，一些工人比其他工人更难对付。碰到那些加入产业工会的工人时特别难对付。炼钢工人和汽车工人得到的不只是保龄球队和餐厅。在这些更难对付的情况下，要求的是养老金、医疗保险、大幅度提高工资，以及更多的要求。尽管激进的工人们永远学不会喜欢提速，但他们或多或少能容忍它。[②] 此外，尽管一些工会不会被收买，但可以诱使它们把正式的斗争领域转移到劳动过程的组织之外。集体议价越来越多地解决的是工资和额外福利问题，越来越少地处理的是如何组织和管理工作的问题。这个更关键的问题逐渐成为管理者的特权。因此，管理层听任不断地提速。

然而，继续提速需要不断加强对工人的控制，而控制越严，引起的工人异化和冲突就越多。这些进而要求更紧密的控制和更有效的拉拢。但是对工人的拉拢和控制越多，就越难以让他们提速，越难以唤起他们的劳作感。这样就进入了一个恶性循环，控制和拉拢越多，唤起的劳作感就越少，然后又要求更多的控制。管理控制与工人自发性之间的根本矛盾大大地强化了公司的其他矛盾，因为它减缓或者阻止了生产力的提高，使得公司越来越难获得工人带来的更多利润。这样，更多的利润必然要来自消费者和整个社会。但现在，饥渴的眼光终于也可以投向内部，去寻找从管理者自身身上挤榨更多利润的途径。由所有权和控制权的分离赋予他们的暂时的松懈正在被

---

① 埃尔顿·梅奥(Elton Mayo):《工业文明的社会问题》(*The Social Problems of an Industrial Civilization*)(波士顿:哈佛大学出版社,1945 年)。

② 更多的描述见哈里·布雷弗曼(Harry Braverman)的《劳动和垄断资本》(*Labor and Monopoly Capital*)(纽约:每月评论出版社,1974 年),以及理查德·爱德华兹(Richard Edwards)的《竞争地带》(*Contested Terrain*)(纽约:Basic Books,1979 年)。

夺走。

发生在很多成熟公司的所有权和控制权的分离，赋予了管理层很大程度的控制权，但管理层很快失去了对联合公司的控制力。管理层仍然控制着日常事务，仍然在作出重大的政策决定，但这些都只是发生在一个新的、具有高度约束性的组织框架内——制度化的贪婪体系内。那种制度化的贪婪表现出的具体形式，不是在过去少数富豪资本家靠不住的阴谋里，而是在一个强有力的新型组织中——联合公司帝国。

蠕虫踽踽独行

新的联合公司已经取得对管理人员的控制权，就像管理人员早先取得对工人的控制权一样。但管理阶级在开始自身提速的时候，却没有工人所拥有的那种保护。管理者们感到不团结，没有联盟可以加入。即便有联盟，他们也不会加入。① 投身于追求事业的成功排除了任何集体的反抗，追求名利的抱负也排除了任何个人的反抗。雄心勃勃的管理阶级的成员全然是暴露的、孤单的。

提速管理者，首先需要建立由各个利润中心组成的 M 型组织。然后，每个利润中心的产出要能够得到衡量，利润中心的主管要对利润负责。国际电话电报公司（ITT）的哈罗德·吉宁（Harold Geneen）的管理就说明了这一点。放眼 20 世纪 60 年代的公司世界，吉宁的 ITT 可能是最为盛气凌人的联合公司，而吉宁就是它背后的推动力。年复一年，他要求每年每一个子公司的收入都至少要增加 10%。无论如何，必须要实现最低目标。当吉宁收购了一个公司的时候，他说道：

① 公共部门的管理者不一定如此。

> 我们要谈的是至少10%的年增长这个目标。无论年景好坏，这个目标都没有任何区别。在好年景，我们能够容易地实现目标；在坏年景，我们不得不更努力。但我们必须每年都制定这样的目标。这就是要旨所在。这个新公司的管理层相信我们，因为他们知道，我们言出必行。[①]

吉宁如此直白地阐述的这种一心追求短期利润，对当前根本目标的这种痴迷，绝非仅限于他一个人。它已经成为美国管理层的特征。吉宁的专心致志在联合公司的高层主管中是有代表性的。他不仅是个代表人物，而且还是原型。他是战后美国管理惯例的主要缔造者。要了解现在的管理惯例与早先的管理惯例如何不同，只需要对照一下吉宁战后所著的《管理》与切斯特·巴纳德（Chester Barnard）战前的经典著作《主管的职能》（*The Functions of the Executives*）。[②] 两人都是来自重要公司的管理老手；吉宁来自ITT，巴纳德来自美国电报电话公司（AT&T）的贝尔家族。两人同为典范，都根据自己的经验著书立说。但巴纳德强调的是大公司所需要的全系统范围的合作行为，而吉宁强调的是需要实现当前利润目标。二者所强调的内容的不同，揭示了美国公司如何发生了一场深刻的转变。这种转变涉及缩小焦点，缩短视界，以及相互矛盾的一点，即公司利益侵入其他生活领域。

因为焦点已经缩小到痴迷于利润，时间范围也就缩短到短期、年甚至季度的利润目标（吉宁在ITT曾经绝对禁止制订长期计划）。[③]

---

① 哈罗德·吉宁和阿尔文·莫斯科（Alvin Moscow）：《管理》（*Managing*）（纽约花园城：Doubleday，1984年），第131页。

② 切斯特·I.巴纳德：《主管的职能》（剑桥：哈佛大学出版社，1968[1938]年）。

③ 吉宁：《管理》，第47页。

自相矛盾的是，公司目标的这种缩小和缩短，公司必须扩大对员工生活的控制，对整体环境的控制，受到严格控制的员工正是在这个环境中努力实现公司目标（吉宁的 ITT 公司不仅试图搞垮智利民选政府，而且试图损害美国的政治和司法程序，因此受到指控）。[①]

在 20 世纪 80 年代的美国公司，目标焦点已增强为关注短期利润，这给中层管理者带来了近乎无法抗拒的压力，去利用一切需要的手段实现指派给他们的目标。吉宁用他称为管理简易教程的那种标志性的直白简练，解释了这种马基雅维利式的管理：

> **企业管理三句话：**善始善终。逆向思维行事。有目的地开始，然后倾尽全力去实现目的。[②]

简言之，一旦你有了目的，无论采取什么样的手段去实现它，都是正当的。吉宁相当直率地道出了管理的普遍原则，应予赞扬。另一方面，当逐渐涉及详情的时候，他就沉默了。关于他离开 ITT 之后公司碰到的困难，他只字不提。在 1984 年、1985 年和 1986 年不得不削减分红之后，这家曾经野心勃勃的联合公司试图用一个花费 17 亿美元巨资的回收子公司股权方案，摆脱那些大唱反调的股东们。吉宁也没有提及 ITT 卷入推翻智利民选政府的详情，以及 ITT 的首席院外活动家迪塔·比尔德（Dita Beard）在吉宁主事时期最富争议的那一段，做出的那些令人感兴趣的活动。[③] 虽然吉宁对他的典型管理方法的说明是自私的，其中省略了对特殊手段的说明，但他的说明的确为我们提供了了不起的洞察力，让我们去了解联合公司

---

① 安东尼·桑普森：《ITT 的独立王国》（纽约：Stein and Day，1973 年）。

② 吉宁：《管理》，第 33 页。着重号和黑体为原文所加。

③ 桑普森：《ITT 的独立王国》，第 189—228 页。

的目的，以及联合公司的世界里目的对手段的支配。

通用汽车公司开创的 M 型利润中心结构，波士顿咨询集团的金牛、猫、狗和明星，以及吉宁式的对短期利润的沉迷，都已经普遍为联合公司所采用，它现在增加了一个新元素更进一步地去统一它们的组织。这个新元素就是公司文化，是一套共有的价值观和信念，把联合公司分离的各个部分结合为一个统一的社会整体，而不仅仅是一个财务整体。公司文化的创造和灌输——给联合公司的管理骨干洗脑——就是管理阶级提速的最新一步。公司文化教导中层管理人员通过哈罗德·吉宁那样的人物，去重视提速。在他们的公司文化的帮助下，管理人员学会了愉快地更努力、更快地工作，学会了作为一个团队为更高层的利益而工作。管理人员们也乐意地把夜晚和周末的时间奉献给联合公司的雇主。这些剩余时间可是没有加班费的。管理人员毕竟是追求事业的人，不是单纯的计时工人。管理人员不是打卡上班的。他们也不是被迫这样做，因为他们是为了更高层的利益而自愿剥削自己。他们自愿加倍努力，自愿延长工作时间到夜晚和周末。

当然，管理阶级并没有把这些看作剥削，看作高额利润的丰富源泉。不像工人阶级那样一开始就明白这种提速的实质，管理阶级要老练得多。[①] 或者，等他们有时间的时候，他们会这样想的。他们的老练是他们文化的产物——他们的公司文化。因此，他们从来不会去重新考虑他们不知疲倦地为之服务的这种制度化的贪婪。显然，他们没有读过马克思或者凡勃伦的著作。

---

① 不过参见罗伯特·特雷塞尔(Robert Tressell)的《穿破裤子的慈善家》(*The Ragged Trousered Philanthropists*)(纽约：每月评论出版社，1962[1914]年)。

11.社会价值理论、公司权力和政治精英:评林德布卢姆的《政治和市场》①

里克·蒂尔曼

我们如今仿佛对着镜子观看,模糊不清;到那时,就要面对面了:我如今所知道的有限;到那时就全知道了,如同主知道我一样。

英王钦定版《圣经》

哥林多前书,第13章

社会价值理论(选择标准)、对公司权力的看法以及对政治精英的解释,在当前的美国政治经济中是紧密联系的。并不意外的是,许多知识社会学文献指出了这种联系,而且实证主义认识论及其方法论派生物的所有规劝,都不可能削弱这些联系。② 对重要著作的文本解释也将支持这种断言。然而,社会价值理论、公司权力以及在政治领域横跨左派和右派政治精英之间的联系的性质,却并非不证自明的。因此,必须进一步探究如何来坚持特定的社会价值论影响了对公司权力的解释,进而与对政治精英的分析是相关的。我要明确提出三个问题:(1)理论家坚持的是哪种社会价值理论,(2)这种理论

---

① 原载《经济问题杂志》,第17卷,第1期(1983年3月),第115—131页。

② 这里将不引证知识社会学文献,因为大多数社会科学家,尤其是新制度主义者,会马上承认以下这些作者的相关性:托尔斯坦·凡勃伦、卡尔·马克思、弗里德里希·恩格斯,以及最近的卡尔·曼海姆(Karl Mannheim)和C.赖特·米尔斯。

如何影响理论家关于公司权力的看法，以及(3)它如何影响了他或她对政治精英的看法。我的中心论题是，对诸如功利主义、马克思主义或者工具主义此类特定社会价值理论的接受，培养了一种思维形态或者意识形态综合征，导致了对公司权力或者政治精英的一种特定看法。为了支持这个论断，我将分析各派评论家——激进派、开明派(liberal)、保守派、自由主义者(libertarian)①——对查尔斯·林德布卢姆的新著《政治和市场》的反应。

当《政治与市场》于1977年年底出版的时候，得到了很多评论家的赞扬。美国政治科学学会在授予它伍德罗·威尔逊图书奖时，表彰它对民主理论以及民主本身的未来作出了重要贡献。然而，许多评论家为此书所震惊，因为他们认为林德布卢姆与他过去的合著者罗伯特·达尔(Robert Dahl)仍然是古典美国多元主义的拥护者。在他们的《政治学、经济学和福利》(*Politics*, *Economics*, *and Welfare*, 1953)中，以及在他们后来的很多作品中，他们都强调政治权力在美国的分散和分裂，及其与阶级和社会地位的分离。但近年来，并没有多少社会科学家意识到，林德布卢姆和达尔已经转向了左派，至少是林德布卢姆，他现在强调的是美国政治中的权力—财富—地位关系的结合，以及当今的公司结构和民主理论之间的不协调。

在《政治和市场》出版之前，达尔和林德布卢姆显然就已经开始对他们自己论美国权力的早期著作进行了根本性的重新评价。他们在1976年版的《政治学、经济学和福利》中说到，在此书初版的时候，他们还没有充分感受到美国政治经济中权力和财富的不平等。他们也承认，曾经过于乐观地看待成功的计划机制的建立，以及平等主义

① 一般把liberal译为自由主义的或者自由派的，把libertarian译为自由意志主义的、古典自由主义的。我们这里根据这两个词在经济学中所指的对象以及其本身具有的含义，分别将其译为“开明派的”和“自由主义的”，以便于区别和表达。——译者

的社会改革的成就。[①]《政治和市场》在林德布卢姆的思想演化中并非畸变，这在他 1981 年在美国政治科学学会的主席演说中得到充分证明。在他的巨著经过近四年的批判性评价之后，林德布卢姆在演说中毫不掩饰地重复了该书的大多数主要论题，而且似乎并未改变他关于该书主要观点的任何想法。[②] 相反，他甚至把更多注意力放在激进政治科学上而挑战了他的听众。

作为他书中的中心论题，林德布卢姆断言，在美国和其他资本主义体制中，经济和政治的支配性实体是主要的工业和金融公司。[③]尽管林德布卢姆为克服现存体制的缺陷开出的药方，即通过政府补贴来服务于公共利益，从而帮助公司，是有问题的，但他确实找出了左派评论家公认的“敌人”：即与公司有着强有力的联系，并拥有政治和意识形态威力的上层阶级。然而，处于政治领域中心的开明一保守评论家，以及右派的自由主义者，都拒绝了林德布卢姆的很多分析，将其视为要么是夸大其词，要么是简单的判断错误，因为他们不相信公司拥有林德布卢姆所说的那种政治和经济权力。

尽管我相当赞同林德布卢姆的论题，但我关注的不是其论点的正确性，而是评论过这本书，或者在学术论文、著作或者争论中论及

---

① 见罗伯特·达尔和查尔斯·林德布卢姆：《政治学、经济学和福利》（芝加哥和伦敦：芝加哥大学出版社，1976 年），第 xxi—xxiv 页。

② 见查尔斯·林德布卢姆：“另一种思维状态”，载《美国政治科学评论》，第 76 卷（1982 年 3 月号），第 9—21 页。

③ 查尔斯·林德布卢姆：《政治和市场》（纽约：Basic Books，1977 年）。对《政治和市场》最成熟、最有洞见的评论文章，也许是乔·A. 奥本海默（Joe A. Oppenheimer）的“向政治经济学前进的几小步”，载《世界政治学》（*World Politics*），第 33 卷（1980 年 10 月号），第 121—151 页。奥本海默自己表明了是一个重视公平、致力于再分配政治学研究的左派。自相矛盾的是，他在保守的公共选择理论家和激进政治经济学联盟的马克思主义者的作品中，都发现了相当多的优点。他在整篇文章里都指责林德布卢姆忽略了这两个思想流派的洞见。可惜，他对公司权力和政治精英在美国政治中起到的作用的程度谈得如此之少，以至于不可能把他放到本文中来阐述。

此书的评论家的反应。有趣的是，要注意到，一旦知道一个评论家的社会价值理论，通常就可以预测他对《政治和市场》的反应了。可能《政治和市场》的许多评论家并不认为自己属于这里归类的“激进派”、“开明派”、“保守派”或者“自由主义者”。一些评论家认为，用这些词语来概括一个特定的社会或政治哲学是过于简化了。不过这些词是习惯用法，在任何关于政治活动和政治科学的理性对话中，都不可能不涉及它们。如果林德布卢姆著作的一些评论家被错误归类，也可以承认的一点是，尽管如此，他们使用的社会价值理论使他们预先倾向于按照一种很大程度上已事先确定的方式，来解释公司权力和政治精英。同样显而易见的是，对《政治和市场》的一些解释与这四类中的任何一类都不是完全吻合的，因为它们在意识形态上的发展，或者在哲学上的明确性，还不足以在本文中将其分类，或者进行分析。①

---

① 这里不引证这种素材。正如所预计的那样，论《政治和市场》的大量文献属于开明/保守这一类政治中间派，而不是属于激进或者自由主义的立场。虽然不会再引证开明/保守的文献，或者对其逐个进行分析，但它们却是本文所依据的一部分材料。见菲利浦·H.伯恩鲍姆(Phillip H. Birnbaum)的论文，载《图书焦点》(*Focus on Books*)，第 22 卷(1979 年 10 月)，第 80—81 页；匿名论文，载《会计评论》(*Accounting Review*)，第 54 卷(1979 年 1 月)，第 269 页；罗亚尔·布兰迪斯(Royall Brandis)的论文，载《南部经济学杂志》(*Southern Economic Journal*)，第 45 卷(1979 年 1 月)，第 962—964 页；乔治·C.洛奇(George C. Lodge)的论文，载《哈佛商业评论》(*Harvard Business Review*)，第 56 卷(1978 年 3 月)，第 172—173 页；理查德·P.尼尔森(Richard P. Nielsen)的论文，载《消费者事务杂志》(*The Journal of Consumer Affairs*)，第 13 卷(1979 年冬季号)，第 415—417 页；迈克尔·曼德尔鲍姆(Michael Mandelbaum)的论文，载《政治科学季刊》(*Political Science Quarterly*)，第 93 卷(1978 年秋季号)，第 507—508 页；R. L. 芬克(R. L. Funk)的论文，载《知识自由简报》(*Newsletter on Intellectual Freedom*)，第 27 卷(1978 年 5 月)，第 55 页；欧内斯特·厄伯(Ernest Erber)的论文，载《美国计划协会杂志》(*American Planning Association Journal*)，第 47 卷(1981 年 1 月)，第 102—103 页；伯纳德·坎宁安(Bernard Cunningham)的论文，载《经济与社会评论》(*Business and Society Review*)，第 27 卷(1978 年秋季号)，第 4—6 页，第 77—78 页；爱德华·埃姆斯(Edward Ames)的论文，载《经济学文献杂志》，第 16 卷(1978 年 9 月)，第 1027—1028 页；尤金·巴德克(Eugene Bardach)的

自 由 主 义

像条醒目红线那样贯穿自由主义者政治经济学的,是效用价值论。这种社会价值理论有其自己的选择标准,因为它主张必须同等地重视经济行为人在市场中表现出的无论什么样的主观偏好。因而主观偏好等于价值,价值由价格来衡量。这是道德不可知论者和平等主义的相对论者的立场,他们相信除了个人偏好之外,无论是什么样的偏好,不存在其他任何可用于衡量价值的标准。用历史上是进步人士、但现在已过时的杰里米・边沁的话来说,"图钉和诗歌一样好",[①]或者反过来说,这并不糟。大多数自由主义和保守派的经济学家都赞同效用价值论,这在詹姆斯・布坎南(James Buchanan)的著作中是很明显的。布坎南在《经济问题杂志》上发表了一篇评林德布卢姆的《政治和市场》的文章,文中看到了该书中可以阐明我的论题的两个缺陷。根据布坎南的释义,第一个缺陷是林德布卢姆断言企业利益在民主政治中必然呈现出第一位的重要性。布坎南否认了这个论断的正确性,因为它所依据的假设是,企业利益必然优先于其他集团的利益,因为只有"企业"能够做政府想要做的事情。只有公司才能生产、创新、雇佣、创造资本、投资、分配和保证经济增长。因此,按照这个论点,公司可以通过威胁不充分履行这些重要职能,从

"重新考虑多元主义",载《评论》(*Commentary*),第 66 卷(1978 年 8 月),第 68—70 页;锡德里克・桑福德(Cedric Sandford)的论文,载《经济学》(*Economica*),第 46 卷(1979 年 8 月):第 319—321 页;阿拉斯泰尔・克莱尔(Alastair Clayre)的论文,载《政治季刊》(*Political Quarterly*),第 49 卷(1978 年 10 月),第 499—502 页。引用的最后两位作者是英国人,不是美国人。

① 边沁这句话的完整表述是:The quantity of pleasure being equal, pushpin is as good as poetry,即"快乐的数量是相等的,图钉和诗歌一样好"。——译者

而得到默许在这些据称控制着政府的职能中满足自己的需求。[1] 布坎南问道：

> 那么，谁代表企业？或者企业是什么？只需要简单地假设企业根本不存在，就可以轻而易举地证明这个论点的错误。假设……每个产业都是按照理想的竞争原则组织起来的，也就是在每一种产品和服务上都真正有成千上万小生产者、小雇主和小投资者。需要履行的是与企业相同的经济职能，而且为了保证履行这些职能的效率还过得去，同样需要政府制定政策。[2]

布坎南的论断是，“企业”实际上除了发挥对资本主义体制的运行必不可少的作用之外，并没有别的权力，在任何情况下，任何市场体系都必须给予企业群体或者它的等同物(无论是什么)相当类似的权力。

然后，布坎南把注意力从企业在市场中的经济作用，转移到他声

---

① 詹姆斯·布坎南的论文，载《经济问题杂志》，第13卷(1979年3月号)：第215—217页。当今的自由主义者与像已故的亨利·西蒙斯那样的早期经济学家所持的那种重要的自由主义立场，有着相当大的区别。西蒙斯这位芝加哥大学经济学家，米尔顿·弗里德曼的良师益友，如今的“芝加哥学派”的先驱，在一代人以前认为，很多政策在意识形态上与新古典经济学的要旨是一致的，因为它们都反对通过占有优越的市场权力或者遗产不劳而获。说明如下：西蒙斯反对很多东西，其中可能最为反对的就是新政的管制和福利措施，这些措施要求实施高累进的所得税，严苛的遗产税，以及对垄断企业的公有制。今天的自由主义者几乎毫不例外地强烈反对所有这些政策立场。他们不喜欢累进所得税，喜欢的是比例税，甚至是递减税，希望让遗产原封不动，即便是巨额遗产，对政府拆分那些控制着价格的集中化产业的努力不屑一顾，甚至抱有敌意。因此，那些寻求抑制垄断或者减少不劳而获的人，总是能从当代自由主义者的谴责中获得一致，他们断言垄断无论如何都是由政府导致的，从而只需要收回政府的支持就能使问题得以改进。在任何情况下，他们都不喜欢平等主义，这表现在他们的信念中，即收入是从市场过程中合法取得的，“自由交换”关系是理所当然的，那么为什么一些人在税负中所占的比例要比别人高呢？所以，今天的大多数自由主义者与西蒙斯那样的早期保守派之间的区别，确实是很明显的。

② 同上。

称的企业在政治和政府领域的无能为力。“我认为，根据基本的效率方面的考虑来制定公共政策或者政府政策，不能也不应该归因于‘企业利益’的权力。就我个人而言，我很难理解在1978年的政治经济背景的下，任何人怎么能够认为‘企业利益’几乎主导了一切。”①

布坎南因而否认政治精英从属于公司的说法。事实上，他显然相信政治精英在很大程度上是独立于公司结构的。布坎南认为，公司并不拥有林德布卢姆所说的那种经济权力，认为企业群体所拥有的政治权力和对政府的影响力，比林德布卢姆想象的要少得多。由此可见，如果存在竞争市场，并且大体上不受约束，那么就像正统理论一直断言的那样，市场参与者就可以追求他们效用的最大化。布坎南对市场现象的遵从是显而易见的。

布坎南对效用价值论的坚持，因而预见了他倾向于否认公司的经济权力，否认公司与政治精英之间存在强有力的联系。聚焦于个人主观偏好的思想形式，除了那些与个人效用函数的满足有密切关联的外部约束之外，不会注意其他任何事情。因此，一切妨碍主观偏好的表达和享受的东西，必定被视为对个人自由的一种不正当的侵犯。那么这些侵犯可能源于哪里呢？绝大部分来自特殊利益集团所支持的各级政府的活动。当然，从理论上说，大公司和较小企业的私人垄断，也可能限制追求最大满足效用函数的个人自由表达其主观偏好。但事实上，自由主义者相信，主要的威胁来自政府，在较小程度上也来自工会。因为“自由”被定义为没有外部约束，因为约束源于政府和工会的干预主义行为，所以在自由主义者的分析中，约束力较不明显的企业群体就基本上被忽略了；此外，自由主义者假设，与企业群体密切联系的政治精英们，只要没有通过要求在市场上更多

① 布坎南的论文，载《经济问题杂志》，第13卷（1979年3月号），第217页。

地保护产权和合同履行而进行干预的需求，他们才拥有一种“权利”。由于预先知道布坎南信奉功利主义的社会价值理论，人们就能预见到他将如何对林德布卢姆关于公司权力的重要性及其与政治精英的关系的论断作出反应。

保 守 派

许多保守派经济学家赞同效用价值论，但也觉得需要有更持久的价值观来补充它。在相当依赖亚当·斯密经济学的埃德蒙·柏克(Edmund Burke)的传统中，他们把身份地位、秩序、传统、宗教和权威添加到效用价值论中。所产生的就是自由市场经济学与社会等级观念的一种令人不安的融合；看不见的手不调和地与社会秩序的有机观念结合在一起，因此，在同一个社会和知识轨道上保留了上帝的意志，以及在均衡中追求自我利益。阿瑟·肯普(Arthur Kemp)就是从这个意识形态角度来抨击林德布卢姆：

> 我和林德布卢姆的主要不同之处，在于意识形态上的差别和根本上的不调和。他很少提及宗教或者伦理学，更不用说上帝了；我不知道他会接受十诫中的几条，但他肯定不接受“禁止偷窃”，因为他非常轻视私有产权。他也非常轻视人类进程中的个性和自发性。他主张收入和财富强制性的高度平等，然而他的哲学本质上是精英主义的。他憎恨——这个词并不过分——他所谓的“公司的特权地位”，尽管没有类似地关心教授们的特权地位，他们似乎注定会成为未来计划者中的科学精英。①

① 阿瑟·肯普：“超越马克思和毛泽东”，载《现代》(*Modern Age*)，第23卷(1979年冬季号)，第85—87页。

肯普然后气愤到了极点，他断言，“基本价值观的根本差别不仅是不可调和的，而且如果要彻底解决的话，只能通过斗争来解决。林德布卢姆是现代福利国家主义者或者福利社会主义者的典型。……这本书……是为那些已经欣然、甚至急切地主动对正在增强的国家权力投怀送抱的人准备的”。[①]

肯普的立场中的道德绝对主义性质是显而易见的。有趣的是，道德相对标准（各种版本的效用）的不适用，通常会导致求助于道德绝对标准——自由企业、十诫，等等。

詹姆斯·Q. 威尔逊（James Q. Wilson）是哈佛大学的一位杰出的政治学家，他的名字经常与“新保守主义”运动联系在一起，为新保守主义期刊《公共利益》（*The Public Interest*）撰写文章。他在《华尔街日报》（*Wall Street Journal*）上发表了一篇评论“政治和市场”。他不仅不同意林德布卢姆的如下观点，即公司是扭曲、甚至腐蚀了民主进程的政治特权的核心，而且也不同意他的断言，即财富的占有最终转化成了优越的政治权力。“林德布卢姆观点的错误对于每一个政治学研究者来说都是一目了然的：我们不能假定对某种资源的不平衡的占有，导致了对政治权力的不平衡的使用。”[②]

尽管他没有像自由主义者布坎南那样，竟然宣称公司基本上是没有权力的，但他确实认为林德布卢姆过分夸大了它们的经济和政治权力。威尔逊还反对林德布卢姆的如下观点，即公司是一个专制结构，在其中，控制权被授予那些占有财产的人，而不是提供劳动的人。

① 肯普：“超越马克思和毛泽东”。

② 詹姆斯·Q. 威尔逊：“民主和公司”，载《华尔街日报》，1978 年 1 月 11 日，第 14 页。在别的场合，威尔逊最近写道：“詹姆斯·麦迪逊和其他开国元勋创立的宪政体系，一直卓有成效地运行，确保了每个人的利益都会得到满足，而且不允许任何人处于支配地位。”詹姆斯·Q. 威尔逊：“中产阶级之谜”，载《公共利益》，第 29 卷（1975 年春季号），第 128 页。

> 公共政策的趋势对公司越来越不利。公众对公司的信心已经降低(教化?),国内媒体的批评越来越多,税收和通货膨胀政策抑制了资本形成,公司的利润空间已经缩小,社会和经济管制法规的激增,几乎比联邦登记表印刷的速度还要快,反垄断诉讼虽然或许没有人们希望的那样有效,但比起其他部门,公司也受到了更为沉重的打击,对传统私人产业的公共控制壁垒……正在迅速降低。[1]

另一个类似的分析,虽然写作的口吻更温和,来自研究公共政策的著名美国学者阿伦·维尔达夫斯基(Aaron Wildavsky),他在《耶鲁法律杂志》(*Yale Law Journal*)上发表了一份对《政治和市场》的长篇分析。[2] 尽管维尔达夫斯基像威尔逊那样,当时是与新保守主义运动联系在一起的,但他对林德布卢姆的反应,与那些在意识形态领域处于稍微偏左或者偏右的位置,而实际上却是政治温和派的自由派和保守派,并没有明显的区别。关于公司政治权力,维尔达夫斯基问道:"那么,林德布卢姆会说公司控制了政府吗?不,他不是一个庸俗的马克思主义者。他只是说公司拥有独特的、不平衡的特权。但还有其他重要的利益集团,比如农业和工会,想必也会和公司竞争政治权力。"[3]

维尔达夫斯基试图反驳林德布卢姆关于公司权力在美国政治中起主导作用的观点,他写道:"这本书的盲点……是相反的主张:市场

---

① 威尔逊:"中产阶级之谜"。

② 阿伦·维尔达夫斯基:"倒退还是前进",载《耶鲁法律杂志》,第88卷(1978年11月号),第217—234页。也见鲁恩·普雷姆佛斯(Rune Premfors)的"评论文章:查尔斯·林德布卢姆和阿伦·维尔达夫斯基",载《英国政治科学杂志》(*British Journal of Political Science*),第11卷(1981年4月号),第201—225页。

③ 同上,第223页。

(从而公司)的运行主要取决于政府在经济生活中的作用。颠倒下因果关系,公司对政府做了什么,恐怕要取决于政府对公司(或者为公司)做了什么。"[①]维尔达夫斯基认为,处于主导地位上的是政府,而不是像林德布卢姆所说的那样是公司。维尔达夫斯基还质疑公司结构在控制和影响那些确保公司继续支配美国的思想的产生、传播和接受方面的能力。他评论道,"如果教化是如此成功,那么人们会感到疑惑的是,公司为什么还必须去奋斗,或者它如何会长期亏损"。[②]总之,维尔达夫斯基相信,有能力强烈地影响政府的(如果不是控制的话)利益集团绝不是公司;政府本身是一个独立于公司结构的权力和自主性的源泉;美国公司并没有对大众社会施行意识形态霸权。

开　明　派

像保守派一样,开明派经济学家以尽管有所改动、但仍然类似的形式,来处理社会价值理论问题(选择标准)。价值仍然是主观偏好,仍然用价格来衡量,但在开明派的范式中,负外部性、市场不完全和市场失灵出现在相当大的范围内。开明派也考虑到如果收入差距太大就会发生的社会失序。然而,除了一些特殊情况下,开明派经济学家并不相信市场机制根本性地错误配置了资源,或者未能根据消费者的口味和偏好来提供商品和服务。与保守派和自由主义者相比,他们在知识上较少受制于效用价值论,但他们仍是功利主义者。

在开明派的框架下,政治精英并未被视为对公众缺乏责任感,或者违背公众的利益而行事,而被视为在权力被分散和分割的政治领

① 普雷姆佛斯:"评论文章:查尔斯·林德布卢姆和阿伦·维尔达夫斯基",第221页。

② 同上,第224页。

域相互作用的各种利益集团的合法代表。各种各样的利益集团都被视为有权制定公共政策，没有哪个特别的利益集团处于主导地位。

政治多元主义和正统经济学之间存在的哲学上的类似，对于理解开明派关于美国政治经济的看法是至关重要的，因为多元主义者把竞争的政治过程以及通常在经济上展开竞争的利益集团，视为竞争的市场过程的对应物(如果算不上替代物的话)。关于人性的假设基本上是一致的；欲望和偏好是给定的，是不可检验或者评价的。在政治过程中，有一种对权力妥协和平衡的遵从，这大致类似于市场过程的均衡趋势。[①] 所有这些立场都是道德相对主义的，虽然随着权力的占有开始取得压倒性的优势，它们偶尔会逐渐变成道德绝对主义。所有这一切都扎根于效用价值，从而反映效用价值。

说明关于《政治和市场》的观点和分析的巨大分歧的一个很好的例子，是L.L.韦德(L.L. Wade)的一篇评论文章，[②]他表现出接近政治领域的中间立场。韦德相信，许多政治左翼的学者对林德布卢

---

① 已故的约翰·利文斯顿(John Livingston)敏锐地写道：

> 从这一点来看，妥协理论本质上是一种保守学说。之所以如此，是因为在根本的意义上，它坚持价值的主观性和相对性，从而坚持认为合理的、有意义的公共利益概念是不可能的，除非它来自妥协过程。这带来了如下后果：它使得任何有意义的进步概念都是不可能的，因为按照定义，妥协的结果不能被认为要比最初的相冲突的利益"更好"，或者"更有效"，它否认了人类有意识地、合理地检验和评判他们的制度以及赋予他们正当性的价值观的可能性，从而它导致了社会变迁的有意识的方向，以及社会环境中的人来掌握这种变迁的可能性；最后，它剥夺了思想自由的理想，剥夺了把它们作为社会选择领域检验真理的工具的最重要含义的讨论，把它们简化为权力斗争的工具。

约翰·利文斯顿："开明派、保守派以及理性的作用"，载《西部政治学季刊》(*The Western Political Quarterly*)，第9卷(1956年9月号)，第652—653页。

② L.L.韦德："政治学、市场与理性主义的纠葛"，载《政治学评论》(*The Review of Politics*)，第44卷(1982年4月号)，第187—213页。

姆的著作表现出来的热情,表明了“当前困扰着知识界的学术失序”。[①] 他声称,对《政治和市场》的这种不加批评的欢迎,表明许多美国政治学家的学术标准“不幸地被损害了”,因为林德布卢姆写了一本“令人惋惜的书”。[②] 韦德把这本书描述为是由这样一些内容构成的:“判断不当的比较,引出常识性问题(question-begging),以及浅陋的学识。结果只是情感战胜了事实和方法。……善意的梦想对历史、社会科学和哲学视角的这种替代,就像在这里的情况中那样,具有危险的、褊狭的意义,有责任心的学者必须谨慎提防。同情一个学者的目的,不能替代学术证据的基本规则。”[③]

韦德强烈地反对林德布卢姆关于公司权力和政治精英的主要观点。首先,他否认公司拥有林德布卢姆所说的那种经济权力。为了证明这一点,他指出自 1950 年以来,公司利润率一直在下降。[④] 第二,韦德认为公司并未拥有林德布卢姆所说的那种政治权力。为了证明他的观点,他引用了论述竞选资金的文献来表明林德布卢姆过分高估了公司在竞选筹资中的主导作用。[⑤] 第三,韦德声称公司并未拥有林德布卢姆所说的那种意识形态力量,林德布卢姆在《政治和市场》中集中分析了在大众社会塑造思想意识、培养价值观的能力。为了证明公司没有这方面的力量,韦德引用了表明公司领导确实没什么地位的民意调查和电视节目的研究。[⑥] 第四,韦德断言美国政府在收入再分配、反对种族歧视、提高医疗保健水平等方面一直是相

---

① 韦德:“政治学、市场与理性主义的纠葛”,第 189 页。

② 同上,第 188 页。

③ 同上,第 188—189 页。

④ 同上,第 202 页。

⑤ 同上,第 204—206 页。

⑥ 同上,第 206—210 页。

对有效的。[①] 这暗示了政府对来自支持这些变化的利益集团的压力是敏感的，而不是受到可能对这些变化漠不关心或者抱有敌意的那些支持公司的政治精英的支配。

开明派（和保守派）共同的一个控诉是，林德布卢姆对公司的经济权力的强调是没有根据的，因为工会通过集体议价会抵消这种权力。确实，一个评论者在英国正统开明派的期刊《经济学家》上写到，林德布卢姆对公司权力的强调"给人留下了奇怪的印象……一些国家无论如何都被一个问题困扰着，那就是，有效地控制着政府的是否是工会，而不是公司"。[②] 当然，认为林德布卢姆过分夸大了公司对经济的权力，与断言他夸大了"公司在政治决策上的影响力"，[③]并没有太大的差别。反对林德布卢姆的开明派从而依赖的是这样的信念，即公司并没有他所说的那种经济和政治权力，以及公司导向的政治精英对公司界有相对较高的独立性，并且也没有支配或者遍布于政治领域。

开明派知识分子的态度的另一个主要特征，是声称要"在论战中占上风"，因而要保留一个所谓的客观性和价值中立性的领域。对林德布卢姆作出的一个这种反应来自查尔斯·W.安德森（Charles W. Anderson），他在《政治和市场》出版不到一年之后，为《美国政治科学评论》写了一篇评论短文。安德森显然使自己免除了派别偏见，他含糊地写道："同样不可避免的是，关于公司拥有太多的权力，以及公司并不'符合'民主理论这个论题的很多说法……仅仅是反映出已有的派别倾向。林德布卢姆有可能被'誉为'一个'顿悟'了的，或者

---

① 韦德："政治学、市场与理性主义的纠葛"，第201—202页。也见第210—213页。

② 佚名："两类祸首"，载《经济学家》，第66卷（1978年2月18日），第123页。

③ D.E.莫格里奇（D.E.Moggridge）的论文，载《经济史杂志》（*Journal of Economic History*），第39卷（1979年6月号），第610页。

因为污言毁谤公司群体而被谴责的'开明派权威'。"①

安德森然后在下面的评论中摊牌了:

> 对那些对现代资本主义的主导制度并不持有要么支持、要么否定的普遍信念的人来说,问题当然不是林德布卢姆的立场是什么,而是他所说的是否有道理。问题实际上是,公司权力是否像林德布卢姆描述的那样,是否是特有现象。……也许,用一种神秘的方式来阐述政治经济问题,与用其他方式来阐述一样,都不能让我们领悟现代工业社会。②

安德森所赞赏的是那种"到目前为止不受任何一种标准正统学说约束的观察者",指的就是他自己。③

开明派的分析通常宣称并非侧重于对《政治和市场》的意识形态上的担忧,而是它在技术上、统计上、方法论上以及沟通上的缺陷。比如,我们被告知,"资本主义"和"社会主义"这些词汇是过时的。也许如此,但这些意识形态所包含的价值观不可能过时。显然,许多开明派评论家相信,谁占有生产、交换和分配的手段已不再是问题。这在对林德布卢姆的著作的很多评论中显露无遗。也许保守派和开明派的立场之间的差异也不是那么清晰。应该记住的是,两派徘徊于政治领域的中心地带,从而他们之间没有严格的界限。开明派可能比保守派更加倾向于认为公司和公司导向的政治精英拥有权力,但二者的差别只是一个程度问题,并且这些差别是微不足道的。在任

① 查尔斯·W.安德森:"查尔斯·E.林德布卢姆的政治经济学",载《美国政治科学评论》,第72卷(1978年9月号),第114页。

② 同上,第115页。

③ 同上。

何情况下，两派都在知识上受到功利主义社会价值理论的约束。当然，就作为一个学科的经济学而言，盛行的新古典范式提供了一个意识形态框架，这个框架由一个制度压力、奖励与制裁组成的体系来支撑，这使得持整体论的经济学家难以传播非正统学说。结果是当绝大多数经济学家开始有关价值问题的讨论时，他们使用的都是功利主义的行话和规范。

激 进 派

迈克尔·沃尔泽（Michael Walzer）、罗伯特·莱卡赫曼（Robert Lekachman）、罗伯特·索洛、罗伯特·海尔布洛纳（Robert Heilbroner）、巴里·布鲁斯通（Barry Bluestone）和丹尼尔·富斯菲尔德都从激进的角度来评论林德布卢姆的巨著。[①] 无论他们是从马克思主义者的角度、从杜威—艾尔斯的工具主义者范式，还是从西方人文主义的观点出发来研究政治经济，他们都具有"左派"共有的关注平等和公众的价值观。他们都把主要的工业和金融公司视为美国权力体系的中心，他们都相信政治精英从与公司结构及其在美国产生的阶级结构的联系中，取得了他们的支配地位。比如，富斯菲尔德对林德布卢姆的《政治和市场》写了一篇典型的激进评论文章，发表在

① 见迈克尔·沃尔泽的论文，载《纽约书评》（*New York Review of Books*），第 25 卷（1978 年 7 月），第 40—42 页；罗伯特·莱卡赫曼的论文，载《新共和》（*New Republic*），第 177 卷（1977 年 12 月 17 日），第 32—34 页；丹尼尔·富斯菲尔德的论文，载《经济问题杂志》，第 13 卷（1979 年 3 月号），第 209—215 页；罗伯特·海尔布洛纳的论文，载《纽约时报书评》（*New York Times Book Review*）（1979 年 2 月 19 日），第 7、37 页；巴里·布鲁斯通的论文，载《异议》（*Dissent*），第 26 卷（1979 年春季号），第 247—250 页；以及罗伯特·索洛的论文，载《经济问题杂志》，第 13 卷（1979 年 3 月号），第 207—209 页。对《政治和市场》的一个有趣的"右派"评论，来自教育家欧文·J. 斯皮茨伯格（Irving J. Spitzberg），载《比较教育评论》（*Comparative Educational Review*），第 23 卷（1979 年 6 月号），第 326—327 页。

《经济问题杂志》上。富斯菲尔德是(新制度主义者的)进化经济学会和(马克思主义者的)激进政治经济学联盟的成员,因而一直受到艾尔斯—杜威的工具主义和马克思主义的劳动价值论的影响。于是,他的社会价值理论似乎是对马克思主义和工具主义的一个综合。在他看来,公司权力赫然耸立在美国的经济景观中,并以众多方式与支配着政治舞台的政治精英相联系。富斯菲尔德认为这二者在形成和塑造社会舆论、控制社会化进程中发挥了作用。富斯菲尔德同意林德布卢姆的观点,即大公司在现代工业社会起主导作用,这使政府当局的普遍控制失效了,典型的美国价值体系被操纵,去欣然接受这种局面。这样,他们两人都认为公司利益在社会选择决策中具有一种不平衡的巨大影响。在富斯菲尔德看来,林德布卢姆正确地指出,公司精英集团之间的利益冲突是与次要问题有关,因为关于诸如私有财产和公司这种体系的基本原则是普遍一致的。富斯菲尔德也认为,应该添加到林德布卢姆的讨论中的重要一点,是公司按照它们的意愿修改游戏规则的能力,它们据此可以积累更多的财富,获得对政治更强大的控制力。①

然而,富斯菲尔德认为,林德布卢姆不合理地将经济学和政治学分割开来,产生了另一个问题,因为他未能解释作为一种经济组织的公司为什么能控制政治领域的公共政策。对于新制度主义者和马克思主义者来说,这不是一个问题,因为他们坚持认为政治和经济的特征,是由一系列相互连结、相互交织、相互渗透的关系决定的。就像富斯菲尔德所说的那样:

林德布卢姆将权力关系的政治斗争和纯粹交换关系的和谐

---

① 丹尼尔·富斯菲尔德的论文,载《经济问题杂志》,第214页。

> 进行对比。大概没有任何东西能生产出来,因为经济除了交换物品外,似乎什么也不做。然而,把经济学限定在交换,使得林德布卢姆可以把他的分类学与1950—1965年间的完全竞争一般均衡模型相结合。……垄断的存在多少让这种理想典型有所局限(同样按照1965年以前的结论,垄断被视为是一个在数量上不重要的因素),而外部性之类的问题对这种理想典型根本没有影响。简单的声明就把社会选择排除在交换关系之外,那就是:人们需要其他人提供的一些东西,"是不会被自愿提供的,必须要强迫"。因此,"权力关系"和"交换关系"就由于假设和附带的说法,由于定义和分类学的纯形而上学,而相互分割开来。但是,在把这二者定义为分隔的领域的马克斯·韦伯和塔尔科特·帕森斯(Talcott Parsons)传统中,也没有让它们像这样。①

林德布卢姆由于不支持通过生产资料的社会化来转变社会的经济基础而受到富斯菲尔德的攻击。富斯菲尔德还断言,林德布卢姆相信大公司因为支配了经济权力,从而支配了政府当局,因为它控制的生产力越多,就越会趋向于去得到政治支配权。林德布卢姆的错误在于,没有从他自己的观点中得到内在的结论,因为如果大众要获得政治权力,他们也必须控制经济基础。②

富斯菲尔德对公司国家的声讨,似乎源于他信奉约翰·杜威的自我调整的价值判断,因为这些与促进人类自身的增长和发展有关。富斯菲尔德也使用了马克思主义的劳动价值论,认为上层阶级向劳动力榨取了剩余价值。因此,对富斯菲尔德而言,工具主义的方法和

---

① 富斯菲尔德的论文,载《经济问题杂志》,第213页。

② 同上,第215页。

劳动价值论，在剩余价值的榨取与在别的方面促进人类发展的手段—目的调整面临的障碍之间，建立了联系。[①]

只在新制度主义和马克思主义的范式中，新古典经济学的价值理论才受到正面攻击，并且提出了替代性的评价理论。主观偏好这一功利主义理论的核心，不再是价值的所在。相反，对新制度主义者而言，社会价值理论是由约翰·杜威将手段—目的连续统一体与实验主义哲学相结合而闻名的自我修正的评价过程。它的选择标准从而要求一种恰当的手段—目的的调整，以适应作为目的的人类发展，以及作为手段的制度调整。对马克思主义者来说，社会价值存在于人类劳动——也就是说，对社会有用的商品和服务据以生产出来的那种未被异化的劳动过程。这个选择标准的含义是，它将减少目前的异化。原则上说，这与杜威对人类成长和发展的强调是一致的。因此，在对公司权力、上层阶级的力量以及公司导向的政治精英的存在较为敏感的新制度主义和马克思主义范式中，它就处于首要位置；因为对于恰当的手段—目的调整，以及被异化了的劳动力的目的，其逻辑依据的基础在于对人类成长和发展的一种长期信念。许多新制度主义者和大多数马克思主义者把当今公司支配政治经济的这个体系，视为对恰当发挥人类潜能的一种阻挠。因此，杜威—艾尔斯的工具主义和马克思主义的共同看法是，在一个剩余价值大量从一个阶级转移到另一个阶级，必需的手段—目的调整受到公司权力阻碍的体系中，适当的人类成长的发展是不可能的。

---

① 这里对富斯菲尔德的新制度主义和马克思主义的社会价值理论的混合的分析，部分是基于他对《政治和市场》的评论，但更主要地是以他的新教材《经济学：政治经济学原理》(*Economics: Principles of Political Economy*)(伊利诺伊州 Glenview: Scott-Foresman, 1982 年)为基础。

结　　论

此文通过考察表现为对公司权力和政治精英之间的联系的不同看法，而对林德布卢姆著作的不同反应，强调了不同的(实际上常常是相冲突的)社会价值理论。本文力图强化不同的价值立场的特征，表明它们对社会科学探究的含义。人们现在可以从比较当代政治经济学家的分析中，看到他们的社会价值理论与他们对公司权力和政治精英的看法之间的联系，可以认为，一个经济学家越赞同功利主义的社会价值理论，就越有可能变成漠视公司权力以及公司与公司导向的政治精英之间的联系的学者。那些相信价值就是通过价格来衡量的主观偏好的自由主义者，几乎不关注公司权力，并声称与公司群体有联系的政治精英对公共政策几乎没有影响。另一方面，那些坚持马克思主义或者新制度主义的社会价值论的学者，倾向于把公司以及拥有和控制公司的阶级视为经济权力的核心，把政治精英视为从属于公司结构。处在功利主义和左派之间的，是政治中间派的人物，即开明派和保守派，他们的社会价值理论往往是折中的、含糊的或者是难以辨别的。这些中间派人物关于公司权力和政治精英的立场是不断转变的，偶尔会采纳一种"终结于意识形态"的方法，使他们能够避免在政治和经济权力问题上表现出在政治上处于焦点的立场。但是，与他们学术上的反激进主义相一致，他们也宣称林德布卢姆过分夸大了公司权力的重要性，以及公司导向的精英的政治威力。

无论如何，评论家在意识形态上囿于功利主义理论的程度越大，他或她就越有可能否认公司的经济和政治权力的支配地位。另一方面，评论家对马克思主义劳动价值论或者新制度主义的工具主义价值论的认同度越高，他或她就越有可能强调公司和公司导向的精英的政治和经济威力。尽管难以描述这种情况据以发生的确切的感知过程和心理过程，但本文的解释表明这种联系确实存在。我们回到了 15 年前由于认识到价值中立的社会科学是不可能的、无益的，从而导致社会科学中的持异议者起来造反的时代了吗？相信在理想中或现实中有一种价值中立的"客观的"社会科学的那些社会科学家，从这里的分析中肯定得不到多少安慰。社会科学中存在大量的政治裂痕，以及大量价值同化、政治妥协或者需要改变的方法论分歧，这里不再冗言。就像难以对罗纳德·里根的内外政策达成一致意见那样，这里也没有更大的可能性就林德布卢姆《政治和市场》的优点、经验效力和价值判断达成一致意见。

我并不认为证据法规则和经验探究的有效性被社会科学家在他们的著作中忽略了。显然，这些是非常重要的，而且在未来也一直会是非常重要的。但是，正如理查德·罗蒂（Richard Rorty）[①]写到的那样：

> 如果我们接受杜威的知识观，并被证明有理由信奉它，那么，我们将不会认为对于可称做知识的东西存在着持久的限制因素，因为我们将把"证明"（justification）看做一种社会现象，而不看做"认知主体"和"现实"之间的一种事务。如果我们接受维特根斯坦的看法，把语言作为一种工具而不当做一面镜子，我们就不会去寻求语言再现作用可能性的必要条件了。如果我们接受海德格尔的哲学观，我们就会把使知识主体的天性成为必然真理的一种根源的企图看做是另一次自我欺骗，它要用一种"技术的"和明确的问题取代那种向生疏世界敞开的态度，而最

① 理查德·罗蒂是美国当代实用主义哲学的代表。——译者

初正是后一种态度诱使我们去开始思索的。[①]

显然，政治经济学家使用的方法论，以及他们的认识论假设，都充满了价值判断。因此，学者使用的概念工具是由他或她的文化环境所构造的，因而是一种文化产物。一个社会的意识形态和道德预设，以及社会研究的道德规范，对一个学者的著作不是一种纯粹的因果关系，或者只产生偶尔的影响。相反，它们有一种普遍的、有力的、深刻的影响。否则我们如何能解释许多杰出的社会科学家，对一位知名作者撰写的有影响的著作中的主张和优点完全不能达成一致呢？

① 理查德·罗蒂：《哲学和自然之镜》(*Philosophy and the Mirror of Nature*)(新泽西普林斯顿：普林斯顿大学出版社，1980年)，第9页。[译文引自该书中译本第6页，北京：生活·读书·新知三联书店，1987年，李幼蒸译。——译者]

12. 大公司中控制权的转移：1905—1919 年①

戴维·邦廷　马克·S.米兹拉什

在 1905 年，《华尔街日报》的编辑塞里诺·S.普拉特（Sereno S. Pratt）调查了美国大公司的控制权，发现尽管它有共和政体的形式，但"在实际运行中……股份公司却受到专制的、寡头统治式的控制。股东没有投票权——他们派出受当权者控制的代表去投票……对于少数金融家群体来说，支配价值数十亿美元、属于成千上万在管理中毫无发言权的投资者的财产，并不是什么难事"（普拉特，1905 年，第 6704—6705 页）。25 年后，小 A.A.伯利和 G.C.米恩斯提出了一个相似的论点，但表明了权力"最终落入一个有能力使自己的地位长存的管理层手中"（伯利和米恩斯，1932 年，第 124 页）。

尽管普拉特、伯利和米恩斯都认为，所有者没有能力有效地行使所有权，导致他们的权力被其他更好地组织起来的力量篡夺了，但他们在谁真正夺取了控制权这个问题上的看法并不一致。伯利和米恩斯假设经理从股东手里得到了控制权。而另一方面，普拉特的结论是股东早就败给了那些可以广义地称为"金融资本家"的人。② 在大

---

① 原载《经济问题杂志》，第 16 卷，第 4 期（1982 年 12 月），第 985—1003 页。

② 沙利文（Sullivan）提醒道，"工业出资人和工业巨头的状况和特性如此不同，以至于不能把他们视为一个群体"（沙利文，1927 年，第 316 页）。但他没能注意自己的忠告，步当时每一个历史学家的后尘，用一个称呼来识别这一群人，他称之为"巨头"（titan）（沙利

公司控制权的演化过程中，如果管理者取代的是金融资本家而不是所有者的话，那么这些观点就是可以调和的。一旦认识到这一点，那么被广泛接受的伯利和米恩斯对所有权与控制权的分离的解释，就会是不完善的，因为这种解释没有考虑大公司控制权从金融资本家转移给管理者的那个过程，并且会由于没有表明美国产业的金融控制是先于管理控制的，从而产生误导。

金融资本家拥有控制权的可能性是大公司发展中必需的一步，这立即引出了一个重要的问题：管理层控制的思想是基于对特定公司控制权的所在的一种分析，而金融控制则是基于公司间关系的结构中控制权的所在。由于忽视了这种结构，伯利和米恩斯会开始相信，公司股份的分散直接导致了管理层控制的产生，但实际上，就像普拉特阐明的那样，这时候它已经导致了金融资本家的控制。

在我们看来，大约在1900年到1919年之间，美国大公司的金融控制开始制度化为大企业与其他大公司之间已经建立的复杂关系。这些关系是由各种积极追求这种关系的金融资本家个人建立的。接近这个阶段的末期，这些人遭到了公众猛烈的抨击，因为他们对具体公司政策的影响力被认为是近乎无法无天。国会颁布了国家法规以节制他们的活动，而同时，他们中的许多人退休或者去世，离开了活跃的商业圈。但是，控制权以及已建立的关系并未消失。相反，它们转

文，1927年，第338页）。其他作者使用的是“利益集团”、“银行家”、“金融家”、“富豪”、“资本家”以及类似的各种词汇。此外还有其他非人格化的用语，比如“华尔街”、“利益共同体”、“体系”、“托拉斯”、“金融”，等等（对比沙利文，1927年，第326—329页；诺伊斯(Noyes)，1909年，第284—354页；以及扬曼(Youngman)，1907年）。我们采用的是“金融资本家”这个短语，以强调我们考察的是资本主义体制下一类特殊的人。因为这些人牵涉到通常对经济有重大影响的金融交易中，我们用“金融的”这个形容词，而不是用“大的”、“大型的”、“巨大的”或者“极大的”这些形容词，来识别我们感兴趣的这一类特殊的资本家。本文后面将为这个短语给出一个具有操作性的定义。

移到了各种各样的下属手中,伯利和米恩斯把他们视为管理者。我们主张的是,这种金融控制的制度化导致了公司之间的持久关系的建立,控制权从金融资本家转移给管理者,带来的结果只不过是从前一小部分人做的事情,现在由许多人来做。尽管不应轻视对所有权与控制权的分离的这种论证,但是似乎对我们来说,对整个过程的理解,使得美国大公司的发展与所有权和控制权的分离本身一样,都是令人感兴趣的,都具有潜在的启发。学者们习惯性地假设了一种所有者—管理者二分法;我们坚持认为这是错误的,认为其中包含了不同类型的控制,认为除了单个股份公司之外,大公司网络构成了分析的基本单位。

控　制　权

控制权在任何一个公司都有两种不同的含义。一方面,经营控制需要对公司资产进行日常监督。在这一方面,由于投入要素结合起来生产出产品与服务,所以在控制和具体经济活动之间有一种密切的联系。另一方面,政策控制涉及的是在总体上规定如何利用公司资产的能力。从这一方面来说,管理着具体公司的通常规则和程序是制定好的。因为政策控制代表着最高权威,而经营控制代表着直接权威,所以我们的研究关注的是大公司中政策控制权的占有和转移,而不是经营控制权的占有和转移。[①]

所有者行使他们的合法权利,选出董事,让董事选择经理按照所有者的意愿经营公司,这时候所有者是在政策意义上控制公司。或

---

① 对控制权的一个现代讨论,见 D.M.科茨(D.M.Kotz,1978 年,第 14—22 页),他从稍有差异的角度进行的分析,与我们的分析类似。

者，董事们可以通过选择经理来按照董事们的利益经营公司，所有者不一定能做到这一点。这种情况可能出现，其原因正如普拉特和伯利—米恩斯指出的那样：所有者人数太多，从而不能联合或者沟通，遭到漠视或者欺骗，或者拥有的是微不足道的经济利益或有分歧的投资目标。最终，经理可以通过选择自己或者自己的人出任董事来控制公司。在所有者不能像上面所说的那样行动的时候，或者当非股东由于缺少像信用控制、占有信息这样的外部基础来迫使选举他们为董事的时候，这种情况就会发生。

这三种控制方式有一个共同点——董事会的控制（见伯利和米恩斯，1932 年，第 69 页）。所有者通过他们决定董事会的能力来控制；董事们控制他们的经理；经理的控制力在于他们成为董事的能力。把公司控制限制在这种方式，意味着对公司资产的有形控制并不决定控制权，董事会名单就是实际控制公司的人的名单。它还意味着一种相当普遍的看法是不对的，即董事“不懂事”，在公司事务中实际上没有权力。M. L. 梅斯（M. L. Mace，1971 年）的著作是支持这一观点的一份经常引用的权威文献。在他的研究当中，梅斯指出，董事主要是作为“公司元老”发挥职能，他们许可实行广泛的决断权，同时提出建议和咨询，作为“公司的良心”普遍地采取行动（梅斯，1971 年，第 206 页）。他还指出，一些董事为公司为确保股份公司之间的和谐关系而工作，去保持现有的业务关系，去向整个公司群体传达信号，表明它们存在一定的关系（梅斯，1971 年，第 201 页）。因此，即使根据梅斯的分析来看，董事没有权力这种说法也是错误的。尽管可能一些董事比其他董事有更大的影响力，但依然正确的是，他们控制着各自的公司。

然而，很难证明董事在公司控制的实践中的作用。几乎没有哪个董事披露过他们的经验，这不仅是因为这个话题极其敏感，也因为他们不愿意将自己的秘密商业交易暴露出来,让公众去详细审查,以及面临可能的谴责。不过,我们找到的一些例子可以为大公司高层对控制权的使用提供一个一般性的迹象。

也许寡头市场上一个最令人烦恼的问题就是避免两败俱伤的政策。一个竞争对手不友善的行为引起另一方的报复,这又会引起进一步的行动,通常导致双方都只能得到微不足道的短期收益。解决这种争端通常需要采取特别步骤来重新确认相互接受的商业策略的有效性。例如,1901 年发生的一次对西北铁路控制权的争夺,导致了北太平洋公司(Northern Pacific)股票的垄断,威胁到整个国家的金融稳定(诺伊斯,1909 年,第 294—309 页)。那个时代的头号金融资本家 J.P.摩根(J.P.Morgan),在法庭上宣誓要说实话之后,接受了关于这次争端的质询:

> 问:摩根先生,您一定知道太平洋集团(Union Pacific)和伯灵顿公司(Burlington)之间的竞争关系。您知道,它曾经试图夺走您的财产;让它们的代表进入董事会,目的是什么呢?
>
> J.P.摩根答:只是为了表明对于北太平洋公司管理层,或者 J.P.摩根公司,或者买下伯灵顿公司的任何人,都是无关紧要的;只是为了表明他们是在我们所知道的一个利益共同体的原则下行事;表明我们不打算在华尔街交锋。不会有人打算站在那里互殴(彼得·鲍尔(Peter Power)诉北太平洋铁路公司(Northern Pacific Railway Co.),1902 年,第 2 卷宗,第 179 页)。

在这场争端中与摩根有关联的詹姆斯·J.希尔(James J. Hill),也被问及伯灵顿公司董事会中包括的那些利益对立的人。

J.J.希尔：我想，摩根先生说：现在，我们将让哈里曼(Harriman)先生进入董事会，还有希夫(Schiff)先生，以此向他们表明我们不怕他们。……他们担心我们会吞并他们或者做一些别的事情。……我告诉他们，不会；我们正在发展在这个国家完全不同的一个部门。……我认为这在很大程度上导致了那些人被安排进入伯灵顿公司的董事会，他们会成为见证人；在这个国家，没有人想要做给他们挖陷阱之类的事情(彼得·鲍尔，1902年，第1卷宗，第157页)。

在这种情况下，董事们履行着梅斯所说的大部分职能。他们代表解决一个困难的争端的一种尝试，代表着重建相互接受的商业策略的一种努力。他们也代表着无所畏惧或者默许，提供信息以防止进一步的背信弃义。

摩根在就北太平洋公司与J.P.摩根公司之间的确切关系作证时，也表明了董事的这种信息职能：

问：我的意思是，您和您企业中那些担任[北太平洋公司]董事的成员们之间的每日例会，是您提出对董事会的希望的建议的方式吗？

答：他们会告诉我董事会想要什么，但我不会把他们当做董事会成员来对待，我不与那种身份的他们一起工作。

问：我能理解，但我的意思是，这是沟通渠道吗？

答：是的，是沟通渠道(彼得·鲍尔，1902年，第2卷宗，第197—198页)。

最后，摩根通过否认大部分股票所有权对公司的控制，直接指出

了董事们在公司事务中的作用:

答:将他们持有的所有股票加在一起,那个时候他们的股份占多数,但这并没有使他们有控制权。

问:那么,除了多数股份以外,通常是什么控制着公司呢?

摩根的律师弗朗西斯·L.斯泰森(Francis L. Stetson)插话说:是董事会。

摩根:董事会以及发行股票时的状况。

斯泰森:最高法院是这样裁决的(彼得·鲍尔,1902 年,第 202 页)。

亨利·摩根索(Henry Morgenthau)从另一个角度报告了控制权及其使用的例子。[①] 1900 年初,他成立了中央不动产债券与信托公司(Central Realty Bond & Trust Company),这是纽约第一家大型不动产信托投资公司。他的董事会中"至少有 6 个人是当时最杰出的金融巨头——他们作为最大的、经常又是对立的利益集团的领导,代表着为美国金融界至高无上的地位而进行宏大斗争的几乎每一部分人"(摩根索,1922 年,第 64 页)。摩根索找的董事是能为他的公司提高地位的人,能为公司提供金融援助,能保障公司的业务,并且能推动与潜在的金融竞争者建立可接受的关系。他请到了"最重要的银行总裁"詹姆斯·斯蒂尔曼(James Stillman),"最重要的信

① "我从未听过那些与那个时期的金融巨头有秘密商业关系的任何人,从他自己的经验中描述过那些支配着美国金融结构的人的阴谋和喜好,个性和手段。"(摩根索,1922 年,第 64 页)"我提议让读者看一看在'华尔街'进行的一些金融交易的情况,一点头就能随意摆布公司的控制权,通常给予控制权是对喜欢的人的奖励,收回控制权是对轻视的人的惩罚。"(摩根索,1922 年,第 66 页)

托公司总裁”弗里德里克·P. 奥尔科特(Frederic P. Olcott),“互助人寿保险公司(Mutual Life Insurance Company)的两位最著名、最有影响力的[董事会]成员,纽约不动产按揭最大的投资者”A. D. 朱利亚德(A. D. Juilliard)和詹姆斯·N. 贾维(James N. Jarvie),还有来自糖业信托公司(sugar trust)的亨利·O. 哈夫迈耶(Henry O. Havemeyer)和来自公平人寿保险公司的詹姆斯·H. 海德(James H. Hyde)(摩根索,1922 年,第 58、61、65 页)。虽然这些董事中的一些人是充满敌意的业务竞争对手——贾维和哈夫迈耶在糖业的竞争,斯蒂尔曼和奥尔科特在银行业的竞争,以及朱利亚德和海德在保险业的竞争——但他们所有人都在中央不动产公司的董事会坐在了一起,因为这家公司对他们以及他们的公司有极大的潜力。

摩根索也解释了“摩根的亲密助手”詹姆斯·斯蒂尔曼是如何把国民城市银行(National City Bank)转变为美国最强大的金融机构之一:

> 他通过把美国最大的企业的领导吸引到他的董事会,使这家公司成为产业融资的领先者。这些人带给他的银行的不仅是用于存款的钱,还带来了敏锐的斯蒂尔曼更加珍视的东西,那就是他们的知识和头脑。在斯蒂尔曼的董事会会议上,他可以直接了解美国每一个行业的内部消息,这些无价的信息给了他开启所有金融秘密的钥匙,这是他成功的基础,而其在这些会议上,斯蒂尔曼免费得到了人世间最精明的商人的建议和咨询(摩根索,1922 年,第 77 页)。

这些关于控制权的使用的例子,说明了经营控制和政策控制的区别的重要性。此外,这些例子也证明了那些控制着公司的人,利用那种控制力去调解争端,保护利益,获得信息,为个人的努力提供便利。这些董事也提供信息,创造名望,确保他们的公司的业务。综上所述,很明显,公司似乎显然是受董事会控制的,这种控制力常常被用于在环境提出要求的情况下去增强和保护公司的利益。

控制权的转移

尽管董事们实施着政策管理,但他们在公司管理中的实际作用"主要是顾问性质而不是决策性质的",而且主要是"缓和拥有实际控制权的总裁们的倾向,以及……避免过激行为"(梅斯,1971 年,第 197、181 页)。这种控制权主要是否定性的,被导向掌握一种普遍的而不是特殊的活动过程。不过,在处理与其他公司的关系时,在一个充满敌意的寡头垄断世界成功求得生存时,董事们发挥着更加积极的作用。就像北太平洋公司的情况和摩根索的经验表明的那样,在解决争端和消除误解的时候,董事必须拟定协议和谅解协定。在这个位置上,董事成为了寻求与供应商、消费者、竞争对手、债权人以及实际的或者潜在的朋友和敌人进行调解的公司外交官。

也许公司外交最积极的形式,是一个公司的董事同时成为另一家公司的董事。在两个独立的企业之间建立了一种正式关系的这种活动,会有许多可能的后果。正如梅斯在谈到投资银行家的时候指出的那样,这可能导致取得内部消息,带来相互利益的一种认同,宣告一种良好的赞助者地位,象征着一种受控制的关系,是对第三方的一个信号,或者是取得业务的一种方法(梅斯,1971 年,第 128—153 页)。虽然难以确定某些具体的纽带关系的效果,但这种行为的总体效果是在联锁的公司群体之间,去建立一个相当复杂的正式关系网络。网络中的公司可以直接通过互换董事而连结起来,也可以通过间接通过其他成员一两次，甚至三次调动而连结起来。可是无论间接的程度有多大，建立起网络的这些关系是公司之间协商共同关心的问题的一种方式（详见米兹拉什，1982 年）。在后面的几页里，我们将假定网络关系的变化说明了公司关系的变化，以此来更详细地考察这种网络观念。

我们在之前指出，只有部分董事参与公司的治理是可能的。比如，伯利和米恩斯发现："在 1930 年，大约有 2 000 个人是 200 家最大公司的董事。由于其中相当一部分人是无所事事的，因此近一半产业的最终控制权实际上掌握在数百人手里"（伯利和米恩斯，1932 年，第 46 页，脚注 34）。这些活跃的董事可以被进一步划分，其中一些人的利益集中于一家公司，另一些人我们将称之为"公司间领导"，其利益超出了任何特定公司的范围。[①] 实际上，董事中有一种基于公司一般事务中的相对影响力的等级制度。在最低、最不重要的层次上有许多无所事事的董事；这个等级中的下一级是一些与某一家公司有密切关系的活跃的董事；最后，在最高层的是与许多公司有密切关联的公司间领导。我们的观点是，最后这种董事运用着普拉特发现的、伯利和米恩斯忽视的那种控制权。

尽管可以用很多方式来定义公司间领导，但我们将把他们定义为相互联锁的董事，因为如上所示，一个相互联锁的董事的利益超越了任何一家特定公司的范围。这个定义对于我们研究的这个阶段（1905—1919 年）尤其适合，因为我们已经发现相互联锁的董事的名单中，包含了几乎所有当时活跃的重要金融资本家（邦廷，1976 年，第 15 页）。尽管这个定义不能识别那些在形式上只隶属于一家公司

---

① "公司间领导"这个短语是基于 R. 佩鲁齐（R. Perrucci）和 M. 皮里苏克（M. Pilisuk）（1970 年）的"组织间领导"概念而提出的。

的公司间领导,但别的详细说明可能也不会更准确。没有足够的信息供我们去一家公司、一家公司地调查,金融报刊的调查也受到覆盖面不够的困扰。有时候是用股票所有权来定义控制者。这种方法不仅不能解释像互助人寿保险公司和纽约人寿保险公司这样的互助保险公司的控制权,而且还有一些例子,比如像公平人寿保险公司,完全的所有权也不能进行控制(凯勒(Keller),1963 年,第 246—249 页)。此外,像普拉特发现的那样,金融资本家在他们控制的公司中只有很少的股票。有时候也用认定性的"控制圈"或"影响力网络"来识别活跃的董事(穆迪(Moody),1904 年)。尽管在表面上是不明确的,但这种方法主要基于联锁董事会,从而类似于我们的方法。最后,有可能占据多个位置的董事,实际上也是无所事事的。根据传记材料与历史叙述,我们不能确定在我们的名单中的任何人是无所事事的。相反,我们发现我们的名单里包含了那个时代的主要金融资本家。因此,我们的结论是,那些实际上控制着大公司的人,可以通过他们的联锁关系来识别。这个公司间领导人群体就是普拉特认为拥有美国产业的金融控制权的金融资本家。

我们感兴趣的是这种控制权是如何在 1912 到 1919 年间发生变化的。这几年,以及被选作较早的比较年份的 1905 年,代表着大公司金融控制权向管理层控制权的转移的大致时间。1912 年之前的一个明显趋势是,少数公司间领导去控制数量越来越多的公司;但到了 1919 年,这种趋势发生了逆转。不过,尽管在个别企业层面上发生了控制权的这种转变,但在 1912 年以前创造的联锁关系网络几乎没有变化。事实上,个别金融资本家的支配地位下降了,但他们的经理—继任者仍然影响着其他公司的政策。

为了检验这个论点,我们在每一个涉及年份选取了一个各大公司的样本,其中包括最大的 100 家工业公司,25 家铁路公司,20 家银行,10 家保险公司,以及 12 家大型投资公司。我们用资产量来衡量工业公司和保险公司的规模,用资本总额(已发行股票加长期债务)来衡量铁路公司和银行的规模,通过广泛查阅文献来选择投资公司,因为规模方面的数据在当时还没有公开(一个主要来源是卡洛索(Carosso),1970 年,以及这里引用的文献)。我们记录下所有董事或者股东的名字,以及工业公司和铁路公司职位最高的 8 名职员,然后来确定每年的联锁程度。具体的数据来源包括:《穆迪统计手册》(*Moody's Manual of Statistics*)、《普尔统计手册》(*Poor's Manual of Statistics*)、《保险年鉴》(*Insurance Year Book*)、《银行家通讯录汇编》(*Banker's Directory and Collection Guide*)、《纽约证券交易所通讯录》(*New York Stock Exchange Directory*),以及其他一些资料(详见邦廷和巴伯(Barbour),1971 年)。总体来看,我们样本中的公司占有了它们所代表的经济部门中相当一部分的资产或资本,从工业公司和银行所占的比例大约 30%,到保险公司和铁路公司所占的比例超过 70%。最后要指出的是,由于联锁关系是严格按照姓名的匹配来确定的,所以任何拼写或者标点的错误都会导致不匹配。这样一来,任何衡量上的错误都会导致对联锁程度的低估。

表 1 联锁关系统计概况(1905—1919 年)

	1905 年	*1912 年*	*1919 年*
总数:			
公司	165	167	167
董事	1 944	2 110	2 262
职位	2 542	2 761	2 834
董事/职位	76.5	76.4	79.8
有联锁关系的数量:			
公司	145	140	143

(续表)

董事	312	324	347
职位	910	975	919
董事/职位	34.3	33.2	37.8

表 1 表示的是所选的 3 个年份中联锁关系的统计概要(缺 1905 年的两家工业公司的董事数据)。董事和职位的总数一直在稳定增加。另一方面,联锁的公司基本保持不变,有联锁关系的董事的数量增加了,而有联锁关系的职位的数量先增后减。从 1912 年到 1919 年,有联锁关系的职位数量的减少,表明在这期间联锁关系发生了一些变化。在 1905 到 1912 年间,董事对职位数量的比率下降了(总数和有联锁关系的数量都一样),表明每一类型公司中较少的董事占据着较多的职位。但到 1919 年,这种趋势逆转了,这个比率开始上升,表明相对较多的董事占据着较少的职位。

可以通过比较 1912 年与 1919 年具有联锁关系的个人、公司和职位的累积分布,来更详细地观察这种转变,分别见表 2 和表 3。在 1912 年,975 个职位上的 324 名董事有联锁关系;1919 年,差不多同样数量的公司中有 919 个职位上的 347 名董事有联锁关系。但当我们考虑占据两个以上职位的董事时,这两年之间显然就发生了隶属关系的一种数量变化。例如,在 1912 年,拥有至少 9 个职位的 9 名董事,共与 57 家公司,或者说样本中大约三分之一的公司有关联。在 1919 年,拥有 9 个职位的董事只有 2 名,与其有关联的公司不到一半。类似的结论也适用于拥有的职位数量。在 1912 年,44 名拥有至少 5 个董事职位的董事共占据 298 个职位;到 1919 年,这些数字分别变成了 24 和 150。这样,对这两年的比较揭示了一种清晰的模式:尽管联锁公司的数量基本保持不变,但有紧密联锁关系的董事数量大幅度减少了。我们把这种减少归因于作为公司控制权的一种支配性力量的金融资本家个人的去世。

表 2 具有联锁关系的董事、公司和职位的累积分布:1912 年

拥有的职位累积数	董事累积数	公司累计数						职位累积数					
		工业	铁路	保险	投资	银行	合计	工业	铁路	保险	投资	银行	合计
2	324	78	25	7	11	19	140	370	241	54	29	281	975
3	134	59	25	5	9	19	117	211	168	28	19	169	595
4	71	54	25	5	6	19	109	135	116	17	13	125	406
5	44	43	24	4	5	18	94	94	88	11	11	94	298
6	27	38	22	4	3	15	82	75	65	8	6	59	213
7	17	33	20	4	2	14	74	54	45	7	5	42	153
8	12	29	19	4	2	14	68	45	34	5	4	30	118
9	9	26	16	4	1	10	57	39	26	5	2	22	94
10 以上	6	21	12	3	1	7	44	29	19	3	2	14	67

表 3 具有联锁关系的董事、公司和职位的累积分布:1919 年

拥有的职位累积数	董事累积数	公司累计数						职位累积数					
		工业	铁路	保险	投资	银行	合计	工业	铁路	保险	投资	银行	合计
2	347	78	25	9	12	19	143	388	211	71	36	213	919
3	121	63	24	8	8	18	121	202	125	28	16	96	467
4	50	54	22	6	3	14	99	101	78	15	8	52	254
5	24	43	19	5	3	13	83	64	42	11	3	30	150
6	14	35	15	5	2	11	68	46	25	9	2	18	100
7	9	26	12	5	2	8	53	35	16	6	2	11	70
8	3	13	8	2	1	3	27	14	8	2	1	3	28
9	2	9	7	2	—	2	20	9	7	2	—	2	20
10 以上	2	9	7	2	—	2	20	9	7	2	—	2	20

这种下降的明显迹象见表 4,表中显示了 1912 年拥有 4 个及以上职位的董事在 1919 年占据的职位数。占据的职位急剧减少。到 1919 年,原先的 71 个公司间领导中的 22 个(31%)不再有联锁关系,同时另外 22 个人占据着 3 个及以下职位。拥有 1 个以上任何数量职位的情况,1919 年的各项数据都是 1912 年相应数据的一半或更少。实际上,有两个因素说明了这种下降。从 20 世纪初开始,大公司的金融控制就遭到新闻界和国会的反复抨击(比如见拉福莱特(La Follette),1908a 和 1908b)。1905 年,一次对公平人寿保险公司控制权的争夺,导致纽约州对披露出来的秘密的一场调查,尽管公司的补救措施使其没有产生持续的后果,但调查大大激发了公众舆论(凯勒,1963 年)。1912 年,普诺委员会(Pujo Committee)调查了这家公司的货币和信用控制,尽管没有"证实"存在控制,但发现其是潜在的,方式是"通过纽约市的金融高度集中。……其金融权力的集中化,其影响力的多样、微妙和个人性质,以及缺乏对它的任何公共控制,使委员会担心不已,使众多美国民众感到焦虑"(卡洛索,1970 年,第 153 页)。

这场调查的结果是立法禁止了某些形式的工业、铁路和银行联锁关系。而且表明,那时候如果这些禁令失效,将会颁布更加严格的禁令。因此,董事们开始减少他们拥有的董事职位。同时,普拉特 1905 年发现的许多金融寡头,在 1913 年去世或者退休了,并且并没有被有类似影响力的个人接替(基斯(Keys),1913 年,第 400 页)。如表 4 所示,这一趋势一直持续到 1919 年。这样,作为大公司控制权中的一种支配性力量的金融资本家的减少,部分是由于公众的抨击,部分是由于实际的或者潜在的禁令,部分是他们去世或者退休的结果(更多细节见米兹拉什,1982 年,第 7 章)。

表 4 1912 年拥有 4 个及以上职位的董事占据的职位数量

职位数	1912 年		1919 年	
	数量	百分比(%)	数量	百分比(%)
0—1	—	—	22	31
2—3	—	—	22	31
4	27	38	9	13
5	17	24	7	10
6	10	14	4	6
7	5	7	5	7
8 以上	12	17	2	3
合计	71	100	71	100

虽然金融资本家的相对影响力下降了，但他们建立起来的与其他公司的关系仍然存在，尽管在形式上稍有变化。这可以通过分析和比较公司间领导在大公司圈子里寻求解决寡头争端，建立联盟，获取信息，以及总体上寻求和解的结果而形成的公司交际网络来表明。与单个经济部门的集中化相对，这种网络方法寻求的是检验与所有其他公司相关的公司活动。这一方法的一个主要结果是，表明了大公司(至少是 20 世纪的大公司)并非作为一个独立的实体而存在。相反，它们都通过一系列正式的关系而直接或间接地联系起来(芬尼玛(Fennema)和希夫(Schijf)，1978 年)。

如表 5 所示，选取的每个年份里，绝大多数公司都形成了一个单一的、持久的网络。1905 年，145 家公司，或者说 88%的公司，都是网络成员；1912 年，137 家公司(除去 3 家形成自己独立集团的公司)，也就是 82%的公司，属于网络成员；1919 年，143 家或 86%的公司处于网络之中。① 在这个系统当中，1905 年，从一家公司到另一家

① 网络最短路径的计算采用的是 R. W. 弗洛伊德(R. W. Floyd)的运算法则(弗洛伊德，1962 年)。在一个 $k \times k$ 矩阵 w 中，k = 公司数，如果公司 i 和 j 有联锁关系，则元素 $w(i,j) = 1$，如果没有联锁关系，则 $w(i,j) = 0$。如果通过 $w(k,i,j) = \min(w(k-1,i,j), w(k-1,i,k) + w(k-1,k,j))$ 计算，那么 w 的第 k 次反复演算就包含了任何两个元素之间的最短路径。

公司的连续联锁关系的最大距离是 6，次年下降为 5。这个直径数据表示两家公司最多通过 5 家其他公司而间接地联系在一起。对公司交际趋势的一种更准确的衡量方法，是一家公司与另一家公司之间的平均距离。表 6 中的数据说明，在任何年份，任意两家公司平均通过另外两家公司联系在一起。

表 5 网络统计概要：1905—1919 年

	1905 年	1912 年	1919 年
公司数量	145	137	143
最大直径	6	5	5
平均距离	2.57	2.33	2.50
每公司的平均关系数	371	316	355
关系：			
一级(%)	927(9)	1 048(11)	780(8)
二级(%)	4 167(40)	4 711(51)	4 400(43)
三级(%)	3 956(38)	3 053(33)	4 111(41)
四级(%)	1 390(13)	504(5)	862(9)
合计(100)	10 440	9 316	10 153

因为任意两家公司都可以通过几名董事联锁起来，所以是相互间的联系而不是常常被用于确定公司的关联程度。在形式上，一级关系是直接的联锁；二级关系是一种间接的联锁；三级关系表示通过其他两家公司进行的联锁，以此类推。不过，鉴于一家公司与其他任何公司有任意数量的直接或间接联锁，它只能够有一个直接或间接的关系。1905 年，把一家公司与网络中的所有其他公司联系起来的关系的数量——即连接点的数量——平均为 371 家。这个数字在 1912 年下降了，说明网络变得越来越密集，但在此之后由于公司之间的联系减弱而增加。表 5 包括了每年的一级(或直接)、二级、三级

以及四级或者更多关系的数量和所占的百分比。从 1905 年，即普拉特的“金融寡头”时代开始，到 1912 年，一级和二级关系的百分比提高了，反映了公司间领导将大公司纳入共同控制之下的努力。另一方面，从 1912 年到 1919 年，一级和二级关系的百分比降低了，反映了金融资本家影响力的减弱。

重要的是要注意到，尽管直接或近乎直接的关系在减少，但还有差不多同样数量的公司与另一家公司继续保持着紧密联系。如果在 1912 年之前由金融资本家建立的公司间关系被切断，那么，我们不仅可以预见到低级联系的锐减，还可以预见到各种层次的联系以及相互联系起来的公司绝对数量的减少。这并没有发生。相反，在公司间领导失去影响力的时候，他们的活动由其他继续控制着公司的人所延续。我们在表 3 中已经表明，到 1919 年，有许多联锁关系的董事的数量锐减；而表 5 表明，有大致相同数量的公司保持着联系，尽管是更为间接的联系。这种形式上而非实质上的变化的原因是，拥有很多职位的一部分公司间领导，被拥有少量职位的董事—经理替代了。换句话说，尽管单个公司的控制权从金融资本家手中转移到了经理手中，但这些公司之间的关系并没有太大的改变。

公司控制权的变化产生的效果，也可以通过检验同一家公司在不同时点上在网络关系中的变化来说明。这种方法通过消除由简单的收购或者特定年份里非常严重的联锁董事现象导致的联系模式中可能的扭曲，直接集中于董事的关联活动。1905 年和 1912 年的网络都有 102 家公司。它们的连接点一年接着一年的级别矩阵如表 6 所示。如果在这两年之间，在这些公司组成的网络中没有发生变化，那么就只有在主对角线上有非零数字，因为前一年的一级联系会延续到后一年，二级联系也延续到后一年，以此类推。如我们所见，这并没有发生。相反，尽管 1905 年的大多数一级联系延续到了 1912

年,但有一些变成了二级、三级甚至四级联系。类似地,一些二级联系后来变成了一级或者三级联系。总体上看,上部的非对角三角形中包含了所有间接关系级别的增长,而在下部非对角三角形中包含了所有的下降。从一年到另一年,所有连接点中有 63%在级别上保持不变,20%变得更加直接,16%变得更加间接。因此,在 1905 到 1912 年间,公司之间的联系更加紧密是一种并不明显的趋势。表中行和列的百分比数据也表明了这一点,1905 年一级和二级联系的总和是 60.8%,到 1912 年上升到 63.7%。

表 6　网络变动:1905—1912 年

年份		1912					
	级别	1	2	3	4 以上	合计	%
1905	1	435	187	31	3	656	12.7
	2	177	1 794	488	16	2 475	48.1
	3	35	586	918	119	1 658	32.2
	4 以上	3	63	182	114	362	7
合计		650	2 630	1 619	252	5 151	100
%		12.6	51.1	31.4	4.9	100	

有 104 家公司的 1912 年和 1919 年一年接一年的级别矩阵由表 7 所示。与前一个表相比,表 7 表明了关系级别变得更加间接的一种明显趋势。例如,1912 年的许多直接联系在 1919 年破裂而不是保存下来,同时大量二级联系变成了三级。从总体上看,所有联系中的 58%在级别上保持不变,11%变得更加直接,30%变得更加间接。表中行和列的百分比也表明了这种变化。在 1912 年,所有网络关系中有 74.6%是一级或者二级关系;到 1919 年,这个数字减少到 61.4%。这种模式完全类似于前面讨论的模式。它的重要性在于,尽管公司间的联系在 1919 年不再像之前那些年那样密切,但它们仍

然保持着联系。因为公司间领导,尤其是那些拥有至少4个职位的公司间领导影响力的下降,他们被拥有较少职位的董事取代了,这减少了直接联系的机会,由此迫使建立更多间接的二级和三级联系。换句话说,由相对较少的董事在1905到1912年间建立的公司间关系,在1919年以及此后在相当大的程度上得到了延续(参见米兹拉什,1982年)。

表7 网络变动:1912—1919年

年份		1919					
	级别	1	2	3	4以上	合计	%
1912	1	355	376	77	1	809	15.1
	2	170	1 979	943	93	3 184	59.5
	3	29	364	765	133	1 219	24.1
	4以上	1	10	36	25	72	1.3
合计		555	2 729	1 821	251	5 356	100
%		10.4	51	34	4.7	100	

我们证明了大公司控制权从少数金融资本家手中转移到大量公司董事手中的过程。这种转移的确切原因有很多。公众持续不断的敌对态度,机会主义的政治扰乱,禁止性立法,以及威胁性的惩罚措施,所有这些都限制个人参与到多个公司中。其金融生涯跨越了两种控制的伯纳德·巴鲁克(Bernard Baruch)认为,经济增长和复杂性是原因所在:

> 我经常被问到,为什么我们如今没有那种在世纪之交支配着华尔街的金融巨头了。……我认为华尔街失去了我年轻时代如此明显的那种戏剧性的个人冒险品质的主要原因,在于市场活动所覆盖的经济利益的领域和范围的惊人扩张(巴鲁克,1957

年,第 133 页)。

一些试图让子女来延续他们的控制权的公司间领导,通常都没有成功。例如,詹姆斯·J. 希尔(James J. Hill)指定他的儿子詹姆斯·N. 希尔为他的继任者。但儿子似乎和父亲并非同一种人,父亲似乎也不打算在有生之年真正将公司的掌控权交给儿子。结果含混不清且令人不满,希尔首先考虑换另一个儿子来继任,然后考虑的是非家族成员的经理(马丁(Martin),1976 年,第 574—578 页)。这个阶段发生了太多的变化,所有变化都以儿子不能或者不愿像父亲那样施行控制权而告终(其他例子见伯尔(Burr),1927 年和辛克莱尔(Sinclair),1981 年)。

其他不能找到继任者的金融资本家,是因为他们的控制权是建立在人格力量基础之上的,这是一种无法传授的品性。哈里曼帝国的瓦解就是这样一个例子:

> 哈里曼的王国现在在那里?所有人都知道,通过他的天才和勇气创造了这个最大的铁路系统的这个人的权威,现在已经分裂给了 12 个人,转交给了位于美国 4 个地方的管理人员,以至于没有人能夸口说他控制着太平洋联盟的政策,或者掌握着它的命运,就更不用说其他 12 家挂着哈里曼这个名字的大公司了(基斯,1913 年,第 4078 页)。

关于继任者的这些问题,大多数都是不经意中得到解决的。当一些公司间领导去世、退休或者失败时,他的部下会继任,所有这些部下都曾直接与他的公司网络各部分的运行有密切联系。几乎不可能有其他继任形式,因为没有其他群体足够熟悉所涉及的这些公司。

但是，从前公司网络的各个独立部分是由一个人来控制，现在则变成不同的人来控制重要的几个部分。我们已经表明的这个导致大量董事延续着他们已建立的公司间关系的结果，也使得伯利和米恩斯得出结论，说大公司是由经理控制的。他们没有注意到的是，在他们开展研究的 1930 年，公司间关系已经开始制度化，并且在大公司控制权中不再是一个明显的因素。

结　论

我们想要表明，无论是公司控制权的观念还是它的演化，都比通常假设的要复杂得多。一方面，控制权可能涉及公司资产的实际占有，或者更加无形的安排资产使用的能力。如果控制权被认为是以占有为基础，那么，就总会带来所有者—管理者二分法，因为根据定义，并非所有者的占有人必然是管理者。以安排资产用途的能力为基础的控制权更难以确立，因为在公司和安排公司活动的人之间没有清晰的关联。我们认为董事具有这种权力，尽管他们当中只有一小部分人会去使用它。被归为公司间领导的这一小部分人，是由他们超越公司范围的活动来定义的，在我们讨论的这个时段，他们组成了联锁董事会。我们认为大公司建立联锁关系，从而使它们能够更顺利地解决争端，保护它们的利益，向竞争者传递信号，以及从普遍意义上来说，在一个充满敌意的环境中生存下来。

联锁董事规定整体政策这个意义上的控制权，意味着一个人不能在公司之间进行准确的区分。如果一个或者一些董事对管理两家公司的政策的制定都作出了贡献，那么，能把这两个经济单位视为相互独立的吗？此外，我们表明了在 1905 到 1919 年之间，很大一部分美国大公司被联系在一个正式网络之中。可以假设这种情况下的任何公司是独立于其他公司而运行的吗？我们断言它们是不能的，而且它们的网络是寡头相互依赖这个理论问题的一个现实解决办法。另外，对独立假设的否定意味着，应该把大公司作为一个整体而不是个别地进行分析。不过这种方法论上的转变，需要一种目前似乎还不存在的理论基础。

另一方面，把作为金融资本家的高度联锁的董事引入公司控制权的演变，需要考虑他们对大公司发展的影响力。我们认为，这种影响力本质上要求与其他大公司建立一系列正式关系，为和谐与共性创造一个基础。我们也讨论了大公司控制权从金融资本家手中转移到管理者手中。由于金融资本家遭到了公众的抨击或者限制性立法，也由于他们去世或者退休，他们对公司事务的影响力减弱了。出于各种各样的原因，他们很少由其他金融资本家继任。相反，他们对各种公司的控制权，大多数是不经意地传给了一直管理着特定公司的部下。可是，尽管在单个公司层面上，金融控制分裂为管理层控制，但由金融资本家建立的公司间网络保持了下来。如此一来，尽管控制权的形式改变了，但大公司之间的关系结构实际上仍然没有改变，这种情况似乎已经持续到了今天。

参考文献

Baruch, B. M. 1957. *Baruch; my Own Story*. New York: Henry Holt.

Berle, A. A. Jr., and G. C. Means. 1932. *The Modern Corporation and Private Property*. New York: Macmillian.

Bunting, D. 1976. "Corporate Interlocking: Part I—The Money Trust." *Directors and Boards* I(Spring): 6—15.

Bunting, D., and Jeffrey Barbour. 1971. "Interlocking Directorates in Large American Corporations, 1896—1964." *Business History Review* 45(Autumn): 317—35.

Burr, A. R. 1927. *The Portrait of a Banker: James Stillman, 1850—1918*. New

York: Duffield.

Carosso, V. P. 1970. *Investment Banking in America*. Cambridge, Mass.: Harvard University Press.

Fennema, M., and H. Schijf. 1979. "Analyzing Interlocking Directorates: Theory and Methods." *Social Networks* I(May): 297—332.

Floyd, R. W. 1962. "Algorithm 97: Shortest Path." *Communications of the Association for Computing Machinery* 5(June): 345.

Keller, M. 1963. *The Life Insurance Enterprise, 1885—1910*. Cambridge, Mass.: Harvard University Press.

Keys, C. M. 1913. "The New Democracy of Business." *World's Work* 25(February): 400—20.

Kotz, D. M. 1978. *Bank Control of Large Corporations in the United States*. Berkeley: University of California Press.

La Follette, R. M. 1908a. "Consolidation of Banking and 'Big Business.'" Congressional Record, 60th Congress, 1st Session, 42(part 4): 3435—56.

La Follette, R. M. 1908b. "Critics Answered—Trust Control Analyzed." Congressional Record, 60th Congress, 1 st session, 42(part 4): 3793—805.

Mace, M. L. 1971. *Directors: Myth and Reality*. Boston: Division of Research, Graduate School of Business Administration, Harvard University.

Martin, A. 1976. *James J. Hill and the Opening of the Northwest*. New York: Oxford University Press.

Mizruchi, M. S. 1982. *The American Corporate Network: 1904—1974*. Beverly Hills: Sage Publications.

Moody, J. 1904. *The Truth About The Trusts*. New York: Moody.

Morgenthau, H. 1923. *All in a Life-time*. Garden City, N. Y.: Doubleday, Page.

Noyes, A. D. 1909. *Forty Years of American Finance*. New York: G. P. Putnam's Sons.

Perrucci, R., and M. Pilisuk. 1970. "Leaders and Ruling Elites: The Interorganizational Bases of Community Power." *American Sociological Review* 35 (December): 1040—56.

Peter Power v. Northern Pacific Railway Co. 1902. "Special Examiner's Transcript—Defendant's Testimony," U. S. Circuit Court, District of Minnesota, Equity Case 526.

Pratt, S. S. 1905. "Our Financial Oligarchy." *World's Work* 10 (October): 6704—14.

Sinclair, A. 1981. *Corsair: The Life of J. Pierpont Morgan*. Boston: Little, Brown.

Sullivan, M. 1927. *Our Times II: America Finding Herself*. New York: Charles Scribner's Sons.

13. 私人部门集中计划：一个制度主义者对当今美国经济的看法[①]

约翰·R.芒克斯

导　　言

当今标准的经济学教科书考查的是四种市场结构——竞争市场结构、垄断竞争市场结构、寡头竞争市场结构以及完全垄断。尽管这些经济理论对于描述和解释某些市场的结构、行为和绩效仍然有用，但本文的立场是，私人部门集中计划(Centralized Private Sector Planning, CPSP)理论是对现存经济制度更准确的描述和解释。换句话说，这四种传统经济理论是集中计划这个一般情况下的特殊情况。集中计划这种立场是令人生畏的，即过去大约半个世纪以来，我们的经济制度变化的累积效应创造了一种截然不同的经济体系。的确，根据对诸多观点和数据的考察，可以得出结论，就像我曾得出的结论那样，资本主义这个词本身已不再适合于用来描述美国经济了。

简而言之，作为美国工业基础的公司和产业(汽车、能源、钢铁、计算机、食品加工等等)，无论从结构还是从功能的角度来看，都已经在技术上、金融上和管理上互相依赖。它们已经发展了一系列计划工具，允许这些关键产业在内部、相互间以及所有产业之中的生产和分配活动中进行合作与协调，实际上从某种程度上来说，这些计划工

① 原载《经济问题杂志》，第17卷，第4期(1983年12月)：第931—967页。

具是合作与协调所必需的。也许可以把 CPSP 定义为**经济中的关键公司和产业的生产和分配活动借以得到组织和协调的一个过程，目的是把这些公司和产业结合在一起，成为一个功能上互相协调的生产和分配体系**。①

作为导言最后的解释，这里的分析依据的框架是托尔斯坦·凡勃伦在他的《企业论》一书中阐明，并应用于美国经济的凡勃伦二分法。对于缺乏专业知识的人来说，可以对凡勃伦二分法作如下简要概括：(1)支配美国经济中商品和服务的生产与分配决策制定的两个主要力量，是机器和/或技术规则（机器过程），以及对金钱利益的追求（企业）。(2)基于技术/工具推理的决策具有动态特征，并且在很大程度上带来了共同体经济福利的改善；它们使产业之间和更多产业之中的高度合作和协调成为必需（从纯技术的角度来讲）。(3)基于企业/仪式推理的决策抑制着技术进步，充其量只容许理想的技术过程，而且在短期往往导致物品和服务的生产和分配过程的暂时损坏。(4)对金钱利益的追求会导致商人之间的同类相残（凡勃伦把这种行为称为“工业巨头的英雄角色”），这个过程进而导致权力不断集中并巩固在少数幸存者手中。最后，(5)技术/工具推理的创造性和动态性，与企业/仪式推理的静态性和后向性相结合，最终会导致两个决策过程之间巨大的分离，这种分离进而会导致“企业的自然衰

---

① 在我即将出版的著作《美国资本主义的转变：从竞争市场结构到私人部门集中计划》(*The Transformation of American Capitalism*: *From Competitive Market Structure to Centralized Private Sector Planning*)中，我呈现了一个包括散布在 32 个产业的 138 家公司的集中计划场景。除了本文提到的产业之外，这些产业还包括：摩托车、重工业机械和农机、轮胎和内胎、钢铁、铝、铜金属容器、软饮料（含糖）、汤品罐头、日用品、早餐谷类配制品、肥皂和洗涤剂、香烟、药品（处方药）、胶片和相片冲洗设备、医疗器械和设备、计算机、微型计算机和电子计算机、照相制版、化工、重型电气设备、电视广播、通讯设备与服务以及电力。

败”，并且/或者可能导致整个社会系统的文化消亡。①

---

① 作为一种预防性的运用，系统性地引用五段凡勃伦自己的陈述来说明凡勃伦二分法或许是有益的：

> 现代文明的物质架构是工业体系，驱动这一架构的力量是企业。其特征，以及它同时据以支配现代文化的力量，是机器过程以及为一种利润而进行的投资。
>
> * * *
>
> 为了实现这种工业过程一般而言的一种有效的运行，各种各样的作为子过程的构成部分必然由于整体的协调而加入进来。……特定工业社会达到的发展程度越高，……特定工业呈现出的机器过程的特征越明显，在这个复杂的序列中先或后与其他产业发生作用的关系就越紧密或者密切，在其他条件相同的情况下，与其他产业保持恰当的作用关系的需求就越迫切。……工业过程的这种机器上的关联，在任何相关产业群体的管理中带来了团结，更进一步说，它带来了社会的整个产业交易的管理中的团结。
>
> * * *
>
> 一般来说，社会的经济福利是由构成一般而言的工业体系的各种容易实现的、不受干预的相互作用的过程来得到最大满足；但是完整保持的工业平衡并不能最大地满足掌握着决断权的商人的金钱利益。……许多与商人所考虑的同工业体系的组织相联系的项目被确定下来，但谈及所有这些项目的时候，必须要记住的是，商人与工业过程相关的工作是首先要保证的。他的工业的未来是第二位的，而且主要表现出负面的特征。在他作为商人的能力中，他并非创造性地参与到完美的机器过程的运行中去，并不是把手上掌握的资源转而用于新的或者更好的用途。这是那些设计机器过程、受到机器过程启发的人的工作。在商人发现了机会，作出必需的商业安排，给予预期的工业进步产生效果所必需的普遍决断权之前，工业中的人们必须率先为这样的新的、更有效的方法和关系创造机器方面的可能性。工业中的一种最初的实用性与有效实现一种特定的统一之间的阶段，也就是商人据以阻碍技术进步的那个时段。
>
> * * *
>
> 只要相关的工业部门处于不同的商业安排之下，就这种情况而言，它们就有着相互交叉的目的，而且商业的统一就通过把金钱因素从这个体系的空隙中尽可能地消除掉，解决了工业体系难以预料的特性。工业体系对这种空隙的调整，一般来说是通过收回敌对的商人的决断权，在很大程度上摒弃先前的金钱管理所涉及的工作，因此保留了一定的金钱作用，避免了系统性的相互妨碍，这正是工业中的竞争性安排的特征。对社会整体而言，金钱管理的作用对于多数人来说其有用性是较小的。工业巨头的英雄角色就是分派多余的商业安排。这就是主要的商人把其他商人驱赶出去。
>
> * * *
>
> 但机器过程的原则去除了企业的精神基础和制度基础；机器工业与企业的持续发

CPSP 模型

CPSP 模型由两个基本部分组成：实际履行生产与分配职能的产业，以及集中计划核心（Central Planning Core，CPC）。从教学法的角度来说，对 CPC 的结构与功能特征的解释，将放在对生产与分配这个组成成分的结构与功能特征的解释之后。

生产与分配产业

在 CPSP 中，有两类不同但又相互依赖的计划工具：(1)正式的和/或合法的约束性计划工具（binding planning instrument）；(2)非正式的和/或有影响力的计划工具（influential planning instrument）。在这两个主要类别中，还有很多子类，我们对每一子类都将简单加以讨论。在第一大类中有三种基本的计划工具：股票、董事会和债务。

股票。股票在 CPSP 中发挥着两种不同的作用：在形成一种导向集中经济计划的有组织的结构时，它们是重要的黏合元素之一，它也可以被用做一种功能上的计划工具，以导向组织和协调不同产业的公司内部、两家公司之间以及更多公司中间的生产和分配活动。在这里，结构这个词既是指某一特定产业内部的公司数量，又指的是

展是不相容的；从长期来看，它不可能与机器过程和睦相处。因此，在对抗机器过程的文化效应时，商业的原则在长期是不能取胜的；因为对机器体系的一种有效的破坏或者抑制，会逐渐把企业推向死路；而随着机器体系的自由发展，商业原则最终将会失效。

这些引语出自凡勃伦《企业论》(纽约：Charles Scribner & Sons，1904 年；新泽西克利夫顿奥古斯塔斯 N. 凯利出版公司 1975 年重印)，第 1 页，第 16—17 页，第 27—45 页，第 48—49 页，第 374 页。

存在于两个公司之间和多个公司中间的各种技术的、金融的和行政的内部联锁关系。此外，也许从一个 CPSP 角度来看更加重要的，是同样存在于两个产业之间和多个产业中间的相互间联锁关系。

表 1　对股票的描述，它在形成一种导向经济计划的有组织的结构中是一个重要的内部联锁的黏合元素，所选择的产业和公司截止到 1978 年 1 月 1 日

产业与公司	集中率(%)	CPC持有的最小股票数量(%)	是否要求或允许累积投票制
1.商用飞机发动机	90—95		
通用电气公司		9.3	否
联合科技集团公司		9.2	是
2.商用飞机	90—95		
波音公司		10.4	是
麦道集团公司		4.5	是
3.商业空运	30—40		
美国联合航空公司		13.5	是
美国航空公司		10.5	否
美国东方航空公司		4.7	否
4.航空燃料	60—70		
埃克森公司		10.4	否
美孚石油公司		11.2	否
标准石油公司(加利福尼亚)		8.3	否
标准石油公司(印第安纳)		16.6	是
大西洋里奇菲尔德公司		13.0	是

资料来源：证券和交易委员会，表 13F。

表 1 表明了股票作为结构性计划工具的重要性何在。如表 1 所

示：两个公司（通用电气公司和联合科技公司）生产了所有商用飞机发动机的90%—95%。它们向另外两家公司出售发动机（波音公司和麦道公司），这两家公司进而生产了90%—95%的商用飞机。麦道公司和波音公司把很多喷气式飞机卖给美国联合航空公司、美国航空公司以及美国东方航空公司，这些公司在所有商业运输中占了30%—40%的比例。

五家大公司（埃克森、美孚、加利福尼亚标准石油、印第安纳标准石油以及大西洋里奇菲尔德公司）在所有航空燃料生产中占了50%—70%。以上提到的12家公司中，CPC控制了7家公司10%以上的普通股，并且控制其他5家公司普通股的最低比例分别为9.3%、9.2%、8.3%、4.7%和4.5%。12家公司中的6家有累积投票程序。表1中的三个关键结构性特点是：每个产业中的公司数量都很少；由于相互买卖，这四个产业在技术上和财务上都是相互依赖的；在每个产业的每个公司，CPC都控制着大量的股份。

这些结构关系似乎表明了每个产业的生产活动之间有一种极大的相互依存。一方面，存在着一种有形的和/或技术上的相互依赖，从生产的实际数量和对型号、重量、冶金规格等必要的标准要求来看都是如此。例如，商用飞机发动机产业的工程师和技术人员，必须与商用飞机产业中的对应人员密切合作，以开发和生产新一代的运输机。接着，航空燃料的类型和数量直接取决于飞机和飞机发动机的各种类型和数量。另一方面，还存在着一种非常明显的货币方面的相互依赖，因为每个产业中的每个公司的定价和利润积累也是互相依赖的。例如，商用飞机产业的利润，部分地是由商业空运产业购买它们的飞机所支付的价格决定的。此外，它们的利润的大小也取决于它们购买发动机所发生的成本。

从纯逻辑的角度来说，对这些技术上和财务上的相互依赖关系的清醒认识，似乎足以说明在这四个产业的公司之间协调生产与分配活动所带来的经济利益，即便这种协调不是完全必需的。那么，简单地说，这里出现的就是比如石油产业中已经存在的那种纵向一体化形式（飞机发动机、飞机、空运以及航空燃料），在石油产业中，主要的公司拥有油田、管道、炼油厂以及汽油分配站。

除了发挥上述这种结构性的计划工具的作用之外，股票还发挥着一种重要的功能性作用。比如，大宗买卖一个公司的股票的能力，将 CPC 摆在了一个对公司管理领导者具有强大影响力的位置上，这种影响力可以软硬兼施。举例来说，为了劝说一个拒不服从的管理团队对某个计划进行合作，CPC 可以低价卖出该公司的股票。我们必须记住，“少数股票控制权”（5%—10%）通常意味着所控制的股份是以数千万计，其价值即便不是数十亿美元，也是数亿美元。为了避免竭力应付经济战，公司管理层对即便是一个大股东少量抛售公司股票也总是很敏感的，这有几个很好的理由：(1)如果公司的股价下跌，就表明公司运行不佳。(2)这进而对公司的整个公共关系产生负面效应，这会对其业务产生负面效应。(3)公司股票价值的下跌，破坏了重要职员持有的股票期权的价值，因为这可能导致公司股价跌到赠与股票期权时的价格之下。(4)不利的商业环境也会使公司更难筹集资本。①

另一方面，作为嘉奖，CPC 会购买公司的股票，这与卖出股票的效果正好相反；也就是说，该公司的股价会开始上涨，股票期权会变得更有价值，公众会开始购买该公司的股票，并且，随着公司形象变得更好，公司管理层可以通过借贷和/或发行股票来筹集到更多的资

---

① 见美国国会议员关于国内金融分委员会、银行与通货委员会的报告：《商业银行及其信托活动》（*Commercial Banks and Their Trust Activities*），第 90 届国会第 2 届会议，1968 年 7 月 8 日，第 2 页。

本。这给我们带来了最重要的工具：即像CPC这样的一个紧密结合的集体让购买股票的普通公众去买卖股票的能力，进而可以致使资本从一家公司大量转移到另一家公司，从一个产业转移到另一个产业，这是通过CPC机动运用买卖股票的能力去强化或者贬损一家公司的形象来实现的。综上所述，股票工具对于实现合作和妥协，对于实现必需的资本配置以贯彻商定的计划策略，是一种重要的功能性计划工具。

董事会。美国公司的"管理层"或者领导团队，是由公司董事会和公司高级职员构成的。1978年，商业圆桌会议（美国最有声望、最权威的商业组织之一）发布了一份关于董事职责的报告，其中一部分说道：

最高董事会的职责是选择首席执行官以及他的主要管理同伴，这是大家都了解的。它的一个必然职能是调换不能履行其职责的经理，包括首席执行官。……董事会在企业的财务绩效中发挥着重要作用，承担着重要责任；……关注的重点应该是确保董事会优先考虑公司资源在一段时间内的任何主要用途这样一个体系。通常，这些公司资源配置的决策将体现在公司的"战略计划"中，董事对这些计划的考虑应该是制订战略计划过程中的一个不可缺少的部分。传统上确立的程序要求董事会核准重要的资本投资——包括建造工厂、购买设备，或者购入土地。……此外，这些投资预算或者计划必须在一个更加全面的计划中进行评价，这个全面的计划考虑的是预期的现金流，以及整个公司的财务能力。……所有这些考虑表明，起支配作用的观念是公司的资源配置（制订战略计划）；而且，一个董事会应该为它自身的持续性、退休董事的继任者以及新董事会成员的任命进行计划。[①]

其实，许多美国大公司的高级主管和董事对他们认为自己最重要的职能曾提供了明确的看法，即：(1)选择公司管理团队——它的高级职员——和公司董事；(2)确立公司基本目标和董事会政策，使其"成为制订战略计划过程的一个不可缺少的部分"。

在董事会制订了公司战略计划之后，公司的"业务"管理层——它的高级职员——就有责任在执行过程中引导日常经营活动。再次引用商务圆桌会议的报告来说："除非业务管理层在日常公司事务中发挥了必不可少的作用，否则董事会是发挥不了什么作用的。……但是，尽管其作用很重要，但业务管理层并非保持一种独立的关系。……业务管理层的职权和合法性都来自董事会。"一般来说，一家公司的5到6个职位最高的业务官员也是公司董事会的成员。有业务高级职员积极参与到公司"制订战略计划"的过程中，可以使分歧最小化，更能确保公司管理层作为一个平稳有效的团队开展业务。这样，公司董事会通常就是由"内部人"——公司高级业务骨干成员——和"外部人"——大部分来自其他公司的高级经营主管——构成的。过去几十年的趋势一直是"外部人"占据的董事职位的比例不断提高。进而，随着外部董事数量的增加，各公司和产业之间的联锁董事会的数量也在增加。这使我们可以根据CPSP来考虑董事会。

在CPSP内部，董事会发挥着两个不同而又互相依赖的结构和功能上的作用。就像普通股一样，它们在形成导向CPSP的组织化结构中，是重要的黏合元素之一，而且也可以把它们看做一种功能性

① 见《大型公有公司董事会的作用和构成》(*The Role and Composition of the Board of Directors of the Large Publicly Owned Corporations*)(纽约：商业圆桌会议，1978年1月)，第9—11页。

的计划工具。如表2所示，从结构的角度来看，通用电气公司和联合科技公司是间接内部联锁的，因为它们同处一个产业，而且这两者都有董事是CPC的董事。具体来说，通用电气公司董事会的7名董事（35%）和联合科技公司的2名董事会成员（包括其CEO）都是CPC董事会的成员。此外，因为波音公司的2名董事也是CPC的董事，所以这两个产业（商用飞机发动机和商用飞机）之间是间接相互联锁的。这样，“董事会间接内部联锁”（Indirect BOD Intralock）这个术语所指的，就是有间接董事会联系的特定产业内部的公司，而“董事会间接相互联锁”（Indirect BOD Interlock）这个术语，指的就是有间接董事会联系的不同产业中的公司。

举例说明如下：

商用飞机发动机产业

通用电气——“X”是通用电气公司董事会的一名董事

联合科技——“Y”是联合科技公司董事会的一名董事

花旗集团——“X”和“Y”都是花旗集团董事会的董事。

因此，通用电气公司和联合科技公司通过花旗集团而有了一种“董事会间接内部联锁”。

商用飞机产业

波音公司“N”是波音公司董事会的一名董事

商业空运业

美国联合航空公司——“O”是美国联合航空公司董事会的一名董事

花旗集团——“N”和“O”都是花旗集团董事会的董事。

表 2 描述普通股和董事会如何会是形成导向经济计划的有组织的结构中重要的黏合元素，所选择的产业和公司截止到 1978 年 1 月 1 日

产业和公司	集中率	CPC持有的最小股票数量	与CPC的董事会直接相互联锁的数量和百分比		与CPC的董事职位间接相互联锁(IDI)和组织关系间接相互联锁(III)的数量
	百分比	百分比	数量[a]	百分比[b]	IDI-III[a]
1. 商用飞机发动机	90—95				
通用电气公司		9.3	7	35	34—8
联合科技集团公司		9.2	2*	14	20—4
2. 商用飞机	90—95				
波音公司		10.4	2	18	15—3
麦道公司		4.5	0	0	3—1
3. 商业空运	30—40				
美国联合航空公司		13.5	3*	18	27—6

（续表）

美国航空公司		10.5	3	18	49—7
美国东方航空公司		4.7	2	12	30—7
4. 航空燃料	60—70				
埃克森		10.4	7*	41	24—5
美孚		11.2	4*	21	54—11
标准石油（加州）		8.3	3*	21	21—4
标准石油（印第安纳）		16.6	4*	22	20—4
大西洋里奇菲尔德公司		13.0	5*	33	44—10

资料来源：《穆迪银行和金融年报》（纽约：穆迪投资者服务部，1979 年），《穆迪产业年报，1979 年》，《穆迪运输业年报，1979 年》，证券和交易委员会，表 13F。

a：这些数据并不表示各种公司与 CPC 之间在人员上的相互联锁。它们表示的仅仅是董事会的相互联锁。

b：这些数据表示董事会与 CPC 直接相互联锁的公司的百分比。

*：任命一家公司的首席执行官。几乎在所有情况下，一家公司的 CEO 也是其董事会的成员，并且往往占据董事会主席职位。因此，联合科技公司和波音公司的 CEO，以及所有 5 家能源公司的 CEO，都是 CPC 的成员。

因此，波音公司和美国联合航空公司通过花旗集团而有了一种“董事会间接相互联锁”。

这些类型的董事会间接内部联锁和相互联锁关系的存在，是建立在每家公司都与 CPC 有着直接的董事会相互联锁这一条件上的。比如，如表 2 所示，埃克森公司董事会的 7 名成员也是 CPC 的董事。将表 2 中所有 12 家公司作为一个整体来看，则有 42 人与 CPC 有“董事会直接相互联锁”。除了这三种类型的联锁关系之外——董事会直接相互联锁、董事会间接内部联锁、董事会间接相互联锁——还有第四种联锁关系——董事职位间接相互联锁（Indirect Directorship Interlock, IDI）。例如，假设通用电气公司董事会的两名成员也是纽约的电力公司爱迪生联合公司（Consolidated Edison, Con-Ed）的董事。另外假设花旗集团的两名董事也是爱迪生联合公司的董事。这就被称为通用电气公司和花旗集团之间的董事职位间接相互联锁。在这个特殊的例子中，总共有 4 个董事职位是相互联锁的——两个来自花旗集团，两个来自通用电气。描述如下：

花旗集团——“A”和“B”是花旗集团董事会的董事

通用电气——“C”和“D”是通用电气董事会的董事

爱迪生联合公司——“A”、“B”、“C”和“D”是爱迪生联合公司董事会的董事。

所以，花旗集团和通用电气就通过爱迪生联合公司有了 4 个董事职位间接相互联锁。

另外，这 4 个 IDI 都是通过一个机构的间接相互联锁（Indirect Institutional Interlock, III）而出现的；也就是说，这 4 个董事职位是在爱迪生联合公司这一个机构中相互联锁的。通过了解这些 IDI 的绝对数，把这些 IDI 数据以发生的 III 的数量联系起来，就可以计算两个重要的统计数字。比如以通用电气公司为例，并且知道 III

的数量以及董事会每年大约召开 12 次会议,我们就可以根据表 2 的数据计算出,来自通用电气公司的董事每年与 CPC 的董事大约会面 96 次(8 个 III 乘以每年的 12 次董事会会议),这正是通过 III 发生的。此外,用 IDI 的绝对数除以 III 的数量,我们可以计算出每次会议大约涉及 4.25 个董事职位(34 个 IDI 除以 8 个 III)。这样,我们也就知道了通用电气公司与 CPC 之间每年的 96 次会议中,每次都有大约 4.25 个董事职位的相互联锁。每次会议上的 IDI 数,意味着在任何特定会议上信息交换的多样性和强度,而每年的会议数更多地意味着一段时期内信息共享的多样性和强度。

逐一分析了表 2 中的公司和产业之间的这五种基本管理关系——(1)董事会直接相互联锁;(2)董事会间接内部联锁;(3)董事会间接相互联锁;(4)董事职位间接相互联锁;以及(5)机构间接相互联锁——我们发现,从管理的角度来说,所有 12 个机构都通过 CPC 而产生了非常稳固的结构上的互联。举个例子来说,只是通过 IDI 的联系,平均来看,来自表 2 中 12 个公司的董事每年要与 CPC 的董事大约会见 72 次。

最后的一点评论是关于表 2 中的某些数据。带星号(*)的数据表示该公司的 CEO 同时也是 CPC 的董事。表中 12 家公司有 7 名 CEO 也是 CPC 的董事。

综上所述,从纯结构的角度来看,我们现在拥有的很多产业(每一个产业都由少数公司控制)从技术上和财务上来看,在生产、价格和利润上都是相互依赖的;它们靠 CPC 对大宗股票的控制,以及靠内部联锁和相互联锁的管理关系这样一个错综复杂的体系,通过 CPC 而产生了相互联锁关系。

在我们讨论最后一种正式的和/或合法的约束性计划工具(公司债务工具)之前,我们要简要评论一下董事会层面上对作为功能性计划工具的内部联锁和相互联锁管理关系的运用。

要对一个复杂的工业社会中各种公司和产业的生产和分配进行组织和协调，需要有一个高度发达的、稳定的、有效的信息处理系统。在这一点上，董事会这个计划工具履行着两种不同而又相互依赖的职能。第一，内部联锁和相互联锁的董事会关系这个名副其实的迷宫，允许——或者更确切地说，是指引着——公司和产业之间的信息保持流动。指引这个词在这里的语境下显然是不够强有力的，除非有人假设公司不会定期召开董事会，并且再进一步假设在召开董事会的时候，成员们相互之间闭口不谈业务问题。尤其是在考虑到这些公司机构之间存在的各种结构上的相互依赖的情况下，更可信、更明显的假设是，公司的以及作出集体决策的态度和习惯，会很自然地演变成为最有效、最实际、最有益的运行模式。

第二，由于每个产业都由 CPC 所代表，所以 CPC 就成为与所有产业有关的信息的一个焦点。作为比如埃克森公司的一名董事，并不会提供凭借 CPC 的董事这一身份所接收到的那种多样、密集的信息，或者那种类型的信息。作为 CPC 的一名董事，可以让人得到广泛的数据和信息——在其他地方得不到的数据和信息。这样，从功能的角度来看，在结构上对内部联锁和相互联锁的管理关系的安排，使得 CPC 成为了 CPSP 过程的焦点。

从多少有些不同的角度来说，一个 CPC 董事的位置对于发展一种整体的或者宏观的经济视角是独一无二的。进而，一个结合在一起的具有宏观经济视角的群体的存在，就可以发挥它的职能，比如为了创造无论从最优工厂规模还是最优公司数目来说都是在技术上最有效率的产业，推动涉及兼并和收购的计划的制订（这是一个产业内计划的例子）。这样的一个结合起来的群体，也可以推动和计划那些产品生产、价格、成本和利润方面都在技术上和财务上相互依赖的产业之间的技术信息的共享——也就是当结合在一起时就能成为一种最终产品的各个组成部分的生产和整合所必需的技术信息的一种共享，就像喷气式飞机发动机、喷气式飞机、轮胎和管道、飞机燃料等等产品那样（这是产业间计划的一个典型例子）。

债务。在法律上，一家公司除了保留所得或者利润以外，还有两种可自由支配的合法机制来从各种渠道获取资金。第一种，公司可以卖出股票。第二种，公司可以通过发行债券来借款。这些借来的钱，或者债券，通常被称为借入资本（debt capital）。在特定情况下，一家公司的主要债权人也有合法权利参与公司管理层团队的选择，但在法律上没有分享公司利润的权利。相反，债权人对公司的投资会得到一个商定的固定利息。当公司通过发行长期债券来筹集资金时，通常分别涉及三份法律契约——债券本身、债券发行契约以及受托人协议。债券凭证是公司和投资者或者债权人之间的首要契约。

债券发行契约是一份附加的或者补充性的合同（通常长达几百页），详细说明了公司和债权人的权利和义务。按惯例，债券发行契约应包括以下几项：(1)对债券凭证中的一般信息的重述；(2)对公司用来担保或者保证借款的财产的详细描述；(3)对公司保留用来抵押借款的财产的义务的详细陈述，例如支付税费，更换陈旧设备，进行适时的和必要的维修，以及保留折旧所需的足够准备金；(4)对限制性惯例的详细陈述，比如限制股东红利的数量和/或要求保留特定数量的运行资本，限制公司在没有得到优先债权人同意的情况下进行额外投资的能力，限制公司在没有得到优先债权人同意的情况下抛售资产的能力，以及限制公司在没有得到优先债权人同意的情况下进一步举债的能力；(5)对公司违约的情况下，持有公司一定比例（例如 60%）的未清偿债券的债权人的权利的详细陈述，包括宣告公司应偿付的所有债务，以及在一定时间内（比如 30 天）应予支付，选定在下一次股东大会上公司董事会一定比例的人选(比如 35%);(6)对债券开始向公众发行之后,"受托人"的义务和责任的详细陈述。

就像股票一样,当债券向公众销售以后,债券持有人的数量就非常众多,散布于各个地方。为了保护这些债券持有人的合法权利,法律要求公开发行债券的公司指定一个受托人,以代表债券持有人的利益。我们将在下一节更充分地讨论受托人的作用。这里提到的内容只是为了说明长期债务的发行所固有的三重法律结构——债券、债券发行契约和受托人协议。

以上列出的第(4)和第(5)点限制和约束,虽然非常典型,但却是对传统上被视为只属于管理层的特权的严重侵犯。

在分析作为一种结构性和功能性的计划工具的公司债务的作用之前,我们插入一小段关于这里用到的债务统计的内容。按惯例,并不要求公司以任何系统的方式公布其借款的来源。此外,也不要求商业借贷的债权人系统地公布与他们的债务人有关的信息——最大的一个例外是民用航空委员会(CAB)要求航空公司每年报告其债务的主要持有人。因此,除了商业空运产业的公司之外,对债务的统计有很大一部分是粗略的估计,而且必须依此来理解。不过,即便没有对来自 CAB 报告中的数据进行的必要推断,以及从各种政府研究中搜集的零散数据,这里的统计显然也是值得注意的。

如表 3 所示,截至 1978 年 1 月 1 日,CPC 持有美国联合航空公司 5.1%的债务,持有美国航空公司 70.1%的债务,持有美国东方航空公司 42.2%的债务。此外,CPC 至少还持有波音公司 53.5%的债务和大西洋里奇菲尔德公司 24.9%的债务。一个符合逻辑的假设是,对于表中的其他有类似数据的公司来说,这些数据也是适用的。简单地说,从 CPC 宏观的或者整体的视角来看,对于从结构上将这些公司和产业结合到一个统一的生产和分配体系中来说,债务

表 3 描述普通股、董事会和公司债务如何会是形成导向 CPSP 的有组织的结构中重要的黏合元素，所选择的产业和公司截止到 1978 年 1 月 1 日

	集中率	CPC持有的最小股票数量	与CPC的董事会直接相互联锁、董事职位间接相互联锁(IDI)、机构间接相互联锁(III)的数量		CPC持有的未清偿债务最小数量[a]
			数量		
产业和公司	百分比	百分比	直接	IDI-III	百分比
1. 商用飞机发动机	90—95				
通用电气公司		9.3	7	34—8	11.6
联合科技集团公司		9.2	2*	20—4	6.4
2. 商用飞机	90—95				
波音公司		10.4	2	15—3	53.5
麦道公司		4.5	0	3—1	6.7
3. 商业空运	30—40				
美国联合航空公司		13.5	3*	27—6	51.5

（续表）

美国航空公司		10.5	3	49—7	70.1
美国东方航空公司		4.7	2	30—7	42.4
4. 航空燃料	60—70				
埃克森		10.4	7*	24—5	5.0
美孚		11.2	4*	54—11	14.2
标准石油（加州）		8.3	3*	21—4	6.5
标准石油（印第安纳）		16.6	4*	20—4	1.0
大西洋里奇菲尔德公司		13.0	5*	44—10	24.9

资料来源：穆迪公司的各种年报，证券和交易委员会表 13F，以及民用航空委员会的"截至 1977 年 12 月 31 日主要持有人持有的航空公司债务（长期和短期债务）"。

a：按惯例，并不要求公司公布其借款来源。一个重要例外是民用航空委员会（CAB）要求航空公司每年报告其债务的主要持有人。因此，除了商业空运产业的公司之外，对债务的统计有很大一部分是粗略的估计。

工具也是一个重要的黏合元素。

当然，债务也可以被用做一种重要的功能性计划工具。一家公司的主要债权人通常有权几乎自动地得到公司的战略性计划文件。如前所述，主要债权人的这种获得内部信息的权利，通常是根据写入债券发行契约的条款而得到保证的。进而，得到比如说关于发现新型原材料（铅、锌、石油等等）矿藏，开发一种新药物，或者制造工序中的技术突破的内部信息，对于发展完备的、长期的计划战略是非常有用的，这些战略将协调经济中的债务和股本的分布，把关键人员安排在重要位置上，协调产业内和产业间的扩大或收缩的计划，鼓励或者不鼓励收购和/或兼并。

很多人强调的观念是，商业精英在解决共同的经济问题时，他们之间的合作与协调的习惯，是源于经济上的相互依赖这一经济的基本结构性特征的最自然的、演化的结果。然而，在任何一种形式的集中经济计划中，为了达成共识或者得到一种解决某一特定问题的统一方法，一定程度的强迫也许是必需的。就像下面的引文表明的那样，公司债务有时就可以被用做很好的一种强迫工具：

> 今年早些时候的一次参议院听证会被告知，莫霍克航空公司（Mohawk Airlines）由于无力增加其借款量而被迫与阿勒格尼（Allegheny）公司合并。大通公司告诉莫霍克，除非航空公司得到新资本来购买新飞机，否则它就要要求偿还债务。莫霍克能找到资金的唯一地方就是阿勒格尼公司。
>
> 一个为航空业辩护的消费者鲁本·B. 罗伯特森三世（Reuben B. Robertson，Ⅲ）说到，尽管许多婚姻是在天堂里举行的，但这一桩却是在大通公司的地下保险库里举行。虽然股东利益

大大受损,但大通公司和参与兼并的其他各方却未受损害。[①]

莫霍克航空公司与阿勒格尼航空公司的合并发生在 1972 年 4 月 12 日。那些支持合并的人指出的是,效率的提高往往伴随着大规模的业务,进而可能带来一种更有效率的"竞争企业"。但是对于 CPSP 来说,关键的一点不在于这种合并在经济上是否合理,而在于合并是因为债权人可以施加给他们的债务人的影响而发生的。简言之,在 CPSP 的背景下,公司债务工具是一种关键的功能性组成部分,而且经常如此运用。

当我们同时将注意力放在表 3 所示的模型的所有结构性与功能性特征上的时候(也就是说,每个产业都只有少数公司;在成本、价格和利润上存在财务方面的相互依赖;在技术融合与产出数量上存在物质上的互相依赖;以及通过 CPC 创造了在股票、债务和董事会方面的很多内部联锁和相互联锁的相互依赖关系),亚当·斯密的看不见的手和与个人无关的市场力量,也许对于某些人而言,就在其中遭到了一种相当剧烈的改变。在任何情况下,这带给我们的都是一种非正式的和/或有影响力的计划工具。

要解释所有的非正式计划工具,这本身就需要大量的研究——它们加起来有几百个。[②] 这里只讨论三个——受托人、转让代理人

---

① "洛克菲勒家族的财产遍布每一个经济领域",载《华盛顿邮报》,1974 年 9 月 13 日,第 A5 页。

② 经营公司业务的银行提供给公司的服务的部分清单,揭示了信息渠道的一种真正的大杂烩——那些长期提供以进一步强化和补充计划过程的其他方面的信息渠道。戴维·莱因斯多夫(David Leinsdorf)和唐纳德·埃特拉(Donald Etra)在他们的《花旗银行》(*Citibank*)(纽约:Grossman,1973 年)一书中,提供了大部分经营公司业务的银行提供给公司的常规服务的如下清单:

股票融资策略;通过收集票据、保兑汇票、承兑、息票、股息单、押汇汇票和光票等

(transfer agent)和股票登记人(stock registrar)。之所以选择这三个工具，主要是因为便于获得用于比较的统计数据，也因为那些与这些特定功能有关的股票交易和/或法律要求，尤其是受托人的作用与实际的计划过程是最为具体相关的。

受 托 人

公司每次发行债券，无论在哪里向公众销售，都要提交审核。除非债券发行契约专门指定了一个受托人，否则证券交易委员会不会批准发行债券。受托人可以是个人、另一家公司或者是商业银行的信托部门。这个程序是由 1939 年的信用契约条例通过法律的形式授权的。每份债券发行契约必须详细说明受托人的义务和责任。这些义务通常包括：向债券持有者个人提供年报，解释借款协议的状况；在违约时通知债券持有人，并在任何没收抵押品的程序中代表他

等，安排汇票的提交和清算；购买商业票据和银行对顾客的承兑票据；在重组和兼并中充当证券交易代理人；收取即期债券息票和远期债券；发布信贷信息；通过邮件、电报和电话转移资金；与货运代理商一起帮助顾客向消费者交货；充当第三方托管人；做老资格的代收人和应收账款保险；购买有条件出售的契约、动产抵押和租约；处理和接收货运单；为公司向顾客发放债券利息和本金；维护债券持有人的分类账；作为登记人审计和签署股票凭证；提供保险箱；记录和交付股票凭证；维护股东名录和分类账；准备和邮寄现金和股息；准备会议和邮寄代理权证；协助股东会议和向股东邮寄报告；为股东准备、颁发和转寄认股权证；购买和借出应收账款；报告货币市场情况和发放存款单；充当公司证券的受托人；转移和递交股票；充当来自公司制造特许税和雇员代扣所得税的公款的存放处；开出商业和旅行信用证；为对外贸易和银行业务提供建议；通过海外分支机构接收存款和发放贷款；提供全面的工资服务；为资本投资者和有兼并意图的公司充当票据交易所；指导现金流研究；最后，为公司寻求另外的资本来源提供全面的金融计划顾问和介绍(第 77—78 页)。

通过向公司提供所有这些服务，必然会对公司有更深入的了解。在过去几十年来显而易见的是，这些额外的工作关系将进一步强化已有的密切关系，这些关系是董事会、股票和债务上的内部联锁和相互联锁关系的结果。

们的利益；对债券持有者个人之间的争议进行仲裁；确认每一份所发行的债券凭证都有债券发行契约的保障；以及总体上保证发行债券的公司遵守债券发行契约中的条款，迅速采取措施纠正公司的任何不正当行为，包括把这些不正当行为告知债券持有人。简言之，受托人要像是整个债券发行的唯一所有权人一样，承担保护和强化债券所有者个人(或许是数千万债券所有人)的权利的所有责任。为了履行这些责任，受托人必须相当了解债务公司的经济条件。这进而就要求债券发行契约中要规定向受托人提供与债务公司面对面的足够权利和权力。尽管受托人是债券持有人的合法代表，但却是由债务公司指定的，并向其支付报酬。受托人必须是为每一次单独的债券发行而制定。如表 4 所示，截至 1978 年 1 月 1 日，通用电气公司有 8 笔未清偿的债券，CPC 则是发行的 8 笔债券中的 7 笔的受托人。另一方面，联合技术公司有 5 笔未清偿债券；CPC 充当了其中 4 笔的受托人。总的来看，表 4 中列出的这 12 家公司共有 54 笔未清偿债券，CPC 充当了其中 35 笔的受托人。

表 4 描述受托人、转让代理人和股票登记人如何会是形成导向经济计划的有组织的结构中重要的黏合元素，所选择的产业和公司截止到 1978 年 1 月 1 日

	受托人(TR)		转让代理人(TA)		股票登记人(R)	
产业和公司	债券发行总数	CPC充当TR	总数	CPC充当TA	总数	CPC充当R
1. 商用飞机发动机						
通用电气公司	8	7	2	0	2	1
联合科技集团公司	5	5	2	1	1	1
2. 商用飞机						
波音公司	NA[a]		1	0	1	0

（续表）

麦道公司	2	2	2	1	2	1
3. 商业空运						
美国联合航空公司	4	3	3	2	3	0
美国航空公司	5	2	2	0	2	0
美国东方航空公司	3	1	1	1	1	1
4. 航空燃料						
埃克森	2	2	4	2	4	2
美孚	3	2	4	2	4	2
标准石油（加州）	4	0	CO[b]		1	0
标准石油（印第安纳）	8	7	3	2	3	2
大西洋里奇菲尔德公司	10	6	3	1	3	1

资料来源：穆迪公司的各种年报，1979 年。

a：NA＝缺数据

b：CO＝标准石油（加州）公司充当它自己的转让代理人。

通过充当公司世界中债务责任的主要受托人，CPC 获得了另一个有价值的信息处理系统——这是一个产业内和产业间结构中的系统，从而进一步加强了结构上的关系——以及另一个有价值的功能性工具，一个对 CPC 的组织和协调能力同样增加了更大的灵活性的工具。

转让代理人和股票登记人

同样如表 4 所示，CPC 也非常积极地充当转让代理人和股票登记人。在纽约股票交易所，每天买卖的公司股票数以千万。任何要在股票交易所交易股票的公司,交易所都要求它们有一个转让代理人和一个股票登记人。转让代理人可以是公司自身,但通常都是一家大商业银行的信托部门。交易所还要求转让代理人和股票登记人必须位于纽约金融区。转让代理人的基本责任是:保存一家公司现有的股东和登记的债券持有者的最新资料——姓名、地址、社会保障号以及持有的股票或债券凭证的数量;撤销以前的所有者的股票或债券凭证,向新所有者发放新凭证;代付股息或债券利息;为董事大会分发年报、代理申请和各种通知。股票登记人的基本职责是:在发行新股方面,要证明发行的股份数量没有超过批准发行的数量,做法是将批准发行的股票数量与股票凭证所代表的股票数量进行比较,对每一份新股票凭证进行注册、登记和签字;在公司已经发行的股票方面,要检查转让代理人在股票买卖时所做的工作,做法是证明转让代理人在发放给买家每一份股票凭证的同时都取消了数量相同的股票凭证,以及确认转让代理人发放的所有股票凭证。

这样,股票登记人就对转让代理人的工作提供了一种检查。一方面,转让代理人和股票登记人的工作可能被看做纯粹是一种常规处理程序。另一方面,也许有人会注意到这样的事实,即转让代理人先于任何其他个人或者公司实体,知道是谁在任何特定时候实际上拥有一家公司。转让代理人获得这些信息,甚至先于其股票正在买卖的公司知道它的新股东是谁。实质上,转让代理人占据着最有利的位置,获得可能试图收购的公司的信息。当一家公司开始大量买卖股票时,转让代理人最先知道谁是主要参与者。

然而,这些服务对于非正式的和/或有影响力的计划工具的重要性,并不是说 CPC 对各个公司提供任何个别的服务。CPC 所提供的这种服务的范围,实际上超出了这里讨论的三个方面。重要的是这些服务对总体产生了影响,以及对正式的和/或合法的约束性计划工具产生了影响。

集中计划核心(CPC)

本文讨论的CPC由7家银行、4家保险公司以及1家混业经营的金融机构组成(见表5)。截至1978年1月,CPC大约有4 100亿美元资产,2 300亿美元预付保险费,而且7家银行的信托部门控制着大约1 000亿美元的信托资产。这些机构中有9家的总部设在纽约市,一家设在纽瓦克(Newark),两家设在芝加哥。在所有美国银行中,花旗集团的资产排名第二,大通公司排名第三,汉华实业银行(Manufacturers Hanover)排名第四,J. P. 摩根公司排名第五,纽约化工公司(Chemical New York)排名第六,伊利诺斯大陆公司(Continental Illinois)排名第七,芝加哥第一国民银行(First Chicago)排名第九。在所有美国保险公司中,宝德信保险公司(Prudential)、大都会人寿保险公司(Metropolitan)、公平人寿保险公司和纽约人寿保险公司在资产上分别排在第一、第二、第三和第四位。最后,在美国混业经营的金融机构中,大陆公司(Continental Corporation)在资产上排名第十。我们现在来考察把这些机构结合成一个团结而稳固的结构和功能单位的那些黏合因素。

董事会在核心内部的直接相互联锁

CPC机构之间董事会和非董事会在核心内部的直接相互联锁见表6。一个典型的非董事会的机构相互联锁的例子是,一个核心机构的董事会成员有一个亲戚是另一家核心机构的高级业务管理层的成员。这必然会在这两个机构之间形成一种重要的核心内部的机构相互联锁,即便这不是一种董事会的相互联锁。另一个典型的例

表 5 产业、公司名称、排名、资产(预付保险费)、信托资产、总部和雇员人数(截至 1978 年 1 月 1 日)

产业和公司	排名[a]	资产(千美元)	存款/保费(千美元)	信托资产(千美元)	总部所在城市	雇员
A.银行						
1.花旗集团	2	77 112 434	55 651 250	24 542 985	纽约	47 200
2.大通公司	3	53 180 295	43 508 258	14 473 907	纽约	30 760
3.汉华实业银行	4	35 787 568	29 782 691	10 892 233	纽约	18 809
4.摩根公司	5	31 663 815	23 831 026	24 236 011	纽约	9 932
5.纽约化工公司	6	30 705 933	23 296 823	8 506 434	纽约	1 628
6.伊利诺斯大陆公司	7	25 800 280	18 753 785	7 312 683	芝加哥	10 132
7.芝加哥第一国民银行	9	22 613 959	17 054 104	8 813 377	芝加哥	8 586
B.保险公司						
8.宝德信保险公司	1	46 423 607	6 742 457		纽瓦克	61 863
9.大都会人寿	2	39 575 922	5 521 311		纽约	52 300
10.公平人寿保险	3	24 798 678	3 850 290		纽约	23 856
11.纽约人寿	4	15 848 213	2 194 734		纽约	19 744
12.大陆公司	10[b]	6 410 950	2 772 928		纽约	23 096
合计		409 921 654	232 959 657	98 777 630		322 563

资料来源:《财富》杂志,1979 年 7 月。

a:按资产和产业排名。比如花旗集团是美国第二大银行,而大都会人寿是第二大保险公司。

b:大陆公司通常被归为混业经营的金融机构,而不是归为保险公司。

子是，同一个人既是一家核心机构的董事会成员，同时又为另一家核心机构的比如说国际咨询委员会工作。

按平均数计算，每一家核心公司与别的核心机构有 5 个核心内部直接相互联锁（董事会和非董事会一起），以及 4 个董事会核心内部直接相互联锁。举例来说，纽约人寿公司有一名董事同时也是花旗集团的董事，有三名董事同时也是汉华实业银行（曼尼－汉尼公司(Manny-Hanny)）的董事，有一位董事同时也是摩根公司董事会的董事，最后，还有两名董事同时也是化工公司的董事。除此之外，与曼尼－汉尼公司董事会相互联锁的三名董事中的一名，是曼尼－汉尼公司的首席执行官，而纽约人寿公司的首席执行官则是 J.P. 摩根公司的董事。换句话说，每当纽约人寿公司召开董事会会议的时候，来自化工公司、摩根公司、曼尼－汉尼公司和花旗集团的董事都要出席会议。纽约人寿的董事会中共有来自 4 家银行的 7 名董事。相反，每当 J.P. 摩根公司召开董事会会议的时候，宝德信、大都会人寿、纽约人寿和大陆公司各有一名董事出席会议。这样，银行实际上与保险公司之间存在内部联锁，保险公司与银行也有内部联锁。值得注意的是，12 家公司中的 7 家的高层业务官员是其他核心结构的董事会成员。例如，大都会人寿和纽约人寿的首席执行官是大通公司的董事会成员。

仔细观察表 6，将揭示核心机构之间的内部联锁关系的许多不同模式。

董事职位间接相互联锁

与这些核心内部的直接相互联锁同样重要的，也许是 CPC 的主要结构特征之一，即在其他非核心机构的董事会里存在的 CPC 机构

表 6 核心内部的核心机构总数和个别统计分析,12 家核心金融机构之间的 BOD 直接相互联锁和非董事会直接机构相互联锁(II)(截至 1978 年 1 月)

相互联锁 产业和公司	联锁总数 II 和 BOD[a]	每一个核心机构之间的(董事会和非董事会)直接相互联锁 花旗	大通	汉华	摩根	化工	伊利诺斯大陆	芝加哥	宝德信	大都会	公平人寿	纽约人寿	大陆公司	联锁总数 BOD[b]
A. 银行														
1. 花旗集团	4									D,F	D	D		4
2. 大通公司	8					2A	A			D	2D		2D	5
3. 汉华实业银行	7*											2,D	3D,O	7*
4. 摩根公司	4								D	D		D	D	4
5. 纽约化工公司	8		2A						A	2D	A	2D		4
6. 伊利诺斯大陆	3		A							A	D			1
7. 芝加哥第一	0													0
B. 保险公司														
8. 宝德信保险	2				D	A								1

（续表）

9. 大都会人寿	7*	O,F	*		D	2D	A	6*
10. 公平人寿保险	5*	D	D,*			A	D	4*
11. 纽约人寿	7*	D		3D	*			7*
12. 大陆公司	7*		2D	3D,*	D			7*

资料来源：穆迪公司的《金融年报》，1979 年。

a：在"联锁总数 II 和 BOD"这一列中的联锁数，与"联锁总数 BOD"这一列中的数字可能不同，因为前一列中包含董事会与非董事会的相互联锁。例如，一个人可能是一个核心机构的董事会成员，又是另一个核心机构的国际咨询委员会的成员。这将形成一种机构联锁（II），而不是两个机构的董事会成员之间的联锁。另一个例子是，一个核心机构的董事会成员有一个亲戚是另一家核心机构的高级业务管理层成员，但不是董事会成员。

b：见 a。

符号：D＝董事会；O＝高级职员和董事会成员；*＝首席执行官和董事会成员；A＝机构相互联锁，但并非董事会相互联锁（见注释 a）；F＝家族董事会相互联锁——例如，父子分别是不同核心机构的董事会成员。符号之前有一个数字，比如"3D"、"2A"等，这表示所涉及的相互联锁关系类型的实际数量。

注意：要正确理解符号的话，阅读的时候要从左到右，然后从上到下。比如，大都会人寿公司的*（首席执行官）是大通公司的董事会成员。

之间的董事职位间接相互联锁(IDI),尤其是在 CPSP 背景下,这种联锁更加重要。澄清董事会直接内部联锁和董事职位间接相互联锁这两个概念的区别是很重要的。前者表示的是只存在于 CPC 机构中的一种联系,而后者表示的联锁关系存在于两家或者更多的 CPC 机构中,它们每一家都有一名或者更多的董事是第三家非核心机构的董事。对 IDI 举例说明如下:

大通银行——"X"和"Y"是大通公司的董事会成员

J.P.摩根——"M"、"N"和"D"是摩根公司的董事会成员

通用汽车——"X"、"Y"、"M"、"N"和"D"是通用汽车公司的董事会成员

因为这个例子是与事实相吻合的,所以当通用汽车公司召开董事会会议时,大通公司和摩根公司有 5 个董事职位是间接相互联锁的。重要的是要注意到,这 5 个董事职位的相互联锁恰好是发生在一个机构间接相互联锁(III)之中。如表 7 所示,大通和摩根另外有 9 个 III。而且,由于发生 III 的 10 家公司的每一家,每年大约要召开 12 次董事会会议,所以来自大通和摩根的董事每年将与对方一起开会大约 120 次——这正是通过 III 而发生的情况。这样,表 7 中的数据就清楚地表明了大通和摩根的董事共享的信息和责任的数量和多样性。①

表 7 中的数据还让我们可以计算出每个 III 中的 CPC 董事职位相互联锁的平均数量。例如,花旗集团与其他 11 家 CPC 机构共有134 个 IDI。进而,这 134 个 IDI 发生在 29 个 III 中。因此,平

① 这 12 家 CPC 机构总共有 263 名董事会成员。平均来看,在我即将出版的著作(见本文第 2 个脚注)的计划场景中包括的 138 家公司里,每个董事占据着 4 个董事职位。这意味着每个人每年要出席大约 50 次董事会会议。

表 7　发生在 12 家核心机构之间的董事职位间接相互联锁(IDI)和机构间接相互联锁(III)的总数和个别统计分析——非核心机构的公司内部(截至 1978 年 1 月[a])

产业和公司	联锁总数 IDI-III	花旗	大通	汉华	摩根	化工	伊利诺斯大陆	芝加哥	宝德信	大都会	衡平人寿	纽约人寿	大陆公司
A. 银行													
1. 花旗集团	134—29		11	11	14	14	4	3	8	5	2	2	4
2. 大通公司	129—30	11		13	10	10	6	6	4	6	1	7	4
3. 汉华实业银行	123—25	11	13		14	10	3	2	4	8	3	6	6
4. 摩根公司	105—26	14	10	14		11	3	1	2	4	5	3	3
5. 纽约化工公司	121—26	14	10	10	11		4	3	4	3	7	2	5
6. 伊利诺斯大陆	74—16	4	6	3	3	4		10	1	3	1	0	2
7. 芝加哥第一	84—19	3	6	2	1	3	10		2	4	0	1	2
B. 保险公司													
8. 宝德信保险	57—12	8	4	4	2	4	1	2		3	2	0	3
9. 大都会人寿	90—22	5	6	8	4	3	3	4	3		3	7	4
10. 公平人寿保险	51—12	2	1	3	5	7	1	0	2	3		3	3
11. 纽约人寿	65—17	2	7	6	3	2	0	1	0	7	3		5
12. 大陆公司	69—14	4	4	6	3	5	2	2	3	4	3	5	

资料来源：穆迪公司的《银行和金融年报》，1979 年；穆迪公司的《产业年报》，1979 年；标准普尔：《百万美元公司名录》(*Million Dollar Directory*)，1979 年。

a：表示核心机构之间董事职位间接相互联锁的数据，只是通过与其他非核心机构的相互联锁来计算的。

表 8 董事职位间接相互联锁(IDI)、机构间接相互联锁(III)、核心内部董事会直接相互联锁，每一个核心机构的下列比例:(1)董事会内部联锁,(2)股票和债务内部联锁和/或被其他核心机构控制的股票和债务；以及受托人、转让代理人和股票登记人核心内部相互联锁(截至 1978 年 1 月 1 日)

	IDI、III、核心内部董事会直接相互联锁;每个机构董事会的人数;以及内部联锁的百分比				内部联锁持有的股票和债务最小数量		受托人(TR)		转让代理人(TA)		股票登记人(R)	
产业和公司	IDI-III	董事会直接	董事会人数	董事会内部联锁(百分比)	股票(百分比)	债务[d](百分比)	发行债券数	CPC充当(TR)	总数	CPC充当(TA)	总数	CPC充当(R)
银行												
1.花旗集团	134—29	4	29	14	14.2	4.4[d]	7	0	3	0	2	1
2.大通公司	129—30	5	27	19	6.1	1	4	4	1	0	Co.[c]	
3.汉华实业银行	123—25	7*	20	35*	16.9	1	6	2	2	1	2	2
4.摩根公司	105—26	4	22	18	14.7	6.2	4	2	1	1	Co.[c]	
5.纽约化工公司	121—26	4	23	17	8.4	14.4	6	6	1	0	Co.[c]	
6.伊利诺斯大陆	74—16	1	20	5	12.1	4.7	3	0	2	1	1	1
7.芝加哥第一	84—19	0	24	0	21.3	4.3	3	0	2	1	1	1
保险公司												
8.宝德信保险	57—12	1	24	4	NA[b]	NA[b]	NA[b]		NA[b]		NA[b]	
9.大都会人寿	90—22	6*	25	24*	NA	NA	NA		NA		NA	
10.公平人寿保险	51—12	4*	32	12*	NA	NA	NA		NA		NA	
11.纽约人寿	65—17	7*	24	29*	NA	NA	NA		NA		NA	
12.大陆公司	69—14	7*	18	39*	11.3	1.5	0	0	3	2	3	1

资料来源:穆迪公司的《银行与金融年报》,1979 年;证券与交易委员会表 13F。

b:NA=缺数据

c:这些公司是充当自己的股票登记人。

d:债务统计限于保险公司持有的债务,数据来自每个公司每年的《投资报表》。

均算下来（134 除以 29），在每个 III 中有 4.6 个 CPC 董事职位相互联锁。[①] 简而言之，正是通过 III，花旗集团的董事与其他 CPC 的董事每年大约要会见 348 次，每次大约有 4.6 名 CPC 董事出席。显然，表 6 和表 7 中的数据表明，这 263 名 CPC 董事几乎是不断地联系着——也就是说几乎每天都在联系。不管怎样，现在让我们将注意力转移到大量存在着的股票、债务、受托人等核心内部的相互联锁上来。

股票、债务、受托人（等）核心内部相互联锁

表 8 中的数据说明，CPC 的机构控制着相互之间的大量股票，并相互间发挥着受托人、转让代理人和股票登记人的作用。对于已经掌握了这一节和前面发展起来的思想和概念的读者来说，表 8 中的这些数据的意义和重要性就完全是不言自明的了。然而，对这些信息进一步的分析将揭示很多有用的特点和重要的比较关系。首先，4 家保险公司是“互助”公司，本身没有未清偿的股本。由于没有发行股票，或者没有在交易中买卖的股票，这些公司不需要转让代理人或者股票登记人的服务。其次，债务统计数据似乎表明，债务工具并未被用做一种重要的核心内部相互联锁关系。但这可能是一个错误的结论，因为公布的数据并不包括银行持有的任何债务。保险公司每年都公布一份详细的投资组合，显示了它们向其提供贷款的每

---

① 关于表 8 中的数据的解释需要注意以下问题。比如花旗集团和其他 11 家机构中的每一家的 III，不会得到与“III 总数”这一列相同的数字。把这些数字加总就意味着重复计算。比如，假设花旗集团、大通、曼尼-汉尼和宝德信，与通用汽车之间都各有一个董事会直接相互联锁。一方面，花期集团和大通有一个与通用汽车的 III，花期集团和曼尼-汉尼有一个与通用汽车的 III，花期集团和宝德信有一个与通用汽车的 III。另一方面，在计算通用汽车的时候，它与花旗集团和其他 CPC 机构之间只有一个 III，而不是三个。

一个政府部门和私人机构，其中包括了贷款金额、利率以及还款期限。另一方面，银行贷款的信息无法获取。因此，债务统计数据是不完整的，只能从现有数据来看。但是，可以尝试性地把受托人的数据看作一个表明银行之间在债务人关系上的密切程度的标准。比如，化工银行有6笔未清偿的债务工具，并且在所有6笔债务中，其他核心银行都为化工银行充当债务发行契约的受托人。

第三，芝加哥第一国民银行这个核心机构，没有任何核心内部董事会直接相互联锁。但是，它也是整个核心机构中唯一一家控制了超过20%的普通股的银行。这清楚地表明了如下工作是适宜的：(1)单独地考察每一种黏合元素；(2)进行比较分析。换句话说，尽管每一种黏合元素——从结构的角度来看——都是重要的结合剂，但必须分析每一个具体的公司或产业，以确定哪一种具体黏合元素对于某个公司或产业来说是最重要的。

最后，对持有的股票的统计也必须被看作是尝试性的。和债券一样，保险公司每年也公布一份详细表明它们持有股票的每一个机构的投资组合，其中包括股票的数量和市值。同样，属于联邦储备系统的各银行也被要求在每年年底向证券和交易委员会递交一份清单，详细列明该银行的信用部门持有股票的每一家机构，其中包括股票数量和市值。表8中列出的股票数据主要根据这两个来源计算出来的，并不包括以下重要部分：(1)核心内部单个董事会成员本人持有的或者通过基金会控制的股票；(2)银行在托管账户或者公司信托账户中持有的那些银行名义上并不行使任何投资权或者投票权的股票；(3)很容易转换成普通股的次级可转换公司债券；(4)非核心公司持有的其他非核心公司的股票。除此之外，这个国家的许多富豪家族成员和/或金融精英也是CPC董事会成员，他们个人持有的股票的总和无疑是数量非常庞大的。

然而，没有系统性的方法来找到这种信息。核心家族所持有的股票的有限数据，主要是从报纸文章和商务类刊物偶尔提到的事实中获取的。举一个例子来说，表 9 中洛克菲勒家族持有的部分股票的清单，就是来自 1974 年《纽约时报》上的一篇文章。比如洛克菲勒家族持有美国东方航空公司、标准石油（加州）公司以及爱丽丝－查莫斯公司（Allis-Chalmers）2% 以上的普通股，持有埃克森、美国铝业、美孚公司和大通公司 1%—2% 的普通股。CPC 由 263 个人组成，他们中许多人的名字（洛克菲勒、乔雷特（Geolet）、格雷斯（Grace）、杜邦、休利特（Hewlett）、英格索尔（Ingersoll）、米利肯、希尔曼（Hillman）、普林斯（Prince）、哈特菲尔德（Hatfield）、霍顿（Houghton）、麦考密克（McCormick）等等），也就是美国产业的名字。当我们试图确定 CPC 实际控制的股票比例时，必须考虑这些人和他们的家族持有的股票（常常是由银行信托部门在托管账户中持有的）。事实上，即使我们说在这项研究中公布出来的 CPC 持有的股票数量，可能只是他们实际持有的股票数量的一半，无疑也是相当保守的估计。举例来说，如果有 40 个人每人持有某家公司 0.25% 的普通股，那么他们总共就可以控制该公司 10% 的股票。

表 9　洛克菲勒家族持有的未清偿股票的数量与百分比，所选择的公司属于总体计划模式（截至 1974 年）

公司	持有股票数量（股）	所占未清偿股份的百分比
1. 大通公司	429 959	1.3
2. 东方航空	925 000	4.7
3. 美孚公司	1 762 206	1.74
4. 标准石油（加州）	3 410 148	2.0
5. 爱丽丝－查莫斯公司	430 000	3.45

（续表）

6.美国铝业公司	405 783	1.20
7.埃克森公司	2 288 171	1.02
8.默克有限公司（Merck & Company，Inc.）	455 100	0.61
9.孟山都公司(Monsanto)	213 273	0.64
10.德州仪器公司(Texas Instruments)	203 900	0.90
11.伊斯曼·柯达公司	535 973	0.49
12.IBM公司	384 042	0.26
13.通用电气公司	509 952	0.29
14.明尼苏达采掘与制造公司	221 700	0.20
15.克莱斯格公司(Kresge)	336 800	0.28

资料来源:《纽约时报》,1974年12月4日,第29页。

最重要的是要明白,与作为CPC的成员的重要性相比,巨额个人财富和/或股票所有权对于作为一种结构性和功能性的计划工具的股票来说,并不是一个重要因素。正是在6家核心银行的信托部门中,CPC成员控制了大约1 000亿美元的股票资产(见表5)。

当我们仔细分析核心机构之间的整个直接和间接的内部联锁网络时(董事、股票、债务、受托人等等),一个非常明显的结构上的事实出现了。实际上,清醒地认识到这些结构上的相互依赖和责任共担,对于参与者的高度合作是必须的。无论从逻辑上来看还是在实践中,要让CPC成员在不存在这些相互依赖的情况下开展活动,是非常不合理的。

进而,清醒地认识到这些相互依赖,几乎会自动地对促进大量的产业内和产业间的协调与合作,也就是说,会促进CPSP。简要地说，这个观点就是：结构产生行为，特定结构产生协调与合作，最后，当协调与合作达到一定程度时，或许就能更准确地描述和解释作为CPSP的经济，这种经济与那种作为竞争市场体制的经济的更传统的观念是对立的。

一些最后的评论

从凡勃伦的分析框架来说，美国的CPSP可以被恰当地视为一个演化过程的暂时性最终结果。随着这个工业体系以技术为基础的生产过程的进步，使其有可能把对这个国家关键产业的管理控制权集中到越来越少的人的手里，公司领导只需要简单地对传统的企业思想和观念进行调整适应，去创造一种集中的管理程序。CPC的计划工具的的确确只是对传统商业手段（董事会、股票、债券等等）的简单修改——在管理的角度上，这种方式的修改是对使这个国家的技术进步成为可能的那种集中或者合并的模仿。毕竟，在一个把自由放任、自利和利润最大化的价值观奉为神圣的社会，一个人会很自然地预期公司领导将充分利用管理上和技术上的所有可能性，最大化他们的个人权力和特权。与此多少有些不同的是，CPSP可以被视为对完全是有意识地、合乎逻辑地、理性地追求货币收益或者利润的企业家，在现有技术条件下无意识地创造出来的、可能是最为集中的管理和生产体系演化的最终结果。

尽管如此，以一种有效的方式运用某些现代技术的需要，有助于或者只不过是允许了一种集中经济计划的形式，这种说法并没有预先判断一个社会将要、或者应该采用哪一种形式或者类型的计划程序——或者实际上应该把计划程序委托给谁来操作。比如，富兰克林·D.罗斯福总统曾经这样评论过企业中的经济计划：

> 如果民众容忍个人权力增长到比民主国家本身的力量还要强大的程度，那么，一个民主国家的自由就会受到威胁。……必须要把少数人掌控国家经济生活的那种权力分散给很多人，或者转移给公众及其民主地负责的政府。如果物价受到控制和管理，如果国家的经济是通过计划而不是通过竞争来配置，那么这种权力就不会给任何私人集团或者卡特尔带来利益，尽管它们是善意的。①

不幸的是，在美国，我们的技术知识所允许的实际选择，被我们的资本主义意识形态所限定，或者说被封闭于其中，尤其是自由放任、利己主义和利润最大化的价值观。

作者们（尤其是如果他们的作品带有一种攻击传统的倾向）常常被他们的同辈人提醒，广泛接受的信念是，作者们的责任是就他们著作中强调的问题，为社会提供可能的解决办法或者行动路线。简单的事实是，由于我们关于经济和权力的当前信念和思想，与我们社会中的经济和权力的现实之间的一分为二，我们的经济问题不存在切实可行的解决办法。现有的经济理论（新古典的、凯恩斯主义的、马克思主义的或者当前流行的所谓供给学派经济学），在考虑通货膨胀、失业、污染、致癌食物供给、收入分配不当、穷人医疗保健不足、经济增长受阻等等问题的原因时，对经济中支配性的结构和功能特征，都令人遗憾地缺乏足够的洞察与理解。当然，基于错误假设的理论，无论多么合理、多么合乎逻辑，都不能为有效的、负责的私人或公共决策的制定提供一种基础。这一点确定无疑。正统经济理论和信

---

① 美国国会临时经济委员会：《对经济权力集中的调查》（*Investigation of Concentration of Economic Power*）第1部分："经济序言"（华盛顿特区：美国政府出版局，1939年），第85—90页。

念，无论是左派的还是右派的，已经成为了问题的一部分，而不是为了向我们的问题提供现实的、可行的解决办法，帮助组织我们的思想和讨论。

我们必须消除我们当前所持的经济信念与经济现实之间的一分为二，这是找到我们日益严重的经济弊病的解决办法的必要条件，如果我的这个主张是对的，那么，找到这种解决方法的出发点就是再清晰不过的了。简单地说，我们国家的领导人早就不再自我满足地闲扯福利国家、社会主义、资本主义意识形态了，相反，而是不遗余力地去审视经济的关键结构和功能特征。如果我们没有这样做，无疑，美国的经济问题将逐渐扰乱社会的基本结构。根本性的改革在现在是绝对必要的。然而，不是牢固地建立在经济的结构和功能现实基础之上的根本性改革，无论这改革的意图有多好，都不可能成功。因此，唯一有意义的出发点，是让美国国会委托对美国经济的结构和功能特征进行一项彻底的、详细的研究。显然，这样的一项研究必须是客观中立的。而且，必须赋予研究者合法权利，以取得所有相关材料。

笔者坚定而明确的信念是，从历史中要学习三个最重要的教训：演化的经济改革要基于现实世界、具体的技术现状，要基于那种在过去曾经、在未来能够为所有人带来更好的世界的正确的技术/工具推理；基于意识形态世界观的改革，必然导致或极左、或极右的专制主义或者极权主义社会；坚持过时的政治和宗教形式、坚持不合理的保守主义的社会，将不会长期确保是一个充满生气的、动态的社会。CPSP 理论的创造，是一种适度的尝试，为社会提供一种替代性的、对经济系统的关键结构和功能特征所作的更准确的描述和解释。对市场体系或者竞争资本主义幻象缺乏一种替代性的解释，是对国家的社会、政治和经济问题形成一种有效的合理争论（与纯粹的诡辩术相对)的一个重要——如果不是首要——障碍。只要经济社会继续坚持实际存在着竞争市场体系的观念,那么,关于这个国家越发具有破坏性的经济问题的有效的合理争论和解决办法就不会产生。希望CPSP理论在触发关于经济的结构和功能现实的争论方面,为经济社会带来一些好处。如前述,托尔斯坦·凡勃伦曾指出:"历史所记录的多是那些频繁发生的、关于愚蠢制度战胜生活和文化的壮观事例,而不是那些关于将自己从一种极为不安全的制度形势中拯救出来的人的事例。"①

① 托尔斯坦·凡勃伦:《劳作本能》(纽约:麦克米伦公司,1914年;重印版:纽约:维京出版社,1946年),第25页。

14. 私人部门集中计划的政治和政策含义①

约翰·芒克斯　迈克尔·艾尔斯

你首先必须意识到，这个国家主要是由为富人服务的大公司所掌控。也许你必须住在华盛顿才知道这一点，或许这个国家的每个人凭直觉就知道这一点，我不是很确定，但我认为，一个民有、民治、民享的政府，已经变成了一个民有（这一点是肯定的）、公司治、富人享的政府。②

国家通信委员会前委员

尼古拉斯·约翰逊(Nicholas Johnson)

许多叫嚣放松对经济的管制、弱化反托拉斯法的政府官员，总的来说并不相信他们自己充当的是公司代理人的角色。相反，他们真心实意地相信，他们的立场是合理地遵循了他们所信奉的自由放任和自由私有企业的经济学原理。进而，不能指望这些相信自由放任的人会把政府的政策力量用做一种抗衡力量，代表大众的利益以对抗公司利益。③ 政府官员在把政府机构想象为一种代表公众利益的

① 原载《经济问题杂志》，第17卷，第4期(1983年12月)，第969—984页。

② ABC电视台"迪克·卡弗特(Dick Cavett)节目"，1969年8月25日。

③ 通常可以把政府官员分为三类：(1)这类人相信在一个动态的、民主的国家，政府在政治和经济事务中可以发挥相当大的、合法的作用；(2)这类人相信自由放任、自由私有

抗衡力量方面的无能为力，我们不妨称之为意识形态上的自我锁闭。

这种锁闭被那些在私人部门掌握权力的人，视为那些谋求公职的人以及接受竞选支持的人所具有的特征。无论什么时候，用这种特征用做一种选择标准，都有可能确保政府官员作出某种选择，这些政府官员(1)高度推崇自由企业神话；(2)对企业利益所渴望的运行环境非常敏感。这种"锁闭心态"对公司利益很重要，不仅在政府的行政机构很重要，在所谓政府的第四个分支(管制委员会)也很重要。政府行政机构中的管制委员会和部门，首要责任是贯彻和执行立法机构通过的法令。管制委员会的委员和行政部门的部长们，从来没有被要求由人民选举产生。

在美国历史上，"底层"的压力偶尔会导致某些法律的通过，这些法律如果实施的话，会使像集中计划核心(CPC)(见约翰·芒克斯的前一篇文章)这样的制度安排不可能存在。但是，政府在进行这种立法方面的努力，尤其是与私人部门集中计划(CPSP)的公司组织有关的立法方面的努力，只不过是一种精心的伪装，这种说法并不为过。当然，我们不能指望那些要么完全信奉自由放任哲学，要么完全信奉最好的决策是在私人部门作出的决策这种观念的部长和管制委员，积极执行那些可能损害企业利益的法律和管制措施。也不应该怀疑公司群体已经成功地——尤其是自19世纪90年代以来——确保了这些职位由带有强烈自由放任信仰的人所把持。

主要在CPC领导下的公司群体通过建立发挥如下作用的私人

企业的传统观念，真心希望看到政府的作用最小化，并在某些生活领域消失；(3)这类人简单地相信，所有决策都应该由在私人部门拥有权力的人作出，而不是由公共部门拥有权力的人作出。从历史上看，自由放任和自由私有企业的正当理由，是与对竞争市场结构的观念的接受密切联系的。但是政府中属于以上(2)、(3)两类的人，把自由放任当做一种主张应该在私人部门作出决策的正当理由，在如今是缺乏经验验证的。我们知道如今没有这样的研究来证明这一点。

组织，寻求对它们不会产生较大影响的政府政策：(1)作为一种组织手段，在这个国家的政治精英、知识精英和经济精英中间，创造一种对重大公共政策问题的共识；(2)作为一种信息渠道，把这些决策与某些私人或政府团体以及公众(如果认为合适的话)联系起来；(3)一方面作为一种筛选机制，筛选某些职位的候选人，另一方面作为一种手段，由它们自己任命更重要的政府咨询委员。它们产生的这种"私人"组织，或许可以将其归类为国际事务的私人—公共政策规划委员会和国内事务的私人—公共规划委员会。

私人部门集中计划的政治含义

国际事务的私人—公共政策规划委员会

有两个主要委员会对政府在国际事务中的政策产生着重大影响——外交关系委员会(Council on Foreign Relations, CFR)和三方委员会(Trilateral Commission, TC)。关于 CFR 的影响力，历史上已经有很多文献了。[①] 因此，本文集中探讨的是 TC 的组成和活动。

CPC 的一个成员戴维·洛克菲勒(David Rockefeller)在 1973 年创立了这个特殊的委员会，并任命兹比格涅夫·布热津斯基(Zbigniew Brzezinski)为其首任负责人。洛克菲勒创建这个委员会

① 一项杰出的研究详细描述了外交关系委员会中的对外政策的发展，以及我们政府的对外政策组织随后对这些政策的采纳，见劳伦斯·H.舒普(Laurence H. Shoup)："塑造战后的世界：外交关系委员会与第二次世界大战期间美国的战争目标"，载《反对派社会学家》(*The Insurgent Sociologist*)，第 5 卷(1975 年春季号)，第 9—52 页。也见 G.威廉·多姆霍夫(G. William Domhoff)的《高层圈子》(*The Higher Circles*)(纽约：Vintage Books，1971 年)，第 112—155 页。

的首要目的，是创立一个把来自工业化民主国家——北美、西欧、日本——的200多个不同“公民”结合在一起的组织。这些领导人发展了一些解决工业化民主国家面临的政治和经济问题的政策。正如三方委员会的一份小册子里所说的那样：

> 三方委员会是一个政策导向的组织。基于对北美、西欧和日本面临的主要问题的分析，委员会寻求的是发展对联合行动切实可行的提议。……国际体系的创新……是一项全球任务，也是三方的任务，同时，正如其会议和报告所表明的那样，委员会的工作也是据此而展开。……国际体系的创新会是一个非常漫长的过程。第二次世界大战后形成的这个体系，是在一段相对有限的时间内靠意志的力量和人类的首创精神而创造的。一股力量有巨大的威力和影响力，其他力量就会与它紧密相连。相反，一种创新的国际体系现在需要的是一个创造过程——更漫长、更复杂——在其中将不得不开始漫长的磋商。在对三个区域共同工作的习惯和惯例的培养中，委员会将有助于为这些必需的努力创造条件。①

第二次世界大战以后的时期，这三个地区的经济实际上已变得如此地相互依赖，以至于许多CPC成员开始相信区域之间的政策协调是必需的。通过每9个月召开一次的全体会议，委员会处理它的部分事务，讨论各特别委员会的报告。

---

① 三方委员会：“变化中的国际体系内的工业化民主地区”（纽约：三方委员会，无出版日期）。

特别委员会的工作是委员会政策项目的核心。每一个特别委员会的中心是分别来自这三个地区的报告起草人。在他们工作的过程中,报告起草人有可能向委员会成员和其他人广泛征求意见。在报告发布之前,特别委员会的最后步骤是由全体委员会成员或其执行委员会来讨论这个报告。委员会或执行委员会然后在提出自己的建议时采用这些报告,做法一直都是这样。①

1973年,委员会发布了一份名为"建立一个创新的世界货币体系(1973)"的特别委员会报告。这份报告的TC北美起草人是耶鲁大学经济学教授理查德·N.库珀(Richard N. Cooper)。库珀后来担任美国州经济事务部副部长。在这份特别报告中的一个建议是,将政府向私人市场出售黄金与用来援助欠发达国家的利润相协调。当1977年年中国际货币基金组织制定这样一项政策后,这一建议"部分实现"了。

这些报告起草人的工作在美国政府的正式机构里一直受到供职于关键顾问委员会的CPC成员的工作的支持。比如,在同一时期,美国财政部的国际货币体系改革顾问委员会一直在发挥作用。这个委员会有19名成员,其中5名来自CPC,第6名来自一家与CPC有密切联系的公司。在同一时期,美国商务部多边贸易协定顾问委员会举行了会议。这个委员会的12名成员中,有6人是CPC的成员,另有4名来自与CPC有密切联系的公司。这10个成员代表着15个机构关系(见表1)。

1976年,委员会发布了一份与上面提到的工作相吻合的特别委

① 三方委员会:"变化中的国际体系内的工业化民主地区"。

员会报告,题为"国际机构改革"。布鲁金斯研究院当时的一名高级研究员 C.弗雷德·伯格斯顿(C. Fred Bergston)是这份特别报告的北美起草人。后来,伯格斯顿先生被任命为财政部负责国际事务的部长助理。

"国际合作的危机"是委员会 1974 年发布的一份特别委员会报告。这份报告"试图澄清当前的历史情况,为三方合作提供一个基本依据。……三方政治特别委员会大手笔地概述了影响战后国际体系转变的主要政治、经济和社会趋势"。①

表 1 两个对外事务顾问委员会中的 CPC 代表(1977 年)

			核心关系	
顾问委员会名称/CPC成员姓名	*所代表的机构*	*委员会人数*	*董事职位*	*机构*
财政部:				
国际货币体系改革顾问委员会		19	6	7
戴维·洛克菲勒	大通公司			
盖洛德·弗里曼(Gaylord Freeman)	芝加哥第一国民银行			
沃尔特·里斯顿(Walter Wriston)	花旗集团			
雷金纳德·琼斯(Reginald Jones)(CEO,董事长)	通用电气			
加布里埃尔·豪格(Gabriel Hauge)	汉华实业,纽约人寿			
埃尔莫尔·帕特森(Elmore Patterson)	J.P.摩根			

① 三方委员会:"变化中的国际体系内的工业化民主地区"。

（续表）

商务部：				
多边贸易协定产业政策顾问委员会		22	6	15
小威廉·维里蒂（William Verity, Jr.）	ARMCO 钢铁，大通公司			
沃尔特·法伦（Walter Fallon）	伊斯顿·柯达，J.P.摩根			
小查尔斯·皮里尔德（Charles Pillird, Jr.）	固特异轮胎和橡胶公司，汉华实业			
詹姆斯·宾格尔（James Binger）	霍尼韦尔公司（Honeywell），大通公司			
布鲁克斯·迈科米克（Brooks McCormick）	国际收割机公司（International Harvester），芝加哥第一国民银行			
威廉·斯尼思（William Sneath）	联合碳化物公司（Union Carbide），大都会人寿			
W.H.克罗姆·乔治（W.H.Krome George）（CEO，董事长）	美国铝业公司（ALCOA）			
杰克·帕克尔（Jack Parker）（副董事长，执行经理）	通用电气			
戴维·帕卡德（David Packard）（董事长）	惠普			
威廉·艾伦（William Allen）	波音			

资料来源：美国参议院政府事务委员会能源、核扩散和联邦服务分委员会：《联邦顾问委员会》，华盛顿特区，第 95 届国会，第 2 次会议，1978 年。

特别委员会建议把三方国家首脑间定期举行的“国际峰会”制度化。后来举行了一些峰会。在1977年的伦敦峰会，也就是三方各国首脑间举行的第三次“峰会”上，布鲁金斯研究所的对外政策研究组长、三方委员会的执行委员、关于峰会报告的北美起草人亨利·D.欧文(Henry D. Owen)，当选为美国政府峰会准备工作的协调人，同时也是安排峰会后续事务的协调人。在谈到伦敦峰会的目标时，欧文作了如下评论：

> 我认为美国政府在伦敦峰会上的目标与其他大多数政府所表明的目标是一样的。我没有发现出席这次峰会的7国政府的大多数在目标上有何明显差异。它们迫切地努力在各个有意义的领域让它们的政策协调一致：第一，国内经济政策；第二，国际收支状况的平衡、国际负债以及相关问题；第三，东京回合贸易谈判；第四，包括传统能源和核能在内的能源问题；第五，南北关系。与会政府感到，在这五个领域，努力实现政策协同，或者至少是在它们的国内政策上协调一致，是十分有用的。①

此外，这里有三个直观的例子，在其中委员会形成了公共政策立场，随后又将其成员安置在与这些政策的执行直接相关的政府职位上，同时，TC协调其与商务部和财政部内部正式的公共政策顾问委员会的行动。

表2中罗列了在卡特政府中占据着联邦政府重要的制定政策的职位的一些三方委员会的成员。1973年，杰米·卡特(Jimmy Cart-

---

① 三方委员会：“三人谈”(纽约：三方委员会，北美)，1977—1978年冬，第16号，第1页。

er)经J.保罗·奥斯汀(J. Paul Austin)介绍到委员会;随后他成为TC的成员。奥斯汀也是J.P.摩根公司董事会的成员,还是可口可乐公司的首席执行官。可口可乐的总部在乔治亚州的亚特兰大,这还有人需要提醒吗?当卡特当选总统后,他任命了委员会的许多成员担任其内阁职务,这是非常自然和合理的。正如卡特总统所说:"这个委员会的成员身份为我提供了一个极好的学习机会,许多其他成员为我学习对外事务提供了帮助。"①很简单,总统从他尊敬的、和他一起工作过的一群与众不同的公民中选择了他的幕僚。他知道,这些人与我们的国际盟友中那些与他们在经济、知识和政治上旗鼓相当的人交游甚广。这些人对于这个世界不断增长的、日益复杂的政治和经济问题,也有一些共同的理解。

表2 卡特总统任期内在政府中占据制定政策的重要职位的部分三方委员会成员名单

姓名	政府职位
杰米·卡特	美国总统
沃尔特·F.蒙代尔(Walter F. Mondale)	美国副总统
哈罗德·布朗(Harold Brown)	国防部长
W.迈克尔·布卢门撒尔(W. Michael Blumenthal)	财政部长
安东尼·M.所罗门(Anthony M. Solomon)	财政部负责货币事务的副部长
兹比格涅夫·布热津斯基	总统国家安全事务助理
保罗·A.沃尔克(Paul A. Volcker)	联邦储备委员会主席

① 杰瑞·弗林特(Jerry Flint):"什么是三方委员会?"《福布斯》,1980年11月24日,第46页。

（续表）

赛勒斯·R.万斯(Cyrus R. Vance)	国务卿
沃伦·克里斯托弗(Warren Christopher)	副国务卿
理查德·N.库珀	负责经济事务的副国务卿
理查德·霍尔布鲁克(Richard Holbrooke)	负责东亚和太平洋事务的副国务卿
露西·威尔森·本森(Lucy Wilson Benson)	协助安全事务的副国务卿
理查德·N.加德纳(Richard N. Gardner)	驻意大利大使
安德鲁·杨格(Andrew Young)	驻联合国大使
保罗·C.沃恩克(Paul C. Warnke)	军备控制和裁军部主任；裁军首席谈判代表
杰勒德·C.史密斯(Gerard C. Smith)	防止核扩散事务无任所大使
埃利奥特·L.理查德森(Eliott L. Richardson)	负责联合国海洋公约的无任所大使
罗伯特·R.鲍伊(Robert R. Bowie)	国家评估情报部(Intelligence for National Estimates)副主任
让-卢克·佩平(Jean-Luc Pepin)	加拿大统一特别委员会联合主席
索尔·利诺维茨(Sol Linowitz)	巴拿马运河协定首席谈判代表，总统中东特使

资料来源：题为"三方委员会"的一份三方委员会成员名单，日期为 1977 年 12 月 31 日。委员会将按要求提交其成员名单和各种出版物的清单。

对三方委员会的存在目的也许是最好的描述，出自其创立者和北美主席戴维·洛克菲勒向洛杉矶世界事务委员会所做的一次题为"追求一贯的对外政策"的演讲："在这样一种不确定的、骚动的氛围中……我们必须……一起努力，去帮助形成能最好地反映作为这个伟大国家的基石的那种勇气和责任的对外政策”(着重号为原文所加)。[①] 在本质上,三方委员会的成员把他们的作用视为在国际同盟之间关于共同普遍的经济和政治问题上产生一种共识,在他们各自的政府中担任职务,以便参与到政策执行过程,以及为美国政府培养政治领导人。代表 CFR 和 TC 的 CPC 成员见表 3。

国内事务的私人—公共政策规划委员会

除了他们的国际事务组织外,这个国家的公司领导人也创建了很多关于国内事务的政策规划委员会。这些委员会中最有名的是商业圆桌会议(Business Roundtable)、协商委员会(Conference Board)、商务委员会(Business Council)、经济发展委员会(Committee for Economic Development)。对每一个委员会的讨论都将占用本文的极大篇幅;因此我们只讨论商业圆桌会议。

商业圆桌会议是在 1972 年建立的,到 70 年代末,它已成为美国最强大、最有说服力、消息最灵通的院外活动团体。圆桌会议的成员只限于 180 家最大公司机构的首席执行官。正如该组织的一本题为“商业圆桌会议”的小册子中所说的那样:

> 圆桌会议的主要优势是成员企业的首席执行官的参与程度。通过在特殊问题的特别委员会的工作,他们指导研究,监督意见书的准备,提出政策建议,对各种问题毫无保留地发表意见。在这个过程中,圆桌会议充分利用了成员公司职员的才智和专业技能。圆桌会议的政策委员会对特别委员会的活动进行

---

① 戴维·洛克菲勒:“追求一贯的对外政策”。(在洛杉矶世界事务委员会的演讲,加利福尼亚洛杉矶,1980 年 4 月 10 日)

表 3 集中计划核心(CPC)与所选择的国际事务私人—公共政策规划委员会之间的相互联锁和内部联锁关系(截至 1978 年)

国际事务委员会	CPC机构[1]												内部联锁总数	
	CIT	CMB	MH	JP	CB	CIC	FC	PL	ML	EL	NYL	CC	机构联锁	个人联锁
对外关系委员会	12	10	4	6	8	2	4	0	5	7	5	2	65	63[2]
三方委员会	0	2	1	1	1	2	2	0	0	0	0	0	9	9

资料来源:见总体计划模型。

1:CIT——花旗集团　　FC——芝加哥第一国民银行
CMB——大通公司　　PL——宝德信人寿
MH——汉华实业　　ML——大都会人寿
JP——J. P. 摩根公司　　EL——公平人寿
CB——纽约化工公司　　NYL——纽约人寿
CIC——伊利诺斯大陆公司　　CC——大陆公司

2:在对外关系委员会,这 12 个核心机构有 63 个人代表着 65 个核心董事职位;也就是说,G. 豪格既是汉华实业的董事会成员,又是大都会人寿保险公司的董事会成员,而 J. 霍兰德(J. Holland)既是汉华实业的董事会成员,又是大陆公司的董事会成员。

评价。这个委员会认可的意见书散发给成员和政府，使其在对各种问题的公共讨论中派上用场[①](着重号为原文所加)。

1977年，当时圆桌会议政策委员会的主席、E.I.杜邦公司的首席执行官、IBM和花旗集团的董事会成员欧文·S.夏皮罗(Irving S.Shapiro)，在圆桌会议的一份意见书中发表了如下评论：

肯定的是，商业能够成为一支更具建设性的力量，对政府的政策制定有更大影响力的唯一途径，是让首席执行官们参加到其中。因此，圆桌会议是为了两个重要目标而建立：

——让来自不同公司的首席执行官共同努力，去分析影响经济和商业的具体问题，以及

——向政府和公众提供有见识的、及时的信息，为行动提供可行的、积极的建议。

……我自己的判断是，圆桌会议是成功的。它正在做的工作非它莫属。在大量的例子中，它对公共政策和立法的影响是明显的、直接的。……领导人有机会去测试我们提供给他们的信息，他们已发现这些信息是可信的、有用的。通过特别委员会这种方法，在事件要求快速行动的时候，圆桌会议找到了一种迅速采取行动的方式[②](着重号为原文所加)。

其他人也注意到圆桌会议“在大量例子中对公共政策和立法的

---

① “商业圆桌会议，”由商业圆桌会议出版的一本小册子(纽约公园大道200号，10017)，1979年6月。

② 欧文·S.夏皮罗：“什么是商业圆桌会议?”，圆桌会议意见书，1977年，第2—4页。

影响是明显的、直接的”。正如1980年6月30日的那一期《财富》杂志所说：

> 通过挫败一个消费者保护机构提出的一份议案，圆桌会议帮助赢得了一次非凡的胜利——回顾过去，这是消费主义历史上的一个分水岭。
>
> 然后，劳工提高地位的努力也被击退了。两份议案被挫败，一份将允许单独一个工会充当整个建筑工地的罢工纠察员，另一份将使劳工组织非工会团体更加容易。圆桌会议和其他集团的极力主张也导致了对国民经济集中计划的反对，这种计划是在汉弗莱－霍金斯(Humphrey-Hawkins)法案的早期版本中提出来的(现在重新出现于一些对美国进行再工业化的提议中)①(着重号为原文所加)。

1978年，商业圆桌会议的政策委员会由45名成员组成，其中的4人是官员。如表4所示，政策委员会的25名成员，也就是55.5%的成员，也是CPC的成员。比方说，花旗集团、大通公司、J.P.摩根公司与圆桌会议政策委员会之间分别由8个、4个和6个相互联锁关系。CPC与4个主要的政策规划委员会的联系见表4。

坦率地讲，在考察了对外事务和国内政策的规划委员会之后，我们可以理直气壮地表达尼古拉斯·约翰逊委员的观点，那就是：一个“民有(这一点是肯定的)、公司治的政府”正是事实。可以确信，只要这一点确定无疑，那么政府本身在让自由企业神话永存中将继续发

---

① 小沃尔特·古扎蒂(Walter Guzzardi,Jr.)：“商业的新公众面孔”，《财富》，1980年6月30日，第49页。

表 4 集中计划核心(CPC)与所选择的私人—公共国内事务规划委员会之间的相互联锁和内部联锁关系(截至 1978 年)

国内事务委员会	CPC机构[1]														委员会领导与CPC内部联锁的总数和百分比	
	CIT	CMB	MH	JP	CB	CIC	FC	PL	ML	EL	NYL	CC	机构联锁	个人联锁	委员总数	内部联锁的百分比
商业圆桌会议	8	4	1	6	2	1	0	1	3	0	0	0	26	25	45	55.5
商务委员会	6	0	1	0	1	1	0	1	0	0	0	0	10	10	19	52.6
协商委员会	5	2	1	1	0	1	1	1	2	0	0	1	15	14[2]	31	45.2
经济发展委员会	6	5	6	6	4	1	6	2	6	2	2	4	50	44[2]	207	21.2

资料来源:见集中计划场景。

1:CIT——花旗集团　　FC——芝加哥第一国民银行
CMB——大通公司　　PL——宝德信人寿
MH——汉华实业　　ML——大都会人寿
JP——J.P.摩根公司　　EL——公平人寿
CB——纽约化工公司　　NYL——纽约人寿
CIC——伊利诺斯大陆公司　　CC——大陆公司

2:商业圆桌会议与 CPC 之间有一种双重董事职位相互联锁;也就是说,R.C. 亚当斯既是 J.P.摩根公司的董事会成员,又是大都会人寿保险公司的董事会成员。经济发展委员会有 3 个这种双重董事职位相互联锁。

挥关键作用。倒数第二点,也许也是最重要的是,只要普通大众继续相信、并选举和支持那些相信确实存在一种市场体系经济的人担任政府官员,那么,政府机构在让市场神话永存中将继续发挥关键作用。

最后,也许应该明确指出的是,共和党和民主党双方都大量从私人—公共政策规划委员会挑选人员在政府任要职。这可以回顾表2中给出的卡特总统任期内的例子,比较一下表5中显示的里根总统挑选的幕僚。

表5 经里根总统任命占据政府制定政策重要职位的部分著名国内和国际事务私人—公共政策规划委员会人员名单

姓名	政府职位	私人—公共规划委员会*
乔治·布什(George Bush)	美国副总统	CFR和TC
亚历山大·黑格(Alexander Haig)	国务卿(1980—1982年)	CFR
乔治·P.舒尔茨(George P. Schultz)	国务卿(1982年)	BR、CFR和CED
劳伦斯·伊格尔伯格(Lawrence Eagleberger)	负责欧洲事务的助理国务卿	CFR
迈尔·拉希什(Myer Rashish)	负责经济和商业事务的助理国务卿	CFR
菲利浦·C.哈比卜(Philip C. Habib)	中东和平特使	CFR
沃尔特·J.斯托塞尔(Walter J. Stoessel)	负责政治事务的副国务卿	CFR
卡斯珀·韦恩伯格(Caspar Weinberger)	国防部长	TC
弗兰克·卡卢奇(Frank Carlucci)	国防部副部长	CFR

（续表）

弗雷德·C.伊克尔(Fred C. Ikle)	负责政策的国防部副部长	CFR
约翰·R.莱曼(John R. Lehman)	海军总长	CFR
唐纳德·里甘(Donald Regan)	财政部长	CFR、BR 和 CED
马尔科姆·鲍德里奇(Malcolm Baldridge)	商务部长	CFR 和 BC
威廉·凯西(William Casey)	军备控制与裁军处主任	CFR
A. W. 克劳森(A. W. Clausen)**	世界银行行长	BR、BC 和 CB
莫里·韦登鲍姆(Murray Weidenbaum)	经济顾问委员会主席(1980—1982 年)	CFR
尤金·V.罗斯托(Eugene V. Rostow)	军备控制与裁军处主任	CFR
比尔·布洛克(Bill Brock)	国际贸易总统特使	TC 和 CFR
阿瑟·伯恩斯(Arthur Burns)	驻西德大使	CFR
麦克斯韦尔·拉布(Maxwell Rabb)	驻意大利大使	CFR

* TC = 三方委员会；CFR = 对外关系委员会；BC = 商务委员会；BR = 商业圆桌会议；CB = 协商委员会；CED = 经济发展委员会。

** 克劳森实际上是由卡特总统在 1980 年大选之后，征得当选总统里根的同意和批准而任命的。

讨论到这里，我们努力表明了 CPC 如何通过公共政策规划委员会，依靠规划国家的议程，为国家政策争论定调，来阻碍公共政策，施行私人权力。现在我们转向一些关于 CPC 的能力的具体论题，CPC

的这种能力同样可以降低稳定国民经济的政策的效率，而且事实上是阻碍把传统的凯恩斯主义政策用作一种对抗私人权力的抗衡力量。

货币和财政政策

当寡头竞争市场结构已经成为经济中市场结构的主导形式时，约翰·梅纳德·凯恩斯创立了一种宏观经济分析法，为政府政策制定者既提供了一种理论上的正当理由，又提供了一系列摆脱萧条的实用工具，与此同时还确保了稳定的经济增长。但是，基于传统宏观经济理论的政府政策不再管用了。正如亚当·斯密的竞争市场结构让位给寡头竞争市场结构一样，寡头市场也已让位给了 CPSP。简单地说，以一种实际上并不存在的经济结构为基础的理论是不会管用的。举个例子来说，从货币政策的角度来看，为了通过试图减缓经济的 CPSP 领域中的增长而消除通货膨胀，联邦储备委员会需要大幅度提高利率，或者严格控制货币供应，或者两者兼用，以至于这个国家的许多中等规模的企业将被完全摧毁，同时失业率上升到两位数的水平。比如，为了阻止 CPC 向比如说美国电报电话公司(AT&T)拨付资金，需要多高的资本成本(利率)呢？考虑下面几点：(1)AT&T 37%的董事会成员是 CPC 的成员；此外，还存在 102 个 IDI 和 200 个 III。(2)在 AT&T 发行的 23 笔未清偿债券中，CPC 充当了 21 笔的受托人，等等等等。AT&T 目前的债务大约是 300 亿美元。换句话说，尽管在一个典型的中等规模企业借款的时候，资本成本可能非常重要，但从 CPC 在非核心公司之间拨付资本的角度来看，这或许没那么重要。换句话说，在许多情况下，债务本身的功能已经从“赢利预期下的借款工具”，演变为在管理上和财务上相互联系的机构之间“拨付资金的工具”。

这当然减弱了利率作为一种配置机制的作用，这进而又减弱了联邦储备委员会将资本成本用做一种经济微调机制的力量。因此，在这个阶段不断提高利率不会直接减少产量，相反，利率变得如此之高，以至于减少了贷款消费，进而减少了工业产量，同时伴随着太多的破产这一最终结果。

另外，从财政政策的角度来看，有两个值得注意的因素。第一，CPSP 的存在，使得大多数经济学家似乎不太愿意承认的加德纳·米恩斯的管理价格概念是如此的贴切。[1] 换句话说，在 CPSP 领域中的公司领导之间的相互配合与合作是如此的紧密，以至于他们可以操纵整个产业的供给，以对某个产业的需求下降作出反应。因此，当需求下降时，价格要么会上涨，要么保持不变。第二，或许也是最重要的是，上述在结构上结合在一起的核心金融集团内部的大量货币集中，使得经济中的主要工业和零售部门可以创造信用机制（威萨、万事达、贷款延期偿还以及账单透支权），这些机制会抵消通过削减开支和控制税率而进行的反通货膨胀的效力。

总而言之，CPC 为了所有实际目的而积累、控制、配置巨额资金的能力，很容易就把 CPSP 置于传统凯恩斯主义的分析视野之外，在需要时会降低政策可能的效果。但这并不是说货币和财政政策对经济无效，相反，作为带来充分就业和物价稳定的工具，目前对这些政策的构想和实践是不够的。

结论性的意见

尽管写作本文的目的不是提出一套精巧详尽的政策建议，但还

---

① 最近对加德纳·米恩斯的管理价格概念的一个杰出的分析，见《管理价格：公共政策纲要》（*Administered Prices: A Compendium on Public Policy*），美国参议院，第 88 届国会第 1 次会议；也见约翰·布莱尔的《经济集中》（纽约：Harcourt Brace Jovanovich，1971 年）。

是要提出一些一般性的意见。源自 CPSP 的分析中的主要一般化政策含义，就是在政府公共政策的阐述和应用中，绝对需要发展一种双重的方法：一重是 CPSP 领域的；另一重是非 CPSP 领域的。无论所考虑的是哪方面的问题（环境、外贸、价格核算、就业以及货币或者财政政策），遵从一种双重方法都是必要的。要考虑到，美国有将近 32.5 万个制造业机构；美国最大的 500 家制造企业在所有制造业销售额中占了将近 80%，只雇佣了 15%的劳动力，解释了构成通货膨胀指数的几乎所有重要项目的价格上涨，最后，它们要么是 CPSP 领域的成员，要么受到 CPSP 领域的重大影响。

比如，要在双重框架中来解决滞胀难题，我们推荐的是如下政策：关于经济的 CPSP 领域，我们的政府机构应该设立一个价格核算计划，同时也要追求紧缩通货的货币和财政政策；关于经济的非 CPSP 领域，我们的政府机构应该追求的是扩张性的货币和财政政策。

任何公共政策法规的具体内容当然更多地是政治问题而非经济问题——理应如此。但是，如果政府的公共政策是要有效地创造一种氛围，在其中，选择的自由、经济效率和经济公平仍然是实质性的目标，那么，经济现实就必定是我们的向导。而且，CPSP 目前是经济的主导特征。可以给出其他具体建议。但是除非我们的经济理论和我们的经济现实的一分为二得到普遍承认，并且新的分析具备了基础，否则所有建立在这种一分为二基础之上的这类具体建议，都会因为缺乏广泛的支持而彻底流产。

15. 寡头合作:市场结构演化的概念和经验证据①

约翰·R.芒克斯　詹姆斯·I.斯特金

我们在本文中引入基于结构上的内部依存的寡头合作这个概念,并认为这个概念是对构成美国经济产业核心的那些产业的一种更准确的描述。许多经济学家认为,寡头垄断是美国和其他工业化国家最普遍的市场结构。② 在金融业、矿业和制造业尤其如此。尽管寡头垄断的主要特征是"少量"企业,以及这些企业之间在心理上的相互依赖,但通常把它们的行为特征看作是竞争的,虽然这种竞争并非总是通过价格来实现。它们的行为特征暗示了"寡头竞争"这个名称。

我们在这里对寡头竞争和我们所称的寡头合作作出区分。③ 具体而言,合作(cooperation)指的是去表达超越协作(coordination)

---

① 原载《经济问题杂志》,第 19 卷,第 4 期(1985 年 12 月),第 899—921 页。

② 标准的产业组织教科书分析的是四种基本市场结构的结构、行为和绩效:完全竞争、垄断竞争、寡头竞争和完全垄断。虽然有许多不同的寡头模型,包括那些带有垄断竞争元素的模型,但没有哪一种寡头模型是建立在结构上的内部依存的基础之上;也就是说,寡头理论都假定了各个竞争者之间在结构上是独立的。

③ 在过去的成果中我们发展了私人部门集中计划(CPSP)这个命题,作为对美国经济更现实的一种宏观的描述性解释。比如见约翰·R.芒克斯的《美国资本主义的转变》(纽约阿尔蒙克:M.E.夏普出版公司,1985 年);约翰·R.芒克斯:"私人部门集中计划:一个制度主义者对当前美国经济的看法",载《经济问题杂志》,第 17 卷(1983 年 12 月号),第 931—968 页,以及詹姆斯·I.斯特金:"微观、宏观文献与私人部门集中计划的含义",载《经济问题杂志》,第 17 卷(1983 年 12 月号),第 969—984 页。本文关注的是直接分析 CPSP 命题的微观子结构的主要特征。

或“无意识的并行”的行为。并且,尽管合作与协作在某些方面是类似的,但它们之间有根本的差异。主要的差异是,在寡头合作的产业中,存在着一些独特的、具有法律约束力的、半永久性的组织结构。这些类型的组织结构进而提供的不仅是合作行为的手段,还提供了合作行为的必要性。合作行为进而对于微观和宏观经济理论的适宜性以及公共政策的适宜性,都有着深刻的含义。

寡头竞争:标准观点

像弗里茨·马克卢普和E.H.张伯伦这样的著名寡头理论专家认为,作为相互依赖的一个结果,寡头垄断者面临的基本问题包括竞争者之间对彼此的价格、质量、产品和产能决策的反应。竞争者人数少,会造成一种其他市场结构中所不存在的心理意识和强烈的对抗。30多年前,马克卢普指出:

> 在某些形式的寡头垄断中,无论哪种类型的卖方的态度都是对抗感,以及非常激烈的竞争。在纯粹多头垄断下,这种对抗感是“完全竞争者”的态度中全然没有的。在不纯粹的多头垄断下,一个卖方可能会知道他有竞争者这一事实,虽然他可能会留意他们,但他对自己的行动并没有自我意识,因为他没有感觉到被竞争者所留意。因为他确信自己的行动不会伤害到任何竞争者,任何竞争者也从来不会对他的行动进行“报复”,他会没有任何具体的“对手”或“对手们”。
>
> 在某些形式的寡头垄断下则不一样。寡头垄断者通常将某些企业视为他的对手:他知道他们在留意着自己,或者至少会注意到他的“竞争”行动;他相信他可能伤害他们,或者激怒他们,

或者让他们采取行动，除非他有所行动，否则他们是不会采取这些行动的。所有这一切意味着，他非常清楚自己处于主动的或者潜在的竞争之中。[①]

张伯伦在马克卢普之前20年指出：

当一个卖者的行动明显迫使另一个卖者采取对抗行动时，如果他仍然假设对手不会反击的话，那么，他就是非常愚蠢地看不到下一步了。正如已经指出的那样，不能把独立性假设解释为要求卖者去竞争，好像他们的命运是个不相关的一样，因为这就相当于掩盖了寡头垄断本身的问题。[②]

在描述了寡头垄断者如何行动之后，在一个寡头垄断市场结构中，均衡价格可以被确定在高于完全竞争市场结构中得出的最低平均成本之上，并且伴有产能过剩，张伯伦补充说道：

所描述的结果并没有涉及卖者之间的联合——哪怕是一个默认的协议。这是每一个卖者各自寻求自己的"正常"利润的结果。与竞争者密谋（哪怕是"默认的"）的观念还没有进入那些人的头脑，他很自然地认为他只是与自己的消费者打交道，制定了足以获得丰厚利润的价格。但实际情况是，通过正式的或者默认的协议，通过建立一种团体精神的公开价格联盟、贸易联盟的活

---

① 弗里茨·马克卢普："寡头垄断的特征和分类"，载《凯克洛斯》（*Kyklos*），第5卷（1951—1952年）。

② 爱德华·H.张伯伦：《垄断竞争理论》，第8版（剑桥：哈佛大学出版社，1965年），第46—47页。

> 动，通过"价格维持"、生产商强迫经销商保持统一价格以及把注意力从价格上转移开的过度的产品差异，这种密谋得到了强化。[①]

马克卢普和张伯伦都认为，因为意识所导致的心理上的相互依赖而使得寡头垄断区别于其他市场结构。大量研究寡头行为的文献在很大程度上都直接来源于马克卢普和张伯伦的结构独立、心理相互依赖以及对抗的思想。[②]

作为概念来说，心理相互依赖和激烈对抗是合乎逻辑的，直观地吸引了很多人，尽管也存在争议，但似乎在正统经济学家中间得到了普遍的认同。但要记住的是，两个概念都是基于以下假设：(1)卖者数量少；(2)卖者之间在结构上是独立的。尽管在很多市场上的卖者数量少这个假设是一个难以反驳的概念，但只要对经济现实稍有了解，就能证明结构独立这个概念是有问题的。

寡头合作：一个新观点

寡头合作理论的基本特征是与结构独立相对立的结构上的内部依存。在过去的几十年中，企业间已经发展了许多不同类型的结构上的内部依存；但这里的分析只涉及三种：(1)管理上的内部依存；(2)所有权的内部依存；(3)股权控制的内部依存。在这里的研究中，结构主要指的是不同类型的组织关系——管理的、所有权的以及股

① 张伯伦：《垄断竞争理论》，第 106 页。

② 两本很好的教科书涵盖了这些文献，也对很多文献进行了评论，见 F.M.谢勒的《产业市场结构与经济绩效》（芝加哥：兰德·麦克纳利大学出版社，1980 年），尤其见第 67—68 页；以及威廉·G.夏皮罗的《产业组织经济学》（*The Economics of Industrial Organization*）（新泽西恩格尔伍德·克里夫斯：普伦蒂斯出版公司，1979 年）。

权控制的。不过我们也承认绝对规模和集中度这些传统的结构特征。最后,为了便于阐述,在金融市场领域,我们研究的是银行业与保险业,而在制造业领域,我们的分析主要限于石油产业。

我们的看法是,基于心理相互依赖的寡头竞争已经演变为基于结构上内部依存的寡头合作,并已为其所替代。我们收集到的数据十分显著地表明,银行业、保险业和石油产业已经几乎彻底演化为合作的寡头。我们断言,这种新的市场结构在现在或者在不久的将来,是构成美国经济核心的大多数关键产业的典型形式。这种分析的关键一点是,当公司雇员之间日复一日的相互作用,替代了由相互依赖关系导致的心理上或多或少存在猜疑的博弈,管理活动中的一种性质上不同的"合理"过程也就出现了。相互作用把公司决策者(高层和中层的管理者,以及从事决策所需要的工作的人)置于这样的环境中,即与成功地完成自己的工作相比,公司的身份较不重要。这些直接和间接的联系保持得越为长久,向寡头合作发展的市场结构就越多。

银行业和保险业

为了开展研究,我们选取了全国最大的10家银行和最大的5家保险公司来分析。本研究得到了足够的证据,表明其中7家银行,4家保险公司和1家混业经营的金融企业,已经在管理上和财务上演变为寡头合作的市场结构。①

① 7家银行分别是花旗集团、大通公司、汉华实业银行、J.P.摩根公司、纽约化工公司、伊利诺斯大陆公司、芝加哥第一国民银行。4家保险公司分别是美国宝德信保险公司、大都会人寿保险公司、美国公平人寿保险协会以及纽约人寿保险公司。混业经营的金融公司是大陆公司。大陆公司并不属于最初研究的15个组织,但由于它与其他银行和保险公司之间有大量相互联锁关系而增加进来。

表 1 部分银行和保险公司的产业、公司名称、排名、资产(存款—保险金)、信托资产、总部以及雇员人数(截至 1984 年 1 月)

产业和公司	排名[a]	资产(百)	存款/保险金(百)	信托[b]资产(百)	总部	雇员人数
A. 银行业						
1. 花旗集团	1	134 655 000	79 794 000	21 435 623	纽约	65 700
2. 大通公司	3	81 921 449	56 299 557	9 633 506	纽约	37 230
3. 汉华实业	4	64 332 306	42 284 115	21 531 623	纽约	28 250
4. J. P. 摩根公司	5	58 023 000	38 070 000	39 117 769	纽约	12 965
5. 纽约化工公司	6	51 164 860	32 452 401	12 008 457	纽约	19 464
6. 伊利诺斯大陆公司	8	42 097 371	29 431 468	12 456 422	芝加哥	12 189
7. 芝加哥第一国民银行	11	36 323 324	27 680 040	7 486 358	芝加哥	11 154
B. 保险业						
8. 宝德信保险公司	1	72 248 810	9 514 847		纽瓦克	59 847
9. 大都会人寿保险公司	2	60 598 562	5 947 671		纽约	40 000
10. 美国公平人寿保险协会	3	43 305 559	1 102 684		纽约	22 836
11. 纽约人寿保险公司	5	24 228 095	3 554 362		纽约	19 320
12. 大陆公司[c]	18	9 278 499	3 946 566		纽约	18 250
合计		678 176 835	330 077 711	123 669 216		347 205

资料来源:《财富》,1984 年 7 月号。

a:按资产和产业排序。比如花旗集团是美国最大的银行,而宝德信是最大的保险公司。

b:信托资产数据为 1983 年第一季度。

c:大陆公司通常被归为混业经营的金融机构,不是一家保险公司。

截至1984年1月,这些组织资产约6 780亿美元,存款—保险金为3 300亿美元,7家银行的信托部门控制着约1 240亿美元的信托资产(见表1)。9家机构总部位于纽约,一家总部在纽瓦克,两家在芝加哥。在银行业——按资产排序——这些银行分别排在第一、第二、第三、第五、第六、第八和第十一位,而这些保险公司按资产分别排名第一、第二、第三和第五位。大陆公司在混业经营的金融机构中排在第十八位。就绝对规模和集中度而言,这些银行和保险公司的总资产在各自产业分别占到全国的23%和32%。就构建有解释意义的集中率这一目的而言,尽管确实难以确定恰当的市场范围,因为这些企业的经营范围是在当地、区域、全国和国际层次,但在当地和区域水平,这些产业的特征还是可以表示为具有或"松散"或"紧密"的寡头竞争市场结构。[1]

管理上的内部依存

这些组织之间在管理上的直接内部联锁见表2。举例来说,纽约人寿有一名董事同时也是花旗集团的董事,有2名董事同时也是化工公司的董事,有一名董事同时也是J.P.摩根公司的董事,最后,有一名董事同时也是汉华实业的董事。因此,当纽约人寿保险公司召开董事会会议的时候,来自化工公司、J.P.摩根公司、汉华实业和花旗集团的董事都要出席。相反,当J.P.摩根公司召开董事会会议时,宝德信、大都会人寿保险公司和纽约人寿保险公司每一家都有一名或者多名董事出席。这样,从本质上来说,保险业内部的公司通过银行形成了内部联锁,而银行业内部的公司通过保险形成了内部联锁。

---

① 比如见夏皮罗《产业组织经济学》,第146—156页。

表 2 部分金融机构之间董事会直接内部联锁和非董事会直接机构联锁(II)的个别机构和全部机构的统计分析(截至 1984 年 1 月 1 日)

产业和公司	内部联锁总数	所选择的金融机构之间的(董事会和非董事会)直接内部联锁												内部联锁总数
	II[a]	花旗	大通	汉华	摩根	化工	伊利诺斯大陆	芝加哥	宝德信	大都会	公平人寿	纽约人寿	大陆公司	BOD[b]
A.银行														
1.花旗集团	4				FD					D，FD		D		2
2.大通公司	2									2D			2D*	2
3.汉华实业	4											D		4
4.摩根公司	5	FD							D	2D		D		4
5.纽约化工公司	3										D	2D		3
6.伊利诺斯大陆	1										D			1
7.芝加哥第一	1		A											0
B.保险公司														
8.宝德信保险	1				D									1

（续表）

9.大都会人寿	6	D，FD	2D		2D			5
10.公平人寿保险	2					D	D	2
11.纽约人寿	5	D		D	D	2D		5
12.大陆公司	3			2D				3

资料来源：穆迪公司的《金融年报》，1984 年。

a：在“内部联锁总数 II”这一列中的数字与“内部联锁总数 BOD”这一列中的数字可能不同，因为前一列中包含董事会与非董事会的内部联锁。例如，一个人可能是一个机构的董事会成员，又是另一个机构的国际咨询委员会的成员。这将形成一种机构联锁（II），而不是两个机构的董事会成员之间的内部联锁。另一个例子是，一个机构的董事会成员有一个亲戚是另一家机构的高级业务管理层成员，但不是董事会成员。

b：见 a。

符号：D＝董事会；O＝高级职员和董事会成员；* ＝首席执行官和董事会成员；A＝机构内部联锁，但并非董事会内部联锁（见注释 a）；F＝家族董事会内部联锁——例如，父子分别是不同机构的董事会成员。符号之前有一个数字，比如“3D”、“2A”等，这表示所涉及的相互联锁关系类型的实际数量。

注意：要正确理解符号的话，阅读的时候要从左到右，然后从上到下。比如，大陆公司的首席执行官，即 *，是汉华实业的董事会成员。

尽管这些产业内的管理关系是很重要的，但在这个产业内部创造一种结构上的管理的内部依存的关键元素，还是这些组织之间在其他行业的公司董事会里的董事职位间接管理内部联锁(IDI)。为了明确地阐述，在这两个概念间进行区分是很重要的——董事会直接内部联锁和董事职位间接内部联锁。前者仅仅表示12家金融机构之间的一种联系，而后者表示的是两个或两个以上金融机构之间的内部连锁，它们每一个机构都有一名或者多名董事担任第三家非金融企业的董事。为了说明这种IDI，考虑以下的关系：

花旗集团——X和Y是花旗集团的董事会成员
J.P.摩根——M和Y是摩根的董事会成员
大都会人寿——A和P是大都会人寿的董事会成员
大通公司——Q是大通公司的董事会成员
通用汽车(GM)——X、Y、M、N、O、P、Q是GM的董事会成员

截至1984年1月，这是一个实际存在的例子。当GM公司召开董事会会议时，大通、J.P.摩根、花旗集团和大都会人寿就有7个董事职位间接内部联锁。重要的是要注意到，这7个IDI是通过一个机构间接相互联锁(III)而发生的。如表3所示，花旗集团和J.P.摩根还有另外13个III。同时，由于发生III的14家公司中的每一家，每年大约召开12次董事会会议，来自花旗集团和J.P.摩根公司的董事每年将会面大约168次，平均每周三次以上，这只是通过III而发生的。表3中的数据表明了J.P.摩根公司和花旗集团的管理层共同分享的信息和共同承担的责任的数量和多样性。①

① 这12家金融机构总共有250名董事会成员。平均来说，每个董事占据着非金融企业的4个董事职位。这意味着每个人每年要出席大约60次董事会会议。

表 3　发生在部分金融机构之间的董事职位间接相互联锁(IDI)和机构间接内部联锁(III)的总数和个别统计分析——在其他部分公司的董事会中(截至 1984 年 1 月 1 日[a])

产业和公司	内部联锁总数		机构间接内部联锁										
	IDI-III	花旗	大通	汉华	摩根	化工	伊利诺斯大陆	芝加哥	宝德信	大都会	公平人寿	纽约人寿	大陆公司
A.银行													
1.花旗集团	134—29	168—40		18	12	14	7	6	4	5	13	2	5
2.大通公司	129—30	127—28	18		9	13	8	3	0	4	7	0	7
3.汉华实业	123—25	99—22	12	9		13	5	4	2	1	5	2	5
4.摩根公司	105—26	136—33	14	13	13		11	2	1	1	6	5	7
5.纽约化工公司	121—26	102—21	7	8	5	11		3	2	1	5	3	6
6.伊利诺斯大陆	74—16	61—14	6	3	4	2	3		6	1	2	1	2
7.芝加哥第一	84—19	47—12	4	0	2	1	2	6		1	2	0	1
B.保险公司													
8.宝德信保险	34—9	5	4	1	1	1	1	1		4	2	1	0
9.大都会人寿	104—24	13	7	5	6	5	2	2	4		2	6	5
10.公平人寿保险	35—8	2	0	2	5	3	1	0	2	2		2	1
11.纽约人寿	78—18	5	7	5	7	6	2	1	1	6	2		3
12.大陆公司	61—13	6	5	2	3	4	2	3	0	5	1	3	

资料来源:穆迪公司的《银行和金融年报》,1984 年;穆迪公司的《产业年报》,1984 年;标准普尔:《百万美元公司名录》,1984 年。

[a] 需要对表 3 中数据的解释提醒几句。将比如说花旗集团与其他 11 家公司的每一家之间的 III 加总,不会得到"III 总数"这一列中相同的数字。把这些数字加总,会产生重复计算。比如,假设花旗集团、大通、汉华和宝德信每家公司都和 GM 有一个董事会直接内部联锁。一方面,花旗集团和大通在 GM 有 III,花旗集团和汉华在 GM 有 III,花旗集团和宝德信在 GM 有 III。另一方面,GM 与花旗集团和其他所选择的公司之间只能计算一个 III,而不是三个。

表 3 中的数据也可以用于计算每个 III 的董事职位内部联锁的平均数量。例如，花旗集团与另外 11 个金融组织共有 168 个 IDI。进而，这些 IDI 发生在 40 个 III 中。所以，每一个 III 中平均大约有 4 个董事职位内部联锁。仅仅是通过 III，花旗集团的董事每年须和其他 11 家公司的董事们会面 480 次，这些公司约有 4 个金融董事职位是内部联锁的。表 2 和表 3 中的数据清楚地显示，这些组织的高层管理者几乎（每天）都有固定联系。现在我们再转而简单考察一下另外一种关系——股票。

股票控制的内部化依存

在表 4 中的数据表明，12 个金融组织相互控制着大量股票。例如，集团内分别控制着花旗集团、汉华实业、J.P.摩根、伊利诺斯大陆公司和芝加哥第一国民银行 14.2%、16.9%、14.7%、12.1%和 21.3%的股份。[①]

股票作为一个重要的结构性特征，最重要的是我们要注意到，在 6 家银行的信托部门，总共持有大约 1 240 亿美元的股票(见表 1)。

如果仔细研究就会发现，管理上的直接和间接内部联锁，以及这些组织之间存在的联合控股的网络，揭示了一个非常清晰的结构事实。的确，有意识地承认这些结构上的内部依存和责任共担，是参与者之间的高度合作所必需的。对于那些似乎认为不存在这种内部依存而采取行动的成员来说，将在逻辑上和实践中导向非理性的趋势。管理上和金融上的联系是如此紧密，以至于表现为一种结合在一起

① 对(1)股权与控股，(2)管理权控制与所有权控制，(3)股票控制的集中之间关系的演化和表现的详尽分析，见芒克斯的《美国资本主义的转变》一书，尤其是第 3 章和第 5 章。

的结构大厦；基本的假设是，结构产生行为。

表 4 董事职位间接内部联锁(IDI)、机构间接内部联锁(III)和董事会直接内部联锁的总数，每一个机构的(1)董事会内部联锁的百分比，(2)股票内部联锁的百分比(截至 1984 年 1 月 1 日)

	IDI、III、董事会直接内部联锁；每个机构的董事会的数量规模；以及内部联锁的百分比				内部联锁持有股票的最少数量
产业和公司	IDI-III	董事会直接内部联锁	董事会数量	董事会内部联锁（百分比）	股票*（百分比）
A. 银行					
1. 花旗集团	168—40	2	23	9	14.2
2. 大通公司	127—28	2	25	8	6.1
3. 汉华实业	99—22	4	18	22	16.9
4. 摩根公司	136—33	4	23	17	14.7
5. 纽约化工公司	102—21	3	26	12	8.4
6. 伊利诺斯大陆	61—14	1	16	6	12.1
7. 芝加哥第一	47—12	0	20	0	21.3
B. 保险公司					
8. 宝德信保险	34—9	1	17	6	NA[a]
9. 大都会人寿	104—24	5	21	24	NA
10. 公平人寿保险	35—8	2	23	9	NA
11. 纽约人寿	78—18	5	22	23	NA
12. 大陆公司	61—13	3	16	19	11.3

资料来源：穆迪公司的《银行和金融年报》，1984 年；穆迪公司的《产业年报》，1984 年；以及证券和交易委员会表格 13F。

NA[a]：缺数据，是共有公司。

* 来自 13F 的报告的所有控股数据都是 1978 年第一季度的。

更具体地说，卖方数量少、结构上的独立以及心理上的相互依赖，导致了传统寡头垄断理论中的激烈竞争；卖方数量少、结构上的内部依存以及决策者之间在人员/心理上的相互作用，导致了合作。

石 油 行 业

表5列出了在美国出售汽油的72个品牌或者公司名称。1976年，在许多畅销杂志上的广告中都可以看到这些公司醒目的商标。有些公司的广告词如下：

> 您现在看到的是销售汽油的部分品牌和公司名称。有人说石油公司是垄断者。如果是这样的话，那么，它是世界上最无能的"垄断者"。
>
> 这个"垄断者"是如此无能，以至于它向世界最富有的国家销售世界上最廉价的汽油。
>
> 这个"垄断者"是如此无能，以至于它让每个人和它的兄弟闯到市场中来。您是否知道，成千上万家的石油公司，没有哪一家占有8.5%以上国内市场份额。
>
> 事实上，这个"垄断者"是如此无能，以至于你可能不会承认它是垄断者，因为它看起来就像是一个完全竞争的市场体系。
>
> 把我们称为垄断者的人，显然不知道他们在说些什么。①

① "这就是垄断者之路！"，载《体育画报》(*Sports Illustrated*)，1976年6月21日。

表 5 72 个在美国销售汽油的品牌和/或公司名称(截至 1976 年)

72 个在美国销售汽油的品牌和/或公司名称(截至 1976 年)	
1. Lion	28. Powerline
2. Kerr McGee	29. Derby
3. Marathon	30. Beacon
4. Gulf	31. SPUR
5. Thrifty	32. Star Gas
6. Tesoro	33. Midwest
7. Time	34. Cenex
8. Clark	35. Hess
9. Mohawk	36. USA
10. Texaco	37. Pennzoil
11. Lerner	38. Ashland
12. Conoco	39. Billups
13. Crown	40. Power Test
14. Crystal	41. Sohio
15. Quaker State	42. Colonial (Minuteman)
16. MFA Oil	43. Total
17. Malco	44. FS
18. Martin	45. Certified
19. Western	46. Amoco
20. Fina	47. Getty
21. ARCO	48. Tresler Comet
22. Sunoco	49. Chevron
23. Colonial	50. Texgas
24. Exxon	51. Wood River
25. Checker	52. Union
26. Vickers	53. COOP
27. Terrible Herbst	54. Tenneco

（续表）

55. Shell	64. ETNA
56. APCO	65. Phillips 66
57. Southland	66. UCO
58. Shamrock	67. CITGO
59. Mobil	68. Husky
60. Midland	69. Champlin
61. Zephyr	70. Keystone
62. Dixie	71. Sunland
63. FCX	72. SOC

资料来源：《体育画报》，1976 年 6 月 21 日。“这就是垄断者之路”。

这个广告的创作者在技术上正确地指出：(1)石油产业不是完全垄断的（一个公司提供了整个产业的所有产出）；(2)这个产业，正如广告中所描述的那样，“看起来……更像是完全竞争的市场体系”。但是，这则广告中的统计，虽然在技术上是正确的，但几乎是对经济现实的一种彻底的曲解：72 家公司中的 10 家（见表 6）占了全美国消费掉的石油产品和精制石油产品的 70%—75%。这 10 家公司之间平均有 5.5 个 III 类，它们每年平均大概有 66 次管理层会议。许多小公司向消费者出售产品的最低零售价格，部分是由这种大型的、充分一体化的公司所决定的，因为这些小公司必须(1)从大型“充分一体化”的公司购买原油；①(2)通过这些大公司拥有的管道来运输原油和精制石油产品。表中列出的一些公司的部分股份是由其他石油

① 一个充分一体化的公司是在产业的生产和分配过程的所有四个阶段都有业务的公司：生产，油田；运输，管道和油罐车；制造，炼油厂；营销，加油站。充分一体化的公司可以控制汽油零售价格，做法是在小型非一体化公司向它们购买原油时，或者通过它们的管道运输石油或者精制石油产品时，控制这些公司必须支付的价格。

表 6 发生在 10 家石油公司之间的董事职位间接内部联锁(IDI)和机构间接内部联锁(III)的总体和个别统计分析——在其他公司董事会内部(截至 1984 年 1 月 1 日)**

	内部联锁总数	*机构间接内部联锁*									
石油公司*	IDI-III	EXX	MOB	TEX	STD	CHV	ARC	OCC	SUN	TEN	UNO
1. 埃克森(Exxon)	21—8		3	3	1	1	2		2		
2. 美孚(Mobil)	37—13	3		3	2	2	6		1	3	
3. 德士古(Texaco)	21—8	3	3			2	2		1	1	
4. 标准(印第安纳)(Standard (IN))	13—5	1	2					1			1
5. 雪佛龙(Chevron)	12—4	1	2								
6. 大西洋里奇菲尔德(Atlantic Richfield)	21—7	1	2	2						2	
7. 西方石油(Occidental)	2—1				1						
8. 太阳石油(Sun Oil)	9—4	2	1	1						1	
9. 天纳克(Tenneco)	11—4		3	1			2		1		
10. 优尼科(Unocal)	5—1				1						

资料来源:穆迪公司的《产业年报》,1984 年。

* 这 10 家公司占了全美国消费掉的石油产品和精制石油产品的 70%—75%,但并不一定是在美国生产和/或冶炼的。

** 需要对以上数据的解释提醒几句。将比如说埃克森与其他 9 家机构每一家之间的 III 加总,不会得到"III 总数"这一列中相同的数字。把这些数字加总,会产生重复计算。比如,假设埃克森、德士古和雪佛龙每家公司都和 GM 有一个董事会直接相互联锁。一方面,埃克森和德士古在 GM 有 III,德士古和雪佛龙在 GM 有 III,雪佛龙和德士古在 GM 有 III。另一方面,埃克森和其他三个机构之间只能计算(在总数那一列)一个 III,而不是三个。

公司持有的。例如,荷兰皇家壳牌公司拥有壳牌公司(Shell)69%的股份,而英国石油公司拥有俄亥俄标准石油公司(Sohio)50%以上的股份。[①] 最后,很多这些企业目前通过一种称为合资企业的契约(有时是组织)协议,相互间在很多石油业务上成为合作伙伴。

管理上的内部依存

表6中的数据表明,来自本文分析的10家石油公司的管理者,几乎每周都要在出席正式会议的时候相互碰面。[②] 例如,当J.P.摩根公司召开一次董事会会议的时候,来自美孚石油公司、天纳克公司和大西洋里奇菲尔德公司的董事要出席;当大都会人寿保险公司召开董事会会议时,来自美孚石油公司、埃克森公司、索亥俄公司和大西洋里奇菲尔德公司的董事要出席,等等。换种说法:来自美孚石油公司、埃克森公司、德士古公司和大西洋里奇菲尔德公司的管理者,每年分别要与这10家石油公司组成的集团的管理者会面156次、96次、84次和60次。然而,董事会内部联锁还不是这个产业便于频繁会面以分享信息和决策责任的唯一途径。

合资企业的内部依存

合资企业是这样一种企业形式,在其中,公司与其他公司、政府

---

① 荷兰皇家壳牌公司和英国石油公司与埃克森、美孚海湾、德士古和加利福尼亚标准石油一起,被称为国际石油资本(International Majors)。从20世纪20年代初以来,这个集团就控制了世界石油产业。

② 这10家公司是:埃克森、美孚、德士古、雪佛龙(加利福尼亚标准石油)、大西洋里奇菲尔德(阿科(ARCO))、印第安纳标准石油(阿莫科(Amoco))、俄亥俄标准石油(索亥俄(Sohio))、太阳石油公司(Sunoco)、联合石油公司和天纳克(Tenneco)。

或者组织创造了合伙关系。[①] 传统寡头垄断理论没有明释特定产业中的企业的这类行为,在其中,主要企业联合拥有生产资料。在石油产业,这些协议涵盖了从土地租用或让与的投标到最终产品营销的每一个环节。

表7记录了9家石油公司的合资活动,它们是埃克森、美孚、德士古、加利福尼亚标准石油(现在的雪佛龙)、海湾(现已同雪佛龙合并)、大西洋里奇菲尔德、大陆(现属杜邦公司)、城市服务公司(Cities Service)(现属西方石油)以及印第安纳标准石油公司。在美国境外,这9家公司之间共有594个合资行为。我们从表7中抽出一些例子,来阐述这个行业中的合资联系的多样性。

表7　在美国境外,部分公司在勘探、钻井、生产、管道和炼油方面的合资活动

	埃克森	美孚	德士古	加州标准	海湾	大西洋	大陆	城市服务	印第安纳标准	合计[a]
埃克森		59	32	19	21	20	12	5	10	178
美孚	59		31	31	14	12	7	2	3	159
德士古	32	31		10	23	15	12	2	8	133
加州标准	19	31	10		15	19	11	1	6	112
海湾	21	14	23	15		10	26	1	7	117
大西洋	20	12	15	19	10		10	6	112	204
大陆	12	7	12	11	26	10		16	4	98
城市服务	5	2	2	1	1	6	16		2	35
印第安纳标准	10	3	8	6	7	112	4	2		152
合计[b]	178	100	70	52	44	128	20	2	0	594

a:这一列的合计(横向)是每个企业参与的合资活动的总数,不是合资总数。

b:这一行的合计(纵向)是合资总数。这些数字只能是每一列在主对角线以下数字的总和。最后一个方框内的数字(594)是这些数字的总和。

主对角线两侧方框内的数字是一样的,便于读取每个公司的数据。

资料来源:据“国际石油产业中的合资企业:勘探和钻井”(俄克拉荷马大学博士论文,1974年)中的数据计算而得,作者是詹姆斯·I.斯特金,第175—176页。

① 这个产业内的其他合作形式包括交换协定、联合经营和配定产量、同业公会等。

从对公司规模和对这个产业的影响来看，也许最重要的合资企业是阿拉伯美国石油公司(Arabian American Oil Company)(阿美公司(Aramco))。阿美公司有4个参与者——埃克森、美孚、加利福尼亚标准石油(现在的雪佛龙)和德士古公司(见表8)。这是一家特拉华州的企业，是目前沙特阿拉伯政府在石油生产上在美国的唯一合伙人。由于它作为一个集合单位来运行，看似合乎逻辑的就是，合伙人比单个议价者能在谈判中占据更强有力的位置。不仅对它在沙特阿拉伯的经营是这样，对它们在全世界的石油业务也是如此。这里的关键点是，在别人看来是寡头竞争者的阿美公司的4个所有者，实际上是作为这个世界上最大的石油生产公司的共同所有者而相互合作、相互作用。(自第二次世界大战结束以来，除了社会主义集团国家以外，阿美公司每年生产全世界20%—25%的石油，占有世界石油储量的25%—30%。)

表8 沙特阿拉伯主要石油生产业务的所有权(截至1980年1月1日)

国家、所属公司和油田	*所有权比例*	*产量(桶/天)*
阿拉伯美国石油公司		9 200 000
加州标准石油公司	28.3	
新泽西标准石油(埃克森)	28.3	
德士古公司	28.3	
美孚石油公司	15.0	
油田：Khurais，Manifa，Ghawar，Abqaiq，Berri，Abu Sa'Fah，Abu Hadriya，Safaniya，Qatif，Khursaniyah，Fadhili，Dammam，Shaybah		

资料来源：詹姆斯·C.坦纳(James C. Tenner)："到1979年，美孚在阿美公司的股份扩大到15%，"载《华尔街日报》1975年4月10日，第3页；约翰·R.芒克斯："国际石油产业中的合资企业：生产和炼油"(俄克拉荷马大学博士论文，1973年)，第125页。

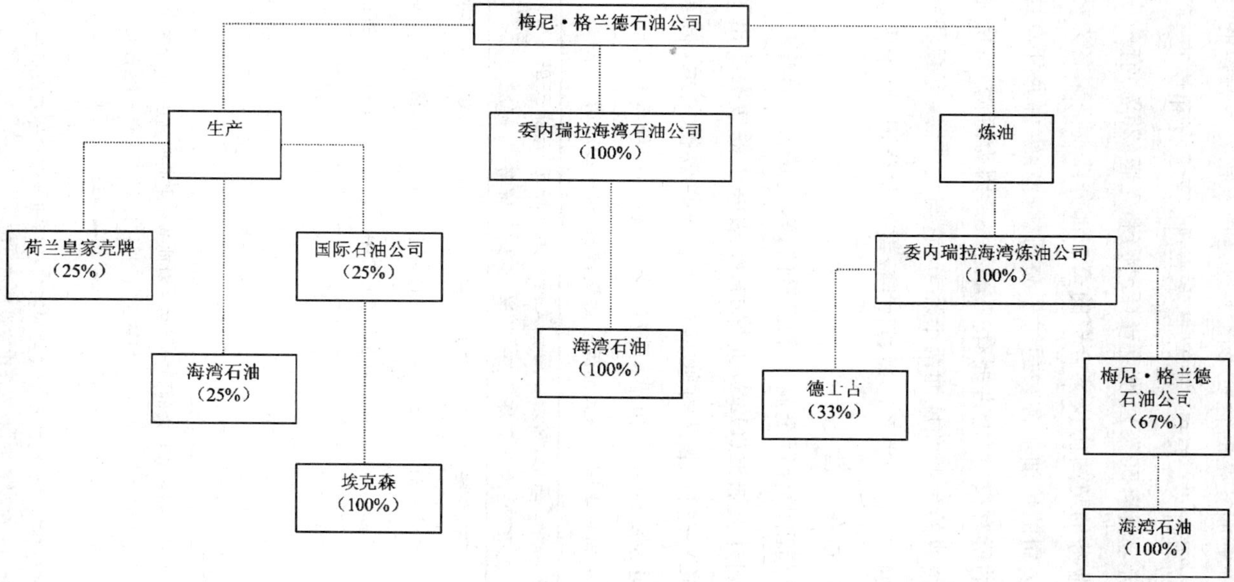

图 1　委内瑞拉梅尼·格兰德(Mene Grande)石油公司的合资生产和炼油业务

资料来源:据詹姆斯·I. 斯特金的“国际石油产业中的合资企业:勘探和钻井”(俄克拉荷马大学博士论文,1974 年)第 167 页图形修改而得。

图1中描述了更加复杂的合资形式。这是一家在委内瑞拉的合资企业，涉及海湾/雪佛龙、美孚、荷兰皇家壳牌、德士古和埃克森。在合资的第一部分，海湾(50%)、埃克森(25%)和壳牌(25%)有一个涉及让与和生产业务的契约协议。合资的第二部分涉及一家名为委内瑞拉海湾炼油公司的炼油业务。通过子公司，海湾/雪佛龙拥有这家企业三分之二的所有权，德士古拥有三分之一。因为海湾/雪佛龙参与到这家合资企业的生产和炼油两个环节，它与壳牌、埃克森和德士古发生了直接的、频繁的联系。通过海湾/雪佛龙公司，德士古也与壳牌和埃克森联系在一起。①

但是，表7中列出的合资企业是不完整的；特别是很多合作投标和生产是在美国的外大陆架(OCS)进行的。② 表9中的数据给出了这9家公司在OCS进行合资的基本情况。这些数据显示，截至1975年，这些公司为海外开采租借海域提交了共2 040项合作投标。

表9 部分公司在美国外海大陆架的合资数(1954—1975年[a])

	埃克森	美孚	德士古	加州标准	海湾	大西洋	大陆	城市服务	印第安纳标准	合计[b]
埃克森		20	8	63	35	22	0	0	0	148
美孚	20		61	75	78	38	4	12	86	374
德士古	8	61		0	51	20	0	0	150	290
加州标准	63	75	0		46	45	0	0	127	356
海湾	35	78	51	46		14	0	0	31	255

① 我们这里没有分析合资企业带来的间接联系。对此的一个简要阐述，见詹姆斯·I.斯特金的“国际石油产业中的合资企业：勘探和钻井”，1974年，以及约翰·R.芒克斯的“国际石油产业中的合资企业：生产和管道”，1973年，两篇论文都是俄克拉荷马大学未出版的博士论文。

② 这些合资活动包括很多成功的和不成功的租借投标和合作投标之后的生产业务。不包括从外大陆架合作铺设管道，或者合作建设储油设施。

（续表）

大西洋	22	38	20	45	14		604	255	76	1 074
大陆	0	4	0	0	0	604		91	4	703
城市服务	0	12	0	0	0	255	91		24	382
印第安纳标准	0	86	150	127	31	76	4	24		498
合计[c]	148	354	221	218	45	935	95	24	0	2 040

a:这些合资包括在外海大陆架租售土地的成功和不成功的投标。

b:这一列的合计(横向)是每个企业参与的合资活动的总数,不是合资总数。

c:这一行的合计(纵向)是合资总数。这些数字只能是每一列在主对角线以下数字的总和。最后一个方框内的数字(2 040)是这些数字的总和。

主对角线两侧方框内的数字是一样的,便于读取每个公司的数据。

资料来源:据美国内政部地理测量 LPR5 和 LPR10 的外海大陆架系列数据整理而得。

关于合资的最重要的事实并非其数量。数量尽管重要,但更重要的是要意识到,这些公司通过遍及全球的联合的所有权安排而发生了结构上的内部依存。进而,它们在所有业务领域都形成了内部联系——土地(租用或让与)、勘探、钻井、生产、运输、炼油和营销。整个产业的大量合资活动带来的结果是,生产资料在很大程度上被联合所有和控制。

这些正式的、合法的约束性协议并不鼓励竞争行为。相反,联合所有权导致了结构上的内部依存,推动了参与者越来越多的合作行为。合资企业提高了相互作用、共享信息和专业技能及作出联合决策的必要性;一个合伙人的成功不可分割地与其他合伙人的成功联系在一起。① 用张伯伦的话来说,一个“愚蠢地看不到下一步”的人

① 让各种石油企业参与合资的原因通常有:(1)减少金融和政治风险;(2)让市场有序运行;(3)让“母公司”更容易适应世界范围内多种多样的政治和社会环境;(4)让企业分担成本。对这些原因的分析超出了本文的范围。对此的讨论可见斯特金和芒克斯的两篇“合资企业”博士论文。

是理解不了这一点的。马克卢普和张伯伦的短暂的、心理上的相互依赖已经被这些同盟、合伙人和项目合作者之间结构上的内部依存所取代。合资协议促使参与者在日常事务中进行合作，归根到底，并没有让它们产生竞争和敌对的动机；简言之，寡头竞争已经演化为寡头合作。

虽然我们选择了石油产业来阐述合资概念，但我们并不想让大家认为这是利用合资或者其他结构上的内部依存来实现合作的唯一产业。像铁矿石开采、钢铁制造这样的产业也广泛利用了合资。[①]此外，最近汽车产业的公司也开始了正式的合资业务。[②] 克莱斯勒公司已经与德国和日本的汽车公司签订了合资协议，而通用汽车公司和丰田公司已经建成了目前已生效的共有生产设备。这些协议也可能导致独立性的消除，以及汽车产业在结构上内部依存的制度。当然，美国的每一个重要产业都已经通过大量管理上的 IDI 和 III 而建立了结构上的内部依存关系。[③]

经济和公共政策含义

寡头合作无情地导致了公共政策方面的诸多问题。自由放任政策在完全竞争条件下通常被认为是适当的，而一些更为保守的倾向认为它在寡头竞争条件下也是适合的。然而，在寡头合作条件下倡导自由放任政策面临着相当多的问题。进而，为寡头竞争提出的许

---

① 见丹尼尔·R. 富斯菲尔德：“钢铁产业的合资子公司”，载《美国经济评论》，第 48 卷(1958 年 5 月号)，第 578—587 页。

② 应该注意的是，汽车产业有合作的历史，主要是通过专利权共享、零部件共用等形式。但与合资或者董事会内部联锁相比，这些关系较不正式，约束较小。

③ 见芒克斯：《美国资本主义的转变》。

多惯常的政策措施——反托拉斯机构的警戒,或者必要时的起诉——也是有问题的。我们认为,"警察巡逻"的方法在阻止石油产业的寡头合作方面并不成功。[①] 那些倡导放任自流政策的人假设竞争或者寡头竞争足以协调大多数经济活动。他们还假设在生产活动的一般运行中,竞争要优于合作。

然而,在一个寡头合作体系下,新型的直接公共行动也许优于自由放任和反托拉斯。这些新形式要求:(1)改变结构上内部依存的元素,以使得它们不能作为合作的基础,或者(2)在让现存的内部依存元素基本上完好无损的情况下,由公众在企业事务中发挥更直接的作用。后一种方法取决于承认和证明在某些领域合作优于竞争,从而直接行动优于自由放任或者反托拉斯。自由放任政策不予考虑的合作,将对社会产生负面效应,两百多年来经济学家们一直把这些负面影响归因于这样的合作。换言之,合作也许是可取的,也许不可取,但不能忽视合作,或者只是从私人利益出发去关注合作。

寡头合作对经济学文献同样是有意义的。当前的教科书文献通常把寡头垄断的特征描述为竞争和"无意识的并行",而不是合作。我们认为这种描述是不完全的,因为它没有充分考虑到产业结构正在发生的变化。这种文献需要改正,去解释产业结构的演化,尤其是我们指出的寡头合作。

此外,现在和过去的很多基于产业结构的经验文献,一直局限于诸如企业数量、集中度、企业规模此类的特征。然而,产业组织研究应该还要分析比如联合所有权和合资行为、管理上和股权上的内部依存这样的结构上的内部依存——实际上,这些比传统的结构特征

---

① 比如,联邦贸易委员会放弃了1972年针对8家石油公司的诉讼案。这有很多原因,但一个原因是这个产业,从而对它的诉讼过于复杂而无法宣判。这并不意味着这个案子从反托拉斯的观点来看是没有价值的。

更重要。很简单，不把对这些类型的内部依存的分析包含在内的研究是不完整的。

正如亚当·斯密在两百多年前注意到的那样："同一行业的人即使是为了娱乐和消遣也很少聚在一起，但是一旦聚在一起，他们谈话的结果不是阴谋反对公众，就是图谋抬高价格。"[①]此外：

> 我将冒天下之大不韪断言，与商人和制造业主为了支持他们自己荒谬、暴虐的垄断而敲诈立法机关时的喧嚣相比，即便是我们最残酷的税收法令，也是温和、文雅的。像德拉古(Draco)法一样，可以说这些法令都是由鲜血写成的。[②]

最后：

> 不过我这里所说的任何事情，意思并不是要把任何可憎的错误归咎于东印度公司职员的一般特征，也不是要归咎于某些人。我要谴责的……是他们身处其中的这个体系；不是在其中行动的人的特征。他们在局势的自然引导下行事，最大声地谴责他们的人，不一定会比他们做得更好。[③]

寡头合作的政策含义——大多数产业"身处其中的这个体系"——是复杂的、充满争议的，但有一点是明确的：基于过时的现实世界市场结构的观点是有缺陷的。

---

① 亚当·斯密：《国民财富的性质和原因的研究》(纽约：现代图书馆，1937年)，第128页。

② 同上，第612页。

③ 同上，第605—606页。

结 论

我们在本文中提出的立场是,当前对寡头垄断的看法是不完善的、不适当的。这种不适当的主要原因是市场结构已经从寡头竞争演变到寡头合作,进而从结构独立演变到结构上的内部依存。文中提供的证据主要来自银行业、保险业和石油产业,主要关注三个结构性元素:联合的管理控制,联合的股权控制,以及联合的生产资料所有权。不过我们认为其他产业的证据也是一样的,这些工作将通过把寡头合作看做这些产业的主导性结构而获益。为石油和金融业的合作提供基础的这些结构,在美国的大多数工业企业中的程度是大不一样的。最后,寡头合作的存在需要我们彻底地重新检验政府当前的公共政策规划——法规方面和管制方面的规划,以及在某些情况下或许还包括所有权的规划。

16. 理想主义和现实主义：受管制公用事业中公司权力的一种制度主义观[①]

戴维·S.施瓦茨

我希望与你分享我作为一名学者和实践者，30 多年来积累的关于公用事业管制的经验。尽管我主要强调的是电力和天然气产业的管制，但我也会附带说明那些影响企业绩效和消费者公平的大量一般性定价问题和市场结构问题。

在将注意力集中在本文主题之前，阐明我的制度主义观应该是有帮助的，我相信那如果不是凭直觉产生的观念，也是实实在在习得的观念。这很容易通过事实来解释，我在本科阶段是在马里兰大学师从艾伦·格鲁奇学习，研究生阶段是在威斯康辛大学跟随约翰·R.康芒斯的一个学生马丁·格莱泽(Martin Glaeser)学习。他们两位作为诲人不倦的良师和有重大影响的思想家，提高了我对经济体系是一个动态过程的认识，强调隐含在现存的和演变中的制度安排中的那些固有的习俗、传统、态度和价值观的重要性。

在我看来，对受管制的公用事业的研究中，最基本、最关键的特征，就是托尔斯坦·凡勃伦和 J.M.克拉克在对市场价值和社会价

---

① 原载《经济问题杂志》，第 19 卷，第 2 期(1985 年 6 月)，第 311—331 页。

值的对比中所强调的特征。[①] 在公用事业领域尤其如此，在其中，我们面对的是“影响公众利益”的产业。换言之，服务的充足性和可利用性，防止消费者支付过高价格，以及在缺乏弹性的住房市场防止价格歧视，是解决基本生活需要和现代社会所必需的产业的关键问题。在这方面，作为政府委托的代表的管制者，应该充当一个影响着环境和低收入消费者的这些社会价值的保护者，也要充当一个防护者，去抵消受管制公用事业对市场权力的运用造成的负面影响。

在说明受管制的公用能源企业中市场权力的实际问题之前，我要指出最后一点。在担任管制委员会成员多年，以及担任很多州和联邦的管制委员会公共经济利益顾问多年之后，我认识到在科学探究和社会辩护之间必须作出小心的区分。这种区分直接与社会科学家对现实主义和科学探究的客观性的需要相联系。不过，这并不妨碍公共利益的倡导者为管制改革描述一个纲领性的方法所作出的努力。

电力产业的管制

在《经济问题杂志》最近发表的一篇文章里，哈里·特雷宾(Harry Trebing)讨论了公用事业管制的发展，回顾了其历史进步，他把管制历史分为五个阶段。第一阶段从1877年到1920年，他用的标题是平民主义的/进步的改革。然后他探讨了向1969年至今这个当前阶段过渡的暂时阶段的管制的性质，他用的标题是上涨的成

---

① 托尔斯坦·凡勃伦：“为什么经济学还不是一门进化科学?”重印于《科学在现代文明中的地位》(纽约：B. W. Huebsch，1919年)：第173—179页。约翰·M.克拉克：“通向一种社会价值观念，”见《社会经济学序言》(*Preface to Social Economics*)(纽约：Farrar and Rinehart，1936年)，第49页。

本、不稳定的技术进步以及对管制的逐渐觉醒。[①] 这后一个阶段正是我的分析核心。

公用事业经济管制的传统观点是，它的存在是为了实现对垄断或寡头企业的价格和收入的直接控制。此外，为了实现规模经济和服务充足，委员会在受管制的市场上有批准企业进入和退出的权力。对于那些把管制视为超越了企业金融稳定这个目标的一种社会控制形式的有远见的人来说，经济管制是实现经济和社会公正的一种手段。

尽管州和联邦级别的管制者手中掌握的宽泛的权力，是为了实施有效的经济管制，但从20世纪70年代初以来，管制一直受到激烈的攻击。明显而连续地提高电力和天然气价格，引起了对管制者和管制过程的批评，批评者来自受管制者、消费者群体、环保主义者，还有政界和学界。提出的解决办法各有不同，一方面，公用事业提倡维持结构上的现状，但要应用更丰富的管制手段；另一方面有人主张完全放松管制。在这两个极端中间，有一小部分为消费者辩护的人、实践者、管制者和学者，已经为将会改善和扩大公共控制的管制改革规划了具体的方案、政策和结构的变化。

当我们考虑新古典和芝加哥学派经济学家关于政府干预在市场中的作用的立场时，关于改善和扩大公共控制与取消管制和依靠市场解决问题之间的争论，显然是要强调的。制度经济学家与新古典和芝加哥学派经济学家之间的区别，在1976年特雷宾发表于《经济问题杂志》上的一篇文章里得到了中肯的讨论，引摘如下：

---

① 哈里·M.特雷宾："公用事业管制：关于经济管制有效性争论的一个个案研究"，载《经济问题杂志》，第18卷(1984年3月号)，第223—250页。

这样,弗里德曼就引起了公用事业问题的芝加哥解决办法的一个重大变化。受到变迁的侵蚀力约束的私人垄断,优于公共所有权的政府管制。这种转变似乎对芝加哥学派的其他支持者已然产生了重大影响,更详细的论点很快就提了出来,以证明不受管制的私人所有权更优越,私人垄断可以同没有管制时的利润竞争水平相调和,以及公有的公共事业会支持最大化选民支持而非最大化效率的价格政策。①

特雷宾继续说道:

芝加哥学派的立场在很多方面都与对管制的适当性和有效性的其他研究不同。前者的观点坚定地认为政府管制无力促进有效的资源配置。相反,那些进行行业案例研究的观点则认为,放松管制对某个产业是恰当的,因为它处于有效的竞争之中,但可能也会认为继续对另一个行业进行管制是必需的,因为它显示出垄断的特征。同样,对管制行为的研究通常会接受某些形式的政府管制或者调控是可取的,集中于现有措施的适当性,以及促进委员会体制的绩效的方法,或者把管制职能转移给其他机构或者政府部门是否可取。消费者的辩护者和环保主义者倾向于务实地对待管制的贡献,结果遭到芝加哥学派的支持者的批评。②

我的主要任务不是对新古典和芝加哥学派经济学家关于市场在

---

① 哈里·特雷宾:"芝加哥学派对公用事业管制",载《经济问题杂志》,第10卷(1976年3月号),第97—126页。

② 同上,第98页。

防止受管制的公用电力行业的垄断力中的恰当性方面，所表现出来的过度简化、偏见和天真作出回应。我关心的是对管制的批评，以及政府干预的失效，正是这种失效为批评者提供了口实，以攻击这类破坏性影响。为达到这个目的，我们必须了解管制委员会一般运用的定价程序。所谓服务成本费率基础管制（cost-of-service rate-base regulation），依赖于确定某个代表性时期（通常被称为一个测试年）的业务开支，查明费率基础，确定服务业的股票和债务的投资收益（费率基础）；所有这些结合在一起，反映了管制委员会为一个公用事业的各类消费者确定的费率必须要包含的收益要求。

这种相当中性的费率制定掩盖了矛盾。实际上，存在争议的领域在某些情况下可能涉及数百万美元，甚至数千万美元，争议包括哪些是业务开支（比如，合适的折旧率，当一个公用事业被拆分时所需的一般开支和管理开支），哪些是可以取得回报的费率基础（比如在建的厂房，或者只用于提供服务的厂房），什么是适当的收益率，尤其是对于多样化经营的公用事业，以及在确定业务成本和费率基础的时候，应该使用预期的测试年还是历史的测试年。

一旦以服务成本为基础确定了要求的收益，主要问题就是它将如何在居民客户、商业客户和工业客户中进行配置。在联合成本很显著的任何产业尤其如此。在这点上，我建议你参考埃迪斯·米勒（Edythe Miller）发表在《经济问题杂志》1978 年 9 月号的一篇论文，这篇论文充分探讨了费率结构改革中的论战，边际成本定价对平均成本定价的问题，以及配置效率和公平。①

现在不是时候去充分探讨费率设计问题，以及围绕着波峰定价

---

① 埃迪斯·S.米勒："费率结构改革：评当前的争论"，载《经济问题杂志》，第 12 卷（1978 年 9 月号），第 609—626 页。

和波谷定价的争论,或者从更广泛的理论背景来说,关于平均成本对边际成本(或者一些诸如非高峰期这样的变量)定价的争论。在可以取舍市场权力的情况下,一个公用事业似乎可以用边际成本标准定价,以把成本转移给缺乏弹性的居民市场,因为后者与工业用户相比,转向波谷的灵活性更小。关于资源效率和保护的观点,我们必须明白这是一个生产能力过剩的时期,并且与真正意义上在不远的将来作出资源用途的选择相比,波谷/波峰定价更多地是一种黑板上的思考。更重要的是,似乎一旦厂房建成,我们正在解决沉没成本时,主要关心的就是公平而不是配置效率了。

关于费率确定过程以及反映在服务成本、费率基础、收益要求和费率设计上的程序的讨论,对于毫无公用事业经济学知识的人来说似乎是晦涩难懂的。不过,就像接下来的讨论将表明的那样,正是这些费率确定程序的执行,在很大程度上引起了电力和天然气价格的不断上涨。

例如,目前公用电力事业面临着产能过剩、严重的成本超支和设备闲置。导致这种始于20世纪60年代末的不稳定条件的那些根本的技术和经济因素,都是建立在这样的事实基础之上,即实际价格不断下降了数十年之后,电力产业被迫面临着以前从未经历过的实际成本和货币成本的不断提高。这个产业接着又面临规模收益的耗尽,资本成本的上涨,燃料成本的上涨(特别是1973年阿拉伯国家石油禁运之后),由于立法规定的减少污染和设备安全带来的成本提高,以及通货膨胀给其他生产要素的成本带来的普遍影响。

同时,实际人均收入提高的长期趋势急剧减弱。面对上涨的价格和停滞的收入,消费者对电力的需求锐减。结果,公用事业系统过度建设,远远超出了当前的需求水平。不过,公用事业坚持要把这种过剩的产能包括在费率基础内,坚持要取得这种投资的回报,以及坚持要反映与多余的厂房相联系的这种业务支出。

在成本不断上升的时期，电力公用事业的收入水平开始降低，并且管制委员会也经历了前所未有的电价上涨，每年累计达到数十亿美元。这段时间为作为社会控制机构的管制委员会提供了实际的检验。关键问题是，管制委员会如何对电力公用事业由于两倍于通货膨胀率的电价上涨而施加的压力作出回应？大多数委员会顺应了电力公用事业的需求，修改了传统的服务成本费率基础管制。

对传统管制政策的严重偏离反映在许多委员会作出的下面这些决策中，在燃料调整条款中把这样的程序用作燃料成本的自动跨期调整（flow-through），采用预期测试年（把通货膨胀计入费率），在费率基础中允许包括通货膨胀因素，以及允许把建造中的项目计入费率基础（通常称为CWIP(construction work in progress)）。我将简要地扩大支持CWIP的含义的分析。这些新的委员会程序的明显结果，就是把金融风险和业务风险从受管制的企业转移给了支付费率的人。另外，传递给公用事业的信号刚好与限制的要求相反，也就是说，委员会传递的信息是说，他们准备采用的是保护收入、规避风险所必需的政策。最后，在负荷增长（需求）急剧下降的时期，管制者采用的这些程序让公用事业的管理层不需要去重新思考准备上马的项目，或者推迟在建项目。

允许CWIP计入费率基础，似乎最严重地违背了公用事业的稳定和消费者保护之间的合理平衡。它破坏了一条长期以来确立下来的管制原则，即公用事业的任何投资，在它提供服务之前，以及被认为是“用过的和有用的”之前，不应该获得收益。此外，通过允许CWIP计入费率基础，委员会正在将其质疑在建项目投资慎重性的能力置于险境，因为把这种项目计入费率基础，就是对慎重性作出了一个隐性的预判，使得它难以（如果不是不可能的话）在确定费率的时候不承认这些厂房。

全国公用事业管制委员协会（NARUC）最新的年报披露，联邦能源管制委员会（FERC）和 41 个州委员会全部允许或者部分允许把在建厂房计入电力公用事业的费率基础中。此外，报告显示，几乎所有州委员会都允许使用燃料调整条款，21 个州委员会和 FEPC 允许完全或者部分使用预期测试年。[①]

管制者和电力产业今天面临的根本问题，是公用事业体系相对于当前需求的过度建设。到 20 世纪 70 年代末，公用事业的储量余额（即已证实的生产能力与波峰能源需求的关系）大大高于从可靠性角度出发、在历史上已经证明的合理水平。在 1984 年 9 月出版的《电力世界》这份商业出版物表明，1984 年夏季，储量余额为 35.7%。这大约两倍于必需的储量余额，通常建议的储量余额是 15%—20%。

成本过高和设备闲置问题可以直接追溯到核设施的建设。最近关于核设备成本的研究显示，它的成本高达每千瓦 4 900 美元，而燃煤时代同等规模产能的成本是每千瓦 1 500—2 000 美元。[②]

环境行动基金（EAF）近期一份题为《费率冲击：面对核能的成本》（*Rate Shock：Confronting the Cost of Nuclear Power*）的研究得到的结论是，超过 3 500 万家庭（大约 1/3 的美国家庭）将因为新完工的核电站成本而向公用事业额外支付 2 000 亿美元。EAF 的研究发现，核电站的成本将超过每一个在建设施寿命期内节省的燃料。这份报告认为："用未来的核成本作保守估计，全国的核损伤成本大

---

① 《NARUC 公用事业和运输公司管制年报，1983 年》，全国公用事业管制委员协会，1984 年 12 月。

② 所罗门·布拉泽斯（Salomon Brothers）："在建核能设施——定量法的风险"，1983 年 12 月 7 日。

约会是2 000亿美元（来自商业业务数据的美元）。”报告继续指出：“新设施供电以后，与一直依赖现有的煤、石油和天然气的电力设备相比，每12家电力公用事业的居民用户每年的费用增长在400美元以上。”①

最后，下面引自《华盛顿邮报》上的一篇题为“在安纳波利斯保持权力有效发挥的公用事业院外活动团体”的文章中的内容，是对公用事业用以维持现状的那种权力的一个有益的指示：

> 上周的一天，当专门小组的组长和投票中间人托里·布朗正从他书桌上的一堆文件里取出本届委员会支持消费者的议案时，只有一家核心公用事业公司的游说者待在住房环境事务委员会房间的公共走廊上。
>
> “会有人投票吗？”当他拿起每一份议案材料让委员过目的时候，布朗都会以一种流露出自己在这个问题上缺乏兴趣的语气问道。每次没有听到什么争论，这位组长就将议案堆放在一旁，嘟囔道：“好吧，下一个！”
>
> 30分钟内，就有6份那类消费者议案在一场合法屠杀中被抹杀了，这已经成为这间富丽堂皇的委员会会议室里一年一度的事情。
>
> 过去5年中，马里兰州的立法者就这个州的公用事业公司提出了很多新的法令和限制，努力阻止消费者在电力、暖气、电话上支付的成本产生的一种前所未有的通货膨胀。
>
> 但是，每年在住房环境事务委员会和参议院经济事务委员

① “研究预测2 000亿美元的费率冲击”，载《输电线》（*Power Line*），1984年9—10月号。

会中,以及在这两个机构的办公室里,绝大多数议案都在公用事业公司的敦促下被抹杀了,仅仅去年它们就在安纳波利斯花费了至少 18.5 万美元用于游说。

《华盛顿邮报》的一项研究显示,1976 年到 1979 年间,在 4 届立法会议上提出了 215 个议案,以限制公用事业的费率,改善服务,或者帮助消费者支付费用。这些议案中,有 182 件——也就是 85%——被立法机关或者政府官员的投票否决掉。

在被通过的 33 份议案中,只有两份被普遍视为有意义的立法。①

接下来的讨论要强调的是州一级和联邦一级的管制在当前的困境。随后我将讨论大量这些结构和功能上的弊病的可能的解决方案。解决受管制公用事业中的这些重要的制度扭曲的框架,必须集中于对实现既得利益者的目标时运用的权力的理解。在这方面,华莱士·彼得森发表在《经济问题杂志》1980 年 12 月号上的一篇论文尤其有用,提出了下面的观点:

权力和经济这个问题在传统经济分析中大大被忽视了,原因在于古典遗产把权力从情境中抽象掉了。当竞争占据主导地位的时候,权力就表现为一种偶然的偏差,而不是值得严肃地、长期地进行研究的问题。②

---

① 杰克逊·迪尔(Jackson Diehl):"在安纳波利斯保持权力有效发挥的公用事业院外活动团体",载《华盛顿邮报》,1980 年 3 月 30 日。

② 华莱士·C. 彼得森:"权力和经济绩效",载《经济问题杂志》,第 30 卷(1980 年 12 月号),第 827—869 页。

天然气产业的管制

天然气行业可以分为三个职能部门——开采、输送和供应。在许多情况下，一个企业被完全一体化，履行所有职能，在其他一些情况下，它可能只履行一个职能（比如，独家供应天然气，或者做一个独立的天然气生产商）。在主要的石油和天然气生产商的例子中，比如埃克森、德士古、美孚石油等，它们都有管道输送设备，而且也是主要的天然气生产商。在消费者支付的最终价格中，大约有 75%—80% 反映了输送和开采成本。剩下的 20%—25% 是当地公用事业的供应成本，它们受州委员会的管制。输送和开采成本受联邦能源管制委员会的管制。我曾提供过反映天然气管制总体框架的信息。实际上，主要的政策问题和公众的争论，都与继续管制还是取消对天然气井口价（wellhead price）的控制这个问题有关。这个问题的核心是天然气生产行业市场结构的性质。

我曾多次给各种委员会撰写过、验证过天然气生产行业的寡头垄断市场结构。在联邦能源委员会（联邦能源管制委员会的前身）和国会的会议记录中有大量证据的、天然气生产行业具体的反竞争特征如下：(1)相当集中地控制“新”天然气的供应；(2)主要生产商之间，以及主要生产商与较小的独立公司之间存在相互联锁关系；(3)主要生产商与购买主要州际管道的公司（它们也都是生产商）之间存在相互联锁关系；(4)主要的石油和天然气公司在近海油气田租购中存在大量合作竞标；(5)主要的石油公司之间，以及主要的石油公司与州际管道公司之间存在董事个人和银行董事的相互联锁；(6)主要的石油和天然气公司扮演着双重角色，在州内是为自己的管道系统购买天然气的购买商，在州际市场则是天然气销售商；(7)供应公司向生产职能的后向一体化。[①]

在提交给住房委员会的证据中,我的结论是相互联锁关系和合资关系组成的这个巨大网络,排除了竞争的可能性:

> 天然气生产市场上买卖双方表现出的证据,反映了严重的市场不完全,这种不完全如此普遍,以至于使竞争无法发挥作用。反映了相互依赖和利益共性的各种制度安排,排除了对抗和竞争的相互作用。这对于竞争和新进入者的含义,以及对于合理价格的含义都是明显的,那就是:在一个表现出这些寡头垄断特征的市场,不能通过放松管制而为公众利益服务。[②]

弗雷德·J.库克(Fred J. Cook)在1983年5月21日的《国家》杂志上发表了一篇题为"石油巨头豪赌放松管制"的文章中,援引了大量消费者和公共利益集团的案情摘要,提供了天然气生产商市场的一些具体关系:

> 诸如埃克森(蒙特里管道公司(Monterey Pipeline))、大陆石油、德士古和菲利浦斯石油(Phillips Petroleum)这样的主要公司,都拥有主要的州内管道网。主要生产商在20世纪70年代采用的一个做法,是在州内市场上为它们的州内管道系统购买天然气的时候哄抬价格,然后把这样的价格作为州内通行价

---

① 见戴维·S.施瓦茨:"天然气产业的最近发展——一个新视角",载《公用事业管制》(*Public Utility Regulation*),韦纳·西奇尔(Weiner Sichel)和托马斯·G.吉斯(Thomas G. Gies)主编(马萨诸塞州莱克星顿:Lexington Books,1975年)。

② 戴维·S.施瓦茨:"天然气生产行业的市场结构以及对放松井头价管制的含义",众议院州际和国外商业委员会的能源和电力分委员会,1975年3月21日。

> 格水平的证据提交给FPC(联邦能源委员会),表明它们是受到这种价格的吸引而在州内市场大量销售天然气。

这篇文章接着讨论了生产商和管道公司在近海业务中的相互关联:“几乎在每一种情况下,石油公司都是一家或者多家主要管道公司的合伙人。比如说,大西洋里奇菲尔德公司有94份租约是与主要石油企业和天纳克、厄尔巴索(El Paso)这两家管道公司合伙的。”

最后,在与大银行的相互联锁方面,这篇文章指出有80多个银行董事担任着两家或更多石油公司的董事,并提供了如下信息:

> 在埃克森公司的董事会中,有来自大通、花旗集团和芝加哥第一国民银行的成员。在美孚公司的董事会中,有来自花旗集团(也是埃克森公司的董事)、波士顿第一国民银行和银行家信托银行的成员。印第安纳标准石油公司(阿莫科)的董事会也有来自大通(也是埃克森公司的董事)、芝加哥第一国民银行、伊利诺斯大陆公司、哈里斯信托公司和美国国民银行(芝加哥)的成员。

不幸的是,在20世纪70年代期间,国会和公众都没有从市场结构问题,或者从国家更广泛的长期利益方面,提出对天然气价格继续管制还是放松管制这个问题。相反地,他们只是狭隘地关注与几乎整个20世纪70年代的天然气供应严重短缺相联系的眼前的混乱,以及这个产业的主张,即在受管制的州际市场上,天然气价格被压得过低,这成为了公共政策争论的基础。天然气短缺与受管制的州际市场天然气价格之间的联系,是尼克松政府和福特政府期间许多放松控制的议案的前提,这些议案要求完全放松控制、部分放松控制,还有其他各种各样的主张。这同样也是卡特政府 1978 年通过的天然气政策法案的前提。

尽管生产商抑制天然气生产、限制天然气供应的证据提交给了国会的听证会，提交给了联邦能源委员会，但新古典观点在今天仍然取得了胜利。供给价格弹性的研究充斥在国会听证会的会议室里，这些努力唯一可能的好处就是给许多学者提供了额外的收入。

更可能的是，供给与价格的关系可能表现出负的弹性。在能保证从投机预期中获得巨额收益的情形下，这并不是什么奇怪的事情。1974 年，当一份取消控制的议案提交给国会的时候，我用相当不雅的语言告诉《圣路易斯邮报》(*St. Louis Post-Dispatch*)的一位记者，"当这些家伙能预料到价格上涨三倍的时候，那就值得坚持。如果你这时以 50 美分卖掉，你肯定是疯了，因为你本可以卖 1.5 美元"。[①]

美国消费者联合会的能源政策特别工作组在 1977 年 6 月的一份报告中，希望预先制止卡特法案的通过，提出了同样的观点：

> 卡特总统关于对天然气像石油那样定价的立法提议，其前提是这样的假设，即高价会鼓励生产商增加产量。历史经验完全否定了这一假设，相反，表明了越来越高的价格会导致产量减少。譬如，尽管在 1972—1976 年间，天然气价格上涨了 445%，1972—1976 年间加权平均后的价格上涨了 126%，但天然气产量减少了 12%，储备减少了 19%。[②]

---

① 小威廉·K. 怀恩特(William K. Wyant, Jr.)："天然气立法：小糖果的幻想"，《圣路易斯邮报》，1974 年 12 月。

② "卡特总统的能源计划——生产商的天堂，公众的炼狱"，美国消费者联合会能源政策特别工作组，1977 年 6 月 27 日。

在压低天然气价格方面，戴维·奥斯本(David Osborne)发表在1984年3月的《大西洋》杂志上的一篇文章提到了这个问题的相关事实：

> 1975年，联邦能源委员会最后一次试图估计天然气的勘探、生产和开发的总成本，它提出的是每千立方英尺67到80美分，这可以得到15%的投资收益率(这个估算主要反映的是浅层天然气的成本，因为1975年深层天然气的生产还很少)。今天，通货膨胀可能把这一数字提高到1.5美元。
>
> 1983年，联邦能源信息部作了一项类似的研究。在一份工作草案中，联邦能源信息部得到的结论是，美国的绝大多数新天然气的生产成本在每立方英尺3美元以下，可获得15%的利润。即便在联邦能源信息部分析的17 500英尺这个最深的气田开采天然气，其成本也低于3美元。这份研究并未对勘探成本给出结论，但考虑到其基准年是1981年，这个遗漏也就是可以理解的。①

最后，在供给限制这一问题上，《华盛顿邮报》1980年4月7日的一篇文章指出了一个具有讽刺意味的转移，这个转移将有利于德士古公司，尽管它非法将天然气从州际市场转移到州内市场：

> 1977年，美国政府裁定德士古公司故意违反联邦法律达11年之久，将大量产自公共用地的天然气据为己有，具有讽刺意味

---

① 戴维·奥斯本："美国丰富的资源"，载《大西洋》，第253期(1984年3月)，第86—98页。

的是,这项裁定却给德士古公司带来了估计有3.73亿美元的巨额收益。

作为这一裁定的结果,德士古公司同意"偿还"2 080亿立方英尺的天然气——足够供应170万个家庭一年的量。从州际管道非法取得天然气的这家公司,同意通过管道销售同等数量的燃料——从非联邦土地上——10年以上。

一位不愿透露姓名的专家称,这一协议将使德士古公司的总收入至少增加3.73亿美元,因为协议允许替代天然气的价格,数倍于1967—1977年该公司非法转移期间的通行价格。①

在说明管理天然气井口价的当前法规——即卡特总统任期中期通过的天然气政策法案(NGPA)——的具体方面之前,提供一个简要的历史背景是有帮助的。最初于1938年通过的天然气法案是由联邦贸易委员会1935年发布的一份报告促成的,这份报告的结论认为在天然气供应和生产中存在明显的集中。因为联邦能源委员会(FPC)并不试图管制井口价,直到1947年,天然气生产商都没有寻求任何立法途径来避免受管制。1947年,特区地区法院以及随后最高法院在"州际天然气诉FPC"这一著名的新判例中,裁定FPC有权命令在路易斯安那州的某些地区大幅减少天然气销售。生产商现在意识到,FPC对天然气州际销售的裁决权可能扩展到井口价。在1954年明确授权FPC管制州际销售的天然气井口价的菲利普斯判决生效之前,提出了大量议案(比如杜鲁门总统1950年否决了的克尔(Kerr)议案)寻求免除管制。

① 默顿·明茨:"德士古在天然气'偿还'中收获7.73亿美元",《华盛顿邮报》,1980年4月7日。

在菲利普斯判决生效之后，天然气生产行业加强了得以免除管制的努力。当1956年国会敦促通过哈里斯-富布赖特(Harris-Fulbright)议案的时候，成功似乎就在眼前了。希尔(Hill)和诺尔顿(Knowlton)的企业的公关努力推动了这一可以预见到的成功，这个企业从生产商那里得到了近200万美元的资金。另外，国会和艾森豪威尔总统表现出的支持倾向，使天然气生产商确信他们将一劳永逸地赢得这场取消控制的战斗。

胜利在握之际，以极度贪婪这种形式表现出来的命运的力量最终挫败了哈里斯-富布赖特议案。1956年2月3日，弗朗西斯·凯斯(Francis Case)参议员(共和党)告诉参议院，优势石油公司(Superior Oil Company)的一名代表向他行贿2 500美元，但他拒绝了。参议员成立了一个特别委员会来调查献金问题；委员会发现试图行贿是“不当的，但并不违法”。一个联邦大陪审团并不同意，驳回了优势公司和两名代理律师的起诉书。他们都被判有罪，优势公司支付了10 000美元罚金，律师各罚款2 500美元。

尽管曝出丑闻，但国会仍然通过了这一议案，不过艾森豪威尔总统拒绝签署，他说：“大量证据不断表明，显然只代表一个重要而庞大的产业中很小一部分的那些人，一直在寻求通过非常可疑的活动来增加他们自己的利益。”①

共和党政府不能实现的目标，在卡特政府部分得以实现。1977年4月提出、1978年11月签署成为法律的天然气政策法案，就是一个取消价格控制的议案。市民/劳工能源同盟(Citizen/Labor Energy Coalition)描述了这个法案的特征：

---

① 《天然气实录》(*Natural Gas Factbook*)，美国公用天然气协会能源行动委员会能源政策特别工作组——美国消费者联合会，第37页。

1978 年出台的天然气政策法案(H.R.5289)不折不扣地是一份放松管制议案。它得到大多数主要石油公司(或积极或消极)的支持，也是他们 30 年来努力迫使国会取消天然气法案中的消费者保护标准、在“公平合理的”基础上确定井口价的程序的最高成果。这份议案受到消费者团体、工会、农民组织、州公用事业委员会以及大量大型工业用户和其他人的反对——他们都意识到了这一议案将会导致的广泛的经济危害。[①]

在先前的共和党执政期间，特别是在众议院，民主党可以阻止任何取消控制的立法。随着民主党入主白宫，先前的取消控制的反对者要么投降，要么保持沉默，不再活跃。罗伯特·G.凯泽(Robert G.Kaiser)和 J.P.史密斯(J.P.Smith)在 1978 年 9 月 7 日的《华盛顿邮报》上发表的一篇题为“促使钢铁巨头在天然气议案上倒戈的政治交易”的文章里，生动刻画了卡特政府最终部分实现取消对天然气井口价的控制所使用的那种手腕：

> 直到 8 月 23 日，美国主要钢铁公司对卡特政府拼命捍卫的天然气立法的折中方案的反对实际上是完全一致的——有些公司是强烈反对。在 8 月 24 日，一切都改变了。
>
> 钢铁巨头的倒戈——由联邦援助和税收减免这种撩人的暗示所引发——是白宫在为赢得关键利益集团对天然气立法的支持这场持久而激烈的战役中取得的一场中型胜利。这是政府忙于老式政治交易这种意愿的一个例子，就像卡特总统以爱国主

① 市民/劳工能源同盟：《天然气议案提议实录》(*Factbook on the Proposed Natural Gas Bill*)，1978 年 9 月 25 日。

义的口吻为天然气议案辩护，称其为实现“国家意志”的一种措施那样。

在8月23日白宫召开的一次会议后，钢铁巨头改变它的想法——或者至少是改变了它的语气。出席这次会议的有钢铁产业的高级主管、副总统蒙代尔、特别贸易谈判代表罗伯特·S.施特劳斯以及联邦储备委员会主席G.威廉·米勒。

这次会议终结了钢铁产业主管和政府官员之间的一系列会议，政府官员中包括一直处理钢铁产业在税收削减、进口保护和其他援助方面的请求的财政部官员。

另有一篇1978年7月30日的《华盛顿邮报》上的文章，讨论了卡特政府在价格上的让步，以及对居民用户和工业用户的影响：

当卡特宣布其能源计划时，受管制的新天然气州际价格从1976年的52美分上涨到平均1.42美元。总统当初的提议是1.75美元。这一争论把价格抬高到1.93美元。这个妥协的议案想象的是，到1985年每千立方英尺接近2.60美元……。

最简单地说，这一措施将批准美国社会发生大规模的收入转移——在今后6年至少有285亿美元——从所有天然气消费者转移到所有生产天然气的公司。一些批评者声称，这个转移会更大，接近500亿美元，无论如何天然气产业至少会得到17%的预期收入的增长……。

当卡特总统首次提出他的国家能源计划时，一个原则是清楚的：将为了美国的房主们而节约美国正在减少的天然气公共资源。工业将受税收和管制规则的哄骗或者驱使，转向使用其他较不珍稀的燃料。

> 现在,15个月以后,重点颠倒过来了。
>
> 将在本周或下周于参议院进行最后投票的卡特的妥协的天然气议案,被扭转到了别的方向——大公司被认为在未来会获得更多的天然气,非常多,而房主和工商企业只会得到更少。
>
> 根据能源部半独立的分析机构的副主任C.威廉·费希尔(C. William Fischer)的说法,原因很简单。与最初的计划相比,妥协措施中为房主制定的最终价格要高得多——高到足以让居民用户和商业用户不再使用天然气,而不是用得更多。

天然气政策法案中制定了四项关键条款:(1)最高法定价格分为三类——老天然气、新天然气和从15 000英尺以下开采的取消控制的天然气;(2)一个定价基准一览表(基准价格加通货膨胀加其他调整项),以及把天然气井口价从生产成本管制框架中取消;(3)规定"新"天然气将从1985年1月1日起取消管制(也就是从1977年4月以来签订合同的天然气,这是提出这个法案的日期),从而打通了完全取消管制之路;(4)在这个过渡期内,第一次把州内天然气纳入这个管制体系中。

安·洛厄(Ann Lower)在发表于1983年6月号的《经济问题杂志》上的一篇文章中指出,如果老天然气得以取消管制,那么主要的石油和天然气生产商将获益最多:"在一个立即取消控制的场景下,最大的20家天然气生产商将在1983—1990年间向最大的15家管道公司销售老天然气中获得683亿美元的横财。"①

NGPA在过去5年中的效果一直有争议。在前面提到的文章

---

① 安·K.洛厄:"天然气定价:市场结果还是产业政策",《经济问题杂志》,第17卷(1983年6月号),第423—432页。

中，安·洛厄描述了这种利益的特征："那么，在 NGPA 中确立的长期天然气政策就是'正确的'价格关系的一种精心的调和，不管目前需要做出什么样的调整以与法案相一致，它的效果都相当不错。"

在最近一次国会上，公民/劳工能源同盟在一次重大的立法努力中试图压低 NGPA 所导致的价格，试图实现价格冻结，或者推迟取消对新天然气的管制，但没有成功。这个同盟在它的《国家天然气状况实录》中批评了 NGPA：

> 尽管天然气供给过剩，但天然气价格已经上涨到不合理、无法负担的地步。
>
> 在过去的 6 年里，居民天然气消费者眼看着他们的天然气费用上涨了 124%。
>
> 老年人和低收入家庭受打击最大；成百上千人由于无力支付而失去了煤气供暖。
>
> 贫困的农民家庭面临着取暖成本的提高，还面临着天然气价格提高所引起的耕作和肥料成本的提高。
>
> 大约三分之二的城市学校区为了支付不断提高的燃料费用而裁减人员。
>
> 除非国会迅速行动以纠正这种局面，否则可能进一步恶化。
>
> 全国接近一半的天然气供应按计划将在 1985 年 1 月 1 日取消控制。
>
> 1985 年，天然气井口价预计还要提高 20%，居民用户要多支付 14% 的费用。[①]

---

① 公民/劳工能源同盟：《国家天然气实录》，1984 年 8 月，第 1 页。

公民/劳工能源同盟对将于1985年1月1日取消控制的天然气数量的估计，是基于1984年初采集到的数据。能源信息管理局1984年7月发布的一份题为“天然气政策法案第I条下的开采和生产”的报告中，估计1985年将有66%的天然气生产取消控制。

任何熟悉监督和调查分委员会1983年11月发布的报告的人，都预见到了取消控制的天然气数量的大幅增长。主要出自米尔顿·洛厄之手的这份报告，指出了里根政府在FERC的管制者的拖延态度。报告写道：

> 本报告第二部分的分析得到的一个反复出现的结果是，老天然气的价格上涨以及对整个井口成本的影响是超出预期的。报告的第三部分总结了目前为止的这些来自分委员会不断调查的结论，提出了一种可能的解释。联邦能源管制委员会(FERC)由于没有兴趣，或者由于在原始数据搜集和方法上的欠缺而完全不称职，可能完全无法执行NGPA对生产较早的老天然气的最高限价。①

简言之，FERC允许将之前被归类为“老”的天然气重新归类为“新”天然气，并在1985年取消控制。

NGPA给州际输气管道和供应公司造成了一种毁灭性的后果。这种定价程序造成了不稳定以及财务困境，因为这些产业部门的市场份额下降了。更重要的是，它给整个居民消费者造成了严重的困难，而且停止向穷人供气造成大量人员死亡。

---

① “天然气定价”，能源和商业委员会的监督和调查分委员会报告，1983年11月，第iv页。

下面情况清楚地证明了主要石油和天然气公司被喂肥。1978年,天然气平均井口价为每千立方英尺91美分。到1979—1983年这个5年阶段的末期,平均井口价提高到了2.59美元。1978年天然气的销售量为19.9万亿立方英尺(Tcf),但到1983年下降到16.8Tcf。1978年销售19.9Tcf的收入是181亿美元,而1983年销售16.8Tcf的收入是436亿美元。如果1983年销售的天然气数量与1978年一样,即19.9Tcf,那么生产商的收入将达513亿美元。①

这些数据表明了巨额收入从消费者手中转移给了天然气生产商。这种收入转移的不公平性质不应该只用美元来计算,更应该考虑人类的痛苦和绝望。

结 论

因此,核心问题就是我们要做什么,以及政府管制在未来的作用是什么。正如艾伦·格鲁奇在《经济问题杂志》1974年6月号上的一篇文章中指出的那样,"美国经济中对经济的社会控制是一个长期存在的问题,从19世纪最后25年以来就不断引起经济学家的关注"。

在提出需要国家计划这个假设时,格鲁奇指出:

> 新制度主义者相信……除非政府摆脱了那些操控着大型金融和工业企业的人的强有力影响,否则就不会有令人满意的经

① 戈登·W.凯林(Gordon W. Koelling)和查尔斯·L.里德林(Charles L. Readling):"天然气生产和井口价格",载能源信息管理局《初步数据报告》,华盛顿特区,1984年11月14日。

济控制。如果经济的社会控制的基本问题是谁掌控着国家,那么,重要的就是要调查可以做点什么来抵消大公司的政治和经济权力。①

格鲁奇澄清了制度主义者和新制度主义者在经济的社会控制的方法上的差异,以及他们对促进公共福利的经济体制的选择上的差异:

> 制度主义者和新制度主义者对这个问题有不同的反应。托尔斯坦·凡勃伦建议废除资本主义体制,代之以某种社会主义的体制。在他重建经济体制的方案中,所有私人企业施行的经济权力这个问题,将通过消除所有私人企业来解决。追随凡勃伦的制度主义者们,比如约翰·M.克拉克、韦斯利·C.米切尔和雷克斯福德·G.特格维尔(Rexford G. Tugwell),主张通过建立一个国家计划体系,或者克拉克所称的"社会—开明计划",来驯化私人企业。这样,大企业就被放到这样一个制度框架中,在其中,包括私人企业在内的所有部门的利益都服从于国家利益,尽管并未排斥部门和地方利益。②

在提出制度主义者的目标时,格鲁奇指出,"如果要恰当地解决这个问题的话,对经济的有效的社会控制就必须考虑如何让私人企业适应发达的工业社会这个问题的效率、权力和价值方面"。

这种制度主义的动态变迁理论的源泉要回溯到凡勃伦的《科学

① 艾伦·G.格鲁奇:"政府干预和经济的社会控制:新制度主义的立场",载《经济问题杂志》,第8卷(1974年6月号),第235—249页。

② 同上,第242页。

在现代文明中的地位》：

> 像所有人类文化一样，这种物质文明是一种制度体系——制度构造和制度发展。但制度是习惯的结果。文化的发展是习惯的累积式序列，其方式是人类文化对需要的习惯性反应，这些需要是不能自制地、累积式地发生变化的，但在如此发生的累积式变化中带有某种一致的序列。①

此外，克莱伦斯·艾尔斯在《经济进步理论》中再度强调并扩展了凡勃伦的制度调整理论。艾尔斯强调，创造思想的心理过程的推动力成为了制度发生结构变迁的起点。②

最后，像格鲁奇在前面引用的那篇文章里指出的那样，这些制度动力的扩展导致了工业部门的发展，而这只是朝着一个一体化的、集体的社会的整体运动的一部分。因此，为了消除公司集中的后果，制度主义者在 20 世纪 30 年代转向了国家计划，将其当作反托拉斯行动和公用事业管制的合适框架。③

霍勒斯·格雷(Horace Gray)在 1976 年的一篇题为"公用事业产业经济权力的分享"的文章中，提出了引起受管制的公用事业结构上的、实质性的改革所需要的最重要的制度变迁。他关于改善受管制公用事业的公众控制的提议，强调了重新主张政府在政策规划上的权威地位的需要。换言之，作为社会价值的保护者的管制者，将确

---

① 凡勃伦：《科学在现代文明中的地位》，第 241 页。[译文引自《科学在现代文明中的地位》中译本，第 186 页。北京：商务印书馆，2008 年。——译者]

② 克莱伦斯·E. 艾尔斯：《经济进步理论》(查贝尔山：北卡洛莱纳大学出版社，1944 年)，第 298 页。

③ 格鲁奇："政府干预和社会控制"，第 238—245 页。

定一个界限，受管制的公用事业可以在其中活动，而且没有其他活动途径。[①]

在这种背景下，我在1976年发表于《印第安纳法律杂志》上的一篇题为"产业放松管制：一个固有的偏见"的文章中总结道："在我看来，与其在保持现状（缺乏效率的管制）与完全依赖市场力量（放松管制）之间进行选择，倒不如继续管制，但要对其彻底重构。……这要求对公共利益标准的构想，要清楚而明确地与受管制企业的目标区分开来。"[②]

罗德尼·史蒂文森（Rodney Stevenson）在一篇题为"制度目标、结构障碍和电力公用事业放松管制"的文章里，对那些通过倡导放松管制为当前管制的很多缺陷寻找简单的解决办法的批评者提供了一个简洁的答案：

> 在电力公用事业的例子中，许多放松管制的提议是以牺牲其他人为代价、又没有实质性地改善制度质量的一个集团（一般来说就是占支配地位的公用事业）所偏爱的简单的解决办法。当前管制体系的进步的改革，需要一个更仔细的制度设计，它依赖的是多样化的可能性，并不简单地拒绝对消费者的保护，以及实现合理的经济合作的机制。[③]

---

① 霍勒斯·M.格雷："公用事业产业经济权力的分享"，载《挽救公用事业管制》（*Salvaging Public Utility Regulation*），沃纳·西奇尔主编（马萨诸塞州莱克星顿：Lexington Books，1976年），第18页。

② 戴维·S.施瓦茨："产业放松管制：一个固有的偏见"，载《印第安纳法律杂志》（1976年春季号），第720—733页。

③ 罗德尼·E.史蒂文森："制度目标、结果障碍和电力公用事业放松管制"，载《经济问题杂志》，第17卷（1983年6月号），第443—452页。

最后，哈里·特雷宾在1974年的一篇题为“现实主义及其在公用事业管制中的相关性”一文中，讨论了不同的市场结构问题，特别是电力事业为提升其共同利益的寡头合作，将其视为改善社会控制和促进公共利益绩效的主要障碍：

> 现有的委员会体系在面对由这些市场结构方面的考虑所引起的这类问题时，其能力是不足的。而管制改革的任务甚至更宽泛，因为它必须把结构和与结构相关的变量整合到一个概念和决策框架之内，这个框架也包括了动机（激励和惩罚）、对待各派别时的平等和公正、防止垄断收入、确定定价准则以及预测将来的需要和可用资源这些问题。目前委员会表现出来的实际上是一种消极态度，强调的是一种回顾式的审计，而不是事前的计划远景。这种作用对于探索这些问题几乎是没有帮助的，无论是在规则制定中还是在裁决过程中都是如此。[①]

特雷宾和其他研究管制领域的制度经济学家已经完全证明了重新定义和扩大经济管制的界限的需要。尽管意识到市场权力的存在，以及对这种权力的控制是管制的主要人物，但这些经济学家并没有充分理解或者表达利用权力来促进公共利益的需要。如果我们要扭转目前管制者把风险转移给消费者、让企业避免了风险的各种程序和政策，那么，对如何运用权力的理解就是至关重要的。如果我们要确保保持基本服务，那么对权力政治的理解就是至关重要的。我的建议是，在地方、州和联邦各级没有政治的、经济的和道德的压力

① 哈里·M.特雷宾：“现实主义及其在公用事业管制中的相关性”，载《经济问题杂志》，第8卷（1974年6月号），第209—233页。

的情况下，焕然一新的为了公众利益的管制就不可能变成现实。

我不接受私人权力对抗公众权力（或者反过来也一样）作为确保效率和降低服务成本的万应药的支持者所提出的这种二分法。随着公有公用事业也沿着私有公用事业同样的道路去发展核能，以牺牲环境为代价来选择电力供给，这种选择就不像令人兴奋的新政岁月那样清楚了。多样化的所有权或许是最有利于公共利益的。更重要的是，只有了解情况的和积极的消费者、环保主义者以及公共利益的倡导者的同盟，才会实现先前讨论的那种管制改革和社会改革。

需要立法来禁止主要石油和天然气公司之间的合资、相互联系和相互联锁。此外，要注入保持一定距离的议价和竞争，就需要用进一步的立法来强迫一种职能上的分隔，从而企业就不得不选择要么生产，要么输送，要么供应，作为其单一的业务。最后，在比如石油和天然气这一类作为经济基础的产业中，我们应该仿效许多西欧民主国家的做法，比如挪威、英国和荷兰，组建一个政府的公司去勘探、开采和生产公共土地上的石油和天然气。这是用来阻止石油产业的垄断力的唯一有意义的抗衡力量。在这里，所有权的多样化再度成为恰当的公共政策选择。

从这里的讨论中表明的是，把公共利益政策选择转变为管制改革的唯一途径，是完全整合问题、政策和程序，以及结构上的变革。如果我们想成功、务实地贯彻和扩展社会控制的管制框架，那么我们必须要能进入权力中心。

17.公司权力与经济破坏活动[①]

沃尔特·亚当斯　詹姆斯·W.布洛克

40多年前,芝加哥大学的亨利·C.西蒙斯教授把经济巨头(以及从那里流出的特有的权力)描述为或许是对一个民主的、竞争的市场社会最大的威胁。他指出,在一个具有复杂的劳动分工和职能上相互依赖的高度发达的经济中,“每一个大型的有组织的集团都处于这样的地位,即随时可以破坏或者终止整个社会收入的流动”,并且“如果这些集团不断运用那种权力,或者如果必须不断给它们好处才能让它们放弃这种权力的灾难性运用,那么,这个体制必然很快就会崩溃”。西蒙斯警告道,政府“一定不能向任何职能性集团让步,让它们有这种权力(‘权利’)去保留其对复杂的生产过程的贡献,或者通过集体行动来威胁向它们提供收益”。他的结论是,防止社会遭受这种经济破坏活动的最重要的方法,是防止出现不均匀的经济规模,包括公司巨头:“绝对没有借口……允许一个公司持有其他公司的股票——对资产上亿美元的公司也没有合理的借口(公用事业除外),不管它们的财产是何种形式。即使巨型金融联合体到处宣扬的那种经济是真实的”——这是西蒙斯怀疑的一种可能,后来的经验证据完全驳倒了这种可能性——“合理的政策也将会明智地牺牲这些经济,

① 原载《经济问题杂志》,第20卷,第4期(1986年12月),第919—940页。

以维护更多的经济自由和平等”。①

这些洞见并没有打动现代主流经济学家。正如新当选的美国经济学会主席在1973年告诉他的同仁们的那样，这个专业最大的错误在于，它始终没有把经济权力这个因素融入它高度复杂的分析和政策建议中。他指出，正统经济学最普遍的特征就是“用一些假设……把权力排除到其主题之外”。他说，把权力排除在我们的学科之外，破坏了经济学同“真实世界”的关系，并谴责经济学家“是社会的旁观者，要么什么也不做，要么提出错误的主张”。②

这个沉闷科学的理论家和实践者并没有被明显地触动。在他们的世界里，仍然礼节性地并不认为权力是不相关的因素。他们会讽刺政府政策是以牺牲整个社会为代价来满足一小部分特权者的利益（比如政府保护国内产业免遭国外竞争，援助洛克希德、克莱斯勒、伊利诺斯大陆公司这些破产的大公司，或者为某些企业和产业创造税收漏洞）。但是，经济学家们（不管是政治上的左派还是右派）同时也发现，赞扬大公司在“新”的全球经济中推动了生产效率、技术进步和国际竞争是一种时尚。实际上，所有正统经济学家在今天的一个准则，是把反托拉斯政策——尤其是与巨型公司之间的合并有关的政策——诋毁为“现代”的一种在知识上令人尴尬的时代错误。

有缺陷的或者达不到预期目的的政府政策，可能反映的是私人

---

① 见沃尔特·亚当斯和詹姆斯·W.布洛克：《大型复合体》（纽约：Pantheon Books，1986年）。亨利·C.西蒙斯：《自由社会的经济政策》（*Economic Policy for a Free Society*）（芝加哥：芝加哥大学出版社，1948年），第52、122、218页。托马斯·杰斐逊更早时候就涉及这个问题，他警告他的国民：“我们那些有钱的公司凭借一点点力量就已经胆敢挑战我们的政府，藐视我们国家的法律。”引自劳伦斯·古德温（Lawrence Goodwyn）的《民主的前途：平民党运动》（*Democratic Promise: The Populist Movement*）（纽约：牛津大学出版社，1976年），第1页。

② 约翰·肯尼斯·加尔布雷思：“权力和有用的经济学家”，载《美国经济评论》第63卷（1973年3月号），第1—11页。

经济权力的施行；破坏和颠覆合理的公共政策的能力，可能是公司的巨大造成的非凡后果；对巨型公司之间的合并和巨头的鼓励，可能是植根于结构中的那些更难对付的经济问题的解决办法——所有这些可能性都被忽略了。

在本文中，我们提出一些在权力和公共政策的政治经济学中成为核心的、但被忽略了的问题：经济巨头与对政府政策的形式和实践结果的理解有关吗？巨型经济组织——与它们的工会协力的公司——的权力，包括它们对合理的公共政策进行复杂化、阻挠或者颠覆的能力吗？它包括引致达不到预期目的的、反社会的政府干预的能力吗？公共政策的失效在多大程度上要归因于不均匀的规模，及其实施经济破坏活动的能力（用西蒙斯的话来说，"破坏或者终止整个社会收入的流动"）？在社会问题起决定作用的解决办法中，大型经济组织的权力预示了公共政策的设计和贯彻、预示了经济学的适宜性吗？

我们在三个重要领域提出这些问题进行分析。首先，我们将分析大公司对汽车产业管制政策的影响。其次，我们将探讨大公司对钢铁国际贸易政策带来的后果。最后，我们将评价经济巨头对宏观经济稳定化政策的重要性。在结论中，我们将强调一些一般性的公共政策含义。

管制政策：汽车产业的一个案例研究

在大量学术论文中，经济学家近年来一直倡导对产业的政府管制进行改革。[①] 他们特别批评了传统的管制，因为它相当依赖集权

---

① 比如见史蒂芬·布雷耶（Stephen Breyer）的《管制及其改革》（*Regulation and Its Reform*）（麻省剑桥：哈佛大学出版社，1982年）；罗伯特·E.利坦（Robert E. Litan）和威廉·

的、官僚的“命令和控制”方法，这种方法包括直接命令产业停止反社会的行动。作为一种更高雅的选择，新派学者进行了相当大的努力，去设计和促进更成熟、在理论上更符合要求的管制体系，这些体系依赖的是以市场—价格为基础的激励去改变公司行为。

威廉·J.鲍莫尔(William J. Baumol)和华莱士·E.奥茨(Wallance E. Oates)在下面这段话中解释了这种基于激励的管制方法的实质：

> 假设我们决定让整个石油行业支付全额税款，但同时也希望鼓励从燃料中去除铅。为此，我们可以降低无铅汽油的税收，提高含铅汽油的税收。这会给石油产业一个机会，让它以一种不损害自身利益方式行事的同时，与整个社会目标相一致的方式行事。这种程序既不会增加公共预算的负担，也不是补贴这个产业。考虑到私人企业追逐利润的效率，消除无铅燃料的速度毫无疑问将是十分惊人的……通过给予企业(财务上的)奖励，我们改变了游戏规则，引导产业……将它们的行为转向环境目标。①

D.诺德豪斯的《联邦管制改革》(*Reforming Federal Regulation*)(康涅狄克州纽黑文：耶鲁大学出版社，1983年)；勒鲁瓦·格雷默(LeRoy Graymer)和弗里德里克·汤普森(Frederick Thompson)的《社会管制改革》(*Reforming Social Regulation*)(加利福尼亚贝弗里山：萨奇出版公司，1982年)；劳伦斯·J.怀特(Lawrence J. White)的《管制改革》(*Reforming Regulation*)(纽约：Prentice-Hall，1981年)；尤金·巴德克(Eugene Bardach)和罗伯特·A.卡甘(Robert A. Kagan)主编的《社会管制：改革策略》(*Social Regulation: Strategies for Reform*)(旧金山：当代研究所，1982年)。

① 威廉·J.鲍莫尔和华莱士·E.奥茨：《经济学、环境政策与生活质量》(*Economics, Environmental Policy, and the Quality of Life*)(新泽西恩格尔伍德·克里夫斯：普伦蒂斯－霍尔出版公司，1979年)，第231—232页。

从这个前提出发，为了设计经济上最优的基于激励的社会控制和管制体系，人们作出了艰巨的努力。为了评价基于激励的管制的经济效力，人们精心制作了一系列令人印象深刻的标准，其中包括经济增长的可靠性、持久性和适应性，公平，经济性，以及对作出最大努力的激励。[①] 人们也讨论了准确定义被转变了的行为的问题。人们仔细分析了利用的各种激励措施（“费用”、“交易许可”、“产权”的拍卖），以及所应用的这些激励措施在理论上的正确性，它们一直是复杂的学术论文的主题。有人介绍了贯彻这种管制体系的替代性机制。人们提出和探讨了监督这些体系的恰当的立法和行政主体的问题，考察了这种体系下积累的收益的去向问题（也就是说，是否要为某些一般性的目的而指定这些收益的用途？用来研究？退款？还是计入政府财政收入？）。[②]

当然，这些考究的分析上的演练并没有为以下这种可能性留有余地，那就是即便基于激励的管制政策得到最好的调整，公司权力也可能被调动起来用于经济破坏活动。无论如何，这种对权力的忽略是很不幸的。在这一点上，对美国汽车业燃油效率的管制方面所作出的努力就是一个引人注目的例子。

美国汽车寡头在燃油效率方面的无所作为是这个产业的研究者所熟悉的。三大汽车生产商——通用、福特和克莱斯勒——传统地

---

① 鲍莫尔和奥茨：《经济学、环境政策与生活质量》，第 232—242 页。

② 见托马斯·C.谢林：“作为管制工具的价格”，载《环境保护的激励措施》(*Incentives for Environmental Protection*)，托马斯·C.谢林主编（麻省剑桥：MIT 出版社，1983 年）；布雷耶：《管制及其改革》，第 271—284 页；查尔斯·L.舒尔茨：《私人利益的公共运用》(*The Public Use of the Private Interest*)（华盛顿特区：布鲁金斯研究所，1977 年）；鲍莫尔和奥茨：《经济学、环境政策和生活质量》，第 246—254 页；劳伦斯·J.怀特：《机动车空气污染排放物管制》(*The Regulation of Air Pollutant Emissions from Motor Vehicles*)（华盛顿特区：美国企业研究所，1982 年），第 92—107 页。

认为，它们产品的燃油低效率以及有限的石油供给都不是值得特别关注的问题。即便在这个产业内部尽责的官员发出警告以后，它们仍然忽视石油供给的有限性是必然的这种警告。它们出于某种原因，似乎对可以增强燃油效率的创新（包括替代性动力装置）漠不关心。毫不奇怪的是，美国汽车的燃油低效率问题在第二次世界大战以后不断恶化。[①]

当然，这个产业有过失的表现给整个社会带来的后果，随着20世纪70年代的一场报复而显现出来，由于石油短缺，天然气危机，加油站前排着长长的队，以及大量小型节油汽车从海外进口，美国陷入了剧烈的社会动荡。

在燃油危机中，由于发现汽车占了美国所有石油消费品的40%，并且明智地得出结论，认为更省油的汽车可以大大降低美国对外国能源供给的依赖，国会在1975年出台了相关立法，刺激国内汽车产业提高其汽车的燃油经济性。[②] 毫无疑问，受到知名人物的经济学著述的影响，国会选择了采用基于激励的方法来解决这个问题，以正统理论为基础，这种方法似乎就是经济智慧的结晶：规定的标准是，到1978年，每个生产商每年销售的新车，平均油耗要达到每加仑18英里，并且每年递增，到1985年，这一标准将达到（并保持在）每加仑27.5英里。达不到这一里程标准的生产商要被罚款，每低于0.1英里罚款5美元，再乘以该企业当年销售的不达标车辆的数量。[③]

---

① 更详尽的分析和更完整的纪录，见沃尔特·亚当斯和詹姆斯·W.布洛克的"大公司和社会效率：美国汽车产业的一个案例研究"，载《公司与社会》(*Corporations and Society*)，阿瑟·S.米勒和沃伦·塞缪尔斯主编（康涅狄克州西点：格林伍德出版社，1986年）。

② 美国国会，H.R.Rep.第340号，第94届国会，第一次大会，1975年，第86页。

③ 能源政策与保护法案，P.L.94—163，89 Stat.871，502(1975年)。

经济学家们赞赏这个开明的方法。托马斯·C.谢林称之为“管制创新”，因为“并未向制造商规定每辆车必须满足的里程标准，或者按照替代性的一类里程中汽车的数量或者销售额，为不同载重量、排量、价格或者限额的汽车规定里程。相反，给制造商规定的是这样一个里程数，要求一年中生产的所有车辆加起来必须达到平均值。……到1985年，这个平均值……要达到每加仑27.5英里。如果一家制造商的所有车辆都达到这个数值，那么，它就能满足要求。如果一半车辆达到每加仑30.5英里，一半车辆至少为每加仑25英里，它也能满足要求。如果三分之二车辆达到了每加仑30英里，那么，另外三分之一就可以降低到22.5英里。只要这种相互搭配销售的汽车保持在平均值以上，有些车辆甚至可以只有每加仑10或15英里”。①

劳伦斯·J.怀特也赞扬了国会对激励措施的运用。他是这样评价这些措施的：“燃油效率标准……体现了两种良好特性。首先，它们采用的是销售加权平均原则，使制造商可以用低成本方式替代高成本方式来满足燃油效率标准。它们甚至允许具有一年延后抵前的特征，从而一个超过所要求的标准的制造商，可以用来抵消前一年或者后一年没有达到标准的部分。第二，它们包含了一种违令罚款，而不是‘达不到标准就关闭’的规定。”②

然而，这个产业的大公司的反应证明，这种赞扬多少有点为时过早。通用和福特很快就证明，那种忽视大公司开展社会经济破坏活动的能力的经济理论是无效的。通用和福特并没有改变它们的行为，以与“基于激励的”管制保持一致。相反，在1985年燃油效率标

① 谢林：“作为管制工具的价格”，第37页。

② 怀特：《管制改革》，第120页。

准开始实施的时候，它们公然向政府施压，要求放宽里程标准，并允许它们继续依其所好行事。

在一曲“国家灾难”策略的变奏曲中，克莱斯勒、通用和福特成功获得了国家援助，这个策略就是，如果不放宽里程标准，那么，就预示着工厂关门、倒闭、停工以及这个经济关键部门的大规模失业。通用汽车的一名副总裁在1985年5月警告国会，除非降低标准，否则“完全开工的制造商[也就是通用和福特]也将限制产量”。[①] 她提醒即将面临选举的国会注意，“这将转化为工厂关闭、工人失业以及较低的经济增长”。[②] 她重申，如果不同意通用汽车公司的要求，“就意味着必然的销售下降、工厂关闭、工人失业以及经济增长放缓”。[③] 为了摆明观点，通用汽车公司提交了一份有88个工厂的长长的清单——每一个工厂都详细说明了其分布的城市和州——如果政府拒绝采取行动，这些工厂将会受到不利的影响。[④] 福特公司的一名副总裁附和说，拒绝这两大公司的要求的后果，将必然导致“关闭工厂引起的就业混乱”。[⑤] （这个产业坚持这些要求，但就如熟悉这个产业的国家公路交通安全管理局承认的那样，事实是汽车公司“通过它们的营销和定价策略，影响了[对大型高油耗轿车]的需求”；另一个事实是，放宽燃油效率标准将使国内企业可以自由地实施它们的计划，从海外进口更多的小型汽车，从而大大减少美国的就业机会）。[⑥]

1985年年末，当政府依照通用和福特的希望降低了汽车燃油效

---

① 美国国会，参议院，能源管制与保护分委员会：《汽车燃油效率标准听证会》，第99届国会，第1次会议，1985年，第57页。

② 同上。

③ 同上，第81页。

④ 同上，第284—288页。

⑤ 同上，第71页。

⑥ 同上，第27、41页。

率标准时，正统经济理论因此似乎令人尴尬地落后于潮流了，这些企业的绝对规模使它们能够进行强有力的经济敲诈，让在理论上颇令人满意的“基于激励的”管制政策不堪一击。一位发言人后来解释说，政府放宽里程要求，是基于“不利的经济后果，包括如果不降低标准的话，会导致汽车产业好几万人的失业”。[1]

因此，在管制政策领域，核心的公共政策问题出现了：当政府采用惩罚、罚金或“罚款”的时候，会危及公司庞然大物的财务生存能力，这种假设是现实的吗？如果公司主管拒绝满足管制标准的话，政

---

① 《纽约时报》，1985年10月2日，第11页。汽车公司在要求政府支持、特权和特许方面，把精巧运用规模杠杆的艺术发挥到了极致。通用汽车的情况尤其如此。比如，在拉尔夫·纳德尔和威廉·泰勒最近的书里，他们披露，通用汽车为了在底特律的波尔顿(Poletown)工厂，得到了联邦、州和当地政府的大约2.2亿美元的补助，用于“获得土地，搬迁居民，拆除建筑，修建公路和铁路设施，以及其他场地准备工作。为期12年、50%的财产税减免为通用汽车带来了总共3.5亿美元的补贴”。见拉尔夫·纳德尔和威廉·泰勒：《大人物们：美国经济中的权力和地位》(*The Big Boys: Power and Position in American Business*)(纽约：Pantheon Book，1986年)，第121—122页。

在密苏里州，通用汽车公司成功地说服了堪萨斯城的市议会关闭了一个地方机场，将土地提供给通用汽车公司。然后开始了其他额外补贴的进程：通用汽车公司申请了低息贷款；州政府在这个机场原址上建立了一个企业区，由此免除了通用汽车公司的销售税、使用税、财产税和从价税；市政府同意为这一项目发行7.75亿的经济发展自偿债券。见纳德尔和泰勒的《大人物们》，第129页。

在密歇根州，通用汽车公司要求前所未有地减免其财产税，即便在像杰尼西(Genessee)镇这样的地方也是如此，在那里，它已经享受了为期12年的50%的财产税减免。“实际上”，传统上持赞同态度的《燧石杂志》(*Flint Journal*)总结道，“通用汽车公司说，如果当地司法机关不‘投降’的话，它就要把它的工资单给别处了”。见纳德尔和泰勒的《大人物们》，第131页。确实，按照这个公司的一名高官的说法，通用的目的是将它在税收特许权方面的努力扩大到全国范围：“现在，我们正努力到一个一个的社区，告诉它们‘我们不是想让你们屈服，我们可以慢慢来’。”见纳德尔和泰勒的《大人物们》，第132页。

最近，通用汽车公司以它的“土星”(Saturn)小型车项目为诱饵，将其努力达到了登峰造极的地步：“27位州长，以及其他9个州的经济发展官员造访底特律，去吸引这个项目。他们许诺了免费的土地，廉价的电力，低息贷款，免税期，政府出资的工作培训。”在这个例子里，通用汽车公司精心策划了被某些人称为“美国历史上围绕一个项目进行的最大规模、最昂贵的竞价战”。见纳德尔和泰勒的《大人物们》，第115页。

府会真正考虑关闭它们的主要工厂吗？面对大公司及其进行社会破坏活动的能力，政府难道不会不顾对公共利益的损害而被迫准许推迟、延期、豁免等行为吗？在这些条件下，社会管制真正会是有效的吗？正统经济学没有提出——就更不用说去解答——这些关键问题。这种忽略的代价，似乎是使得经济学在一个政治经济世界中大大落后于潮流了。[①]

国际贸易政策：对钢铁产业的案例研究

经济学的一个基本信条是，为免遭国外竞争而保护国内产业，这对社会是有害的。国际贸易和国际竞争通过使物品价格保持在较低水平（包括在世界市场上竞争的国内生产者的投入成本），扩大购买者的选择，由专业化和比较优势获益而对生产水平的提高，促进了贸易参与方的经济福利。相反，保护主义是有害的，因为它在上述所有方面损害了经济福利。

在国际竞争的优点方面的这种信念是如此强有力，以至于一些（"新自由主义"）经济学家准备废除反托拉斯法，放弃让国内产业具有竞争力所做的努力。他们认为，一方面，国外竞争为美国消费者提供了反对国内寡头的剥削所需要的所有保护，另一方面，必须让美国企业可以进行合并（没有反托拉斯的限制）以达到"世界级"的规模，从而在全球市场上具有竞争力。莱斯特·瑟罗（Lester Thurow）对这种新政策直言不讳："美国应该废除它的反托拉斯法"，因为"19 世

---

① 政府燃油效率计划的寿终正寝还历历在目，经济学家们现在就提出要把同样的方法扩大到汽车管制的其他领域，这种传统的恢复力实在让人赞叹。见罗伯特·W. 克兰德尔（Robert W. Crandall）等：《管制汽车产业》（*Regulating Automobile*）（华盛顿特区：布鲁金斯研究所，1986 年），第 102 页。

纪的做法在准备迎接21世纪的时候已不适用”。[①] 以商务部长马尔科姆·鲍德里奇(Malcolm Baldridge)为首的里根政府的高官附和了这种观点，他们恰好向国会提出了一揽子修订反托拉斯法的提议，并实际上迫使克莱顿法案(Clayton Act)的反兼并规定在立法上安乐死了。[②]

除了大公司和强强联合促进了良好的经济绩效这一不可信的假设之外(这是一个被很多经验证据所质疑的假设)，这个“新学问”的缺陷还表现在它没有考虑兼并所引起的巨大症的政治经济学，以及它对政府政策的影响。[③] 经济权力并非不起作用。它也不只是一个装饰性的地位象征。大公司并非被动地接受全球市场的严酷和惩罚。它们并不回避使用政治权力来保护自己免遭竞争——无论是国内的还是国外的竞争。在现实世界中，大公司——典型的是与劳工组织暗中有纵向勾结的大公司——在必要时会出手操纵政府，以改变全球市场的游戏规则。它们会毫不犹豫地运用手中的政治权力，通过把私人失败的成本转嫁给整个社会，来逃避它们的过失表现所带来的后果。它们会很乐意通过关税、配额、有序销售协定等方式，努力抵消国外的竞争，从而颠覆被瑟罗、鲍德里奇描绘为无所不能的控制机制的那个全球市场。

在这一点上，美国钢铁产业提供了一个恰当的例子。在这个产业中，寡头大公司是自世纪之交以来不断进行的(实际上是未受干扰

---

① 莱斯特·C.瑟罗：“废除反托拉斯法”，载《纽约时报》，1980年10月19日。也见莱斯特·C.瑟罗：《得失相等的社会》(*The Zero-Sum Society*)(纽约：Basic Books，1980年)，第146页。

② 马尔科姆·鲍德里奇：“出口困境的解决方案：解除反托拉斯限制”，《华尔街日报》，1985年10月15日，第30页；以及“如何搞垮一个完整的产业”，《纽约时报》，1984年3月11日，第3栏，第2页。

③ 见亚当斯和布洛克：《大型复合体》以及其中引证的证据和资料。

的)兼并与联合几乎独一无二的产物。[①] 这是一个天生就受巨大规模和非竞争的产业结构带来的可想而知的病症折磨的产业:创新一直乏力,受到腐朽的官僚作风的阻碍;占主导地位的一体化企业长期以来受到膨胀的成本和夸大的规模所造成的无能的束缚;价格政策一直受到单调、僵化的引导,唯有提高价格,根本不存在竞争性的决策(我们将在下一节阐述这种模式的重要性)。[②] 此外,在这个产业中,强有力的工会(钢铁工人联盟)直到近些年都还在要求并得到了远超其生产力所得的工资——寡头垄断者传统上以价格—工资—价格不断提高这种模式转移给买方的工资。

当 20 世纪 50 年代末进口大幅增长,威胁到这个秩序井然的独特产业时,这个产业开始行动了。但是钢铁产业的大型复合体不是在全球市场上应对竞争,而是在政府办公大楼里鼓动了一场大规模的、持久的反击。[③]

早在 1967 年开始,就有一系列提案递交国会,要求依法对钢铁进口进行限制。之后不久,就组织了国会钢铁核心会议(Congressional Steel Caucus)来受理和推动大型钢铁公司对来自国外竞争的抗议。整个产业的努力没有白费,1986 年,国务院说服主要钢铁出口国——日本和欧共体成员——加入了一个自愿出口限制协议(VRA)。在这个协议下,从日本和欧共体进口的钢铁每年分别限制

---

① 见美国国会众议院小企业特别委员会:《钢铁产业——12 家主要公司的收购、兼并和扩张,1900—1950 年》(*Steel-Acquisitions, Mergers, and Expansion of 12 Major Companies, 1900—1950*),听证会,第 81 届国会,第二次会议,1950 年。也见联邦贸易委员会:《兼并运动报告》(*Report on Merger Movement*)(华盛顿特区:1948 年),附录 1。

② 见沃尔特·亚当斯和汉斯·缪勒(Hans Mueller):"钢铁产业",载《美国产业的结构》(*The Structure of American Industry*),第 7 版,沃尔特·亚当斯主编(纽约:麦克米伦,1986 年)。

③ 除注明来源外,下面的论述均来自亚当斯和布洛克的著作《大型复合体》,第 20 章。

在580万吨(从这些国家的进口大约减少了20%)。

然而,就在三年之内,国内的钢铁寡头发现这个VRA并不令人满意。[①] 白宫对这个产业的要求作出了反应,在1972年宣布将这个VRA延长三年,对三种特殊钢材规定了具体吨位限制,规定了小于它们1971年水平的配额。此外,在协议中加入了结构钢和冷加工精制钢条。出口国还进一步同意了冻结它们的产品组合和地理分布模式。

这个产业再度让人不抱幻想地发展起来,并要求对进口进行额外的、更广泛的限制。作为回应,政府从1978年开始建立了一个基准价格制度(Trigger Price Mechanism, TPM)——实际上是对所有进口钢产品的一个不加掩饰的最低限价。最初,大公司非常满意这个协议。国外的生产商同样如此——出于明显的原因。共同市场钢铁集团的领导M.雅克·费里(M. Jacques Ferry)解释道,对于基准价格制度,"我们没有任何问题"。"它提高了全世界的钢铁价格水平。"

在两年内,钢铁寡头发现TPM是不够的,于是——在大选年——又向国际贸易委员会和国会发起了新一轮的攻势。仅1982年一年,这个产业就向政府机构提交了200多件反进口申诉[②](这其中的很大一部分是毫无根据的),然后以这些申诉作为杠杆,迫使欧洲和日本"自愿"限制向美国出口碳钢。

随着1984年大选临近,这个产业继续反对国外竞争的政治攻势。生产商和钢铁工人分别游说国会两院。在众议院,提出了1984年的"钢铁公平贸易法案",如果颁布这个法案的话,将对44个大类

① 比如,这个VRA只规定了自然吨,这意味着日本和欧共体的生产商可以扩大其不锈钢和其他高值产品向美国市场的出口。此外,日本和欧共体都宣称,结构钢和冷加工精制钢条并不包含在这个VRA的限制中。

② 见斯蒂芬·L.兰德(Stephen L. Lande)和克雷格·范格拉斯泰克(Craig Van-Grasstek):《1984年贸易和关税法案》(*The Trade and Tariff Act of 1984*)(马萨诸塞州莱克星顿:Lexington Books,1986年),第144页。

的钢产品规定很高的具体产品配额，总体目标是把进口产品控制在美国市场份额的15%以内。值得注意的是，这个提案提出要省掉对“公平”或“不公平”竞争的所有考虑。在连任竞选活动期间，在这个产业的压力的困扰下，里根总统委派他的特别贸易代表与向美国出口钢铁的所有国家，就全面的“自愿”限制协议进行谈判。为了向谈判施压，白宫暗示将阻碍任何拒绝加入协议的国家进入美国市场。这个威胁不可谓无效。到1985年11月，包括了14个国家，涵盖了美国钢铁进口90%的“自愿”限制协议生效了，对全部进口产品占美国市场份额的比例从1984年的25%下降到18.5%。

大钢铁公司的阴谋给经济带来的负担并非无足轻重。VRA每年的成本负担估计在3.86亿美元到10亿美元之间。① 仅1979年一年，TPM给消费者带来的总成本达10亿美元，而且可能高达60亿美元。② 必须在世界市场上竞争的那些美国钢铁用户，购买钢铁的价格不得不比国外竞争者高出20%，明显处于不利境地。③

重要的是要知道，钢铁产业并非唯一的这类产业。当克莱斯勒公司这家当时美国第十大工业企业，由于一系列糟糕的经营决策以及低劣的产品和生产决策，在1978—1979年濒临破产的时候，这家企业——联合了汽车工人联合会、供应商、分销商、国会议员以及整

---

① 亚当斯和缪勒：“钢铁产业”，第113页。

② 沃尔特·亚当斯和詹姆斯·W.布洛克：“抗衡力量还是联合力量？劳工/管理层联盟问题”，载《后凯恩斯主义经济学杂志》(*Journal of Post-Keynesian Economics*)，第6卷(1983—1984年冬季号)，第180—197页。

③ 据《华尔街日报》报道，“钢材价格上涨7%，面临激烈的国外竞争的……卡特皮勒公司(Caterpillar Tractor Co.)每年增加的开支超过3000万美元”。《华尔街日报》，1985年1月7日，第19页。

同样重要的是要注意到，国外生产商不一定因钢材进口限制而受损，因为进口商要提高价格来应对美国上涨了的价格水平：“当被问到海外生产商是否从贸易限制中获益时，韩国最大的钢铁生产商浦项制铁(Pohang Iron & Steel Co.)的执行副总裁笑了，然后回答道，‘这对美国消费者来说非常糟糕’。”同上。

个国家的市长、州长——向政府施压，获得了联邦援助。两年后，在1981年，由于忽视数十年来的市场趋势，当这个汽车寡头面临着款式新颖、省油的日本汽车越来越大冲击的时候，汽车产业的大型复合体——公司和工会——通过政府谈判签署的日本"自愿"出口限制，使整个产业获得了来自国际竞争者的援助——自1981年以来，美国汽车购买者累计付出的成本估计高达150亿美元。①

显然，达不到预期目的的、看起来非理性的政府贸易政策并不是凭空出现的。它们也不是幼稚的、无能的官僚主义者的行为。在代议制民主政体中，对自由贸易的攻击和对保护主义的抗议，只有在政治经济学的背景下才能得到理解——大寡头与强大的工会勾结行动，以操纵政府。废除反托拉斯法以及为强强联合提供便利，并不会改善我们的"贸易问题"；大人国的权力结构的创造只会加重这个问题。②

宏观经济稳定政策

宏观经济领域的挑战，是制定可以促进充分就业和经济增长、缓

---

① 见沃尔特·亚当斯和詹姆斯·W.布洛克："汽车产业"，载《美国产业的结构》。美国国际贸易委员会：《评美国汽车产业最近的发展，附对日本自愿限制协议的评估》(*A Review of Recent Developments in the U.S. Automobile Industry, Including an Assessment of the Japanese Voluntary Restraint Agreements*)，第1648号出版物(华盛顿特区：美国国际贸易委员会，1985年2月)，第ix页；罗伯特·W.克兰德尔(Robert W.Crandall)："进口配额与汽车产业：保护主义的代价"，载《布鲁金斯评论》(*Brookings Review*)，第2卷(1984年夏季号)，第8—16页。

② 虽然瑟罗感觉到保护主义的一个关键问题"不是贸易法本身，而是像钢铁产业这种麻烦缠身的产业的政治权力"，但他没有认识到，如果像他倡导的那样鼓励兼并、联合与公司巨大化，他所谴责的政治权力问题会扩大，并且会变得更加棘手。瑟罗，转引自《邓氏评论》(*Dun's Review*)，1981年2月号，第73页。

和通货膨胀、减轻经济周期性波动的财政和货币政策。宏观经济学家就能最后实现这些目标的不同类型的政策发生了激烈的争论。凯恩斯主义者和新凯恩斯主义者坚持政府对总需求管理的必要性，以及对宏观经济政策进行“微调”，使之抵消对经济的转变和冲击的重要性。货币主义者坚持认为货币存量是最重要的，猛烈抨击他们所认为的相机抉择政策的罪恶，就应该在理论上与货币供给保持一致的恰当固定增长率展开争论（只要关于什么是确切的“货币”这个问题能达成一致的话）。对于有怀疑倾向的“理性预期理论家”，他们确信任何宏观政策都是不可行的，因为经济行为人对政府可能采取的任何政策都有充分的预期，并能采取行动来抵消这些政策的影响。“供应学派”鼓吹减税和“拉弗曲线”是美国宏观经济病症的万灵药。

所有这些正统经济学说都没有考虑在结构上根深蒂固的经济权力。它们的拥护者推荐的货币和货币稳定政策，就好像经济接近“完全”竞争状态；就好像经济权力是无足轻重的；就好像经济中的权力在结构上的集中不可能加剧宏观经济的不稳定性和复杂性，不可能扭曲或者抵消宏观经济稳定政策的效果。不均匀的经济规模，非竞争的产业结构，以及权力的政治经济学——所有这些都按惯例在论述中被省略了。

然而在现实中，经验表明，大公司和集中化的权力造成了宏观经济绩效和稳定中的至少三个重要问题：第一，以与劳动市场上的垄断者相勾结这种形式为典型的寡头和垄断大公司，迫使物价和工资抬高到充分就业的产量水平之上，即便面临大规模失业和需求下降的情况也是如此。第二，经济关键部门（例如钢铁和汽车产业）的集中化权力由此加剧了周期性的不稳定。在经济周期的衰退阶段尤其如此，此时重要部门的价格被保持着刚性，或者被抬高，从而扩大了需求、销量、产量减少以及失业的严重程度。第三，作为前述现象的结果，设计合理的宏观经济政策的任务就是无效的，或者是达不到预期效果的，因为通货膨胀出现在低于充分就业的水平下，因为反通货膨胀的政策导致了关键部门的价格上涨（而不是下降），因为必然要加强减轻周期性波动的货币和财政政策的效力（从而也是风险）。

钢铁产业

在这里，美国钢铁产业再度提供了一个例子。正如我们看到的，这个产业的特征是产品市场上的寡头垄断，在劳动市场上的完全垄断。此外，钢材显然是整个经济的许多产品制造中基本的投入品，包括汽车、日用消费品和其他耐用消费品，还包括工厂、车间和设备的建造。由于这些原因，钢铁产业的定价行为就影响着整个经济的成本、竞争力和价格。

钢铁产业的实际定价模式非常明显是以价格刚性和面临销量下降时逆向提高价格为特征——这是一种严重加剧钢铁产业和整个经济的周期性不稳定的模式。

从 1947 年到 50 年代末，钢材价格一直以一种有规律的间隔稳步上涨，不管成本或需求状况。例如，在 1955 年 12 月到 1957 年 8 月间，冷轧钢板的价格指数提高了 20 点，而生产指数则下降了 80 点；冷轧带钢的价格指数提高了 23.8 点，而生产指数则大幅下降了 45.6 点；热轧钢板的价格指数提高了 30.4 点，而生产指数则下降了 58.6 点。热轧条材、钢管、钢轨、钢板和其他钢铁产品也有类似的趋势。[①] 在 1949 年、1954 年和 1957 年，在需求下降的时候，钢材价格

---

① 美国国会参议院反托拉斯和反垄断分委员会：《钢铁产业有管理的价格报告》（*Administered Prices in Steel, Report*），第 85 届国会，第 2 次会议，1958 年，第 17—26 页。

却在上涨。约翰逊总统的经济顾问委员会在1965年的报告中注意到了这种对于宏观经济绩效难以解决的后果：

> 钢材价格在20世纪50年代的整体价格水平上涨中起到了重要作用。1947到1951年间，基础钢产品价格的年平均涨幅是9%，两倍于整个批发价格的上涨幅度。钢材价格的独特表现在20世纪50年代中期最为明显。在1951到1955年间，尽管批发价格指数年均下降0.9%，钢材价格指数却是年均上涨4.8%。从1955到1958年，钢材价格年均上涨7.1%，几乎是批发价格涨幅的三倍。没有其他哪个重要部门表现出类似的记录。[1]

除了国外竞争的短期影响这种鲜有的例外，这种逆向的、加剧衰退的定价模式一直在持续。佐尔滕·艾克斯(Zolton Acs)教授解释道："在20世纪70年代的两次衰退中，钢材价格在1970和1974年分别上涨了6.4%和26.8%，而产出却在下降。在1980年的衰退中，钢产量下降18%，而钢材价格却上涨了6.8%。"[2]然后，在1982—1983年，在钢材需求处于大萧条以来的最低水平，近一半的美国钢铁工人失业的情况下，钢铁寡头仍然把这个行业广为使用的钢板和钢条产品的价格平均提高了6%。[3]《商业周刊》评论道，这是

---

① 经济顾问委员会：《钢材价格总统报告》(*Report to the President on Steel Prices*)(华盛顿特区：1965年4月)，第8—9页。

② 佐尔滕·J.艾克斯：《美国经济转变中的结构：来自钢铁产业的教训》(*The Changing Structure of the U.S. Economy: Lessons from the Steel Industry*)(纽约：Praeger，1984年)，第93页(着重号为原文所加)。

③ 《纽约时报》，1982年12月28日，第D3页，1983年1月21日，第36页。

“忽视市场的钢材定价”的一个明显证明。[①]

钢铁工人——至少是那些尚未失业的钢铁工人——分享了钢铁巨头在涨价游戏中的好处。在1964年到1980年间，每小时的平均报酬远远超出了生产率应得的报酬，单位劳动成本几乎翻倍，钢铁产业的每小时雇工成本与整个美国制造业之间的差距，从20世纪70年代中期的25%，扩大到1980年的60%。[②]

因此，钢铁产业的大公司和权力在经济的价格—成本—价格推动的通货膨胀中起到了重要作用，引起了衰退期间需求、产量和就业更大的下降——在钢铁产业，同时也在消费这种重要的基础产品的广大制造业。

汽 车 产 业

汽车产业对美国经济的影响更大。最近几年，五分之一的美国制造业工人在与汽车生产直接或间接相联系的工作职位上就业。[③]汽车产业是美国各种工业产品的最大的消费方之一：它购买了美国全部塑料制品的6%，12%的铝，美国钢铁产品总量的19%，20%的机床制品，50%的铅制品，以及美国67%的橡胶制品。[④] 它在制造业就业中占了相当大的比重，不仅在底特律和密歇根，在整个国家的大城市地区和各州也都是如此。[⑤] 汽车购买在全国所有商品和服务的

---

① 《商业周刊》，1981年2月2日，第26页。

② 见“纵向暗中勾结与劳工—产业复合体”，载《内部拉斯加法律评论》（*Nebraska Law Review*），第62卷（1983年秋季号），第621—707页，数据见第705页。

③ 美国交通部：《美国的汽车产业：1980年》（*The U. S. Automobile Industry: 1981*）（华盛顿特区：1981年），第84页。

④ 美国国会众议院经济稳定分委员会：《确定国外因素对产业和社会的影响》听证会，第97届国会，第1次会议，1981年，第17页。

⑤ 美国交通部：《美国的汽车产业：1980年》，第87页。

零售总额中占了近五分之一。[①] 正如美国汽车工人联合会前主席道格拉斯·弗雷泽(Douglas Fraser)总结的那样:“从就业、技术以及同其他产业的联系来说,汽车产业就是中枢。”[②]

但是,就像在钢铁产业那样,汽车产业在产品市场上的大寡头与劳动市场上的垄断者联合起来,激起了长期的通货膨胀,加剧了宏观经济的不稳定性,特别是加重了经济中周期性衰退的严重性。

表1记录了汽车价格的长期上涨。在1967年到1984年这个阶段,美国新车价格的上涨率超过一般消费品价格上涨率17%(实际上在很大程度上引起了整个经济的通货膨胀)。[③] 近年来,汽车价格上涨与一般消费品价格上涨之间的差距在扩大,1977年到1983年间,新车平均价格上涨了44%——是同一时期记录的消费品价格指数的2.5倍[④](当然,保护该产业免遭国外竞争对近来新车价格的上涨有相当大的影响)。[⑤]

---

① 美国国会参议院国际贸易分委员会:《与国内汽车产业有关的诸多问题》听证会,第2部分,第97届国会,第1次会议,1981年,第204页。

② 美国国会众议院贸易分委员会:《汽车生产活动中的公平惯例》听证会,第97届国会,第2次会议,1982年,151页。

③ 消费品价格信息来自经济顾问委员会的《总统报告》(华盛顿特区:1986年)表B—55,第315页。

④ 新车价格上涨也快于消费者工资和收入的增长,结果是新车成为了相对昂贵、支付不起的商品。《华尔街日报》报道,1983年“买辆新车平均需要36.6周的薪水。……1979年的数字是31.2周。这个数字是从1973年的低于27.9周稳步上涨起来的”。《华尔街日报》,1983年8月3日,第13页。

新车价格的迅速上涨不能主要归因于汽车安全和污染的政府管制成本。根据劳工统计署的分析,由汽车公司服从这些领域的政府管制而引起的成本,占1975—1979年汽车价格上涨总数的不到12%。美国国会众议院经济稳定分委员会:《克莱斯勒公司的财务状况》听证会,第1部分,第96届国会第1次会议,1979年,第557页。

⑤ “配额提高了美国汽车价格的总体水平,以至于在今天这些价格非常之高”,一名金融分析家指出。“对于汽车生产商来说,一个共同主题是谈论他们如何降低他们的保本点,但他们却没让消费者保本。”《纽约时报》,1984年4月8日,第3栏,第1页。

表 1 美国新车平均销售价格

年份	新车平均价格(美元)	新车价格指数(1967 年＝100)
1967	3 200	100.0
1968	3 240	101.3
1969	3 400	106.3
1970	3 430	107.3
1971	3 730	116.6
1972	3 690	115.3
1973	3 930	122.8
1974	4 390	137.2
1975	4 750	148.4
1976	5 470	170.9
1977	6 120	191.3
1978	6 470	202.2
1979	6 950	217.2
1980	7 340	235.3
1981	8 850	276.6
1982	9 910	309.7
1983	10 725	335.2
1984	11 100	346.9

资料来源:汽车新闻:《市场数据》(*Market Date Book Issue*),1985 年。

如图 1 所示,整个经济周期中汽车价格的短期模式是,价格不仅没有随需求和销量的大幅度下降而下降(将通过保持需求而减轻产量下降的不利影响),而是在面对销售下降的情况下价格不断——而

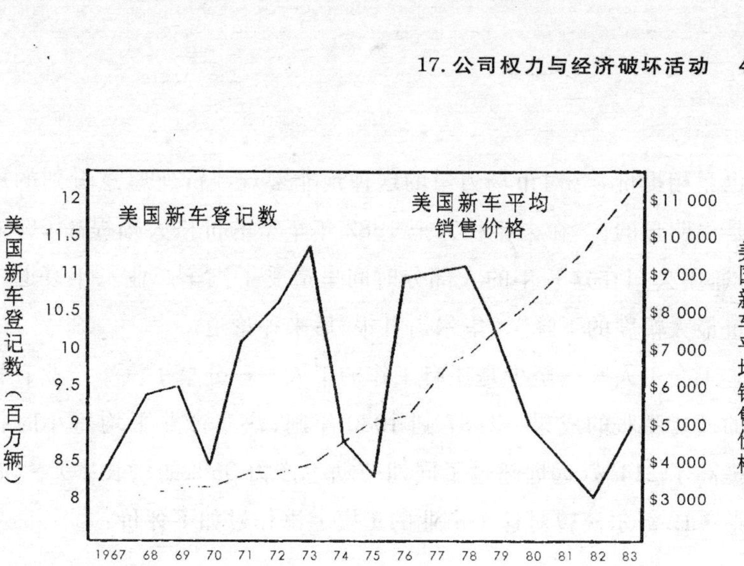

资料来源：汽车新闻：《市场数据手册》，1984 年。

图 1

且大幅度地——上涨（从而引起了产量和就业大幅度的减少）。这种逆向定价模式在 20 世纪 80 年代初表现得尤为明显。[①] 1980 年，就在很快将得到证明是自大萧条之后美国最严重的衰退的前夕，汽车产业的失业率达到 26%，在与汽车相关的产业另有 35 万到 65 万人失业，《华尔街日报》不可置信地把国内寡头此时宣布的继续涨价描述为"底特律现代历史上无与匹敌的事情"。[②] 这个产业不久策划的另一轮涨价，让一个被激怒了的经销商斥责汽车公司"不知道市场上发生了什么。它们藐视供求定律"，他带着悔悟地说道。[③] 当 1981 年这场衰退加深的时候，同时汽车销售继续自由下跌，"通用汽车公司尝试在其 1982 年车型上异常地大幅提价"——福特和克莱斯勒公

① 关于这个产业在 20 世纪 50 年代类似的定价模式的详细阐述，见美国国会参议院反托拉斯和反垄断分委员会的《有管理的价格：汽车产业报告》，第 85 届国会，第 2 次会议，1958 年。

② 《华尔街日报》，1980 年 10 月 3 日，第 1 页；美国交通部：《美国汽车产业：1980 年》，第 83—85 页。

③ 《华尔街日报》，1981 年 1 月 5 日，第 5 页。

司也竞相提价。[①] 对市场力量的这种绝非宏观经济所愿意看到的展示是很明显的。"在去年秋天把1982年车型的价格大幅提高6%之后,通用公司在这一年的大部分时间里遭受了汽车产业三年衰退中销量最大幅度的下降",《华尔街日报》后来评论道。[②]

工会工人——至少是还有工作的工人——分享了汽车产业有管理的通货膨胀的成果。1967到1980年间,汽车产业平均每小时报酬提高了214%(远远超过了同期劳动生产力35%的增长率)。[③] 查尔斯·L.舒尔茨曾对这个产业的工资上涨作过如下评价:

> 20世纪60年代中期,主要汽车公司的每小时雇工成本(包括工资和额外福利)高出制造业平均水平20%。从那以后每三年一次的产业和工会之间的劳动合同谈判扩大了这个差距。……最终,在1979年——面临着不断提高的利率,初现端倪的衰退,迅猛上涨的汽油价格,对美国大型车越来越多的抵制和日本车进口的增加——这个产业做了些什么呢?它谈妥了一个合同,规定到1980年,将汽车产业的工资和额外福利提高到超出制造业平均水平的60%。[④]

这个产业最近签订的合同是克莱斯勒公司和美国汽车工人联合会在1985年末签订的,继续保持着价格—成本—价格通货膨胀的传统——这是保罗·A.伦敦(Paul A. London)指出的一种负担,它最

---

① 《华尔街日报》,1981年10月10日,第2页;1981年9月1日,第2页。

② 《华尔街日报》,1982年6月29日,第2页。

③ "暗中纵向勾结与劳工—产业复合体",载《内布拉斯加法律评论》,第62卷(1983年秋季号),第621—707页,引语见第701—702页。

④ 《华尔街日报》,1981年3月20日,第24页。

终由“那些想要在一个工业不断扩张的美国工作的人来承担”。[①]

钢铁和汽车产业是经济巨头和权力所引起的宏观经济不稳定问题的典型。[②] 在宏观稳定政策领域，权力使合理制定公共政策的问题更加严重。它使得反通货膨胀措施处于一种几乎不能应付的困境，这些措施是在达到充分就业水平之前采用紧缩的财政或货币政策（从而容忍高失业），或者相反，选择以高通货膨胀为代价来实现低失业。当寡头和垄断大公司提高——而不是降低——价格对政策引起的通货紧缩的宏观经济环境作出反应的时候，经济权力的运用显然挫败和抵消了反通货膨胀的宏观经济政策。事实上，就如西蒙斯在1944年指出的那样，集中化的经济权力的存在，导致了任何宏观经济政策的生存能力问题的产生：

> 当处于关键位置上的工会和垄断企业坚持改善需求条件而提高工资和价格，而不是增加就业、投资和产出的时候——或者在技术进步已显然降低了成本的情况下仍然保持价格不变——那么，就没有任何货币或财政刺激会给我们带来足够的就业和投资。拥有足够的组织权力和政治权力的有组织的生产者集团，没有任何理由会为各自的利益而行动，放弃在这种情况下改善其相对地位的机会。显然，除了损害社会，他们也会损害自己，与什么都不做相比，他们中的所有人或者大多数人会由于他们的限制性措施而使境况变得更糟。但与单独行动这种垄断程

---

① 保罗·A.伦敦：“汽车爆炸，”载《新共和》，1985年11月25日，第11—15页。

② 对于集中化产业的逆向价格行为以及它们对经济周期性的破坏稳定的影响，有一份煞费苦心的详尽记录，见约翰·M.布莱尔的《经济集中》（纽约：Harcourt Brace，1972年），第405—466页；以及他的“市场权力与通货膨胀：一个短期目标收益模型，”载《经济问题杂志》，第8卷（1974年6月号），第453—478页。

度较小的情况相比,每一个有组织的集团的境况都会改善。[1]

他指出,“在一端没有独裁者,另一端没有真正的竞争,在这样的集团之间实现协调的或者合作的行动似乎就是很好的事情。”[2]对有意义的经济学来说,遗憾的是,西蒙斯的观点被淹没在今天的“拉弗曲线”、“固定货币增长规则”和“理性预期”这些嘈杂的宏观经济理论中。[3]

结论

在《巨人》(*The Titan*)这一描写世纪之交芝加哥公用事业的腐败的经典故事中,西奥多·德莱塞(Theodore Dreiser)写道,那些新加入到上层社会的人“与其说离严肃的生活观念很遥远,还不如说离精确的生活观念很遥远”。[4] 本文中我们考察了经济巨头、经济权力与公共政策的制定、执行和效力之间被忽略了的关系。在管制政策、国际贸易政策和宏观经济稳定政策这些领域,我们发现其中附带的规模和权力是相关因素,而且不像占支配地位的经济学教义所假设的那样是微不足道的。相反,产品和劳动力市场上的经济巨头可以

---

① 西蒙斯:《自由社会的经济政策》,第115页。

② 同上。

③ 曼库尔·奥尔森(Mancur Olson)是一个著名的例外。“最重要的宏观经济政策含义”,他从对滞胀、失业和经济周期的彻底分析中得出结论,“是最好的宏观经济政策就是一项好的微观经济政策。……如果把整个经济中的主导市场结合起来,而且政府总是为了特定利益集团的利益而干预,那么,就没有哪种宏观经济政策可以解决问题”。曼库尔·奥尔森:《国家的兴衰》(*The Rise and Decline of Nations*)(康涅狄克州纽黑文:耶鲁大学出版社,1982年),第233页。

④ 西奥多·德莱塞:《巨人》(纽约:John Lane Co.,1915年;纽约:World Publishing重印本,1946年),第36页。

采取行动去挫败、恶化、破坏和颠覆合理的公共政策。我们主张，忽视当前形式的这种经济权力的现实，就等于在专业上反复灌输谬见；这（用德莱塞的话来说）与其说是受一种严肃的生活观念之害，还不如说是受一种不精确的生活观念之害。

鉴于此，我们的研究最重要的含义是以下三方面：

第一，我们的研究表明，如果让经济学与现实相关不是禁忌，那么，经济学家明确承认不均匀的规模、非竞争的产业结构以及由此流出的经济权力的时候到了。若非如此，那么对经济学的谴责就像肯尼斯·博尔丁那样，把它称为误导性地研究一个不存在的宇宙的天体力学。

第二，重要的第一步要求承认这样的事实，即经济权力所包括的远不止在一个孤立的经济中影响价格的纯粹的（而且总而言之是无害的）能力。就像我们看到的那样，经济巨头有强有力的能力去操控政府，去引发反社会的政府干预，去破坏合理重大经济问题的合理解决办法。

第三，承认这方面的现实，需要的远不止是强调反托拉斯政策，特别是其结构上的目标。反对垄断、寡头和强强联合的结构上的反托拉斯政策，其社会利益并不只限于竞争的产业结构带来的经济利益。也许更重要的是，要警惕结构上的反托拉斯阵线可能是必要前提，通过把被大公司劫为人质的社会解救出来，把它从大公司进行经济敲诈和社会破坏的能力中解救出来，从而让公共政策延伸到更广泛的领域。最少，认识到经济权力的现实和后果，忠告人们去深深地质疑当前那些让反托拉斯措施安乐死、将促进经济巨头作为国家政策的提议。

18. 公司规模与援助因素[①]

沃尔特·亚当斯　詹姆斯·W.布洛克

大公司的作用一直是经济学家长期争论的问题。然而，几乎毫无例外的是，这种争论都局限在两个狭隘的问题上：公司规模与生产效率的关系，以及公司规模与技术进步的关系。大公司的维护者认为，大企业以最低的单位成本促进了生产效率；它可以聚集和控制技术实验和技术改进所需的巨额资金；公司巨头因此促进了良好的经济绩效。另一方面，批评者认为大公司破坏了经营效率，妨碍了创新，损害了经济绩效。每一方都收集了大量经验证据来支持其立场。每一方都攻击另一方的证据的有效性，也攻击以这些证据为基础形成的公共政策的恰当性。

更为奇怪、从而更加具有讽刺意味的是，大公司的优势最清晰、最明白的一个领域在争论中被遗漏了。那就是大公司要求——并获得——政府援助的能力。"大致说来"，约翰·肯尼斯·加尔布雷思谈道，"如果你碰到麻烦，而且是大麻烦，你可以以某种方式得到政府的援助，以及调整资本"。[②] 对20世纪70年代宾州中央铁路公司和洛克希德公司，以及80年代克莱斯勒公司和伊利诺斯大陆公司的情况的简要评论，似乎证实了这一点。

---

① 原载《经济问题杂志》，第21卷，第1期(1987年3月)，第61—85页。

② 约翰·肯尼斯·加尔布雷思："让人容易接受的资本主义"，载《纽约时报》，1985年5月26日，第3栏，第1页。

理论上说，大公司优势的源泉似乎是很明显的：由于它们不均匀的规模，大公司绝对影响着社会各个部分的命运——买方、供应商、转包商、雇员、工会、股票和债券持有人、金融市场、社区、城市、国家——而且对社会的经济命运有着深远的影响。一旦一个公司达到了像洛克希德、克莱斯勒或者伊利诺斯大陆公司那样的规模，其命运就会不断对整个经济产生反响。一旦企业呈现出巨大的规模，它们就会逐渐被认为太大、太重要而不允许失败。通过政府的作用，社会从而感觉到被迫来保证大公司的生存，几乎不管它们可能如何低效，如何落后，如何管理不善。这样，扮演了银行角色的政府就对借款人有了如此深刻的承诺，以至于不能让客户违约，因为害怕损害银行自身的偿付能力。简言之，社会成了大公司的人质。

在本文中，我们将分析公司规模与援助因素。在下一节，我们将分析直接的政府援助，例如洛克希德公司和克莱斯勒公司的情况。但接下来我们将表明大企业以其他各种间接的、但同样有力的方式获得的援助，包括保护企业免遭国外竞争，管制推迟和豁免，政府采购业务特许权，政府推动的项目，减税，以及非法行为和业务的免予起诉等。在本文的结论中，我们将强调我们的研究结果的一些含义。

直接的政府援助

当政府通过直接现金注入或者财政贷款以及贷款担保，对危机中的大公司进行救助的时候，就发生了直接的政府援助。这种情景再熟悉不过了：由于不当行为、不法行为或者不履行义务，一家大企业濒临破产，此时就会有一大批说客和倾向于某些利益集团的使者被派往华盛顿，请求政府考虑这家公司的境况，给予支持。他们接近政府行政高官（也就是财政部长、商务部长、劳工部长）。他们说服国会举行紧急听证会，在这里用凄惨的长篇大论描绘这家企业破产带来的灾难性后果。在另一方，那些经济学家卫道士会慷慨激昂地证明市场这一良方，政府援助的愚蠢，以及自由企业原则。但在最后，大公司仍然得到了援助。

克莱斯勒的例子就是个典型。① 1979 年 10 月，这家公司高层主管宣布公司季度亏损达 4.6 亿美元，全年亏损预计将达到难以置信的 7.21 亿美元。克莱斯勒公司看起来濒临“破产”，除非能够获得外部援助以继续经营。

克莱斯勒公司把它的困境归结为三个它无法控制的关键因素：(1)在污染控制、安全和燃油效率等方面的联邦管制要求，这些要求据称把克莱斯勒这样的“小”公司置于一种竞争中的不利地位；(2)汽油短缺使得克莱斯勒公司利润最丰厚的车型——大型轿车、货车和轻型卡车——销量锐减；(3)与轿车和卡车销量全面相对大幅下降同时发生的经济衰退。然而，在一次国会听证会上，该公司董事长还是承认，克莱斯勒公司的问题在很大程度上源于错误的管理决策。这些错误决策包括：(1)公司在 20 世纪 60 年代向往往难以预测的海外业务扩张，这成为了 70 年代的一个资金无底洞；(2)20 世纪 70 年代初重新设计其大型轿车的决策，以及推迟开发小型轿车；(3)在生产和引进新车型方面不断延迟。②

在长时间的听证过程中，国会听到形形色色主张援助的人的描述，他们预言，如果克莱斯勒破产的话，将会引发经济灾难。财政部长 G.威廉·米勒提出了一个客观的评价。“克莱斯勒是美国第 10 大工业公司。它在 1978 年的收入是 136 亿美元，这些收入几乎完全

① 更详细的分析以及完整的记录，见沃尔特·亚当斯和詹姆斯·W.布洛克：《大型复合体》(纽约：Pantheon Books，1986 年)，第 22 章。

② 亚当斯和布洛克：《大型复合体》，第 298 页。

来自所销售的120万辆轿车和49万辆卡车。它在年初的雇工人数是13.1万人,现在大约是11.3万人。大约有另外25万人受雇于克莱斯勒的分销商和主要供应商。"[①]然后他描述了克莱斯勒公司破产的经济后果。"克莱斯勒的破产,单在1980—1981财年就会给联邦政府造成15亿美元以上的损失。我们估计联邦政府这一财年的总损失至少是27.5亿美元,包括税收损失、失业保障金、福利费用以及其他附带费用。此外,州政府和地方政府也有很大的损失。而且,这还没有考虑退休金担保公司在克莱斯勒公司大约11亿美元无基金投入的养老金债务上的所有损失,这最终要由其他退休基金担保人来承担。"[②]

他说到了"维持一个竞争的国内汽车产业的需要。如果没有克莱斯勒,剩下的两大国内生产商将表现出非常狭小的竞争基础。考虑到目前谈到的竞争过程的强度和很高的进入壁垒,这会带来很大的麻烦。尽管克莱斯勒当前缺乏盈利能力,但它在挑战通用汽车公司、福特公司和市场上的其他生产商方面,曾经发挥了重要的作用"。[③]

他还指出了"克莱斯勒在小型轿车市场上现在和计划中的增长的潜在损失,涉及小型轿车数量的时候,国内生产能力对于贸易、环境和其他方面都是至关重要的"。[④]

米勒说道,这将对"美国国际收支带来重要的负面效应,因为克莱斯勒的产品将被大量从外国进口的产品所替代。不断增加的进口(主要是微型车,也有其他车型)带来的这种负面影响,将从1981年

---

① 美国国会参议院银行、住房与城市事务委员会:《克莱斯勒公司贷款担保法案》听证会,第1部分,第96届国会,第1次会议,1979年,第179页。

② 同上。

③ 同上,第180页。

④ 同上。

开始，每年给美国造成10亿美元以上的损失”。[①]

汽车工人联合会主席道格拉斯·弗雷泽证实说：“与那些为保护‘自由企业体制’而忧心忡忡的歇斯底里相比，我更关心的是克莱斯勒破产后受到短期和长期失业威胁的美国的60万工人。”他说，有了政府贷款担保，“克莱斯勒就可以满足其短期资本需要，通过生产美国消费者想要购买的小型、省油、无污染、安全、美观的汽车而重现生机”。[②]

当时密歇根州（遭受了20世纪30年代以来最严重的衰退的一个州）州长威廉·G.米利肯（William G. Milliken）也支持政府援助。他解释说：“1978年，克莱斯勒在密歇根州支付了24亿美元的工资，并另外支付了24亿美元给总部设在密歇根州的供应商。”“克莱斯勒的破产给密歇根州经济造成的初步冲击，就是让克莱斯勒和供应商的16.5万人失业。……将造成本州每年2亿美元的损失。同时，破产后的两年，将会看到密歇根州的福利成本[提高]4.6亿美元，其中大约一半由州政府负担，另一半由联邦政府负担。”[③]

底特律市长科尔曼·A.扬（Coleman A. Young）解释道：“克莱斯勒雇佣了大约3.7万名底特律人，提供了这个城市总就业量的7%。”他估计“这些人失去工作的话，将使截至1979年10月底特律10%左右的失业率翻倍”。他强调了一个明显的事实——即“克莱斯勒的倒闭对底特律市财政预算的影响会很严重”。扬市长还补充说，底特律不是唯一受影响的城市，克莱斯勒的破产还会对威明顿

---

① 美国国会参议院银行、住房与城市事务委员会：《克莱斯勒公司贷款担保法案》听证会，第1部分，第96届国会，第1次会议，1979年，第180—181页。

② 道格拉斯·弗雷泽：《星期六评论》（*Saturday Review*），1980年1月19日，第30页。

③ 威廉·米利肯，美国国会参议院银行、住房和城市事务委员会：《克莱斯勒公司贷款担保法案》听证会，第2部分，第96届国会，第1次会议，1979年，第818页。

(Wilmington)、纽瓦克(Newark)、锡拉库扎(Syracuse)、圣路易斯(St. Louis)以及亨茨维尔(Huntsville)、阿拉巴马(Alabama)这些城市造成毁灭性的影响。①

道奇品牌(Dodge)的经销商、全国汽车经销商协会的第一副主席温德尔·米勒(Wendell Miller)直言不讳地警告国会:"实际情况是,如果克莱斯勒得不到它所需的现金流援助,让它度过能源、经济和管理问题的为期一年的过渡期,过渡到生存能力更强、利润更丰厚的阶段,那么,在美国的每一个选举区总共会有 4 700 家[克莱斯勒的经销商]在短期内没有生意可做。"②

全国有色人种协进会(NAACP)执行主任本杰明·L. 胡克斯(Benjamin L. Hooks)强调:"克莱斯勒公司雇佣的黑人数量高于工业公司的平均水平,而且在城市里大多数黑人居住的地区,以及黑人失业者特别多的地区有更多的黑人雇员。"因此,他代表 NAACP 呼吁"政府行政和立法部门向克莱斯勒公司提供一个联邦财政援助项目"。③

将所有这些因素考虑在内,克莱斯勒公司富有魅力的董事长李·亚科卡(Lee Iacocca)对他和其他人视为这个国家所面临的选择进行了概括。"如果政府想要就失业问题做点什么",他说,"如果想要让这个国家的城镇地区和城市保持活力;如果想要防止福利依赖和政府支出的增加;如果想要抵消同日本的 80 亿美元汽车贸易逆差,那么,

---

① 科尔曼·扬,威廉·米利肯,美国国会参议院银行、住房和城市事务委员会:《克莱斯勒公司贷款担保法案》听证会,第 2 部分,第 96 届国会,第 1 次会议,1979 年,第 1041—1042 页。

② 美国国会众议院经济稳定分委员会:《克莱斯勒公司的财务状况》听证会,第 1A 部分,第 96 届国会,第 1 次会议,1979 年,第 586 页。

③ 本杰明·胡克斯,美国国会参议院银行、住房和城市事务委员会:《克莱斯勒公司贷款担保法案》听证会,第 2 部分,第 96 届国会,第 1 次会议,1978 年,第 948 页。

就请批准克莱斯勒公司合理的、完全有先例的临时援助请求”。①

这样，经过漫长的听证和谈判之后，国会参众两院以足够多数票通过了克莱斯勒公司援助议案。来自各个利益集团——劳工和管理层、州政府和市政府、经销商、供应商、债权人、民主党和共和党——势不可挡的院外活动压力取得了胜利。事实是，不同意识形态和不同哲学信仰的杰出经济学家——从米尔顿·弗里德曼和艾伦·格林斯潘，到詹姆斯·托宾、约翰·肯尼斯·加尔布雷思和罗伯特·艾斯纳(Robert Eisner)——都显然毫无分歧地强烈反对这个援助任务。

对克莱斯勒的援助并非独一无二的。对洛克希德公司的援助，最近对伊利诺斯大陆公司的援助，以及由于对第三世界的贷款而面临困境的大银行的政府援助，实质上都是类似的。例如，1984 年当伊利诺斯大陆公司——美国第八大银行控股公司——由于储户和投资者对银行有风险的增长战略不抱幻想而经历了一次挤兑风潮的时候，这家企业获得了 80 亿美元以上的援助，并且被给予了无限制获得政府货币的权利(这同大量破产的小银行得到的待遇形成了鲜明对比，它们被允许不光彩地消失，它们的储户只能得到达到法定上限的赔偿)。一名鼓吹“自由市场”的里根政府的官员为这种差别待遇辩解，他的理由是大银行破产比小银行倒闭会带来更严重的后果。的确，通货监理官证实，政府实际上不可能让任何一家全国第 11 大的银行倒闭——国会议员斯图尔特·B. 麦金尼(Stewart B. McKinney)就此评论道：“我们有一家新型银行。它叫做‘大而不能破产’，即 TBTF(too big to fail)，而且它是一家非凡的银行。”②

---

① 李·亚科卡:《华尔街日报》，1979 年 12 月 3 日，第 24 页。

② 美国国会众议院金融机构监督、管制与保险分委员会:《伊利诺斯大陆国民银行质询》听证会，第 98 届国会，第 2 次会议，1984 年，第 299—300 页，第 458 页;《华尔街日报》，1984 年 7 月 26 日，第 2 页。

进口保护

保护大公司免遭国外竞争是政府对大公司的第二类援助。

国外竞争当然是对那些必须在一个竞争市场上为利润和发展而奋斗的企业的一种挑战。它迫使它们进行创新，有效地组织生产。对垄断而言，它则是一种削弱了垄断者对市场的控制，以及卡特尔那样的定价机制的破坏力。这威胁着那些在对于新竞争难以想象的壁垒后面坐享其成的大公司的利益。

近年来，政府对国外竞争的限制成为了对非竞争的国内大公司提供援助的一种重要手段。在这点上，美国钢铁产业是一个恰当的例子。

数十年来，美国钢铁产业一直饱受大公司和寡头垄断的典型弊病的折磨。创新乏力，受到伴随着公司巨头和非竞争市场结构而出现的腐朽堕落的妨碍。大公司受到占主导地位的一体化企业成本膨胀、不具竞争力的束缚。这个产业的价格政策一直是统一的、缺乏灵活性的，只会上涨；尽管领导权在钢铁大寡头之间轮换，但产品价格水平一直不是由市场来决定。[①]

当进口大潮侵入到这个秩序井然的保护区时，美国钢铁生产者组织起来进行了反击。作为在市场上迎接国外竞争的另一种选择，大钢铁公司寻求通过政府援助而提供保护。

---

① 见沃尔特·亚当斯和汉斯·缪勒："钢铁产业"，载《美国产业的结构》，沃尔特·亚当斯编，第 7 版（纽约：麦克米伦，1986 年），第 74—125 页；唐纳德·F. 巴尼特和路易斯·肖斯克（Louis Schorsch）：《钢铁：一个基础产业的大动荡》（*Steel: Upheaval in a Basic Industry*）（麻省剑桥：Ballinger，1983 年）；佐尔滕·J. 艾克斯：《美国经济变化中的结构：来自钢铁产业的教训》（纽约：Praeger，1984 年）。

起初在美国关税委员会(现在的美国国际贸易委员会)面前遭遇失败之后,国内钢铁产业(在国务院和国会施加的压力的支持下)成功说服了日本和欧洲经济共同体,加入了一个自愿出口限制协议(VRA)。这个在1969年生效、并被延长了三年至1972年的协议,由主要钢铁出口国对出口到美国的钢铁设定了数量限制。在VRA下,钢材综合价格指数的年上涨率,是钢材相对自由贸易的前九年上涨率的14倍。根据一个可靠的估计,如果没有VRA,国内钢材价格将比现行价格低13%到15%。从1969到1974年,VRA给美国钢材消费者带来的损失,估计至少有19.7亿美元,有可能高达65亿美元。①

从1978年开始,到1982年为止,国内的钢铁产业处于一种新型援助原则——基准价格制度(TPM)——的保护之下,这一制度对进口钢材设定了一个隐蔽的价格下限。在实施这一制度的第一年,政府将基准价格提高了10.6%。但钢材买家认为他们支付的价格实际上提高了15%,就像《华尔街日报》所说的那样,这是因为"去年秋天普遍的折扣不复存在了"。② 1978到1982年间,TPM给美国消费者带来的损失估计达43.5亿美元。③

但不到两年之后,大钢铁公司越发对TPM不再抱有幻想,并在1984年大选临近之时,钢铁生产商和钢铁工人对国会两院进行游说,以获得另外的保护主义援助。众议院提出了1984钢铁公平贸易法案,旨在对44大类钢铁产品设定具体配额,目标是把进口产品限

---

① 亚当斯和缪勒:"钢铁产业",第94页,以及加里·C.赫夫鲍尔(Gary C. Hufbauer)和霍华德·F.罗森(Howard F. Rosen):《为困境中的产业制定的贸易政策》(*Trade Policy for Troubled Industries*)(华盛顿:国际经济学研究所,1986年),表2.2。

② 《华尔街日报》,1978年9月26日,第1页。

③ 亚当斯和缪勒:"钢铁产业",第117页,以及赫夫鲍尔和罗森:《为困境中的产业制定的贸易政策》,表2.2。

制在美国市场份额的15%(对国外竞争是否"公平"这样的问题并不感到难堪)。然后,在里根总统连任竞选期间,他委派特别贸易代表与所有出口钢铁到美国市场的国家,就全面的"自愿"限制协议进行谈判。这个始于1984年、包括多达12个国家的最终协议,旨在钢材进口总量保持在美国市场的18.5%(小于1984年的25%)。协议涵盖了所有钢铁制成品的进口,有效期为5年。到1985年,这些"自愿"协议涵盖了美国所有进口钢材的90%。据联邦贸易委员会估计,单单这一项援助就使美国经济由于较高的价格和福利损失而遭受高达180亿美元的损失。[①]

于是,政府就以这种限制国外竞争的方式援助了大钢铁公司,使它们避免了非竞争的规模、行为和绩效的后果。钢铁产业并非独一无二的。保护主义在汽车产业发挥着同样的作用,在这个产业对日本生产商的限制援助了美国的寡头,这个产业大公司的影响力一直是再明白不过的证据。因此,在1981年讨论对小型、新颖、节能的日本轿车的限制时,福特公司一名副总裁告诉国会:"有2 100家国内分销商关门了;140家国内供应商的工厂也关门了,汽车产业的就业到了一个难以接受的水平——18.5万名汽车生产工人处于长期失业状态;1980年的进口量创下了纪录——20世纪70年代中期是15%,现在是26.5%。"而且他继续强调:"没有汽车产业的健康发展,大量其他产业就危如累卵。汽车产业占美国制造业工作岗位的1/12,消费美国钢铁产品的1/4,橡胶制品的1/2。这个产业是美国经济至关重要的组成部分",他以解决大公司的争论的口吻说道,"显

① 见《华尔街日报》,1985年1月7日;联邦贸易委员会:《进口关税和配额给美国带来的总成本》(*Aggregate Costs to the United States of Tariffs and Quotas on Imports*)(华盛顿特区:政府出版局),第iv—20页。

然，没有一个健康的美国汽车产业，就没有一个健康的美国经济”。[①]

管制推迟和豁免

大公司获得政府援助的第三种优势来自管制领域。由于其庞大的规模，大公司可以表明：第一，如果要满足比如空气和水源污染、产品安全等方面的政府管制要求，那么，对企业将产生不利影响；第二，这些困难从而将对整个经济带来严重的后果。结果，大公司就可以获得管制推延和豁免之类的援助。

汽车产业就是大公司和援助因素在这方面的明证。汽车三巨头——特别是通用和福特——自然是处于美国最大的工业企业之列。它们发现，它们的规模是设法获得管制援助的一个有力武器。

比如，在汽车尾气管制方面，布鲁金斯研究所最近的一篇论文谈道，汽车公司“可以很容易地表明，它们没有能力[或者不愿意]去满足将迫使它们完全停产的最后期限要求。这种威胁引起了政治家的注意；因此[尾气控制]推迟要求在 1973 年、1974 年和 1977 年都得到批准。……主要的国内制造商宣称它们不能[或者不会]服从要求，这总是迫使法律不断修改，最近修改的法律是 1977 年的空气洁净条例”。这样，美国汽车巨头“发现它们可以[在尾气控制上]获准

---

① 美国国会参议院国际贸易分委员会：《与国内汽车产业有关的问题》听证会，第 1 部分，第 97 届国会，第 1 次会议，1981 年，第 133 页。就像钢铁产业那样，对汽车产业大公司的保护主义援助的成本，可能高达每辆轿车2 500美元，美国消费者付出的总成本可能高达 157 亿美元。见美国国际贸易委员会：《评美国汽车产业最近的发展，包括对日本自愿限制协议的评估》(华盛顿特区：政府出版局，1985 年)；《华尔街日报》，1984 年 12 月 3 日，第 33 页，以及 1983 年 2 月 14 日，第 3 页；《纽约时报》，1984 年 4 月 8 日，第 3 栏，第 1 页。

弃权、延期或者改变”。[①]

在汽车燃油效率方面，通用和福特在1985年迫使政府放宽其里程标准，为大公司成功的密谋行动提供了一个生动的例证。以5年前克莱斯勒据以得到援助的“国家灾难”论调的变体形式，通用和福特威胁道，如果它们在燃油效率方面的特别豁免要求被拒绝，那么，在经济的关键部门将会出现规模惊人的工厂关门、倒闭、停工和失业。通用的一名副总裁在1985年5月警告国会：除非降低标准，“否则完全开工的制造商（即通用和福特）面临的前景就是限制产量”。她尖锐地指出，为面临即将到来的选举年的国会的利益着想，“这将转变为工厂关闭、失业和低增长率”。她威胁道，如果政府不同意通用的要求，那么，“将导致经济可能的大动荡，包括引起大规模失业”。为了阐明其观点，通用递交了一份包括88家工厂在长长的清单——详细列明了每家工厂所在的城市和州——表明如果政府不采取行动的话，它们将受到不利影响。福特的一名副总裁附和道，拒绝这两巨头的要求的后果，必然就是“倒闭的工厂带来的就业混乱”。[②] 迫于形势，政府随后按照福特和通用的愿望，放宽了汽车燃油效率标准。一位政府发言人解释道，之所以这么做，是出于担心“如果不降低标准的话，会带来不利的经济后果，包括汽车产业数万工人失业”。[③]

---

① 罗伯特·W.克兰德尔、霍华德·K.格伦斯派奇（Howard K. Gruenspecht）、西奥多·E.基勒（Theodore E. Keeler）和莱斯特·B.拉弗（Lester B. Lave）：《汽车产业管制》（*Regulating the Automobile*）（华盛顿特区：布鲁金斯研究所，1986年），第29、90页。

② 美国国会参议院能源管制与保护分委员会：《汽车燃油效率标准听证会》，第99届国会，第1次会议，1985年，第57、71、284—288页；美国国会参议院商业、科学与交通分委员会：《降低汽车燃油效率标准与1985年甲醇燃料汽车刺激法案听证会》，第99届国会，第1次会议，1985年，第76页。

③ 《纽约时报》，1985年10月2日。值得注意的是，与通用就这一问题在国会面前的恐怖预期和公然威胁相反，这家企业告知其股东：“这些管制下最终的不利因素，不会对公司稳固的财务地位造成实质性的不利影响。”通用汽车公司《1985年年报》，第38页（着重号为原文所加）。

政府采购特权

公司规模的第四种援助优势,来自物品和服务的政府采购方面,由政府给予大公司的特权。

在大公司与援助因素的这个方面,国防工业是很好的例证。表1列出的主要武器生产商支配着这个产业。在近年来的武器采购中,政府每年700多亿美元的开支中,25家最大的国防承包商总共占到一半以上;最大的100家国防承包商总共占到70%。[①] 它们中最大的是决定各种重要武器系统供应的武器"联合大企业"。比如,通用动力公司(General Dynamics)生产F-16和F-111战斗机、核潜艇、战斧和毒刺导弹系统以及M-1坦克。麦道公司生产F-18和F-15战斗机、AV-8鹞式和KC-10战斗机以及鱼叉导弹系统。[②] 此外,这些最大的武器承包商也位居全国最大的工业企业之列,它们的工厂、设施、供应商、分包商分布在全国各地。

表1 美国前十大国防承包商,1985财政年度

公司	基本国防合同金额(10亿美元)	在《财富》500强中的排位
麦道	8.8	29
通用动力	7.4	42
罗克韦尔	6.2	30
通用电气	5.8	10

① 国防部《获得基本合同金额最多的100家公司,1983财政年度》(华盛顿特区:政府出版局,1983年),第2页。

② 关于主要国防承包商生产的武器系统的详细文献,见亚当斯和布洛克:《大型复合体》,第24章。

（续表）

波音	5.4	21
洛克希德	5.1	36
联合科技（United Technologies）	3.9	16
休斯（Hughes）/通用汽车	3.5	1
雷神（Ratheon）	3.0	60
格鲁门	2.7	131

资料来源：《经济学家》，1986 年 5 月 3 日，第 25 页；《财富》，1986 年 4 月 28 日。

这些大公司在武器采购方面享有许多独一无二的特权。

首先，国防专家詹姆斯·R.库尔思（James R. Kurth）总结到，多数合同并非以竞争优势为基础来分派，通常是为确保最大的武器生产商有一个全面的业务清单而设计。他将此描述为“后续必要性”（follow-on imperative），大承包商据此被当做受到优惠的傀儡来对待。库尔思指出，这个过程的动力“受到政治体制的这种必要性的强化。在这条生产线上，有 6 家公司赫然耸立于选举团所在的各州：加利福尼亚（洛克希德导弹和空间技术公司（Lockheed Missiles and Space）、罗克韦尔公司（Rockwell）、麦道公司道格拉斯分部）、德克萨斯（通用动力公司和沃特飞机工业公司（Vought））以及纽约（格鲁门航空航天公司（Grumman））”。①

第二，这些大承包商的巨额成本超支不仅被容忍，而且已经成为武器采购中公认的特色。洛克希德的 C－5A 军用运输机提供了一

① 美国国会国防生产联合委员会：《国防工业基地：国防部采购业务听证会》，第 4 部分，第 95 届国会，第 1 次会议，1977 年，第 76—78 页。

个典型的——但绝非唯一的——例子。[1] 当洛克希德在1965年被选为C－5A的制造商时，合同规定，该公司以34亿美元的资金供应120架飞机。仅仅4个月之内，C－5A项目就开始出现成本超支的迹象；到1966年仲夏，关键部件和进行中的工作已超出预算27.3%。1968年，这一项目超出预算22亿美元，每架飞机的设计成本从2 800万美元上升到6 000万美元。洛克希德的总裁告知国防部官员，由于超支，该公司无法按合同规定完成C－5A项目。由于国防部考虑到这些飞机的重要性，与洛克希德重新洽商谈判，包括为最小化企业损失的全额成本补偿。C－5A不断表现出总审计长所描述的大量"重大缺陷"。其中也许最令人烦恼的是相当恐怖地拒绝把机翼和机身牢固地连接在一起。因此，在1975年，洛克希德得到了一份10亿美元的合同，来加固C－5A的机翼结构——这并不算在该飞机数十亿美元的成本超支之内！"一个由美国付款的16亿美元的项目仍然在洛克希德位于佐治亚州的工厂内进行着"，《华尔街日报》在1983年报道说，"该公司正在为机群中的每一架C－5A重新组装整个机身，连接上更牢固的机翼——这只是把飞机还原到原先的规格"。[2]

第三，大武器制造商享有以下形式的采购特权，即设计测试，放宽性能标准，以及（在某些情况下）当它们供应了有缺陷的武器系统时完全免于测试。例如，被派往调查麦道公司耗资400亿美元的F－18战斗机进行的一项关键"测试"的一位某个国会委员会的委员发现：

---

① 对国防成本超支问题更详细的分析，见亚当斯和布洛克《大型复合体》，以及该书中引用的资料来源。

② 《华尔街日报》，1983年5月12日，第20页。

无论是承包商或是海军都意识到了这种飞机的一系列缺陷,但他们都试图通过安排这次[测试]为这种飞机找到其他的优点。这个结论基于以下几点:(1)试飞任务不是由海军试飞员完成的,而是由承包商的一个员工完成的;(2)为了省油而让发动机在跑道上再启动,F/A-18 是被“拖”到起飞位置的;(3)没有进行空中阻截测试,攻击是由设定在飞机上“空闲”动力靶来完成,这也是为了省油;(4)在飞往帕特克森河(Patuxent River)的航程中设定为“最低油耗状态”。[①]

当 F-18 不能满足合同规定的加速标准时,这位委员报告说:“海军有两个选择:(1)修理飞机,(2)修改规格。……海军的解决办法……是简单地调整合同内容,以这种飞机可以达到的最佳性能作为合同标准。”[②]在一些情况下则是完全省掉了测试:当福特汽车公司生产的 DIVAD 防空炮的原型看起来不可能满足性能要求时,对其可靠性、有效性、可维护性和耐久性的测试全部被取消了,而且另外又花了 20 亿美元在这个项目上。[③] 在其他情况下,比如洛克希德公司生产的 C-5A 和麦道公司生产的 F-15 战斗机这样大承包商生产的武器,尽管有巨大缺陷和瑕疵,仍然被接受了。[④]

最后,像通用动力、罗克韦尔、洛克希德这样的大国防承包商,接受了政府赠与的最初用公共开支建造的数十亿美元的工厂和设施而从中获益。“国防部估计,自第二次世界大战以来,政府向私人企业

① 美国国会众议院拨款委员会:《国防部 1983 年度拨款听证会》,第 9 部分,第 97 届国会,第 2 次会议,1982 年,第 65—66 页。

② 同上,第 66—67 页。

③ 美国国会参议院政府事务委员会:《国防部的管理听证会》,第 9 部分,第 98 届国会,第 2 次会议,1985 年,第 48—49 页;《纽约时报》,1985 年 8 月 28 日,第 1 页。

④ 见亚当斯和布洛克《大型复合体》,以及该书引用的资料来源。

转移了价值1 000亿美元以上的设施”，分析家詹姆斯·科茨（James Coates）和迈克尔·基利恩（Michael Kilian）报告说。“几乎所有这些免费的工厂都掌握在前24大国防承包商手里。”科茨和基利恩总结道，这些慷慨的礼物使得大国防承包商避免了潜在的竞争，确保“没有任何有野心的新公司……能从这些老牌公司手里抢走合同，因为新来者无法负担新建这类工厂前期成本，而老牌公司却是不花一分钱就得到了这些工厂”。[①]

政府推动的项目

援助也会以国家推动的形式发生。实际上，就像美国核电产业的经验证明的那样，政府推动的项目可能表现为地方性援助，而且是不可避免的——以巨额公共成本为代价。[②]

在第二次世界大战结束时，在为原子弹项目而高度机密地开发了核技术之后，政府决定将其技术用于商业领域，探索作为一种经济的发电方法的可能性。但政府并没有将自身角色限制在只是为实验目的而将其技术转移给私人部门。相反，政府在力求积极推动核电方面迈出了重要的一大步。由于诸如通用电气和西屋电气（Westinghouse）这样的大公司在重要部门所作的刺激，政府（通过1945年的原子能法案，特别是1954年的原子能法案）致力于鼓励和平利用原子能。当时的国会原子能联合委员会表达了这种做法所依据的信念，那就是“政府和产业之间的配合……[是]在和平利用原子能这一

① 詹姆斯·科茨和迈克尔·基利恩：《重大损失》（*Heavy Losses*）（纽约：Viking，1985年），第242页（着重号为原文所加）。

② 除注明之处以外，本节引自亚当斯和布洛克《大型复合体》，第21章。

领域取得最大的进步、效率和节约的关键”。[①]

从一开始，政府就通过补贴民用反应堆的研究、开发、生产和销售，来推动核电的发展。它也补贴了激活核反应堆所必需的铀同位素的生产和提炼。这个项目最终使这个国家某些最大的公司成为了受益人：

> 只有4家公司——西屋电气、通用电气、燃料工程公司(Combustion Engineering)、麦克德莫特公司(McDermott)在巴布考克(Babcock)和威尔考克斯(Wilcox)的子公司——实际上供应了美国电力公用事业购买的每一台核反应堆。同样是这4家公司，加上埃克森，完全控制了随时可以使用的核燃料。3家大建筑企业——柏克德(Bechtel)、斯通和韦伯斯特(Stone & Webster)以及工程师和建设者联合公司(United Engineers and Constructor)雷神(Raytheon)分部——建造了美国75%以上的核电站。包括石油公司海湾石油(Gulf)、克尔-麦基(Kerr-McGee)和杜邦公司康诺克(Conoco)分部在内的5家公司，拥有美家几乎一半以上的铀储量。美国接近70%的铀浓缩能力掌握在以下公司手中：埃克森、大西洋里奇菲尔德、克尔-麦基、通用电气[前]犹他国际分公司以及联合核能公司(Untied Nuclear)。[②]

这些大公司背后是美国最大的银行和金融机构——J. P. 摩根、

---

① 美国国会原子能联合委员会，修改1946年原子能法案的报告，第83届国会，第2次会议，1954年，第9页。

② 马克·赫茨加德(Mark Hertsgaard)：《核公司》(*Nuclear Inc.*)(纽约：Pantheon Books，1983年)，第104页。

汉华实业、花旗、大通、宝德信人寿——它们对核能设备和材料生产商以及发电公用事业都有巨额投资。①

这样，由于选择了推动方式，从而创造了巨大的既得利益集团，一旦这个产业碰到经济困境，政府接着就变成了一个永久性的援助机构，有责任以以下各种方式采取行动：

第一，联邦政府在为不断成为渺茫幻景的核能的商业可行性而努力的过程中，在反应器的研究与开发上投入了大量资金。在州和地方政府层面，顺从的公用事业管制委员会容忍了(直到最近都是如此)核电站成本惊人的超支。②

第二，政府通过承担核废料处理的最终责任这种方式援助这个产业及其大公司——这些以每年数千吨的速度积累下来的核废料，在25万年或者更长的时间内都是有害的，对它们还没有找到安全的、永久的处理办法。③

第三，政府通过降低、隐瞒、歪曲或者忽视危害和威胁的方式，对不安全的反应堆设计和运行进行援助。例如，在同不幸的切尔诺贝利反应堆类似的反应堆安全壳系统案例中，原子能委员会的一名委员早在1970年提出的因为不安全而禁止这种设计的建议被置之不理，因为如果这样的话“就会使通用电气和西屋电气未经许可的冰冷

---

① 赫茨加德：《核公司》，第127—135页，附录4。

② 《邓氏商业月刊》(*Dun's Business Month*)评论说：“在核电站成本年复一年地超支的时候，据估计，美国电力公用事业使美国电厂增加了超过1 000亿美元的利息和其他成本，而且众所周知，让纳税人、股东、债权人和公民进退两难。……更糟糕的是，少数用户必须为数十亿美元的核反应堆外壳提供资金，这些核反应堆——至少在今后5到10年内——不可能发电供烤面包机使用，更不用说替代或者补充使用矿物燃料的电厂了。”《邓氏商业月刊》，1984年6月号，第70页。

③ 见唐纳德·L.巴利特和詹姆斯·B.斯蒂尔：《永无休止：美国的核废料》(*Forevermore: Nuclear Waste in America*)(纽约：W. W. Norton & Co.，1985年)。

凝器工厂受到审查”，而且“一定是核能的末日”。[①] 其他例子还很多。[②]

第四，当保险公司拒绝为核反应堆制造商和公用事业承保时，政府（依据普莱斯－安德森法案）通过承担和限制在核反应堆事故、故障或者熔毁中的损害责任，来援助这个产业。就像通用电气的一名官员 1956 年向国会坦白承认的那样，没有这种保护的话，这个产业将难以为继。

第五，政府让核能支持者和这个产业以前的雇员进入负责管制这个产业的政府机构担任要职，便利了对这个产业的援助。近年来，这些职位包括能源部长，以及核能管理委员会主席。[③]

最后，也许也是最重要的一点，通过将最大份额的联邦研发基金用于核能，同时据说是善意地忽视其他可供选择的能源（例如太阳能、生物能），政府使其核能援助因素呈现出一种几乎是能使自身永存的现象。它人为地限制了这个国家可利用的能源的选择范围。它从而增强了这个产业要求更多援助的力量。就像当时西屋电气的首席执行官罗伯特·科比（Robert Kirby）在 1979 年所说的那样：“必须告诉公众，只能在……核能和某些困难的选项之间进行选择。这些选项包括通货膨胀、高失业率、经济不增长以及国家不安全。”[④]

税收优惠和税收漏洞

税收为大公司提供了一个更进一步、更有利的优势领域。很明

---

① 没有向公众公开的 1986 年 5 月 19 日的新闻稿备忘录。

② 比如见丹尼尔·福特（Daniel Ford）的《原子能崇拜》（*The Cult of the Atom*）（纽约：Simon and Schuster，1982 年）。

③ 赫茨加德：《核公司》，第 212—220、232—233 页。

④ 同上，第 6 页。

显，税收法令和这些法令的修改，可以通过增强大公司的现金流和收入，减少它们的税负，或者向它们提供政府退税而进行援助。

查尔斯·沃克尔(Charles Walker)简明地对描述了大公司的这种优势对联邦税收政策的影响，他被视为在税收方面对华盛顿最有影响力的说客之一，也是美国14家大公司的委托人(包括美国铝业公司(Alcoa)、美国电报电话公司(AT&T)、杜邦、福特汽车、IBM、固特异、宝洁(Procter & Gamble)等)。[①] 当被问起他在影响联邦税收立法方面最不寻常的经历时，沃克尔解释道，"当我在他们的选取开始谈论工作、工资和经济增长的时候"，国会议员们"会听我的，让我进门。因为这是最重要的问题"。他指出，在这种情况下，大公司的规模提供了决定性的优势："如果你[代表]12家重要跨国公司，仔细审视过这个国家，那么，你在大多数州和许多国会议员选区就有事干了。……这样的话你首先就有了同盟。"[②]

事实上，在20世纪80年代初，沃克尔正是在策划这样一种对大公司的联邦税收援助方面发挥了关键作用，援助的形式是在1981年经济复苏税收法案中加入了"免究租赁"(Safe-Harbor leasing)条款。[③] 这些条款(后来被废除了)实际上允许公司之间通过交易税收抵免和折旧提成，使企业能把它们的亏损转移到税收中，减少它们的联邦税款(甚至得到政府的退税)。因此，"免究"条款就等于公司福利。它奖励了管理不善。它(用《华尔街日报》的话来说)"为亏损者提供了一个新租约"。[④] 据估计，财政部税收损失的潜在成本超过

---

① 他的简要传记，见拉尔夫·纳德和威廉·泰勒:《大人物们:美国经济中的权力和地位》(纽约:Pantheon Books,1986年)，第244—291页。

② 同上，第269页。

③ 沃克尔发挥的作用详见托马斯·B.埃兹尔(Thomas B. Edsall):"播种税收条款，收获巨大利益的三个人"，载《华盛顿邮报》，1981年10月5日，第1、20页。

④ 《华尔街日报》，1982年2月19日，第28页。

400 亿美元。[①] 而且最明显的是，它的好处主要流向了这个国家最大的公司。比如，通过获得扣减，1981 年税前收入为 266 亿美元的通用电气公司能将其税额降到零——而它实际上还获得了 9 000 万到 1 亿美元的退税！[②] 印第安纳标准石油公司（美国石油公司（Amoco））利用"免究"条款将其联邦税收义务减少到 1.59 亿美元。[③] 其他大受益人包括 IBM、福特、克莱斯勒、B. F. 古德里奇（B. F. Goodrich）、CSX 运输公司（CSX Corp.）、美国钢铁公司（National Steel）以及泛美航空公司。[④] 另一方面，小公司就没有相同的待遇了。《华尔街日报》1982 年报道说："小公司没有享受到大公司从免究租赁条款中获得的任何税收上的好处。"[⑤]一名会计师谈道："它们向西方石油公司（Occidental Petroleums）和 IBM 敞开大门，但却把小公司拒之门外。"[⑥]

大公司获得税收优惠和相关豁免这种形式的援助的能力，在州和地方政府层次同样强大。就像卡尔·凯森（Carl Kaysen）指出的那样："全国市场上的大企业可以承诺在特定地方建厂，或者将业务扩大到那里，也可以威胁迁出这里或者收缩业务，将此用做与地方甚至州政府官员讨价还价时的有力筹码。一个分公司的经理，如果他的工厂是城里最大的雇主，或者一个准备建厂、成为一个小州最大雇主的企业副总裁，地方政府不是把他们当做公民，而是当做一种半主

---

① 美国国会税收联合委员会：《免究租赁分析：委员报告》，第 97 届国会，第 2 次会议，第 35 页。

② 美国国会参议院金融委员会：《政府 1983 财政年度预算提案听证会》，第 4 部分，第 97 届国会，第 2 次会议，1982 年，第 344 页。

③ 同上。

④ 美国国会众议院，委员会方法过失分委员会：《1981 年经济复苏税收法案免究租赁条款听证会》，第 97 届国会，第 1 次会议，1982 年，第 64—69 页。

⑤ 《华尔街日报》，1982 年 2 月 8 日，第 29 页。

⑥ 同上。

权力量来对待。税收、城市区划法、道路等等，都成为了谈判和立法的对象。即使是工业大州和大城市可能也面临类似的问题。”①

最近几年通用汽车的阴谋提供了这方面的一个例子。为了它在底特律的波尔顿工厂，通用汽车得到了联邦、州和当地政府大约 2.2 亿美元的补助，用于“获得土地，搬迁居民，拆除建筑，修建公路和铁路设施，以及其他场地准备工作。为期 12 年、50%的财产税减免为通用汽车带来了总共 3.5 亿美元的补贴”。②

在密苏里州，通用汽车公司成功地说服了堪萨斯城的市议会关闭了一个地方机场，将土地提供给通用汽车公司。然后开始了其他额外补贴的进程：通用汽车公司申请了低息贷款；州政府在这个机场原址上建立了一个企业区，由此免除了通用汽车公司的销售税、使用税、财产税和从价税；市政府同意为这一项目发行 7.75 亿的经济发展自偿债券。

在密歇根州，通用汽车公司要求前所未有地减免其遍布该州的工厂的财产税。它要求在杰尼西镇获得 59%的税收减免（在那里，企业已经享受了为期 12 年的 50%的财产税减免）；要求在弗林特（Flint）获得 42%的减免（在那里，已经享受了某些资产 50%的免税）；要求在德尔塔镇（Delta）获得 63%的减免（企业已经享受了额外 50%的税收减免）；要求在彭迪亚克（Pontiac）减免 700 万美元税负；要求在康斯托克（Comstock）获得 70%的减免。“实际上”，传统上持赞同态度的《燧石杂志》总结道，“通用汽车公司说，如果当地司

① 卡尔·凯森：“公司：有多少权力？有多大权力？”，载《现代社会中的公司》（*The Corporation in Modern Society*），爱德华·S. 梅森（Edward S. Mason）主编（纽约：Atheneum，1966 年），第 100 页。

② 纳德和泰勒：《大人物们》，第 122 页。

法机关不‘投降’的话，它就要把它的工资单给别处了”。[①] 确实，这家企业的一名高官曾披露，通用的目的是将它在税收特权方面的努力扩大到全国范围：“现在，我们正努力到一个一个的社区，告诉它们‘我们不是想让你们屈服，我们可以慢慢来’。”[②]

最近，通用汽车公司以它的“土星”小型车项目为诱饵，将其努力达到了登峰造极的地步：“27 位州长，以及其他 9 个州的经济发展官员造访底特律，去吸引这个项目。他们许诺了免费的土地，廉价的电力，低息贷款，免税期和政府出资的工作培训。”[③]

免予起诉

大公司第六个重要的援助优势是有能力让政府对其非法行为免予起诉。大公司在这方面的好处是很可观的。我们通过回顾 20 世纪 70 年代初对国际电话电报公司（ITT）的反托拉斯政策，以及分析最近政府对国防武器采购中的欺诈和腐败的诉讼，来阐释这些好处。

ITT 和反托拉斯

ITT 引起了 20 世纪 60 年代的“新式”企业集团兼并狂潮。1961 到 1968 年间，这家企业收购了 52 家国内公司和 55 家国外公司，单是收购国内公司所涉及的资产总额就达到了 15 亿美元左右。1969 年，ITT 董事会批准了 22 家国内、11 家国外收购。通过购买大型盈利公司——包括雷约尼尔公司（Rayonier Corp.）（当时的世界主要

---

① 纳德和泰勒：《大人物们》，第 131 页。

② 同上，第 132 页。

③ 同上，第 114—117、122、129—130、132 页；《亚历山德里亚报》（*Alexandria Gazette*），1985 年 5 月 13 日。

纤维素生产商）；大陆面包公司（Continental Baking）（当时世界上最大的面包和蛋糕公司）；安飞士公司（Avis）（世界上第二大汽车租赁公司）；喜来登酒店（Sheraton Hotel）（当时世界上最大的酒店和汽车旅馆体系）；莱维特父子公司（Levitt & Sons）（独户住房的主要建造商）；格林内尔公司（Grinnell）（全国最大的自动防火系统生产商）；坎廷公司（Canteen Corp.）（经营着最大的自动售卖机系统之一）；还有哈特福特火灾保险公司（Hartford Fire and Insurance Co.）（全国最大的财产保险和灾害保险经销商之一）——ITT 的规模迅速膨胀，到 1968 年成为了美国第 15 大工业公司。①

ITT 成为了一个巨型公司。这个公司可以吹嘘“24 小时运转不停——在 6 大洲的 67 个国家，活动范围从北极到南极，甚至可以说从海底到月球”。② 该公司的很多官员和董事大有来头，包括联合国前任秘书长，比利时前首相，英国上议院的两名议员，法国国民议会的一名议员，一位世界银行前总裁，美国中央情报局的一名前局长，3 个海军少将，2 个准将，22 个上校。这家企业可以让尼克松总统的两名内阁成员，3 个参议员，5 个众议院议员，以及两名总统候选人调用其飞机使用 4 天。③

因此，当政府试图干预 ITT 在 1969 年进行的三宗大额收购时，

---

① 见威拉德·F.缪勒（Willard F. Muller）：“大企业集团：一个非产业（nonindustry）”，载《美国产业的结构》，沃尔特·亚当斯编，第 6 版（纽约：麦克米伦，1982 年），第 432—433 页；以及美国国会参议院反托拉斯和垄断分委员会：《经济集中听证会》，第 8A 部分，第 91 届国会，第 1 次会议，1969 年，第 260、523—543 页。

② 国际电话电报公司：《年报》，1968 年，第 7 页。

③ 沃尔特·亚当斯：“公司权力与经济学辩护”，载《产业集中：新学问》（*Industrial Concentration: The New Learning*），哈维·J.戈德施密特（Harvey J. Goldschmid）、H.迈克尔·曼（H. Michael Mann）和 J.弗雷德·韦斯顿（J. Fred Weston）主编（波士顿：Little, Brown，1974 年），第 367—378 页；安东尼·桑普森（Anthony Sampson）：《ITT 的独立王国》（*The Sovereign State of ITT*）（纽约：Stein & Day，1973 年），第 205、234 页。

该公司向政府最高层发动了一场大型游说攻势。公司的诉求传达给了以下人士:财政部长、商务部长、经济顾问委员会主席、联邦储备系统主席、司法部长。[①] 公司指出,对 ITT 这样一个企业的规模和地位的诉讼会造成严重的伤害,不只是对 ITT 的伤害,同时对整个国家的经济也会造成伤害。在一份呈送到白宫的文件中,这家企业警告说:"ITT 是一个真正的跨国公司。它在 127 个国家开展业务,在其中 77 个国家有分公司。它雇佣了超过 20 万名海外员工。……ITT 广泛的海外业务使其成为美国国际收支盈余的第三大贡献者,这是对国家尤其重要的一个领域。……ITT 有将近 25 万名股东。此外,很多人间接受到 ITT 股票价值的影响,这些人持有股票的机构在 ITT 有投资,或者与持有 ITT 股份的养老基金有关,等等。"这家公司威胁道,如果政府继续坚持对 ITT 的反托拉斯诉讼的话,那么,"所有这些人,以及 ITT 本身,都会遭受重大的资金困难的伤害"。[②] 地位显赫的拉萨尔兄弟(Lazard Freres & Company)投资银行的一名合伙人、ITT 的一名董事费利克斯 · G. 罗哈廷(Felix G. Rohatyn)警告司法部,继续对 ITT 提起诉讼"会引起国家政策的根本性问题……包括美国可能的国际收支后果",而且这进一步"可能扰乱我们的证券市场",因为"可能影响到某些金融组织"。[③]

这些要求——来自一个工业巨头,以及为共和党全国代表大会提供的 40 万美元资金所产生的压力——不是没有效果。最终,政府放弃了对 ITT 的反托拉斯诉讼。根据当时司法部反托拉斯司的司长理查德 · W. 麦克拉伦(Richard W. McLaren)的解释,这么做的

---

① 美国国会参议院司法委员会:《理查德 · G. 克兰丁斯特履历听证会》,第 2 部分,第 92 届国会,第 2 次会议,1972 年,第 651 页。

② 同上,第 3 部分,第 1409—1411 页。

③ 同上,第 2 部分,第 114 页。

原因是："害怕给25万以上的股东造成毁灭性的金融后果，以及可能发生在股票市场和整个经济中的连锁效应。"[①]后来水门事件的录音带表明，如此严重的后果使得ITT成功获得了美国总统的支持。下面的对话是1971年4月19日尼克松总统与司法部副部长理查德·G.克兰丁斯特(Richard G. Kleindienst)之间的谈话录音：

> 尼克松总统：我希望有些事情可以明确，如果还不明确的话，麦克拉伦在一小时之内给我滚出办公室。ITT的事情——让它见鬼去吧！明白了吗？这是命令。
>
> 克兰丁斯特先生：那您的命令意思是……
>
> 尼克松总统：命令就是听天由命吧！
>
> * * * * *
>
> 克兰丁斯特先生：您的命令是不再提出辩护了？
>
> 尼克松总统：我的命令是别再管这该死的事情了。明白了吗？
>
> 克兰丁斯特先生(笑)：是的，我明白了。[②]

这个例子生动地证明了大公司固有的援助优势，安东尼·桑普森将其描述为"大公司可以对政府运用的游说这种永动机"。[③]

---

① 美国国会参议院司法委员会：《理查德·G.克兰丁斯特履历听证会》，第2部分，第92届国会，第2次会议，1972年，第123页。关于围绕着ITT协议的令人不快的氛围，见威拉德·F.缪勒的"ITT协议：一桩司法交易"，载《产业组织评论》(*Industrial Organization Review*)第1卷(1973年)，第67—86页。

② 转引自威拉德·F.缪勒的"反托拉斯运动"，载《产业组织、反托拉斯与公共政策》(*Industrial Organization, Antitrust, and Public Policy*)，约翰·V.克雷文(John V. Craven)主编(波士顿：Kluwer-Nijhoff Publishing，1983年)，第23—24页。

③ 桑普森：《ITT的独立王国》，第243页。一个相关的最新例子，是大石油公司成功阻止了限制石油产业强强联合的立法努力，详见肯尼斯·M.戴维森(Kenneth M. Davidson)的《强强联合》(*The Mega-Mergers*)(麻省剑桥：Ballinger，1985年)，第355—357页。

国 防 采 购

大公司获得政府免于诉讼这种援助的能力，在武器采购方面也有明证。实际上，大公司在国防方面以欺诈和腐败形式表现出来的犯罪显然是有利可图的——而且是相当可观的。

根据最近的一份分析，“1984 年五角大楼取消或者暂停了 402 个承包商的资格，这一数字是破纪录的”。但是这里面没有一家大承包商。在里根政府时期，前 20 家承包商里的三家，波音公司、麦道公司和斯佩里公司(Sperry Corporation)，按照五角大楼的标准都有犯罪记录。但没有一家被取消资格。[1]

例如，最近一家小的承包商因为在三年内向一名政府职员提供了价值 200 美元的电视机，以及给这个职员订阅了《花花公子》杂志而被取消了所有政府业务。[2] 然而，对于像通用动力这样的大承包商，它们的犯罪行为引起的后果就大不相同了。《华尔街日报》1986 年 4 月的头版文章(副标题为“逃过刑事责任”)报道：

> 除了因在五角大楼的合同中的欺诈而面临的两项起诉之外，通用动力公司也因为一名政府官员支付养狗费(dog-kennel fees)，以及为另一名官员支付乡村俱乐部会费而臭名昭著。它甚至让五角大楼援助了一个遭受财务损失的理发店。
>
> 海军部长约翰·莱曼(John Lehman)把这家公司的经营哲学概括为“有本事来抓我!”五角大楼首席新闻发言人说这家公司的行为很“恶心”。[3]

---

① 《纽约时报》，1985 年 5 月 2 日，第 36 页(着重号为原文所加)。

② 《国家杂志》(*The Nation*)，1984 年 12 月 15 日，第 638 页。

③ 《华尔街日报》，1986 年 4 月 29 日，第 1 页。

结果如何呢？一个短暂的“停业”(在这期间，为了让通用动力公司能参与进来，延长了一份价值 10 亿美元的合同的投标期)，之后这家企业“获得了一份价值 10 亿美元的军火合同，其金额 6 倍于这家公司在 1984 年 8 月得到的 1.668 亿美元的合同。另一份价值 14 亿美元的合同将在 9 月份签订”。结果，“通用动力成为当年最成功的承包商”。①

这个例子再次说明了大公司的优势。就像一名军官所说的那样：“如果我能说‘你是个淘气的孩子，不理你了’，那么，我会很兴奋。但如果我这样做了的话，我到哪里去买我需要的潜艇、坦克和飞机呢？”②

结　论

本文中我们分析了公司规模和援助因素。我们看到，虽然对公司规模的效率和技术优势存在争议，但大企业从竞争市场原则的无效和无能中获得援助的能力却是再明白不过的——而且是很可观的。我们已表明，由于大公司被认为太大而不允许倒闭，它们就从各种形式的援助中获益：大公司通过政府直接的现金注入或者信贷担保而获得救助。它们通过限制国外竞争而获得救助。它们可以要求并获得管制推迟和豁免这种形式的援助。它们通过在政府采购方面的特权而获得援助。它们通过政府推动，也通过税收优惠而获得援助。而且，就像对反垄断和国防采购的回顾中表明的那样，大公司享受了免予起诉这种形式的援助。

---

① 《华尔街日报》，1986 年 4 月 29 日，第 20 页。

② 转引自《纽约时报》，1986 年 6 月 15 日，第 3 栏，第 4 页。

我们的分析得到的最重要的含义有以下五个方面：

第一，援助因素相当清晰地说明了大公司和权力的政治经济学。它详尽地证明，“纯粹的”规模确实是个问题。大公司迫使社会面临一种难以对付的困境：(1)援助大公司，使其免遭自己造成的伤害带来的后果，从而颠覆竞争市场和自由企业经济的根本原则；或者(2)让这些面临困境的大公司倒闭，从而使社会遭受可能的灾难性后果，同时让政府对相当大一部分公民的股份和财富承担较少的责任。换句话说，大公司让竞争市场经济的原则与民主政治体系的原则发生了冲突。①

第二，大公司的政治经济学从而以一种微妙但又相当激进的方式，使一个表面上的自由企业的社会发生了变革。它让私人获益，同时让社会受损——后者当然更大。它因此侵蚀了利润的社会作用(和正当理由)，利润在正确的公共利益决策中是一种激励。这样，它就等于是大公司和掌权者的社会主义。此外，它是具有讽刺意味的，因为“有些人心里老是想着……革命的突击部队。马克思以他天真的、现在已过时的方式认为，应该由工人来推动社会主义的进程。如果他活在现在，他一定不会希望从现在的莱恩·柯克兰(Lane Kirkland)②或者美国工人阶级的马克思主义者那里得到帮助。而且他一定会非常惊讶地看到，在我们的时代，是银行家和工业巨头举着旗帜，领导着游行队伍”。③

第三，对大公司的援助带来了重要但却通常被忽视的经济问题，

---

① 克莱斯勒的总裁李·亚科卡无意中把握了这一点，赞扬对克莱斯勒的援助是“民主政治发挥作用”的一个例子。李·亚科卡：《亚科卡》(纽约：Bantam Books，1984 年)，第 221 页。

② 莱恩·柯克兰是美国最大的工会劳联—产联联合会当时的主席。——译者

③ 加尔布雷思：“让人容易接受的资本主义”，第 27 页。

即一个社会如何解决(用沃尔特·李普曼(Walter Lippman)的话来说)边消失边累积的商业和工业错误这个问题。[①] 在自由企业经济中,犯错是不可避免的——有些企业会错误计算成本或者产品需求;有些企业会发现由于经济环境的转变而使它们处于不盈利的地方或者生产领域;有些企业针对产品和制造技术的创新会失败;一些企业在需要的时候没有能力获得可贷资金;它们会遭遇预料不到的情况和事件。只要企业的规模相对较小,这些私人的失败不会变成社会灾难,社会有能力吸收这些错误。[②] 但是,一旦公司规模可以无限制地扩大,情况就不一样了。这时社会面临的就是李普曼所说"这些不死不活的半残废公司怪物的问题和悲剧"。[③] 于是,不均匀的公司规模把私人的错误转变成社会的灾难,社会吸收私人错误的能力就被侵蚀了,结果就是导致社会较不稳定、更加脆弱。[④]

第四,大公司以及援助因素的存在显然否定了当下流行的新经济达尔文主义(New Economic Darwinism),其核心准则是只有有效率的企业才能生存,大公司本身因此就是适应社会需要的证据,从

---

① 沃尔特·李普曼:《自由的方法》(*The Method of Freedom*)(纽约:麦克米伦,1934年),第18页。

② 有必要强调一下,关键是企业的相对规模。正如乔治·斯蒂格勒很早以前指出的那样,相对较小的规模并不意味着公司的结构就是原子式的:"一个人可能反对大多数基础产业在经济上的巨大规模,而支持技术上的巨大规模,这并不矛盾,因为我们的经济太庞大了。"美国国会众议院垄断权力研究分委员会:《垄断权力研究,听证会》,第4A部分,第81届国会,第2次会议,1950年,第996页。

③ 沃尔特·李普曼:《好社会》(*The Good Society*)(波士顿:Little, Brown,1937年),第224页。

④ 在这里,重要的是要知道,竞争经济体系的研究者把大规模错误的弱点看做似乎是折磨着中央计划国家的先天疾病。R. W. 戴维斯(R. W. Davies)说道:"当中央计划者作出一个错误的技术选择时,其成本(因为这个政策是在全国施行)是相当巨大的。"转引自乔治·多尔顿(George Dalton):《各种经济体制和社会》(*Economic Systems and Society*)(纽约:企鹅图书,1974年),第134页。

而对于公司规模和强强联合，自由放任就是最优的公共政策选择。① 正如我们看到的那样，一个民主社会的经济生活的关键事实——被新达尔文主义者为了省事而忽视的一个事实——是大企业受到保护，使其免遭失败，这种保护不是让它更好，而是让它更大。

最后，如果事实的确如此的话，那么，反托拉斯政策就被赋予了很高的重要性，特别是在其对于产业组织、公司规模和兼并与收购的结构导向方面。结构上的反托拉斯政策不只是被视为一种保持竞争的产业组织的手段，或者是为了阻止潜在的反竞争的兼并。除此之外，它是一个关键的预防性工具，保护社会抵挡私人错误（这是自由企业经济的固有部分）的能力，从而让社会摆脱大公司和援助的困境。从这个角度来看，最近里根政府和其他人努力放松美国对强强联合的反托拉斯约束，以及鼓励大公司成为国家政策的一部分，似乎就是非常不明智的。

---

① 比如见罗伯特·H. 博克（Robert H. Bork）:《反托拉斯悖论》（*The Antitrust Paradox*）（纽约：Basic Books，1978 年），尤其是第 118 页。

图书在版编目(CIP)数据

作为一个权力体系的经济.第2版/(美)马克·R.图尔,沃伦·J.塞缪尔斯主编;张荐华,邓铭译.—北京:商务印书馆,2012
(西方非正统经济学译丛)
ISBN 978-7-100-07569-5

Ⅰ.①作… Ⅱ.①马…②沃…③张…④邓… Ⅲ.①制度经济学—研究 Ⅳ.①F091.349

中国版本图书馆CIP数据核字(2011)第096818号

作为一个权力体系的经济
(第2版·全面修订)
〔美〕马克·R.图尔 沃伦·J.塞缪尔斯 主编
张荐华 邓铭 译

商务印书馆出版
(北京王府井大街36号 邮政编码100710)
商务印书馆发行
北京瑞古冠中印刷厂印刷
ISBN 978-7-100-07569-5

2012年2月第1版 开本880×1230 1/32
2012年2月北京第1次印刷 印张16⅜
定价:35.00元